Peter Köck
Michael Köck

HANDBUCH DES ETHIKUNTERRICHTS

Fachliche Grundlagen – Didaktik und Methodik –
Materialien und Unterrichtsbeispiele

 Auer

Neubearbeitung

Die Autorn:

Dr. Peter Köck
- Studium in Pädagogik, Philosophie und Theologie
- Promotion in Pädagogik über „Das Problem der Unterrichtsmethode bei J. H. Pestalozzi"
- Mehrjährige Schulpraxis
- Aufbau des Bereichs Erziehungswissenschaften an der Akademie für Lehrerfortbildung in Dillingen (Bayern), u. a. zuständig für die Ausbildung von Lehrern aller Schularten für das Unterrichtsfach Ethik
- Dozent für Schulpädagogik und Erziehungskunde am Staatsinstitut für die Ausbildung der Realschullehrer in München
- Hochschullehrer für Schulpädagogik und Fachdidaktik Ethik an der Universität Augsburg

Dr. Michael Köck
- Studium für das Lehramt an Gymnasien in den Fächern Deutsch, Geschichte und Philosophie/Ethik
- Promotion in Sprachwissenschaften
- Lehrer in diesen Fächern am Gymnasium sowie Fachbetreuer für die Fächer Deutsch und Ethik

Gedruckt auf umweltbewusst gefertigtem, chlorfrei gebleichtem und alterungsbeständigem Papier.

6. aktualisierte und erweiterte Auflage 2021
Nach den seit 2006 amtlich gültigen Regelungen der Rechtschreibung
© Auer Verlag
AAP Lehrerwelt GmbH, Augsburg
Alle Rechte vorbehalten
Umschlagfoto: fotolia
Satz: krauß-verlagsservice, Ederheim/Hürnheim
Druck und Bindung: Korrekt Nyomdaipari Kft. Budapest
ISBN 978-3-403-**03663**-0

www.auer-verlag.de

Inhaltsübersicht

Vorwort

Der Ethikunterricht ist eine notwendige Forderung aufgrund des Mangels eines allgemein verbindlichen Wertefundaments in pluralistischen Gesellschaftssystemen. Offensichtlich reicht weder der Hinweis auf die abstrakt formulierten Grundwerte und -rechte in Menschenrechtskonventionen und Länderverfassungen noch der Verweis auf die Religionslehre zur Behebung dieses Mangels aus.

Der Ethikunterricht versteht sich in dieser Situation als eine Hilfestellung, welche allen Schülern bei der Entwicklung ihrer moralischen Urteilsfähigkeit anzubieten ist, da diese bei den heute gegebenen Umfeldbedingungen nicht in jedem Falle zuverlässige Förderung findet.

Das Handbuch will eine Grundausrüstung vermitteln, mit welcher der Ethiklehrer auf einem sicheren fachlichen Fundament auf die spezifischen Anforderungen des Ethikunterrichts vorbereitet ist. Als Helfer bei der Entwicklung der moralischen Urteilsfähigkeit der Schüler muss der Ethiklehrer in jeder Schulart selbst in einem dynamischen Entwicklungsprozess um seine eigene moralische Urteilsfähigkeit bemüht sein, was auch die gründliche Kenntnis philosophischer Positionen ethischen Urteilens und Handelns sowie die Fähigkeit zu ihrer praktischen Umsetzung rechtfertigt und fordert.

Da Moral letztlich nicht lehrbar ist, benötigt der Ethikunterricht eine spezielle didaktische Grundlegung und fachangemessene Methoden, womit die aktive Auseinandersetzung der Schüler mit moralisch relevanten Situationen eingelöst werden kann.

Das Handbuch vereinigt die Erfahrungen, die Dr. Peter Köck während der Einführungsphase des Ethikunterrichts in Bayern auf dem Wege der Lehrerfortbildung, in der Zusatzausbildung für das Unterrichtsfach Ethik an der Universität Augsburg und in dem ebenda durchgeführten Kontaktstudium für Ethiklehrer gesammelt hat. Durch die Mitarbeit von Dr. Michael Köck ab der überarbeiteten 6. Auflage wird die Anbindung des Handbuchs an die aktuellen Anforderungen des Ethikunterrichts in Theorie und Praxis weiterhin sichergestellt.

Peter Köck
Michael Köck

Hinweis:

Wenn im Folgenden von „dem Lehrer" und „dem Schüler" gesprochen wird, sind damit Gattungsbegriffe gemeint. Der weibliche Teil der Leserschaft soll also keinesfalls missachtet werden. Darüber hinaus behindert die ständige, letztlich formalistische Verwendung der männlichen und weiblichen Formen den Lesefluss.

Zur Motivation:
Moralprinzip und materieller Vorteil – eine fantastische Fabel?
(Ambrose Bierce)*

„Ein Moralprinzip traf einen Materiellen Vorteil auf einer Brücke, die nur breit genug für einen von ihnen war.

‚Herunter, du niedriges Ding', donnerte das Moralprinzip, ‚lass mich über dich hinwegschreiten!'

Der Materielle Vorteil blickte dem anderen nur wortlos in die Augen.

‚Ach', sagte das Moralprinzip zögernd, ‚lass uns darum losen, wer von uns zurücktritt, bis der andere die Brücke überquert hat.'

Der Materielle Vorteil bewahrte sein beharrliches Schweigen und seinen ungebrochenen Blick.

‚Um Streit zu vermeiden', fuhr das Moralprinzip ein wenig unsicher fort, ‚werde ich selbst mich niederlegen und dich über mich hinweggehen lassen.'

Da fand der Materielle Vorteil seine Zunge. ‚Ich bezweifle, dass man auf dir besonders gut geht', sagte er. ‚Ich bin ein bisschen wählerisch mit dem, was ich unter den Füßen habe. Wie wär's, wenn du ins Wasser stiegest?'

Genau so geschah es."

---

* Zitiert aus: Die gesammelten Geschichten und des Teufels Wörterbuch. Frankfurt 1999

Fachliche Grundlagen

1 Was ist Ethik?

1.1 Ethik als Lebenspraxis und Gegenstand philosophischen Denkens

Nicht dem Begriff, aber der Sache nach – im Sinne von Sittenlehre und praktischer Lebensführung – spielt Ethik seit den uns bekannten Ursprüngen abendländischer Philosophie eine bedeutende Rolle im Denken, Lehren und Leben von Philosophen, Staatsmännern und Dichtern, ganz zu schweigen von ethischen Lehrgebäuden in der fernöstlichen Philosophie.

Allein für die griechisch-antike Denktradition führt Diogenes Laertios (um 220 n. Chr.) zehn verschiedene Schulen der Philosophie mit unterschiedlichen ethischen Ansätzen an; darunter die kynische des Antisthenes (444–368 v. Chr.), die akademische des Platon (427–347 v. Chr.), die peripatetische des Aristoteles (384–322 v. Chr.), die stoische des Zenon aus Kition (333–262 v. Chr.) und die epikureische des Epikur (342–271 v. Chr.). Auch die in der griechischen Philosophie übliche Einteilung der Philosophie in Physik, Ethik und Dialektik bzw. Logik weist den immer schon gegebenen hohen Stellenwert von Ethik im philosophischen Denken und alltäglichen Handeln nach (vgl. Diogenes Laertios I.18/19).

Sokrates (469–399 v. Chr.) soll der Erste in der abendländischen Denktradition gewesen sein, der der Ethik den Vorzug unter den Teilbereichen der Philosophie einräumte. Es ging also letztlich in der antiken abendländischen Philosophie immer um die **Wahl einer Lebensführung**. Platon z. B. betonte das Wissen des für die Lebensverwirklichung erstrebenswerten Guten. Epikur sorgte sich um die Bedingungen des optimalen Wohlergehens. Die Stoa setzte auf die Erkenntnis der vernunftgeleiteten moralischen Absicht und auf die Freiheit von unvernünftigen Anmutungen wie Schmerz, Furcht und Begierde. Aristoteles schließlich forderte die richtige Handlungsentscheidung gemäß der Vernunft auf dem Weg zum Glück im Sinn eines individuell gelungenen und auch für das Gemeinwohl nützlichen Lebens. Alle philosophischen Ansätze betonen den hohen Stellenwert der Vernunft, die in freiheitlicher Entscheidung zu verantwortetem und damit moralisch mehr oder minder relevantem Handeln führt.

1.2 Zur Etymologie des Begriffs „Ethik" – Ethik als wissenschaftliche Disziplin

Ethik als Disziplinbezeichnung geht auf Aristoteles (384–322 v. Chr.) zurück. Er bezieht sich damit einerseits auf

- τὸ ἦθος (Äthos), das ‚Wohnsitz, Heimat, gewohnter Aufenthalt‘ bedeutet, andererseits auf
- τὸ ἔθος (Ethos), das ‚Gewohnheit, Sitte, Brauch‘ bezeichnet.

In der zweiten Herleitung regelt Ethik verlässlich das Leben in der Gemeinschaft von Familie, Hauswesen und Staat in seiner zwischenmenschlichen und institutionellen Entfaltung. Ethik wurde also im griechischen Stadtstaat (Polis) nach aristotelischem Verständnis als **Regelwerk des alltäglichen Verhaltens** aufgefasst, durch Tradition gewohnt und legitimiert. Nach Diogenes Laertios „handelt Ethik von der Lebensführung und dem, was uns Menschen betrifft" (I.18).

Mit Aristoteles wird Ethik **zur Theorie und zum praktischen System moralischen Handelns.** Als praktische philosophische Disziplin hat Ethik das spezifisch Menschliche am Menschen zu erkunden, und zwar unter dem Gesichtspunkt

- sowohl der individuellen Vervollkommnung
- als auch des geordneten Zusammenlebens im Gemeinwesen.

Im Deutschen ist der Begriff „Ethik" seit dem 17. Jh. im Sinne von ‚Sittenlehre, Moralphilosophie' in Gebrauch und der praktischen Philosophie zugeordnet. Ethik befasst sich mit der Analyse und Rechtfertigung moralischen Handelns, das einem allgemein verbindlichen Sollensanspruch genügt.

Das *Ethos* – gleichbedeutend mit Moral – bezeichnet als Gegenstand der Ethik den „Inbegriff der Normen und normativen Gebilde, die in einer gegebenen menschlichen Gruppe oder menschlichen Existenzweise als maßgeblich für das Verhalten und Handeln angesehen werden" (Kluxen 1993), eingebunden in eine bestimmte geschichtliche, konkrete Situation (vgl. z.B. das Berufsethos des Lehrers).

1.3 Anthropologische Grundlegung der Ethik

Anthropologie fragt als Wissenschaft vom Menschen danach, was den Menschen wesentlich ausmacht. Sie erarbeitet der Ethik sozusagen die Vorlage des spezifisch Menschlichen, aus der die ethisch relevanten Aufgaben der Arbeit an sich selbst und am Gemeinwesen mit Notwendigkeit abzuleiten sind. Von der Anthropologie erfahren wir, dass der Mensch – wohl bildungs- und lernfähig sowie grundsätzlich versehen mit einer moralischen Disposition, aber nicht mehr sicher instinktgesteuert wie das Tier – als **unvollendetes Mängelwesen** um seines Überlebens willen eines gesicherten Lern- und Sozialraumes bedarf, dazu angehalten, die Kultur der zwischenmenschlichen Begegnung erst zu gestalten.

Als **Person** erlebt sich der Mensch dialektisch eingespannt zwischen

- Freiheit und Weltgebundenheit,
- Freiheit und Ordnung (angesichts von Nichtfestgelegtheit und Instinktunsicherheit),
- Selbstverwirklichung und sozialer Verantwortung,
- Vernunftbegabtheit und Triebsteuerung,
- Individuation und Sozialisation.

Im Vorfeld ethischer Überlegungen ist der Mensch gewohnt, seine Handlungen als richtig oder falsch, gut oder böse einzuschätzen und sie dementsprechend zu billigen oder zu missbilligen, zu loben oder zu tadeln. Er weiß um die handlungsbestimmende Differenz von Gut und Böse, woraus sich die Kernfragen der Ethik ergeben:

- Welches höchste Gut soll ich anstreben?
- Was soll ich tun?
- Wie soll ich leben?

und zwar unter den Maximen

- der Freiheit der Entscheidung
- und der vernunftgesteuerten Verantwortung für mein Tun in Bezug
- auf mich selbst,
- die anderen (Mitwelt),
- die Umwelt,
- auf einen letzten (metaphysischen/transzendenten) Bezugspunkt, z. B. Gott.

Die Instinktverunsicherung des Menschen verlangt ebenso wie seine Freiheit ethische Forderungen als allgemein verbindlichen und verlässlichen Rahmen für seine Verhaltensweisen; seine grundsätzliche Bildungs- und Lernfähigkeit legt die Notwendigkeit erzieherischer Handreichung bei der Entwicklung seiner moralischen Urteilsfähigkeit nahe.

1.4 Variationen zum Verständnis von Ethik

Ethische Fragestellungen ergeben sich aus den Grundbedingungen menschlichen Daseins, insbesondere aus der Nichtfestgelegtheit und der Freiheit des Menschen. Es ist deshalb nur folgerichtig, dass Ethik der Sache nach zu allen Zeiten der Menschheitsgeschichte als zwingend notwendige, letztlich das Überleben der Menschheit betreffende Antwort auf diese Fragestellungen anzutreffen ist. Längst überfällig wird in neuester Zeit an einem **Minimalkonsens des Weltethos** gearbeitet, der nicht nur auf ein weltweit gemeinsames Verständnis von Ethik abzielt, sondern auch verbindende ethische Grunderfahrungen zu entdecken bereit ist.

Das in der Philosophiegeschichte vorfindbare Ethikverständnis weist nach Quantität und Qualität Unterschiede auf, aber **immer geht es dabei um das dialektische Verhältnis von Ordnung und Freiheit** als die tragenden Gestaltungsprinzipien des menschlichen Lebens. Die Denkansätze zur Bestimmung des Gegenstandsbereichs von Ethik lassen eine beachtliche Spannweite erkennen, die hier durch die auswählende Darstellung von Gegenpositionen verdeutlicht werden soll. Die für die Entwicklung des Verständnisses von Ethik bedeutsamsten Positionen werden im Abschnitt 7 ausführlicher erläutert.

Ethik wurde und wird in ihrer Entwicklungsgeschichte in gegensätzlichem Verständnis aufgefasst, z. B.

als

Lebenshilfe im Sinne der Vermittlung von Umgangsformen, Verhaltens- und Lebensregeln, die aus alltäglicher Lebenserfahrung erwachsen sind (z. B. respektvolle Höflichkeit der Jüngeren gegenüber den Älteren);

Anleitung zu individueller Lebensführung, im Kern egozentrisch, die in erster Linie an der Optimierung eigener Lebensumstände und Lebensziele interessiert ist (z. B.: Wie erreiche ich meinen größten eigenen Nutzen? Wie verwirkliche ich meine größte Glücksvorstellung?);

innerweltlich verankerte autonome Gesetzgebung (z. B. notwendiger Gesellschaftsvertrag nach Hobbes oder Rousseau bei aller Unterschiedlichkeit der Ausgangsposition);

relativ gültig, gebunden an den **historischen Kontext** und abhängig von situations- und zeitbedingten Übereinkünften (z. B. andere Länder, andere Sitten);

rein deskriptiv oder analytisch im Sinne der Deutung und Erklärung menschlicher Verhaltensweisen als Beschreibung der sittlichen Entwicklung der Menschheit oder lediglich bezogen auf die sprachliche Form, in der ethisches Verhalten seinen Ausdruck findet;

als

praktische Philosophie, die bewährte Alltagsregeln des Verhaltens und Umgangs auf ihre Begründung hin befragt (z. B. Rechtfertigung durch das traditionell Bewährte: Sorge und Erfahrung der Älteren);

Aufforderung zur optimierenden Gestaltung von Gemeinschaft, Staat, Umwelt, zu politisch-sozialem Engagement und zur kreativen Arbeit an Kultur, aber auch lediglich zum gerechten Arrangement der ökonomischen Mittel, evtl. nötige revolutionäre Praxis mit eingeschlossen (z. B.: Wie erreiche ich das größtmögliche Glück für die größtmögliche Zahl von Menschen? Wie trage ich zur Entwicklung der klassenlosen Gesellschaft bei? „Wie sind reale Möglichkeiten menschlicher Freiheit und menschlichen Glücks rational zu begründen?" [Marcuse 1999]);

transzendente heteronome Normensetzung, letztlich aufgehoben in der Theologie (z. B. die Zehn Gebote der christlichen Religion bzw. das Liebesgebot Christi);

überzeitlich absolut gültig in ihren Sollensforderungen (z. B. Forderungen eines völkerverbindenden Weltethos);

normative Ableitung oder Setzung von Verhaltenserwartungen, durch wen oder wodurch auch immer (z. B. in Form eines Katalogs von Geboten des Über-Ich in der Psychoanalyse S. Freuds);

material bestimmt durch gegebene Werte bzw. durch ein erstrebenswertes höchstes Ziel oder Gut oder schlicht durch den individuellen oder sozialen Nutzen (z. B. inimalistisch orientiert an den Grundwerten des Grundgesetzes);

formal gültig im Sinne eines allgemein und universal geltenden Imperativs (z.B. geleitet vom kategorischen Imperativ Kants oder von der Goldenen Regel);

im Sinne einer **materialethischen Bildung** nach H. Henz zielend auf Einstellungen, Haltungen und Tugenden;

im Sinne einer formalethischen Bildung bezogen auf Vernunft, Willen und Gewissen;

von Verantwortung und Gesinnung getragene Handlungsanleitung.

Vorlage zur Beurteilung einer Handlung von den **Handlungsfolgen** her.

Grundsätzlich folgt die **philosophische Ethik** vor allem drei Denktraditionen:
- In der **metaphysischen Denktradition** ist das eigentliche Sein, das wahre Wesen der Welt in der Transzendenz angesiedelt und damit ethisches Verhalten von dort her letztgültig begründet wie in religiös orientierten Ethikansätzen.
- In der **materialistischen Denktradition** hat den Primat die Materie, die außersubjektive Welt bzw. die objektive Realität (z. B. Epikur). Es zählt nur, was empirisch erfassbar ist.
- In der **idealistischen Denktradition** haben den Vorrang die Ideen, das Bewusstsein und das Denken (z. B. Platon, Descartes, Kant). Vernünftig denken heißt Begriffe, Schlüsse, Urteile ohne Widersprüche zu verbinden.

1.5 Zusammenfassung: Aktuelles Verständnis von Ethik

Nach heutigem Verständnis fragt Ethik als wissenschaftliche Disziplin und Lehre von der Moral nach dem Guten überhaupt sowie nach daraus ableitbaren allgemeingültigen Normen der individuellen und sozialen Lebensführung, dem Gesollten. Darüber hinaus sorgt sie für einen zuverlässigen universalisierbaren Beurteilungsmaßstab für moralisches Alltagshandeln (z. B. Goldene Regel, kategorischer Imperativ).

2 Was ist Moral?

2.1 Etymologische Befunde

Moral geht auf das lateinische *mos* (Singular), *mores* (Plural) zurück, und zwar in den Bedeutungen

1. ‚Eigenwille, Eigensinn';
2. „der für die Handlungsweise zur Regel gewordene Wille" (Historisches Wörterbuch der Philosophie), woraus sich einerseits
   – ‚Sitte als Herkommen, Gewohnheit, Gebrauch, Mode',
   – andererseits ‚Sitte als Betragen, Benehmen, Lebensart, Aufführung' ableitet.
   In der Pluralform meint *mores* ‚Lebenswandel, Temperament, Charakter'.
3. Übertragen bedeutet *mos* auch ‚die Art und Weise, Natur, Beschaffenheit, das Eigentliche einer Sache' und ‚Gesetz, Vorschrift, Regel'.
4. Im deutschen Sprachgebrauch ist der Begriff Moral seit dem 16. Jh. belegt, entlehnt aus französisch *morale*, weiter aus lateinisch *moralis* (‚moralisch, sittlich').

2.2 Moralphilosophie als Anleitung zur Lebensführung

Nach Ciceros Aussage prägte er selbst den Begriff *philosophia moralis* als Übersetzung des griechischen ἠϑική (Äthikä). Er meinte damit den allgemein anerkannten und durch Überlieferung gesicherten Bestand von Verhaltensnormen einer Gesellschaft, und zwar sowohl feststellend-beschreibend als auch vorschreibend-wertend. Moralisches Verhalten ist dem Menschen wesentlich eigen, viel später von Thomas v. Aquin als natürliche Neigung des Menschen zum sittlichen Handeln ausgewiesen. In Anlehnung an Platon beschreibt Cicero die *philosophia moralis* als einen der drei Teilbereiche der Philosophie neben der *philosophia rationalis* (Logik) und der *philosophia naturalis* (Physik). Von Seneca wurde die Moralphilosophie in der Tradition der Stoa unterschieden in Güter-, Trieb- und Pflichtenlehre und als solche im Sinne direkter Anleitung zur Lebensführung gelehrt.
Durch die Kirchenlehrer Ambrosius (340–397) und Augustinus (354–430) erfuhr die Moralphilosophie als christlich geprägte Ethik eine konsequente Hinordnung auf die Transzendenz als ewiges Leben in Gott. Die auf Gott hingeordnete Liebe trägt für Augustinus letztlich alle anderen Tugenden, was in seiner Feststellung gipfelte: „Liebe und tu, was du willst!"
In der Tradition des englischen Utilitarismus (16.–18. Jh.) treten die weltimmanenten pragmatischen Verhaltensregeln wieder in den Vordergrund, die z. B. den „Krieg aller gegen alle" (Th. Hobbes, 1588–1679) bändigen, die „größtmögliche Menge an Glück für die größtmögliche Anzahl von Menschen" her-

vorbringen sollen (J. Bentham, 1748–1832), und zwar auf dem Fundament einer auf Gefühlen beruhenden Neigung zum Allgemeinwohl (A. Shaftesbury, 1671–1713, und F. Hutcheson, 1694–1746).

2.3 Zur klärenden Abgrenzung: Moralismus, Moralist

Im Sprachgebrauch der Kirchenväter und des Mittelalters war der Moralist schlicht jener, der Moral lehrte oder Bibelstellen auf ihre moralische Bedeutung hin interpretierte.

Seit dem 17. Jh. erfuhren die Bezeichnungen Moralismus, Moralist eine Bedeutungsverschlechterung in Richtung eines verzerrten Verständnisses von Moral, das in allzu populärwissenschaftlichem Umgang mit moralischen Fragen, aber auch in rigoros überzogenen moralischen Forderungen zum Ausruck kommen konnte. Als Moralist wird deshalb (bis heute) mit negativem Beiklang ein Moralprediger („Moralapostel"), ein Verfasser von Moraltraktaten oder ein Moral vermittelnder Schulphilosoph bezeichnet. In durchaus positivem Verständnis überlebte in einer zweiten Bedeutungsentwicklung der Moralist als Autor mit intellektueller Redlichkeit, bei dem Wort und Tat in Einklang stehen, der aber wegen seines Rigorismus dennoch wirklichkeitsfremd bleibt.

2.4 Zusammenfassung: Heutiges Verständnis von Moral

Nach heutigem Verständnis ist Moral ein allgemein verbindliches System von Handlungsregeln und Wertmaßstäben, die in alltäglichen Konfliktsituationen ein selbstbestimmtes und verantwortungsbewusstes Urteilen und Handeln ermöglichen. Sie beruht letztlich auf einem Kompromiss zwischen individuellen und kollektiven Interessen und besitzt zwingend auffordernden Charakter.

Moralität als sittliches Verhalten – ausgerichtet auf das rechte Leben – kann nur unter drei Bedingungen eingelöst werden:

1. Sie beruht auf **Entscheidungsfähigkeit**, die in Wahrnehmung des Gewissens und im Rückgriff auf allgemein verbindliche Werte ein Verstandesurteil über angemessenes Handeln ermöglicht (= rationaler Aspekt).
2. Das Verstandesurteil bewirkt eine **Verpflichtung des Willens** zur Handlung (= voluntativer Aspekt).
3. Die Willensverpflichtung mündet in die **Handlung** entsprechend dem Verstandesurteil (= pragmatischer Aspekt).

Von einem moralischen Verhalten kann also nur gesprochen werden, wenn eine Norm aufgrund einer Vernunftentscheidung und in autonomer Entscheidungsfreiheit befolgt wird. Handlungen aufgrund von Konditionierung, Imitation, Gewohnheit, Zwang, Manipulation etc. können demnach durchaus sozial erwünschte, aber keine moralischen Handlungen sein. Ebenso wenig liegt eine moralische Handlung vor, wenn sie aus purem Eigeninteresse erfolgt, da sie gegen die Verpflichtung durch die Allgemeinverbindlichkeit der Norm verstößt. „Ich nenne die Welt, sofern sie allen sittlichen Gesetzen gemäß wäre (wie sie es denn nach der **Freiheit** der vernünftigen Wesen sein kann und nach den notwendigen Gesetzen der **Sittlichkeit** sein soll), eine **moralische Welt**" (I. Kant, KdrV). Von anderen Voraussetzungen als von Vernunft und Freiheit geht das eher **naturkausale Verständnis des Moralischen** im Sinne eines angeborenen Auslösemechanismus (AAM) aus, vertreten z. B. vom Behaviorismus, S. Freud und der streng empirischen Psychologie. K. Lorenz definiert in diesem Sinne Moral als „Kompensationsmechanismus, der unsere Ausstattung mit Instinkten an die Anforderungen des Kulturlebens anpasst und mit ihnen eine funktionelle ‚Systemganzheit bildet." (Lorenz, 1998). Es darf hier aber auch nicht unterschlagen werden – und sei es zum Zweck der diskursiven Auseinandersetzung –, dass Moral in der Geschichte von Philosophie und Politik immer wieder völlig in Frage gestellt wurde. So gibt es z.B. nach F. Nietzsche „gar keine moralischen Phänomene, sondern nur die moralische Ausdeutung von Phänomenen" (Werke, hg. von K. Schlechta 1955/2, Seite 631). Welche Folgen eine solche, meist ideologisch gesteuerte moralische Ausdeutung haben kann, pflegen Diktaturen nachhaltig vor Augen zu führen. So bleibt als diskussionswürdige Problematik allemal das durchaus mögliche unterschiedliche Verständnis von Moral aufgrund der historischen Rahmenbedingungen je nach Gültigkeit bestimmter Normen und Werte. Dem um Ethik Bemühten wird bei seiner aufrichtigen Wahrheitssuche Authentizität abverlangt, d. h. Echtheit und Aufrichtigkeit im Verhalten, im Wissen und in der Bescheidenheit, dass an die absolute Wahrheit immer nur Annäherungen möglich sind. Der **Vollzug moralischen Verhaltens**, das in der Wirklichkeit ganzheitlich, meistens spontan und oft genug unter Zeitdruck stattfindet, durchläuft mehr oder minder bewusst die folgenden Stationen:

In einer moralisch relevanten Alltagssituation geht es zunächst immer um Probleme der Nichtübereinstimmung einer konkreten Handlungsabsicht mit einer Norm als Sollensanspruch einer Handlung.

Diese Nichtübereinstimmung fordert ein moralisches Urteil heraus, überprüft auf seine individuelle Zumutbarkeit bzw. Verpflichtung, abhängig z. B. von individuellen Fähigkeiten zur Situationswahrnehmung und -definition, zur Verantwortungsübernahme bzw. Neigung zur Mogelbereitschaft oder zu Kavaliersdelikten, moralischer Ichstärke (in ähnlichen Situationen im Gewissen erlebt), konkretem Kontext.

Diese Situationsanalyse und -bewertung sieht sich zur Gewinnung einer moralischen Entscheidung einem ethischen Prüfmaßstab, z. B. der Goldenen Regel oder dem Kategorichen Imperativ, konfrontiert.

Die gewonnene moralisch relevante Entscheidung mündet in ein konkretes Handeln mit mehr oder minder großer Übereinstimmung.

Die Folge sind Gefühle der Zufriedenheit oder Schuld (gutes/schlechtes Gewissen) im Zusammenhang mit der Handlung, im Idealfall verbunden mit einer Folgereflexion.

Vgl. hierzu auch Seite 75 „Der kategorische Imperativ in der ethischen Praxis, Seite 185 „Elemente einer ethischen Handlungsanalyse und -bewertung" und Seite 187 „Grundform moralischen Urteilen und Handelns".

3 Zusammenfassende Übersicht: Moral und Ethik – Abgrenzung und Zusammenhänge

vernünftig-diskursive Wechselwirkung

Moral (Gegenstand der Ethik)	**Ethik** = Moralphilosophie
– gelebtes Regelwerk sittlicher Verhaltensweisen, im Alltag verlässlich und berechenbar	– wissenschaftliche Disziplin und Lehre von Moral
	– Gegenüber Konventionen Frage nach dem Guten über das Alltagsverhalten hinaus
– auf Konventionen und Wertvorstellungen beruhend, daher historisch variabel, ***deskriptiv*** (= beschreibend) erhoben	– beschreibt **deskriptiv** vorhandene Moralvorstellungen
– in Normen fassbar	– erörtert allgemeingültige Normen und Maximen des Verhaltens sowie deren Begründung und Rechtfertigung = ***normativ***
– durch gesellschaftliche Sanktionen gestützt	
– relativ stabil	
– vom Gewissen gesteuert und verantwortet	– liefert Maßstab der Beurteilung moralischen Verhaltens
– zielt auf subjektive Gewissensgemäßheit: gut – böse (Grundbedürfnisse und Sozialbedürfnisse werden konventionell und pragmatisch in Einklang gebracht)	– zielt auf Normgemäßheit: sittlich – unsittlich
	– metaethischer Aspekt: sprachphilosophische Klärung des Begriffsinstrumentariums
Zweck:	
– Ermöglichung eines geordneten Zusammenlebens der Menschen durch Einbezug der Mitmenschen ins eigene moralische Bewusstsein	= „Theorie der menschlichen Lebensführung" (Rendtorff)
– individuelle Lebensführung des Menschen im Sinne bewusster Wertorientierung	= „Motivationslehre des Handelns" (Schrey) unter den Aspekten
• innerweltlich oder	– Vernunft
• in transzendentem Bezug	– Freiheit
	– Verantwortung

4 Ausweitung: Moral und Ethik im Verhältnis zu Recht und Religion

Wenn wir die sinngebenden und lebensbestimmenden Erfahrungs- und Handlungsbereiche von Recht und Religion zu denen von Moral und Ethik hinzunehmen, ergibt sich folgender Zusammenhang:

Erfahrungs- und Handlungsbereich	Handlungsalternative	Maßstab
Moral	gut – böse konventionell-pragmatisches Handeln aufgrund allgemeingültiger Verhaltenserwartungen	subjektive Gewissensgemäßheit vor dem Hintergrund entsprechender Normen und Werte
Ethik	sittlich – unsittlich, Handeln z. B. aus Pflicht, um des Gesetzes oder der Lust oder des individuellen oder kollektiven Nutzens willen, was allein moralische Gesinnung ausmacht	Widerspruchsfreiheit im Hinblick auf übergeordnete Grundsätze
Recht	legal – illegal pflichtmäßiges Handeln dem Gesetz entsprechend	Legalität (Gesetzmäßigkeit)
Religion/als Zerrbild: Ideologie	gehorsam – ungehorsam Handeln in konsequenter Ausrichtung auf das transzendente Ziel Gott bzw. das Reich Gottes bzw. auf ideologische Vorgaben hin	Glaube als auf Offenbarung und Dogmen beruhende Gewissheit/Überzeugung

Wenngleich die vier beschriebenen Erfahrungs- und Handlungsbereiche des Menschen in umfassender Wechselwirkung zueinander stehen, wird ihr Zusammenhang dennoch mit unterschiedlicher Dringlichkeit und Notwendigkeit erlebt.

4.1 Moral und Ethik

So mag eine Lebensführung im Rahmen der geltenden Moralvorstellungen, also in Ausrichtung nach den allgemeingültigen Verhaltenserwartungen, durchaus möglich sein, solange die subjektive Gewissensgemäßheit als Maßstab des Handelns ohne Zweifel gegeben ist. Wenn aber die eindeutige Zuordnung einer Handlung zu gut und böse nicht zweifelsfrei gelingt, muss die höhere Instanz der Ethik angerufen werden, welche eine moralische Entscheidung der zuständigen Norm konfrontiert.

Beispiel:

In der Fußgängerzone von München bemerke ich bereits aus größerer Entfernung einen Mann in abgetragener Kleidung, ungepflegt und mit einem umgedrehten Hut vor sich an einer Hauswand kauernd. Beim Näherkommen – geplagt von dem Impuls, auf die andere Straßenseite zu wechseln – lese ich auf einem Plakat neben dem Mann: Ich bin obdachlos und ohne Arbeit.
Meine *alltagstaugliche moralische Ausrüstung* sagt mir unmissverständlich: Jedem Menschen in Not muss man helfen!
Auf der Ebene der sich sofort einklinkenden *Metamoral* (= kritische Reflexion meiner unmittelbaren Handlungsentscheidung) bremsen mir aber Einwände die scheinbar so eindeutige moralische Handlungsentscheidung ab: Der trägt meinen Euro sowieso gleich in die nächste Kneipe. Außerdem muss heutzutage niemand betteln; entweder kann er arbeiten oder er bekommt staatliche Unterstützung. Ist er am Ende gar nicht in Not, sondern ein Betrüger als Mitglied einer professionellen Bettlerbande usw.?
Da mich möglicherweise jede Handlungsalternative mit einem unzufriedenen Gewissen zurücklassen wird, kann ich in meiner Unschlüssigkeit die *Ethik* um Hilfe angehen. Mit der universalen Norm, z. B. *der Goldenen Regel* (Was du nicht willst, das man dir tut, das füg auch keinem andern zu!), werden als Instanzen der ethischen Beurteilung nun bewusst Mitleid und Vernunft eingesetzt:

- *Mitleid* auf der Basis der Gegenseitigkeit als Sympathie und Identifikation mit dem anderen, der auch ich sein könnte, als Offenheit und Füreinander unter dem Aspekt der Kreatürlichkeit und Gleichheit aller Menschen;
- *Vernunft*, mit der ich meine subjektiven Erfahrungen und Gebundenheiten übersteige und nach Argumenten suche, die „für jedes vernünftige Wesen" (Kant) willensbestimmend sein können (= Universalisierungsprinzip).

Nach der ethischen Norm der Goldenen Regel werde ich dem Mann in eindeutiger Willensentscheidung meinen Euro geben, ungeachtet dessen, was an subjektiven Erfahrungen und einschlägigen Geschichten vom Hörensagen mich auch daran hindern möchte.
Ja, wenn es da nicht noch die Ebene der *Metaethik* gäbe, welche vernunftorientiert in gründlicher Situationsanalyse die Frage z. B. nach echter und scheinba-

rer Hilfe aufwerfen könnte oder welche gar mit logisch-linguistischen Analysen bei den vorangegangenen drei Ebenen ansetzen könnte. (Vgl. weitere Ausführungen zu den vier Ebenen des moralisch-ethischen Argumentierens in Dilemma-Situationen unter B 5.2.2!)

Der möglicherweise längst stirnrunzelnde Leser hat Recht, wenn er an dieser Stelle denkt: Bis ich das alles bedacht habe, bin ich – Gott sei Dank!? – schon einige Zeit an dem Bettler vorbei. Moralische Entscheidungen und ihre ethische Überprüfung ereignen sich in der Regel ganzheitlich und spontan. Die moralisch-ethische Argumentationskette, der Aussagegehalt z. B. der Goldenen Regel oder des Universalisierungsprinzips (kategorischer Imperativ) müssen also bekannt und geübt sein, um in der Entscheidungssituation ohne lange Überlegung ihre Wirkung entfalten zu können, genauso wie die Fähigkeit zu einer möglichst realistischen Situationsanalyse.

Fazit:

Eine Verbindung von Moral und Ethik ist zur Bewältigung gewohnter Alltagssituationen nicht notwendig, aber u. U. sehr wünschenswert und hilfreich.

4.2 Moral, Ethik und Recht

Der Zusammenhang von Moral und Ethik einerseits und dem Recht andererseits ist ein notwendiger, insofern in Gesellschaft und Staat **wenigstens pflichtgemäßes Handeln dem Gesetz entsprechend** verlässlich erwartet werden muss, wenn schon ein Handeln um des Gesetzes willen nicht einklagbar ist.

Ethisch legitimierte Entscheidungen sind immer individuelle Entscheidungen, da die letzte Urteilsinstanz das Gewissen des Einzelnen ist. Die Norm, um derentwillen eine Person ihr Handeln ausrichtet, muss nicht zwangsläufig allgemeingültig sein, selbst wenn sie, wie z. B. die Goldene Regel, in allen Weltkulturen und -religionen bekannt ist. Und der Alltag vermittelt auch oft die leidvolle Erfahrung, dass eine Handlung wohl der Gesetzeslage entspricht, aber dennoch als unmoralisch empfunden wird. So ist z. B. ein mündlich ohne Zeugen gegebenes Versprechen rechtlich nicht einklagbar, seine Nichteinlösung aber durchaus unmoralisch.

Im Recht ist also der Minimalkonsens an Verhaltenserwartungen und Normen in Gesetzesform gebracht, der um eines geregelten Zusammenlebens willen in einem gesellschaftlichen System unabdingbar notwendig ist. Gesetzeswidriges Verhalten wird zwangsläufig mit Sanktionen belegt, was bei unmoralischem Verhalten nur bedingt der Fall ist. Ethisch einwandfreies Verhalten schließt in rechtsstaatlichen Ordnungen in der Regel gesetzmäßiges Verhalten mit ein, gesetzmäßiges Verhalten aber besitzt nicht in jedem Fall moralische Qualität.

Beispiel:

Das Verhalten der Mauerschützen an der ehemaligen innerdeutschen Grenze ist ethisch nicht zu rechtfertigen und damit unmoralisch. Nach den Gesetzen des sie deckenden Staates war ihr Verhalten gesetzmäßig, unter der Prämisse eines Unrechtsstaates aber nicht einmal dies. In den Mauerschützenprozessen wurde diese Ansicht vom BGH (Bundesgerichtshof) bejaht, weil die Tötung von Flüchtlingen auch in der DDR strafbar war, in keiner Weise durch demokratische Beschlussfassung legitimiert. Darüber hinaus stellten die Tötungen einen Verstoß gegen die Verhältnismäßigkeit selbst bei angenommener Geltung des Grenzgesetzes der DDR dar. Der Verstoß gegen elementare Gebote der Gerechtigkeit und gegen völkerrechtlich geschützte Menschenrechte wurde ebenso vom EuGH (Europäischer Gerichtshof) bestätigt. An der Staatsgrenze der DDR waren 270 Tote zu beklagen, die deswegen angestrengten Verfahren endeten meistens mit Bewährungsstrafen oder Freispruch.

4.3 Moral, Ethik und Religion

Da moralische und ethische Forderungen von allen großen Weltreligionen vertreten werden, ist der Zusammenhang zwischen Moral und Ethik einerseits und Religion andererseits unbestritten. Problematisch sind der Maßstab und die Ausschließlichkeit der Handlungsbeurteilung, die für den Gläubigen lebenserleichternd wirken mögen, aber nicht als allgemein verbindliche Forderung erhoben werden können. Religiös motiviertes Handeln schließt ethisch motiviertes Handeln ein, wenn man von Zerrformen z. B. der Bigotterie oder des unduldsamen Fundamentalismus absieht. Es übersteigt möglicherweise sogar ethisch motiviertes Handeln durch seine transzendente Ausrichtung, als Fundament in einer pluralistischen Gesellschaft kann es aber nicht vorausgesetzt werden.

Religion und der sie tragende Glaube reichen letztlich über das hinaus, was mit Sinnen und Verstand erfasst werden kann. Sie behaupten Wahrheit als Zusammenhang bzw. Sinn alles Seienden, die mit der Vernunft der Möglichkeit nach grundsätzlich einholbar sei. Die Philosophie fragt nach diesem Sinn methodisch autonom, d. h. bei Ausschaltung jeglicher unbegründeter Vorgabe (etwa durch Offenbarung), während z. B. die christliche Theologie die Wirklichkeit von der Offenbarung her interpretiert. „Das letzte Wort des Glaubens ist Andersheit – anders als das, was ist", z. B. das Reich Gottes (Bolz, N. in Forschung und Lehre 7/1999). Die Theologie kann allerdings dem Vorwurf einer auf unbedingten Glauben pochenden Indoktrination nur entgehen, wenn sie ihre Interpretationen grundsätzlich philosophischer Begründung aussetzt, darüber hinaus sich der Vorläufigkeit ihrer Interpretationen ohnehin bewusst bleibt (vgl. hierzu die Enzyklika „Fides et ratio" von Papst Johannes Paul II. von 1999). Aus einem fundamentalistischen Absolutheitsanspruch der Religion folgt zwangsläufig Gewalt gegen Andersdenkende und -glaubende.

Eine grundsätzlich andere Fragestellung wirft das Verhältnis von Glaube und Vernunft auf. Indem z.B. Averroes beide verbindet, da sie sich wechselseitig dienen, setzt Spinoza (Theologischer und politischer Traktat) voll auf die Vernunft und bezeichnet den Glauben als absurd; er negiert Gott, verteidigt aber ebenso wie z. B. Schopenhauer (Parerga und Paralipomena) die Religion als Ordnungsmittel für die Nichtdenkenden und als Krücke für die Zukurzgekommenen.

Idealerweise kann die Versöhnung von Vernunft und Offenbarung, von Philosophie und Religion angestrebt werden, wie z. B. versucht von Thomas von Aquin.

Während nicht fundamentalistische Religionen letztlich die auf Freiheit beruhende Akzeptanz des Menschen bzw. Gläubigen fordern, lässt das weltanschauliche **Zerrbild der Ideologie** diesen Freiheitsspielraum nicht zu. Ideologie kennt kein Wahrheitskriterium außerhalb ihrer Wirklichkeitsinterpretationen, dem sie verpflichtet wäre, für sie fallen vielmehr Wirklichkeit und ihre Deutung dieser Wirklichkeit zusammen. Von ihren Anhängern verlangt sie unbedingte Unterordnung, die nicht nach Begründungen ihrer Interpretationen fragt. Abweichler werden bis zur Konsequenz der Existenzvernichtung ausgegrenzt.

Beispiel:

Die ab 1934 weitverbreiteten „Grundlagen einer nationalsozialistischen Ethik" von Usadel (vgl. Usadel 2020) gehen von der dogmatischen Setzung aus, dass sich die Qualität der gelebten Werte unmittelbar aus der Erbgesundheit des Volkes ergibt. Ziel allen ethischen Verhaltens ist damit die „Veredelung des Erbgutes", zu dessen Erreichung eine Reihe von Vorschriften und Regeln für Sexualleben, Partnerwahl, die Grundtugenden von Ehre, Treue, Pflicht und Wahrhaftigkeit und für die dienende Unterordnung unter die Macht u. a. formuliert wird.

Von einer derartigen weltanschaulichen Position aus erscheinen sowohl die Rassengesetze als auch die Euthanasiepraxis als folgerichtige Konsequenz und insofern der ideologisch definierten und von einem beachtlichen Teil der Bevölkerung praktizierten Moral entsprechend, nur mit Ethik hat all das nicht das Geringste zu tun.

Fazit:

Außerreligiöse Moral und Ethik einerseits und Religion andererseits ziehen im Bemühen um die Lebensqualität des Einzelnen und gesellschaftlicher Systeme am selben Strang. Die für die konkrete Verwirklichung entscheidenden Unterschiede liegen im Begründungszusammenhang von Handeln und handlungsleitenden Maßstäben. Die Religion behält sich diesbezüglich eine Grenzüberschreitung zu transzendenten Letztbegründungen vor. Mit solchen absoluten Letztbegründungen verfügt die Religion über eine Sicherheit, die „innerweltlicher" Moral und Ethik zwangsläufig abgeht.

Intellektuell redlich bleiben unbeantwortet im Rahmen ausschließlich ethischer Lebensregulierung ohnehin Fragen wie solche des Umgangs mit Schuld und Leid, mit unentdeckten bzw. ungesühnten Unrechtstaten, Fragen nach dem nicht erschlossenen Sinnganzen des menschlichen Lebens und im Zusammenhang mit der in der Realität erlebten letzten Unerreichbarkeit sittlicher Sollensforderungen. Auch die Erfahrung des Gewissens ist nicht für jedermann psychologisch hinreichend erklärt im Sinne eines Konstrukts aus Sozialisation und Erziehung. Religion reicht mit ihrem Angebot von Antworten auf solche Fragen über die Möglichkeiten bloßer Ethik hinaus, hilfreich für den, der sie akzeptieren kann, als allgemein verbindliche Grundlage der Lebensführung jedoch weder jedermann zu vermitteln noch zumutbar.

Demgegenüber ist Religion aber auch ständig in Gefahr, in Dogmatismus und fundamentalistische Radikalisierung abzugleiten und die aus ihrer Sicht „Ungläubigen" abzuwerten, schlimmstenfalls zu verfolgen.

Die *Ethiklehrpläne* sehen je nach Jahrgangsstufe mit unterschiedlichem Anspruch die Begegnung mit Religion vor. Dabei kann es nicht um erschöpfende Vermittlung von Glaubensinhalten gehen, die dem Religionsunterricht vorbehalten ist. Nötig ist vielmehr die orientierende und vergleichende Wahrnehmung der ethischen Ansätze in den Weltreligionen und – zur Ethik abgrenzend – die Feststellung von Besonderheiten, aber auch die Erkenntnis gemeinsamer ethischer Sollensforderungen. Ethik- und Religionsunterricht geben beide Antworten auf die Frage nach dem Sinn des Lebens und einen verlässlichen Moralkodex, auch wenn die Letztbegründung in der Religion in der Transzendenz (z. B. der Offenbarung) verankert ist, in der Ethik mit dem Bezug auf Menschenrechtskonventionen, Grundgesetz und Verfassungen sowie auf philosophische Lebensentwürfe Vorlieb nehmen muss. Der Blick auf die Weltreligionen und ihre Kernaussagen kann das eigene Welt- und Menschenbild erweitern und gegebenenfalls auch bereichern, auf alle Fälle aber durch die Einübung in den Perspektivenwechsel Toleranz Andersdenkenden gegenüber befördern.

Religionskritik ist in den mit philosophischer Grundausrüstung vertrauten höheren Jahrgangsstufen lehrplanmäßig vorgesehen. Dabei ist allerdings rücksichtsvolle Zurückhaltung mit Aussagen erforderlich, welche Religionen insgesamt oder wesentliche Sollensforderungen (z. B. in der Sexualmoral) als ungeeignet, unzeitgemäß oder gar schädlich für den Einzelnen und die Gesellschaft behaupten; dies gilt um der notwendigen Toleranz willen auch, wenn die Beweisführung historisch, psychologisch oder soziologisch möglich wäre.

Durchaus zulässig ist es aber im Sinne theoretischer Religionskritik, Religionen z. B. mit Fragen zur Sinnhaftigkeit eines behaupteten Wahrheitsgehaltes – vor allem vor dem Hintergrund naturwissenschaftlicher Erkenntnisse – und mit einem eventuellen Mangel an stichhaltiger Begründung zu konfrontieren.

5 Das Gewissen als Urteilsinstanz in ethischen Entscheidungen

5.1 Fallbeispiel

Lena, 22 Jahre alt, erfährt nach einem Solourlaub ihres Freundes und dessen sich länger hinziehender Zurückhaltung bei intimen Kontakten, dass er – wohl aufgrund eines sexuellen Urlaubserlebnisses – HIV-positiv ist. Als der zweite Test den Befund bestätigt, ist der Freund derart deprimiert, dass er sich mit Selbstmordgedanken trägt. Lena weiht ihre Eltern in die Vorkommnisse ein, worauf ihr diese dringend raten, sich sofort von ihrem – offensichtlich ja auch untreuen – Freund zu lösen und einen längeren Urlaub bei Verwandten in England anzutreten, um dadurch endgültigen Abstand zu gewinnen. Lena reist, wird aber in England zunehmend von Gewissensbissen heimgesucht.

Erläuterung:

Nach Aristoteles ist „die Herrin unserer Handlung die sinnliche Wahrnehmung". Lenas Handlung wurde bestimmt von den offenkundigen Fakten der Untreue ihres Freundes, der damit verbundenen HIV-Infektion und der gebotenen Möglichkeit, der unangenehmen Situation durch eine Auslandsreise zu entfliehen. Durch Gefühl und Wissen gleichermaßen wird ihr aber vermittelt, dass man einen besonders nahestehenden Menschen in der Not nicht im Stich lässt. Nach dieser ersten, eher emotionsbestimmten Regung des Gewissens folgt die Anwendung eines Satzes der praktischen Vernunft, z. B. der Goldenen Regel auf den vorliegenden konkreten Einzelfall. Das Gewissen greift als theoretische Reflexion in unserem Fall also bereits im Vollzug der Handlung bzw. unmittelbar nach erfolgter Handlung ein. Es prüft, ob die Wahl der Mittel (sofortige Aufkündigung der Freundschaft und Flucht in einen längeren Urlaub) als Antwort auf die Untreue des Freundes und angesichts der Umstände (lange intime Freundschaft, Selbstmordgedanken des Freundes) richtig oder falsch ist; es beruft sich dabei – bewusst oder intuitiv – auf einen Prüfmaßstab, z. B. intellektuell auf die Goldene Regel, emotional auf entsprechende Erfahrungswerte.

Fazit:

Im Gewissen ereignet sich nach einer gefühlsmäßigen Verunsicherung bezüglich einer Handlung mithilfe der Vernunft die Anwendung einer Moralnorm auf ebendiese – offensichtlich moralisch problematische – Handlung zum Zweck ihrer Überprüfung. Im Gewissen fallen also durch die Vernunftfunktion Legislative (Moralnorm), Exekutive (Anwendung der Moralnorm auf den Fall) und Judikative (Überprüfung und Beurteilung) zusammen, eine Tatsache, die für die Autonomie des Gewissens von besonderer Bedeutung ist (vgl. 5.5).

5.2 Etymologische Anmerkungen zum Begriff „Gewissen"

1. Die nachweisbar ursprüngliche Bezeichnung für Gewissen war in der griechischen Antike συνείδησις (syneidesis), überliefert seit dem 5. Jh. v. Chr.

   Bedeutungen:
   – ‚Mitwissen, Bewusstseinszustand, v. a. Bewusstsein, das eine schlechte Handlung begleitet und Beunruhigung, Seelenqual, „Gewissensbisse" etc. verursacht';
   – ‚stellungnehmende und mit Autorität ausgestattete Urteilsinstanz';
   – ‚Bewusstsein als Inbegriff sittlicher Einstellung und Haltung'.

2. Im lateinischen Sprachgebrauch ergab sich als Übersetzung des griechischen Wortes *conscientia* ‚Mitwissen, Mitkenntnis, Einverständnis; Bewusstsein, Überzeugung; Gefühl, Gewissen (*recta, mala, sana* = gutes, schlechtes, ruhiges)', v. a. bedeutungsreich verwendet von Cicero (106–43 v. Chr.).

3. Die durch einen Schreibfehler verursachte und seit 1165 nachweisbare Vertauschung von συνείδησις (syneidesis) mit συντήρησις (synteresis) ‚Bewahrung, Bewachung, Erhaltung' spielte im Theologenstreit v. a. des Mittelalters eine Rolle, blieb aber für die Begriffsentwicklung in der Neuzeit folgenlos.

4. Paulus spricht dem Gewissen autonome Entscheidungsbefugnis zu. In der frühen kirchlichen Tradition war das Gewissen Zeuge, Ankläger, Richter in einem bezüglich des menschlichen Handelns. Je nach theologischer Schule wurde das Gewissen als autonom entscheidend oder heteronom an den kirchlichen Gesetzen orientiert aufgefasst. Für Augustinus war das Gewissen Richtschnur sittlichen Handelns im Sinne der Goldenen Regel.

5. Die deutsche Bezeichnung *Gewissen* ist eine Lehnübersetzung von lt. *conscientia*, und zwar von Notker dem Deutschen (Teutonicus, 950–1022), durch Luthers (1483–1546) Bibelübersetzung fest in der deutschen Sprache verankert. Luther verstand das Gewissen als spezifisches Verhältnis des Menschen zu Gott.

(Detailliertere Hinweise zu Herkunft, Verwendung und Bedeutungswandel bietet das *Historische Wörterbuch der Philosophie* unter dem Stichwort *Gewissen*.)

5.3 Ausgewählte Ansichten zum historischen und heutigen Verständnis des Gewissens (Materialsammlung, auch für den Unterricht)

Das heutige Verständnis von Gewissen wird durch die je nach weltanschaulichem oder wissenschaftlichem Standpunkt unterschiedlichen Interpretationen nicht gerade erleichtert.

1. Der griechische Tragödiendichter **Euripides** (485–406 v. Chr.) lässt Orestes klagen, dass ein Daimon ihm Gewissensnot bereite, die darin besteht, sich seiner Untat – nämlich die eigene Mutter ermordet zu haben – bewusst zu sein. Das Gewissen wird als Wissen um Gut und Böse thematisiert (vgl. Orestes, Vers 385–398).

2. Nach **Thomas v. Aquin** (1225–1274) sorgt das Gewissen für die praktische Anwendung des richtigen Wissens, gemäß dem ersten moralischen Prinzip der praktischen Vernunft: Das Gute ist zu tun, das Böse ist zu unterlassen!, und zwar in Bezug auf die „natürlichen Hinordnungen" (= anthropologischen Gegebenheiten) des Menschen, wie z. B. Selbst- und Arterhaltung, Leben in der Gemeinschaft, Gemeinwohl, Gotteskenntnis, ewiges Heil. Entscheidend ist dabei die **Gesinnung**, die bewusste sittliche Überzeugung, die auf Wissen beruht. Das dem Menschen als solchem natürlich gegebene **prinzipielle Wertbewusstsein** (συνείδησις = syneidesis) bedarf der **weltanschaulichen Grundorientierung** (sapientia ‚Weisheit') und des **situationsbezogenen Tatsachenwissens** (scientia ‚Kenntnis, Einsicht, Wissen, Wissenschaft', aber auch ‚gründliches Wissen, Theorie') sowie des **Willens zum Handeln**, um als vorausgehende Gewissensentscheidung (= conscientia antecedens) wirksam werden zu können; nur eine solche, auf Wissen und abwägender Entscheidung beruhende sittliche Handlung hat moralischen Wert. Das *nach* einer Handlung sprechende Gewissen (= conscientia consequens) verteidigt lediglich eine an sich gute Handlung bzw. klagt eine schlechte Handlung an und bereitet Gewissensbisse. Freilich bleibt Thomas v. Aquin in der Begründung des Gewissens nicht bei der Natur- und Vernunftgemäßheit von sittlichen Handlungen stehen, sondern er verankert diese in der lex aeterna (= ewiges Gesetz) als göttlicher Vorsehung in Natur und Geschichte in Form einer speziellen Teilhabe der vernunftbegabten Kreatur Mensch für sich und für andere an ebendieser lex aeterna (= lex naturalis).

Nach Thomas erfolgt die Urteilsfindung des Gewissens in Form des **praktischen Syllogismus**:

Obersatz:	Tatsache des	Am Beispiel unter 5.1:
tersatz:	Ur-Gewissens mit	Eine nahestehende Person lässt man
	ersten moralischen	in der Not nicht im Stich!
	Prinzipien,	
	z. B. Goldene Regel	

Untersatz:	aktuelles Gewissen als Anwendung der Moralnorm, z. B. der Goldenen Regel, auf den konkreten Einzelfall	Sofortige Lösung der Freundschaft und Flucht in die Distanz durch Urlaub, konfrontiert mit der Goldenen Regel durch Empathie und Perspektivenwechsel
Konklusion:	Gewissensentscheidung	– entweder **vor** der Handlung im Sinn moralisch gewichteter Gesinnung (conscientia antecedens), in unserem Beispiel mit dem Entschluss zu bleiben
		– oder **nach** der Handlung mit verteidigender oder anklagender Konsequenz (conscientia consequens), da die moralisch getroffene oder zu treffende Vernunftentscheidung durch emotional gesteuerte Akte der Entlastung und Bestrafung überformt wurde.

3. Die Naturgemäßheit und gleichzeitige Freiheit der Gewissensentscheidung durch die Wahl zwischen Gut und Böse arbeitet **Rousseau** (1712–1778) heraus: „Ich bin Sklave durch meine Laster, aber frei durch mein Gewissen. Das Gefühl meiner Freiheit erlischt in mir nur, wenn ich verlottere und wenn ich die innere Stimme hindere, sich gegen das Gesetz des Körpers zu erheben..." Die Vorsehung „hat ihn (den Menschen) frei gemacht, damit er aus freier Wahl das Gute tue und nicht das Böse. Sie hat ihn in Stand gesetzt, diese Wahl zu treffen, wenn er die Kräfte richtig gebraucht, die sie ihm gegeben hat. Aber sie hat seine Kraft soweit beschränkt, dass der Missbrauch der Freiheit, die sie ihm gelassen hat, die allgemeine Ordnung nicht stören kann ... Das Gewissen aber täuscht nie. Es ist der wahre Führer des Menschen: Es verhält sich zur Seele wie der Instinkt zum Leib. Wer ihm folgt, gehorcht der Natur und braucht nicht zu fürchten, in die Irre zu gehen ... Alle Sittlichkeit unserer Handlungen beruht auf dem Urteil, das wir selbst darüber fällen" (Emil oder über die Erziehung, übersetzt v. Schmidts, L., Paderborn 1972, S. 289–301).

4. Für **I. Kant** (1724–1804) ist das Gewissen apriorisches Wertbewusstsein, das nicht über sinnliche Wahrnehmung und Empfindung erschlossen wird, sondern als „Instanz der Vernunft (aufzufassen ist), die uns unsere Pflichten vorhält"; es ist „Vermögen", „Anlage", „Gesetz in uns". „Das Gewissen ist ein **Instinkt**, sich selbst moralisch zu **richten**", ein innerer Gerichtshof (forum internum divinum), keinesfalls ein Produkt der Erziehung, wohl aber kultivierbar. Im Gewissen begegnen nach dieser Vorstellung gleichermaßen der Verstand als Gesetzgeber, die Urteilskraft als Ankläger und Verteidiger zugleich und die von sinnlicher Erfahrung unabhängige (a priori) Vernunft als Richter. Bei aller Orientierung an Rechtsgesetzen und am Bedeutungsmaßstab des kategorischen Imperativs leuchtet im Gewissen die Notwendigkeit Gottes als moralisch richtender Letztinstanz auf.

5. **G. W. Fr. Hegel** (1770–1831) betont Universalismus der sittlichen Entscheidung und Autonomie des Gewissens gleichermaßen: „Das wahrhafte Gewissen ist die **Gesinnung, das, was an und für sich gut ist, zu wollen**" ... Im wahrhaften Gewissen muss deshalb das durchaus berechtigte Selbstbewusstsein, „in sich und aus sich selbst zu wissen, was Recht und Pflicht ist", Orientierung nehmen an Recht und Pflicht als dem „an und für sich Vernünftigen der Willensbestimmungen". Das Gewissen ist letztlich „die Regel einer vernünftigen, an und für sich gültigen allgemeinen Handlungsweise" (Grundlinien der Philosophie des Rechts, § 137, in: Werke in 20 Bänden, Bd. 7. Frankfurt 1970), im Vollzug allemal „tiefste innerliche Einsamkeit mit sich selbst".

6. **L. Feuerbach** (1804–1872) löste in radikalem Bruch mit Hegel das Gewissen aus seiner transzendenten Anbindung. Nach seiner Ansicht braucht der Mensch die Einbildung der Religion lediglich zur Erfüllung seiner Wünsche, seines Glückseligkeitstriebes. „Was er (der Mensch) selbst nicht ist, aber zu sein wünscht, das stellt er sich in seinen Göttern als seiend vor; die Götter sind die als wirklich gedachten, die in wirkliche Wesen verwandelten Wünsche des Menschen..." Konsequent verbindet Feuerbach das Gewissen mit dem tief empfundenen Mitleid, das an das Bewusstsein gebunden ist, einem anderen Leid zugefügt zu haben, und zwar im Verstoß gegen die Goldene Regel. Insofern ist das Gewissen „das alter ego, das andere Ich im Ich", „mein an die Stelle des verletzten Du sich setzendes Ich, nichts anderes als der Stellvertreter der Glückseligkeit des Anderen auf Grund und Geheiß des eigenen Glückseligkeitstriebes" (Zur Ethik – der Eudämonismus, in: Sämtliche Werke, Bd. 10. Stuttgart 1911, S. 278 f.).

7. **S. Freud** (1856–1939) fasst das Gewissen als identisch mit dem „Über-Ich" auf, in dem die aus der Familie und dem Sozialisationsumfeld übernommenen moralischen Handlungsmotive repräsentiert sind.

8. **M. Heidegger** (1889–1976) bezeichnet das Gewissen als „Ruf der Sorge", als welcher es „das Dasein zur Existenz, zum eigensten Selbstseinkönnen aufruft" (Sein und Zeit. Tübingen [17]1993).

9. Die **vorherrschende psychologische Deutung** des Gewissens sieht es als Ergebnis von Sozialisation und Erziehung, insbesondere von Modell-Lernen, oder als Konditionierungsergebnis (Behaviorismus).

10. Die Bemühungen um ein **Weltethos** verstehen das Gewissen als gleichen Maßstab für sich selbst und für andere, identisch mit der Goldenen Regel, dem in allen Weltreligionen bekannten Moralprinzip.

11. Die totale Aufgabe der Gewissensautonomie des Individuums belegen die folgenden Zitate:
   – „Die Tafeln vom Sinai haben ihre Gültigkeit verloren. Das Gewissen ist eine jüdische Erfindung. Es ist wie die Beschneidung eine Verstümmelung des menschlichen Wesens ... Die Vorsehung hat mich zum größten Befreier der Menschheit vorbestimmt. Ich befreie den Menschen von dem Zwange eines Selbstzweck gewordenen Geistes, von der schmutzigen und erniedrigenden

Selbstpeinigung einer Gewissen und Moral genannten Chimäre und von den Ansprüchen einer Freiheit und persönlichen Selbständigkeit, denen immer nur ganz wenige gewachsen sein können.

Der christlichen Lehre von der unendlichen Bedeutung der menschlichen Einzelseele und der persönlichen Verantwortung setze ich mit eiskalter Klarheit die erlösende Lehre von der Nichtigkeit und Unbedeutendheit des einzelnen Menschen und seines Fortlebens in der sichtbaren Unsterblichkeit der Nation gegenüber. An die Stelle des Dogmas von dem stellvertretenden Leiden und Sterben eines göttlichen Erlösers tritt das stellvertretende Leben und Handeln des neuen Führergesetzgebers, das die Masse der Gläubigen von der Last der freien Entscheidung entbindet" (A. Hitler, 1889–1945, aus einem Gespräch 1940, zitiert in Brummack, D. u. a. [Hg.]: Anpassung oder Wagnis. Frankfurt 1971, S. 117).

– Im Jahr 1957 wird der Philosoph E. Bloch (1885–1977) in der DDR wegen Gewissenlosigkeit angeklagt. In der Anklagerede heißt es:

„Es ist bei uns Kulturschaffenden noch oft üblich, entsprechend bürgerlichem Brauch, bei der Entscheidung von wichtigen Fragen auf unser Gewissen als höchste Instanz zurückzugreifen.

Aber was ist das Gewissen? Unser Gewissen ist gesellschaftlich formuliert; wenn wir das nicht wissen und es für eine Art unabhängig von allen gesellschaftlichen Gegebenheiten arbeitenden Geigerzähler für Gutes oder Böses halten, gehen wir grauenvoll in die Irre. Es kann für uns Genossen nur *eine* gesellschaftliche Instanz als gewissensbildend geben, das ist das Wohl der Arbeiterklasse und ihrer Partei" (zitiert in Thielicke, H.: Theologische Ethik, Band II/2. Tübingen 1955).

12. Die an den Neurowissenschaften orientierte **Neuroethik** erklärt menschliche Handlungen und Empfindungen, auch moralische, als Folge allein naturwissenschaftlich nachvollziehbarer Prozesse. Moralische Empfindung entsteht nach Jorge Moll (vgl. Moll u. a. 2005) aus „der Kombination von strukturierten Ereignissen, sozial wahrnehmenden und funktionellen Eigenschaften sowie zentralen Motivationszuständen". Die moralische Entscheidungsfindung sei laut gemessener Gehirnaktivität vor allem im präfrontalen Cortex und in der Amygdala zu verorten. Eine derart deterministische Erklärung moralischen Empfindens und Handelns wirft zwangsläufig Fragen zur Willensfreiheit, Schuldfähigkeit und Verantwortung des Menschen für sein Handeln auf. Der schon von Thomas Hobbes und David Hume und heute von der Mehrheit der Philosophen vertretene **Kompatibilismus** neigt zu der Auffassung, dass Willensfreiheit und Determinismus durchaus vereinbar (= kompatibel) sind, da der Mensch dann frei ist, wenn der Wille durch eigene Überzeugungen, Werte und Motive festgelegt ist und auch zu anderen Entscheidungen als den getätigten fähig gewesen wäre. Wenn der Wille durch nichts festgelegt ist, handelt er in seinen Entscheidungen nicht frei, sondern zufällig. Demgegenüber stellt z. B. für Arthur Schopenhauer die Willensfreiheit eine Verletzung des Kausalitätsprinzips dar, ist also eine Illusion, da bestimmt durch äußere und in der Person liegende Ursachen.

5.4 Zusammenfassung wesentlicher Aspekte zum Verständnis des Gewissens als Urteilsinstanz in ethischen Entscheidungen

– Unter Gewissen wird sowohl eine gegebene Anlage als auch das subjektive Erleben einer sittlichen Sollens-Forderung verstanden.
– Allen in Auswahl genannten Stellungnahmen gemeinsam ist das **Universalisierungsprinzip** in der Ethik, d. h. die Bindung des Gewissens an eine allgemein verbindliche Moralnorm (lex aeterna, Goldene Regel, kategorischer Imperativ, Wohl der Arbeiterklasse usw.).
– Im Gewissen werden gleichermaßen einerseits gute oder schlechte **Gefühle** der Wahrnehmung einer sittlichen oder unsittlichen Handlung, andererseits **Wissen** um Gut und Böse aktualisiert. Das Gewissen des Menschen ist insofern „der reflektierte [d. h. durchaus auch konflikthafte/Köck] innere Dialog mit sich selbst" (H. Arendt) mit dem Ziel der Verteidigung seiner Integrität. Anregung zur Diskussion im Unterricht: Wie ist in diesem Zusammenhang das Verhalten eines Mafioso zu beurteilen, der sich gewiss ist, jemand töten zu müssen, um seine Ehre oder seinen Machtanspruch zu verteidigen?
– Das Gewissensgemäße wird gleichgesetzt mit dem **Vernunftgemäßen**, dieses mit dem **Naturgemäßen**, so z. B. bei Thomas von Aquin und Kant.
– Das Gewissen ist je nach Ansatz handlungsbegleitende **Kontrollinstanz** und/oder handlungsbestimmende **Entscheidungsinstanz**.
– Die meisten Ansichten zum Gewissen betonen die auf der Willensfreiheit des Menschen beruhende **Autonomie der Gewissensentscheidung** und damit die unbedingte Weisungsfunktion des Gewissens.
– Für den religiös orientierten Menschen fallen Autonomie und Theonomie (= göttliche Gesetzgebung und Unterordnung unter dieselbe) der Gewissensentscheidung zusammen.

5.5 Autonomie des Gewissens und der Fall des irrenden Gewissens

Moralität als moralisches Bewusstsein oder moralische Haltung meint die **Gewissensgemäßheit des Willens** und nicht das Ausmaß der Übereinstimmung des Willens oder Verhaltens mit staatlichen oder kirchlichen Gesetzen, mit allgemein geübten Gewohnheiten, mit Befehlen in einer hierarchischen Ordnung (vgl. unter diesem Gesichtspunkt die Problematik des Befehlsnotstands!). Solche äußeren Orientierungen erhalten erst dann moralisch verpflichtenden Charakter, wenn sie vom Gewissen bewusst akzeptiert sind. Das Gewissen ist mithilfe der Vernunft sein eigener Gesetzgeber und damit **letzte Instanz der Moralität, d. h. autonom in der Freiheit der moralischen Entscheidung**.
In der Entstehung eines moralischen Urteils ist es allerdings nicht weit her mit der Autonomie des Gewissens: Es zeigt sich nämlich hier abhängig vom

aktuellen Stand des Sachwissens, der Kenntnis moralischer Regeln, von Sozialisations- und Erziehungseinflüssen und aktuellen Lebensumständen, vom erreichten Stand der Fähigkeiten des Erkennens, des Einfühlens und Wollens sowie von der Fähigkeit zum verantwortlichen moralischen Urteil.

Bei allem Einfluss dieser Abhängigkeiten auf die Gewissensentscheidung kann aus ihnen aber nicht ein beliebiges Alibi für die Verantwortlichkeit konstruiert werden. Das Gewissen findet seinen Orientierungsmaßstab in der Wirklichkeit; Erkenntnis (Wissen) und Wollen fallen im moralischen Urteil des Gewissens zusammen. Es gehört schon als wesentlicher Bestandteil zur Gewissensbildung, bei der moralischen Urteilsbildung lediglich persönliche Meinungen durch den Blick auf die tatsächliche Wirklichkeit zu ersetzen. Unsachgemäßer, einseitiger, borniert-ideologiegeleiteter Zugriff auf die Wirklichkeit führt u. U. zu schuldhaft falschen moralischen Urteilen.

Nach Kant können die „natürlichen moralischen Gesetze" keinem unbekannt sein. Der Irrtum kann lediglich auf Erziehungs- oder Verstandesfehlern beruhen. Das irrende Gewissen ist demnach für ihn ein „Unding". Schlimmstenfalls kann ein Urteil vermieden werden, womit aber weder Irrtum noch Wahrheit vorliegt. Ferner kann ein Irrtum darüber bestehen, ob eine Handlung Pflicht ist.

In der Sache kann also das Gewissen bei seinem Urteil durchaus irren, nicht aber als letztverantwortliche moralische Entscheidungsinstanz. Niemand kann böse handeln, ohne es zu wissen. D. h., dass auch ein in der Sache irrendes Gewissen verpflichtet, sofern dieser Irrtum als solcher nicht erkannt wird.

Nochmals sei betont, dass dies grundsätzlich nur unter der Voraussetzung gilt, dass sich der Betreffende ernsthaft um sachgerechte Sicht der Wirklichkeit und damit um das „Gute und Wahre" bemüht.

> Halten wir fest: Das Gewissen ist die letzte Instanz der Moralität, Moralität aber ist nicht unbetroffen von den für uns mehr oder weniger unverfügbaren Tatsachen der Welt, von aktuellen Situationen und ihren Umständen.

Beispiel: Der Fall Rudolf Höß

(Nach: Deselaers, M.: Und Sie hatten nie Gewissensbisse? Biographie von Rudolf Höß, Kommandant von Auschwitz, und die Frage nach seiner Verantwortung vor Gott und den Menschen. Leipzig 2001)

1. Lebenslauf:

Rudolf Höß, zuletzt Obersturmbannführer, wurde am 25. 11. 1900 in Baden-Baden geboren. Seine Kindheit erlebte er in einem streng katholischen Elternhaus. Er war Ministrant und nach dem Wunsch des Vaters sollte er Priester werden. Im Alter von 12 Jahren glaubte er, Anlass zu haben, an der Verschwiegenheit seines Beichtvaters zu zweifeln, da sein Vater mit Details von einer gebeichteten, mit Verletzungen verbundenen Rempelei in der Schule vorwurfsvollen Druck auf ihn ausübte. Er wurde nach diesem vermuteten Vertrauensbruch und unter dem dominierenden Einfluss seines Vaters immer verschlossener und entfloh schließlich 15-jährig dem elterlichen Einfluss durch seine Meldung als Kriegsfreiwilliger im Ersten Weltkrieg. Auf dem türkischen Kriegsschauplatz brachte er es 17-jährig zum Unteroffizier und zu mehreren Auszeichnungen. Nach der Niederlage war er Freikorpskämpfer im Baltikum, in Oberschlesien und im Ruhrgebiet. 1922 trat er aus der katholischen Kirche aus und in die NSDAP (Nationalsozialistische Arbeiterpartei) ein. Wegen seiner Beteiligung am sog. Parchimer Fememord in der Nacht vom 31. Mai zum 1. Juni 1923 wurde er am 15. März 1924 vom Staatsgerichtshof zum Schutze der Republik

Foto Rudolf Höß 1947 © Polska Agencja Prasow (PAP)

zu 10 Jahren Zuchthaus verurteilt, bereits 1928 aber amnestiert. Ab 1929 war er Mitglied bei den Artamanen, einer elitären Vereinigung mit strengem Sittenkodex, antislawischer Einstellung und mit dem Ziel der Ostbesiedlung.

Seit 1933 Anwärter bei der SS, wurde er 1934 als Mitglied aufgenommen, im selben Jahr in das KL (Konzentrationslager) Dachau beordert und 1935 dort zum Blockführer ernannt. Nach mehreren Beförderungen gelangte er über das KL Sachsenhausen 1940 als Kommandant in das KL Auschwitz. Am 3. 9. 1941 leitete er eine Probevergasung von 600 russischen Kriegsgefangenen und anderen Häftlingen mit Zyklon B, für dessen Einsatz er sich wegen der „effektiven" Wirkung im Rahmen der geplanten Massenvernichtung von Juden (1,3 bis 2,5 Millionen nach Höß) entschied.

Nach einer kurzen Abordnung als Amtschef D I (Politische Abteilung der Inspektion der Konzentrationslager) des WVHA (Wirtschaftsverwaltungshauptamtes der SS) vom 10. 11. 1943 bis 7. 5. 1944 kehrte Höß am 8. 5. 1944 auf Wunsch des Reichsführers SS Heinrich Himmler in der Funktion des Standortältesten nach Auschwitz zurück, um die „Aktion Höß" durchzuführen. Gemeint war damit die Tötung von ca. 400 000 ungarischen Juden im Vernichtungslager Auschwitz-Birkenau, die Höß persönlich überwachte.

Gegen Kriegsende tauchte Höß mit gefälschten Papieren als Bootsmaat Franz Lang bei der Marine-Nachrichtenschule auf der Insel Sylt unter und nach vorzeitiger Entlassung aus der englischen Gefangenschaft als Berufslandwirt auf einem Bauernhof bei Flensburg. Nach intensiver Suche entdeckt, wurde er am 11. 3. 1946 verhaftet, zu seiner eigenen Überraschung im Kriegsverbrecherprozess in Nürnberg als Entlastungszeuge von Kaltenbrunner (Chef des Reichssicherheitshauptamtes) und als Belastungszeuge gegen Oswald Pohl und die IG Farben vorgeführt und schließlich am 25. 5. 1946 an Polen ausgeliefert.

Am 16. 4. 1947 wurde er dort zum Tod durch den Strang verurteilt und auf dem Lagergelände des KL Auschwitz vor seinem früheren Wohnhaus hingerichtet.

2. Weitere aus der Autobiografie erschließbare Fakten zur Problematik des irrenden Gewissens und des Gewissens als letzter Entscheidungsinstanz in moralisch relevanten Situationen:

R. Höß bekennt bis zu seinem Lebensende: „Ich bin nach wie vor Nationalsozialist im Sinne einer Lebensauffassung ... „Die nationalsozialistische Weltanschauung hielt ich für die einzig artgemäße für das deutsche Volk. Die SS war nach meiner Ansicht die tatkräftigste Verfechterin dieser Lebensauffassung und nur sie war dazu befähigt, das ganze deutsche Volk allmählich wieder zu einem artgemäßen Leben zurückzuführen". An die Stelle des autonomen Gewissens setzte die SS unbedingten soldatischen Gehorsam sowie rassenideologisch und führerbezogen geprägtes Pflichtbewusstsein. Der Führer Adolf Hitler und die SS, vor allem in der Gestalt des Reichsführers SS Heinrich Himmler, wurden für R. Höß zu nicht hinterfragbaren Autoritäten und damit zu Lenkungsinstanzen seines Gewissens. Höß versichert immer wieder, guten Gewissens gehandelt zu haben, was in seinem Falle ein Handeln im Sinne eines systemimmanenten Gewissens bedeutet: Höß war von der Notwendigkeit der KL als Aufbewahrungsort für Staatsfeinde, als Erziehungsanstalten und nach Kriegsausbruch auch als Vernichtungsstätten des (angeblich) Bösen und von „Untermenschen" zum Zweck der Aufrechterhaltung und der Verteidigung des nationalsozialistischen Systems überzeugt.

„So *mussten* also die KL vor dem Krieg die Aufbewahrungsstätten der Staatsgegner werden ...".

„Nach dem Willen des Reichsführers SS Heinrich Himmler wurde Auschwitz die größte Menschenvernichtungsanlage aller Zeiten ... Ob diese Massenvernichtung der Juden notwendig war oder nicht, darüber konnte ich mir kein Urteil erlauben, so weit konnte ich nicht sehen. Wenn der Führer selbst die *Endlösung der Judenfrage* befohlen hatte, gab es für einen alten Nationalsozialisten keine Überlegungen, noch weniger für einen SS-Führer".

Gelegentliche Bedenken und Zweifel an seinem Handeln empfand Höß als „Verrat am Führer", weshalb er sie immer wieder verwarf. Er übernahm die volle Verantwortung für das Funktionieren des KL Auschwitz, wie sie von einem SS-Führer erwartet wurde, nicht aber die moralische Verantwortung. Von Grausamkeiten distanzierte er sich, das meiste habe er gar nicht erfahren. Obwohl er schließlich im Nachhinein die KL für „schlecht" hielt, fühlte er sich nicht persönlich schuldig, sondern als Opfer eines Verrats durch das System, als Mörder von Millionen sozusagen ohne seinen Willen.

„Ich war unbewusst ein Rad in der großen Vernichtungsmaschine des Dritten Reiches geworden".

Erst kurz vor der Hinrichtung sah Höß sein Bekenntnis zur nationalsozialistischen Ideologie nicht nur als Fehler oder Irrtum, sondern er kehrte sich von ihr ab: „So war auch mein Handeln im Dienste dieser Ideologie völlig falsch, wenn ich auch guten Glaubens an die Richtigkeit dieser Idee war" (Abschiedsbrief vom 11. 4. 1947).

Das entstandene Autoritätsvakuum ersetzte er durch seine Rückkehr zum Katholizismus, durch Beichte und Kommunion vor der Hinrichtung.

3. Anregungen zur Bearbeitung der Gewissensproblematik am Fall Rudolf Höß (im Unterricht in Auswahl):

① Non est peccatum nisi contra conscientiam ‚Es gibt keine Sünde außer gegen das Gewissen' (P. Abaelard).

② Gewissensbisse in Form gelegentlicher Bedenken und Zweifel als Rückerinnerung an das natürlich gegebene Sittengesetz, dessen Ausschaltung „Verwahrlosung meines Seins" (Ratzinger 1999, Seite 58) und Aufgabe der eigenen Menschenwürde bedeutet.

③ Sich sittlich gut zu verhalten = Verhalten „nach Maßgabe seiner Natur" → ens et bonum convertuntur ‚Das Sein und das Gute sind austauschbar' (Thomas v. Aquin).

④ Also: Niemand kann böse handeln, ohne es zu wissen, denn unsittliches Verhalten ist ein Verhalten wider die Natur, von Absicht und Gesinnung getragen (conscientia antecedens = vorausgehende Gewissensentscheidung), auch nicht entschuldbar durch nachfolgende Gewissensbisse (= conscientia consequens), mögen die Handlungsumstände auch noch so verständlich sein (Politik, Zeitgeist, Gruppendruck, ...).

⑤ Als Gesinnungstäter im Rahmen eines rassenideologischen Systems handelte Höß gewissensgemäß und damit moralisch, aber ethoswidrig = naturwidrig = vernunftwidrig.

⑥ Handelte Höß unfreiwillig aus Zwang oder Unwissenheit, weil er den üblicherweise allgemein verbindlichen ethischen Beurteilungsmaßstab für sein Handeln nicht kennt (aufgrund der nationalsozialistischen Erziehungspraxis) oder ideologiegeleitet nicht anerkennt? Kann sich Unwissenheit hier überhaupt auf die weltanschauliche Ausrichtung beziehen, die sich an wissbarer und zum Wissen verpflichteter Natur- und Vernunftgemäßheit messen lassen muss, oder nur auf einzelne Handlungsumstände, denen Reue und Ablehnung folgen, wenn die Unwissenheit beseitigt ist?

Nach Kant kann das Sittengesetz (= die natürlichen moralischen Gesetze) als a priori (= unabhängig von der sinnlichen Erfahrung) gegeben nicht außer Kraft gesetzt werden.

⑦ Wie ist der Fall zu beurteilen, wenn Höß gegen sein Gewissen handelte? → Auch dann irrte ja sein Gewissen nicht, er wandte sich vielmehr bewusst dagegen (vgl. ①), z. B. durch die Aktivierung von Abwehrmechanismen wie Verdrängung, Verschiebung auf Andere, Wegmogeln der Schuldgefühle durch Rationalisierung, Beschönigung und Verleugnung. Damit läge nach gängiger Definition kein Gewissensirrtum, sondern ein Gewissensmissbrauch vor.

⑧ „Jeder muss auf andere Weise er selbst sein" (J. Habermas), eine Leistung der Aufklärung, in deren Vollzug sich der Mensch durch Benutzung seines Verstandes als autonom erlebt. „Schuld im moralischen wie im rechtlichen Sinne wird einzelnen Personen zugerechnet, während die Bürger eines politischen Gemeinwesens für die darin praktizierten oder gar legalisierten Verletzungen menschlicher Würde haften." (ebd.)

6 Standortbestimmung und aktuelle Wirkungsbereiche der Ethik

6.1 Überblick

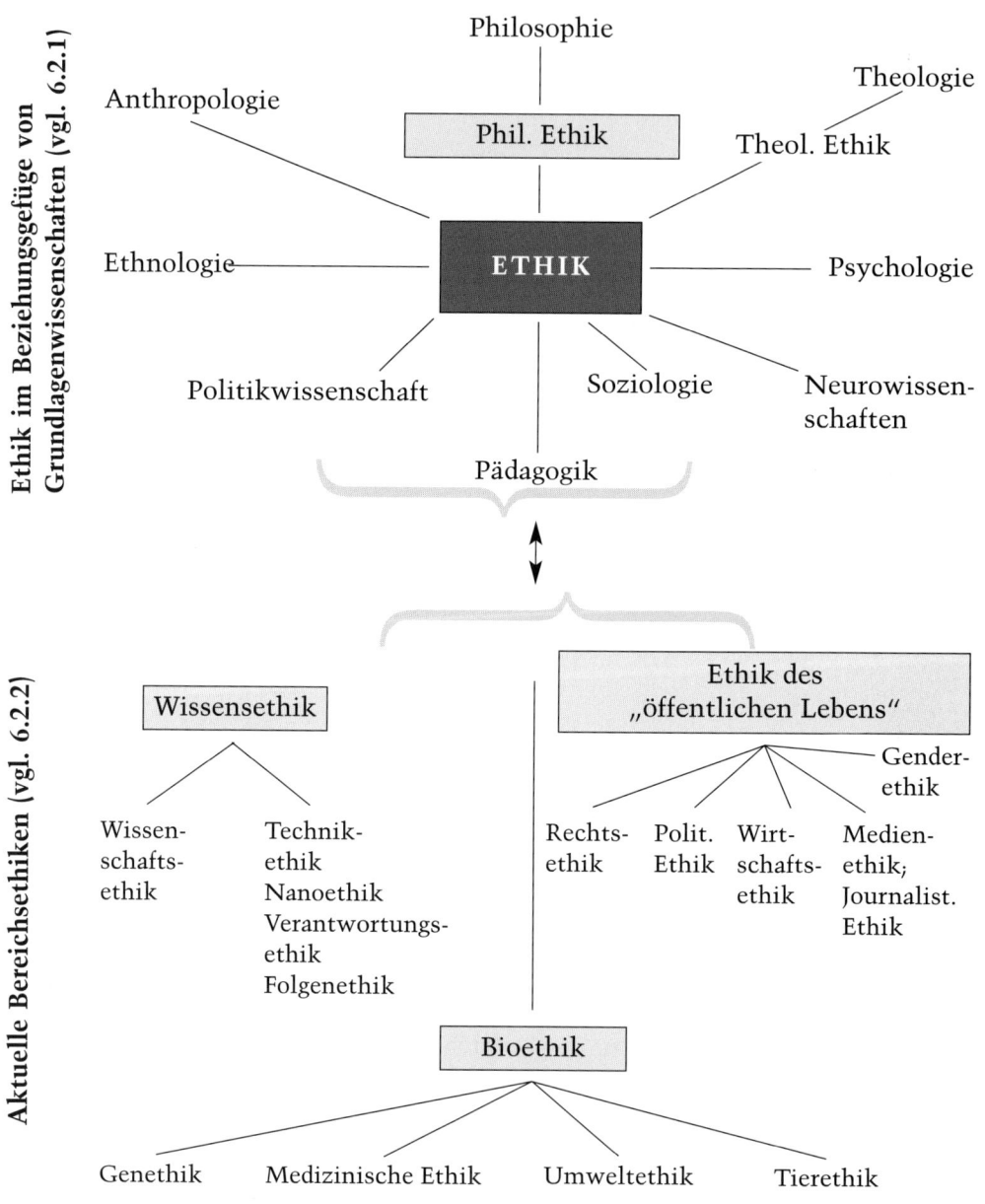

Ethik im Beziehungsgefüge von Grundlagenwissenschaften (vgl. 6.2.1)

Philosophie

Theologie

Anthropologie

Phil. Ethik

Theol. Ethik

Ethnologie

ETHIK

Psychologie

Politikwissenschaft

Soziologie

Neurowissenschaften

Pädagogik

Aktuelle Bereichsethiken (vgl. 6.2.2)

Wissensethik

Ethik des „öffentlichen Lebens"

Genderethik

Wissenschaftsethik

Technikethik
Nanoethik
Verantwortungsethik
Folgenethik

Rechtsethik

Polit. Ethik

Wirtschaftsethik

Medienethik;
Journalist. Ethik

Bioethik

Genethik

Medizinische Ethik

Umweltethik

Tierethik

6.2 Erläuterungen zum Überblick

6.2.1 Ethik im Beziehungsgefüge von Grundlagenwissenschaften

Das Unterrichtsfach Ethik ist – auch in seinen Bezeichnungen „Werte und Normen" und „Philosophie" – nach der fachwissenschaftlichen Disziplin der **Philosophischen Ethik** benannt. Die Fachlehrpläne lassen gleichwohl erkennen, dass Lerninhalte aus den im Überblick genannten Grundlagenwissenschaften je nach handlungsleitender Absicht des jeweiligen Lehrplans unterschiedlich gewichtet vertreten sind. Aber auch die Fachwissenschaft Ethik selbst verkümmert ohne ihre Bezugswissenschaften zu einem Arbeitsfeld für theoretische Reflexionen ohne praktischen Nutzwert. Die **Philosophische Ethik muss – richtig verstanden – die Leitdisziplin in der Ethik als angewandter Philosophie** bleiben, da nur von ihr her Antworten möglich sind auf Fragen nach der Analyse und Rechtfertigung moralischen Handelns, das in den Bezugswissenschaften eingefordert bzw. auf ihre Bedingungen hin hinterfragt wird. Philosophie ist nichts anderes als die reflektierte Aussage über die Wirklichkeit bzw. über die Sichtweise der Wirklichkeit: Die Frage „Was ist?" (Gegenstand der Ontologie) ist untrennbar verbunden mit der Frage „Was soll ich tun?" (Gegenstand der Ethik). Das, was ist, die Wirklichkeit, ist also damit selbstverständliches Bezugsfeld der Ethik.

Dabei geht es der Philosophischen Ethik nicht um die Lösung konkreter moralischer Probleme, sondern

- um Interpretation, Diskussion und evtl. verändernde Weiterentwicklung moralisch relevanter Handlungsmaßstäbe,
- um die Frage nach dem erstrebenswerten „höchsten Gut", um dessentwillen letztlich sich das Leben lohnt, und
- um das Problem der Freiheit des Willens und damit der Verantwortung des Handelnden.

Ethik – als fachwissenschaftliche Disziplin und als Unterrichtsfach – verliert ohne die Philosophische Ethik als Leitdisziplin ihre Namensberechtigung und schrumpft zur bloßen Verhaltenslehre. Ohne ihre Bezugswissenschaften verliert sie andererseits ihren Wirklichkeitsbezug.

Die im Überblick genannten Bezugswissenschaften beschäftigen sich bei unterschiedlicher Akzentsetzung immer mit der Frage „Was ist der Mensch?". Sie schaffen somit die Voraussetzung für die ethische Fragestellung nach der Rechtfertigung bestimmten menschlichen Handelns. Als Maßstab für die moralische Beurteilung gilt hierbei, inwiefern und in welchem Ausmaß durch das Handeln oder auch Nichthandeln einer Person die Lebensumstände und Absichten dieser Person selbst oder einer anderen Person oder die natürlichen Gegebenheiten der Umwelt geschädigt oder gefördert werden. Insofern kann eine Handlung **sachlich** durchaus der tragenden Absicht angemessen sein, im Hinblick auf ihre Wirkung auf andere, auf die Umwelt oder den Handelnden selbst aber **moralisch** falsch sein.

Beispiele der Verbindung von Ethik und Bezugswissenschaften:

1. Ethnologie und Ethik: Die Überformung sog. Dritte-Welt-Länder mit den Errungenschaften der Zivilisation hoch industrialisierter Länder mag der Absicht entsprechen, den Lebensstandard solcher Länder anzuheben, zieht aber auch oder stattdessen Ausbeutung, Verlust der kulturellen Tradition, Zivilisationsschäden u. a. m. nach sich und wird damit moralisch höchst problematisch.

2. Psychologie und Ethik: Die Vertretung sexueller Freizügigkeit ab der sexuellen Reife mag von der Absicht getragen sein, den Jugendlichen Frustrationen durch Versagung zu ersparen, mit der Unterschätzung der gleichzeitig damit verbundenen hohen Verantwortlichkeit für alle Beteiligten kommen aber erhebliche moralische Bedenken auf.

3. Pädagogik und Ethik: Körperliche Züchtigung im Kindes- und Jugendalter mag als unterstützende Maßnahme bei der Einübung in gesellschaftliche Verhaltenserwartungen als nützlich angesehen werden, in ihrer Auswirkung aber bedeutet sie Duckmäusertum, Anbahnung aggressiven Verhaltens, verbaute Identitätsfindung in Freiheit und ist somit moralisch nicht zu rechtfertigen.

4. Politikwissenschaft und Ethik: Die unversteuerte Verschiebung von Spenden oder Fraktionsgeldern an Institutionen einer in finanzielle Not geratenen Partei mag bei den u. U. durchaus achtenswerten Aufgabenfeldern jener Institutionen sachlich gerechtfertigt erscheinen, wegen ihrer gemeinschaftsschädigenden Wirkung ist sie aber dennoch moralisch unvertretbar, von einer rechtlichen Würdigung ganz abgesehen.

5. Soziologie und Ethik: Die Unterordnung der Interessen und Bedürfnisse des Individuums unter die Forderungen des Kollektivs mag unter dem Postulat der Gleichheit plausibel sein, unter dem Postulat der Freiheit des Einzelnen ist sie moralisch abzulehnen.

6. Anthropologie und Ethik: Den Menschen z. B. streng deterministisch als abhängig von Anlagen und Umwelteinflüssen und damit in seinem Verhalten voll erklärbar zu sehen, mag seine beliebige Verfügbarkeit verbessern, entbindet ihn gleichzeitig aber aus der Verantwortung für sein Handeln und damit aus der Moralität.

7. In der Begegnung von **Theologie, insbesondere Theologischer Ethik, und Philosophischer Ethik** geht es um die grundsätzliche Deutung von Wirklichkeit. Theologische Ethik gründet in der transzendenten, also die Grenzen der Erfahrung überschreitenden Setzung von Normen, die Philosophische Ethik ist dagegen auf die Gewinnung allgemein verbindlicher Normen durch Reflektieren über die Wirklichkeit verwiesen, damit mehrdeutiger als die Theologische Ethik, aber angesichts der Verschiedenartigkeit der Weltreligionen dennoch für die Formulierung eines sog. Weltethos eher prädestiniert.

Neben den beispielhaft genannten Berührungspunkten in gemeinsamen Problemlagen liefern die Bezugswissenschaften der Ethik grundlegende Erkenntnisse, an denen die Ethik nicht vorbeiargumentieren kann. So liefert z. B. die Psychologie ethikrelevante Befunde zur moralischen Entwicklung, die Pädagogik zur Bedeutung des Modell-Lernens beim Erwerb moralischen Verhaltens, die Soziologie zum gesetzmäßigen Verlauf der Gruppenbildung und Vergesellschaftung sowie zu ebenso gesetzmäßig wirkenden Grundkräften in Gruppen.

6.2.2 Aktuelle Bereichsethiken in Auswahl

Angewandte Ethik in allen Teilbereichen der Wirklichkeit bzw. Bereichsethiken benennen grundsätzlich mit ihrer Wortzusammensetzung einen materialen und einen formalen Aspekt. Der erste Teil des Wortes bezeichnet das Materialobjekt, den Inhalt der Untersuchung, der zweite Wortteil das Formalobjekt, d. h. den Aspekt der Untersuchung einschließlich der Untersuchungsmethoden. Der Gegenstand z. B. der Umweltethik ist die außermenschliche Wirklichkeit und der Umgang des Menschen mit ihr, die aus dem Blickwinkel der Ethik untersucht werden.

> Eine wichtige, die Bereichsethiken übergreifende Frage lautet hier: Gibt es ein oberstes Prinzip aller Moral, für alle Lebenslagen und Lebensbereiche in gleicher Weise gültig und wirksam, wie man dies etwa von der Goldenen Regel oder vom kategorischen Imperativ Kants gerne erwartet?

Die enorme Ausweitung und Spezifizierung der ethisch relevanten Lebensbereiche legt eher eine negative Antwort nahe. Auftrag und Weg der Ethik zur Analyse und Rechtfertigung menschlichen Handelns sind in jeder Bereichsethik dieselben, inklusive der Erschließungshilfen der Bezugswissenschaften, ein oberstes Moralprinzip für alle Bereichsethiken wird aber immer schwerer erkennbar. Im Folgenden werden in Auswahl einige Bereichsethiken mit ihrem Aufgabenfeld geklärt, da sie die wissenschaftliche Grundlage für die Lehrplaninhalte bilden. Für die nicht behandelten Bereichsethiken und zum vertiefenden Studium sei auf das Literaturverzeichnis verwiesen.

> 1. **Wissensethik** beschäftigt sich mit dem gesamten ethisch relevanten Umgang mit Wissen, und zwar nach Spinner 1996 bezüglich
> - forscherischer Aktivitäten (Erzeugung, Anwendung, Verwirklichung, Verwertung von Wissen),
> - sammelnder Aktivitäten (Erhebung, Verarbeitung, Verwahrung, Verwaltung von Wissen) und
> - verteilender Aktivitäten (Verfügung, Verbreitung, Verteilung, Nutzung von Wissen).

Als Maßstäbe für die Beurteilung moralischen Verhaltens im Umgang mit Wissen gelten die drei großen Freiheiten der Welt des Wissens, nämlich

- die Veränderungsfreiheit (freie Verfügbarkeit über „herrenloses" Wissen, sofern also keine Eigentumsrechte entgegenstehen),
- die Beeinträchtigungsfreiheit (Schutz vor Informationseingriffen in die „eigene" Meinung, das selbstbezogene Wissen sowie gleichgestellte Geheimnisse),
- die Verkehrsfreiheit (Freiheit zur Verbreitung des öffentlichen Wissens ohne Zensur).

Die klassische Wissensordnung setzte nach Spinner auf die Trennung von

- Wissen und Eigentum,
- Ideen und Interessen,
- Theorie und Praxis,
- Wissenswelt und Staat

und betonte

- die freie Verfügbarkeit des „herrenlosen" Wissens,
- die „Uninteressiertheit" der Wahrheitsorientierung, unabhängig von persönlichen, ideologischen, politischen, ökonomischen, weltanschaulichen Interessenslagen,
- die Handlungsentlastung und Haftungsbefreiung der freien Forschung vom Irrtumsrisiko und der persönlichen Meinungsäußerung vom Kritikrisiko,
- die Staatsfreiheit unabhängiger Wissenseinrichtungen, in Forschung und Darstellung in den Massenmedien.

Diese Grenzziehungen bedürfen in der Informationsgesellschaft „zusätzlicher ordnungspolitischer Eckwerte" zur machtfreien Sicherstellung des Informationsflusses und für die zunehmende Verantwortungsübernahme der Wissenschaft bei der Umsetzung ihrer Theorien in Praxisfelder. Allerdings gibt es in der Wissenschaft selbst kein moralisches Urteil, sosehr der einzelne Wissenschaftler im Laborversuch von Gewissensskrupeln geplagt sein mag, denn die Suche nach Wissen im Sinne der Grundlagenforschung erfolgt zunächst ethisch urteilsfrei, wenngleich in einem moralisch definierten Umfeld. Aus diesem Grunde sind auch *Forschungs*verbote, z. B. in der Humanbiologie, nur dann gerechtfertigt, wenn durch die Methoden der Forschung gegen moralische Maßstäbe verstoßen wird, etwa bei Menschenversuchen. Moralisch problematisch wird unter Umständen wissenschaftliche Forschung erst im Zusammenhang mit forschungsbindenden erkenntnisleitenden Interessen und im Hinblick auf Anwendungsfolgen der Forschungsergebnisse (vgl. 2. Wissenschaftsethik).

Erheblichen Belastungen ist der Umgang mit Wissen ausgesetzt, wenn der Staat durch ideologiekonforme Hochschulgesetze, durch regierungsgenehme Berufungen, hochschulexterne Lehrpläne die notwendige freiheitliche Offenheit der Wissenschaft in Forschung und Lehre reglementiert. Die Berichte des internationalen Netzwerks Scholars at Risk (New York) und des Demokratie – Instituts V – Dem (Universität Göteborg) sprechen von einer beängstigenden Einschränkung der Wissenschaftsfreiheit aufgrund eines weltweiten „Autokratisierungstrends" in vielen Staaten. In einem Fünftel aller Länder (36 Staaten) reichen die Eingriffe in den Wissenschaftsbetrieb von willkürlichen Kündigungen und Publikationsverboten bis zu politisch motivierten Verhaftungen und sogar Morden, eine Kampfansage an wissenschaftlichen Fortschritt, der nur in uneingeschränkter Freiheit in demokratisch legitimiertem Rahmen gedeihen kann.

> **2.** Das Aufgabenfeld der **Wissenschaftsethik** sind die besonderen moralischen Probleme, mit denen wissenschaftliche Forscher bei der Erfüllung ihrer Verpflichtungen konfrontiert sein können.

Wissenschaft wird heute nicht mehr bloß als Ansammlung von Theorien oder als wissenschaftsmethodische Praxis gesehen, sondern als soziale Institution, die erkenntnisleitenden Interessen und finanziellem Einfluss ausgesetzt ist, ausgestattet mit beachtlichen bürokratischen Apparaten, verpflichtet zur Transparenz ihrer Forschungsergebnisse und zur Technikfolgenabschätzung. Unbestritten in der Wissenschaftsethik ist das **Ethos einer auf Erkenntnis gerichteten Forschung,**

- die auf der Unabhängigkeit von externen erkenntnisleitenden Interessen beharrt,
- Freiheit von Forschung und Lehre behauptet,
- einwandfreie wissenschaftliche Arbeitsweise garantiert,
- ihre Erkenntnisse allgemein und überall zugänglich macht
- und sich selbst ständiger kritischer Überprüfung mit der Offenheit zur Revision ihrer Ergebnisse stellt.

Höchst umstritten dagegen ist das **Ethos wissenschaftlicher Verantwortung,** wenn man bedenkt, dass

- die Finanzierung ernsthafter Forschung ohne Drittmittel kaum mehr leistbar ist,
- Forschung in den meisten Fällen zweck- bzw. auftragsgebunden betrieben wird,
- der Forschung für ihre Ergebnisse nach Abgabe an Wirtschaft, Industrie, Technik kaum mehr Verantwortung bezüglich der Folgen aufgebürdet werden kann,
- weltweite Kooperation zwischen Wissenschaft und Gesellschaft aus Kommerzgründen oftmals hintangehalten wird,

- wissenschaftliche Ergebnisse z. B. der Reputation wegen mit größerer Gewissheit behauptet und publiziert werden als ihnen (vorläufig noch) zukommt,
- zur Erzielung von Forschungsmitteln die Gefahr besteht, sowohl die Prognosen der Forschung als auch ihre Ergebnisse zu verfälschen bzw. gesellschaftlichen Erwartungen anzupassen,
- die Forschung selbst sich in ihrem eigenen Arbeitsfeld erheblichen moralischen Problemen ausgesetzt sieht, die z. B. mit Versuchen an Menschen und Tieren, mit gentechnisch veränderten Pflanzen, mit Manipulationen am menschlichen Erbgut verbunden sind.

Mit berufs- bzw. fachspezifischen **Ethikcodices** versucht man in allen Bereichsethiken, so auch in der Wissenschaftsethik, die Spannung zwischen der Freiheit der Forschung und den möglichen Folgen ihrer Forschungsergebnisse unter ethischen Gesichtspunkten in Frage zu stellen und mit dem Prinzip Verantwortung zu überwinden.

Weitere Entscheidungshilfe in ethisch problematischen Sachlagen bieten eigens dafür eingerichtete **Ethikkommissionen** an.

---

3. Technikethik befasst sich mit der Analyse und Rechtfertigung technisch geprägten Handelns. Mit Technik ist hierbei sowohl die Ansammlung entsprechender Gegenstände, Geräte, Maschinen gemeint als auch eine besondere Art des Handelns. Dieses Handeln ist auf das **systematische Arrangement einer Mittel-Zweck-Beziehung** ausgerichtet, in welcher die Optimierung der Mittel Vorrang genießt.

Technikethik hat bei technischen Entwicklungen abzuwägen

- Vorteile gegen Nachteile,
- tatsächlichen Nutzen gegen möglichen Schaden,
- Entwicklungschancen gegen (unkalkulierbare) Gefahren,
- Eigennutz gegen Gemeinnutz.

In der Zeit der Jäger und Sammler war die Technik wegen ihres auf unmittelbaren Gebrauch zielenden Nutzwertes noch überschaubar und beherrschbar (konsumtive Technik). Auf der Entwicklungsstufe der produktiven Technik (Agrarkulturen) begannen Technikabläufe wegen ihrer verzögerten Wirkung schwerer kalkulierbar zu werden. Aber erst mit der Industrie- und Zivilisationstechnik ergab sich in enger Verbindung mit der Wissenschaft eine immer umwegreichere und kompliziertere Variante technisch geprägten Handelns, die für den Einzelnen vollends unüberschaubar wurde. Gleichzeitig begünstigt die immer größer werdende **Machtkonzentration technischer Mittel** in den Händen immer weniger Technikfirmen den Technikmissbrauch (vgl. die enormen Machtkonzentrationen im Bereich der Informationstechnik und der Digitalisierung des öffentlichen Lebens).

Die größten moralischen Probleme im Technikgebrauch ergeben sich heute aber aus der Tatsache, dass die Technik mehr kann als an Folgen abschätzbar und damit verantwortbar ist. „Das Erkennen eilt der Urteilskraft weit voraus." (W. Vossenkuhl) Das Problem der **Technikfolgenabschätzung** bezieht sich auf Risiken, d. h. auf Schadenswahrscheinlichkeiten, die mit einem bestimmten Technikeinsatz verbunden sein können. Die Problematik verschärft sich angesichts der Tatsache, dass die gegebene Wirklichkeit eines Risikos oftmals nicht mit seiner Wahrnehmung übereinstimmt, wiederum mit fatalen Folgen für die Übernahme der Verantwortung für riskante Technikfolgen.

Es bleibt also nur die Maxime der Verantwortungsethik, die **Handlungsalternativen nach den Maßstäben der Vernunft unter Berücksichtigung der voraussehbaren Folgen abzuwägen**, die allerdings immer weniger überschaubar werden. Als Kurzformel lautet die Maxime: „Handle so, dass du dich durch die Folgen deines Handelns korrigieren lassen kannst." (T. Rendtorff), was bedeutet, die Folgen von unkontrollierten Selbstläufern in der wissenschaftlichen Forschung nicht auf die Folgegenerationen abzuladen.

Verantwortung bedeutet hier Verwirklichung von Freiheit – unter Einschluss der Möglichkeit von Versagen und Schuld – nach W. Vossenkuhl im Sinne der Sorge für einen rollenspezifischen (Eltern, Vorgesetzte) oder berufsspezifischen (Lehrer, Politiker, Wissenschaftler) Bereich, und zwar innerhalb klar definierter Grenzen, in denen man die Sorge auch tragen kann. Je umfangreicher das Wissen ist, umso geringer ist seine Beherrschung, was letztlich auf interdisziplinäre Vernetzung des Wissens und kollektive Verantwortung verweist. Dies entbindet allerdings nicht den einzelnen Wissenschaftler von seiner individuellen Verantwortung in dem von ihm überschaubaren Bereich.

Die spezielle Disziplin der **Risikoethik** befasst sich gezielt mit der Frage, welche Risiken angesichts erwartbarer oder auch nur möglicher Wirkungen auf Mensch und Umwelt überhaupt eingegangen werden dürfen. Der GAU (= größter anzunehmender Unfall) von Atomkraftwerken wie in Tschernobyl (Ukraine) 1986 und in Fukushima (Japan) 2011 mit seinen unkalkulierbar verheerenden Auswirkungen weltweit macht klar, dass die ethisch verantwortbare Risikogrenze bereits mit der Entwicklung und dem Bau von Atomkraftwerken überschritten wurde. Kein noch so großer Nutzen der Kernenergie für die Stromgewinnung und schon gar nicht der Eigennutz von Energieunternehmen rechtfertigt den immerhin möglichen Schaden mit Langzeitwirkung für die Natur, die Lebensgrundlagen des Menschen und den Menschen selbst. Menschenrechte und Grundrechte sind hier höher zu veranschlagen als die Nutzen und gewinnbringenden Möglichkeiten technischer Entwicklung.

Menschenrechte – wie z. B. im Grundgesetz der Bundesrepublik Deutschland formuliert –, nämlich „Die Würde der Person ist unantastbar" (Art. 1) und das „Recht eines Jeden auf Leben und körperliche Unversehrtheit" (Art. 2) beruhen auf **universal gültigem Konsens** und sind unverhandelbar. Dabei ist es zweitrangig von Bedeutung, *wann* sie ihre erste ausdrückliche Formulierung fanden: in der amerikanischen Unabhängigkeitserklärung vom 4.7.1776 oder in ihrer Erklärung als Kind der Französischen Revolution und der Aufklärung am

26.8.1789 oder als Fundament der christlichen Auffassung vom Menschen als Person und Abbild Gottes.

Es ist fraglich, ob im konkreten Entscheidungsfall die folgende Katastrophenvermeidungsstrategie von Bayes (= Minimaxkriterium) hilfreich ist: Wenn ich keine subjektiven Wahrscheinlichkeiten für die möglichen zukünftigen Ereignisse habe (also nur Ungewissheiten), sollte ich diejenige Handlungsalternative wählen, deren schlechtestmögliche Folge besser ist als die schlechtestmöglichen Folgen der anderen offenstehenden Alternativen.

Oder hilft etwa die Handlungsmaxime von H. Jonas weiter: „Handle so, dass du den Fortbestand der Menschheit nicht gefährdest, vermeide den größtmöglichen Schaden, den man sich vorstellen kann, und versuche nicht, das gegenüber anderen Vorteilen abzuwägen." (Jonas 2020)

Viele Risiken der gegenwärtigen Lebenswelt sind aber überhaupt nicht mehr berechenbar. Daraus ergibt sich die ethische Schlussfolgerung, dass **nur zulässig ist, was berechenbar und damit vertretbar und verantwortbar ist**.

Gerade in Dilemmasituationen gilt die **Regel der Doppelwirkung** bei ethisch relevanten Handlungen (schon von Aristoteles und seinem Wiederentdecker Thomas von Aquin vertreten):

Wann darf ich eine (ungewollt) schlechte Wirkung in Kauf nehmen, um die (gewollt) gute Wirkung zu erzielen?

1. Die gewollt gute Wirkung darf sich nicht direkt aus der ungewollt schlechten ergeben, da der Zweck nicht die Mittel heiligt.

2. Die gute Wirkung muss die schlechte überwiegen. Situation, Umstände, Eventualitäten, Mittel und Ziel müssen so weit wie möglich in Einklang gebracht werden.

Nach Hans Jonas bedingen die moderne Technik und die rasante Zunahme des Expertenwissens eine Ausweitung der Ethik vom menschlichen Nahbereich (Nächstenliebe, traditionelle Ethik) zum Fernbereich (Fernstenliebe) mit Verantwortung für künftige Generationen und weltweite Kulturen. Die „Heuristik der Furcht" [Heuristik: hier Methode, Neues zu finden bzw. schwierige Probleme zu lösen/Köck] stellt nach Jonas sicher, schlechtere Prognosen den besseren vorzuziehen, um einen unberechenbaren Fortschritt der Technik mit wahrscheinlich negativen Auswirkungen auf das menschliche Leben und die Umwelt zu vermeiden.

J. Nida-Rümelin (vgl. Nida-Rümelin 2005) schlägt als strikt einzuhaltenden Ordnungsrahmen für die Technikfolgenabschätzung die Einschränkung der Risikooptimierung vor durch

a) das **Lebensrecht**, und zwar das
   - individuelle, existenzielle,
   - humane (z. B. lebensunwürdige Umstände, Umweltzerstörung etc.),
   - kollektive (das der Menschheit);
b) die **Menschenrechte**;
c) die **Bürgerrechte** (v. a. Partizipations-, Sozial-, Autonomierechte).

d) Auch **empfindenden Wesen** wie Tieren sind gewisse moralische Rechte zuzubilligen (Problematik der Tierversuche!).

e) **Eigentumsrechte.**

Jedes der Rechte (v. a. die ersten drei genannten) darf nur eingeschränkt werden mit ausdrücklicher Zustimmung der Betroffenen, so rational vorausgegangene (kollektive) Entscheidungen auch sein mögen.

> **4.** Aus dem Bereich der Ethik des öffentlichen Lebens wird die **Medien-ethik** vorgestellt, deren Aufgabe in der Analyse und Rechtfertigung journalistischen Handelns besteht, und zwar des Handelns sowohl des einzelnen Journalisten als auch des journalistischen Berufsstandes insgesamt und von Mediensystemen.

Trotz journalistischer Standeskodizes und presse- sowie medienrechtlicher Rahmenbedingungen sorgt die Medienpraxis durch Dauerläufer (z. B. durch Boulevardpresse und Reality-TV) und mediale Highlights (wie z. B. die Hitler-Tagebücher) immer wieder dafür, ins moralische Zwielicht zu geraten.

Mit unangenehmem Beigeschmack ist von Sensationsjournalismus, Skandal- und Enthüllungsjournalismus, Boulevardisierung und Trivialisierung, Gefälligkeitsjournalismus (z. B. in den Bereichen Reise, Essen, Auto-Motor-Sport, Lokales), Scheckbuchjournalismus, Kampagnenjournalismus, Schweinejournalismus und Hinrichtungsjournalismus, auch von Unterlassungsjournalismus die Rede (vgl. W. Teichert in Nida-Rümelin 2005).

Als Ursachen des Medienverfalls erkennt Teichert

a) Ökonomisierung und Internationalisierung;

b) Deregulierungsprozesse v. a. nach dem Marktprinzip, d. h. Ausrichtung nach Marktinteressen, Zuschauergeschmack, …;

c) die Veränderung der Relation zwischen Druckmedien und elektronischen Medien;

d) veränderte Prioritäten und Funktionen in den Medienangeboten hin zum Boulevardtrend und weg von Bildung, Aufklärung, Sozialverträglichkeit, …;

e) den gezielten Einsatz von Public Relations und Öffentlichkeitsarbeit.

In rasanter Zunahme ergeben sich ethische Problemfelder mit der **Gestaltung und Nutzung des Internets**. Weithin scheinen ökonomischer Gewinn, Besitz von Marktanteilen an Informationen und Manipulation der öffentlichen Meinung über das Internet gegen die moralische Verantwortung in diesem Bereich anzutreten und zu obsiegen. Portale, wie z. B. WikiLeaks und Facebook, suggerieren nicht nur die totale Verfügung über Informationen, sondern sie bedeuten auch Informationsmüll jeder Art, unzulässiges Eindringen in die Privatsphäre von Menschen und Institutionen, unscharf bis falsch recherchierte Lexikonartikel, gefolgt vor allem von einer Verflachung darauf gestützten wissenschaftlichen Arbeitens u. a. m.

Mit der Digitalisierung auch in der Medienwelt und im Journalismus wächst in beängstigender Weise die Diskrepanz zwischen Informationsgeschwindigkeit und Genauigkeit. Letztlich zu Desinformation führt aber nicht nur die in hohem Tempo berichtete Informationsflut, sondern vor allem die Tatsache, dass allzu oft eben nicht über Realität informiert wird, sondern über die Medien und sozialen Netzwerke „Realität" manipulativ erzeugt wird. Besonders im digitalen Zeitalter gilt: „Information ist schnell [und korrumpierbar/Köck], Wahrheit braucht Zeit [und verantwortete Faktentreue/Köck]" (P. Glaser).

Als **moralischen Orientierungsrahmen** bietet die Medienethik die strikte Einhaltung von Grund- und Personenrechten auf, mit besonderer Betonung des sorgfältigen Umgangs mit Informationen. Dazu zählt z. B.

– in allem die unbestrittene Achtung der Menschenrechtskonventionen und der geltenden Gesetze bei der Anwendung des Grundrechts auf freie Meinungsäußerung (GG Art. 5), womit z. B. auch der Rahmen für investigativen Journalismus abgesteckt ist,
– die gründliche, die Privat- und Intimsphäre unbedingt achtende Beschaffung von Informationen bei gleichzeitiger Vermeidung von „Informationsmüll" und „geistiger Umweltverschmutzung",
– die unbedingte Achtung der Eigentumsrechte an Informationen,
– die Bemühung um möglichst objektive Wahrheitssuche,
– die Berichtigung unzutreffender Informationen,
– die Vermeidung von Verstößen gegen das sittliche und religiöse Empfinden sowie von Diskriminierung bestimmter gesellschaftlicher Gruppierungen,
– die Ablehnung von Gewalt- und Sexverherrlichung,
– die Zurückhaltung in schwebenden Gerichtsverfahren, ganz zu schweigen von der Unterlassung vorverurteilender Meinungsbeeinflussung,
– die konsequente Ablehnung von Vorteilsnahme und Gefälligkeiten.

Dieser gesinnungs- und verantwortungsorientierte Ansatz in der Medienethik, der gleichgewichtig die grundsätzliche Einstellung gegenüber dem Kulturgut Information und das Einstehen für die Folgen des Umgangs mit Informationen aufseiten des Journalisten bzw. des Mediensystems thematisiert, findet in systematischer Sichtweise seine Ergänzung durch den Gesinnungs- und Verantwortungspart der Informationsabnehmer. „Informationsmüll", Sensationen, Crime & Sex werden von den Mediensystemen auch aufgrund der Nachfrage auf dem Informations- und Medienmarkt produziert, ungeachtet aller berufsethischen Vorgaben. Medienethik muss deshalb auch den moralisch gesteuerten Umgang mit Informationen vonseiten des Abnehmers fordern, der mit der Zurückweisung von „Informationsmüll" langfristig auch dessen Produktion beeinflusst.

> **5.** Die **Bioethik** beschäftigt sich mit moralischen Problemen, die sich aus dem Umgang mit menschlichem und nicht menschlichem Leben ergeben, insbesondere aus der eigenen und fremden Verfügung über Leben.

Von den Teilbereichen der Bioethik werden an dieser Stelle wegen ihrer besonders hohen Aktualität die Genethik und die Medizinethik vorgestellt.

> a) Die **Genethik** ist mit der moralischen Analyse und Rechtfertigung von Eingriffen in die Erbanlagen, näherhin in die DNS (= Desoxyribonucleinsäure = Träger der Erbinformationen) befasst. Unmittelbare Bezugswissenschaft ist die **Genetik** (= Vererbungslehre), Untersuchungsdisziplinen sind die **Gentechnologie** (= das gesamte Wissen über Eingriffsmöglichkeiten in die DNS sowie die Wissenschaft von der Gentechnik) und die **Gentechnik**, welche die einzelnen konkreten Eingriffsmöglichkeiten in die DNS und entsprechendes systematisches und methodisiertes Handeln repräsentiert.

Das spektakulärste Unternehmen der Gentechnik war lange Zeit das Human Genome Project (deutsch: Humangenomprojekt, HGB), durch das in weltweiter Zusammenarbeit die in der DNS des Menschen verschlüsselten Informationen aufgedeckt wurden. Das Projekt wurde im April 2003 nach 23 Jahren erfolgreich abgeschlossen. Neben der wissenschaftlichen Neugier und ökonomischen Interessen trieb dieses Großprojekt v. a. die Hoffnung auf erfolgreiche Bekämpfung von Erbkrankheiten (= Gentherapie) an. Mit dem Fortschritt des Projekts mehrten sich aber auch die Befürchtungen über eine missbräuchliche Entwicklung.

- Das Projekt vermittelte den Eindruck einer Reduktion des Menschen auf seinen genetischen Anteil.
- Es suggerierte die Möglichkeit des erwartungsgemäßen Kindes (= Eugenik = Erbhygiene/Erbpflege durch die Beachtung der Bedingungen der Erzeugung gesunder Nachkommenschaft und der Vermeidung kranker Nachkommenschaft).
- Es ließ die Einteilung der Menschen in soziale Schichten nach genetischen Tests bis hin zur Zuteilung von Lebenschancen befürchten; ein unüberschaubarer Diskriminierungspool eröffnete sich damit.
- Die Schere zwischen Diagnose und bezahlbarer Gentherapie öffnete sich immer weiter. Die heftig umstrittene Patentierung von Forschungsergebnissen aus dem Human Genome Project ließ schon bald knallhartes und nicht für jedermann bezahlbares Geschäft mit genbiologischem Wissen erahnen.
- Das Projekt warf auch die Frage auf, wie mit diagnostischen Erkenntnissen zu verfahren ist, wenn noch keine dazu passende Therapie existiert.
- Welche Konsequenzen ergaben sich aus dem Nachweis der nahen Verwandtschaft des Menschen mit anderen Lebewesen? Nach Schätzungen unterscheiden sich die DNS von Mensch und Schimpanse nur um 1,6 %.
- Unbestritten positiv war die durch das Projekt mögliche Überführung von Verbrechern durch den sog. genetischen Fingerabdruck zu werten.

Neben der Genomanalyse und deren enormen Diagnosemöglichkeiten hat die Gentechnik längst mit der Klonierung und der Embryonenforschung unter ethischem Aspekt hochsensible Arbeitsbereiche eröffnet. Bei der **Klonierung**, welche als ungeschlechtliche Erzeugung genetisch identischer Kopien des Ausgangsorganismus zu verstehen ist (vgl. das Klon-Schaf Dolly, 1997 in Edinburgh präsentiert), wird ernsthaft an die Produktion z. B. von Organen zur Transplantation gedacht, die nicht mit dem Abstoßungsrisiko behaftet wären. In der **Embryonenforschung** an eigens für diesen Zweck hergestellten Embryonen bzw. an „Überflussembryonen" aus der Praxis der künstlichen Befruchtung sollen Medikamente für genetisch bedingte Krankheiten (z. B. Parkinson'sche Erkrankung) gewonnen werden.

In Deutschland ist sowohl das Klonen von Menschen als auch die Forschung an Embryonen verboten, insofern damit Eingriffe in die Keimbahn mit der Weitergabe an die Nachkommen verbunden sind (§ 5 des Embryonenschutzgesetzes von 1991). Allerdings erklärte der Bundesgerichtshof am 6.7.2010 die Präimplantationsdiagnostik (PID) bei Verdacht auf „schwerwiegende genetische Schäden" für erlaubt, womit Handlungsbedarf für die Nachbesserung des Embryonenschutzgesetzes geschaffen wurde (vgl. die ausführlichen Informationen zur PID unter 5. b) Medizinethik!). Somatische Gentherapie ist bereits jetzt erlaubt, bei der ein krank machendes Gen in einer Körperzelle gegen ein gesundes ausgetauscht wird (vergleichbar einer Organtransplantation), d. h. ohne genetische Veränderung der Körperzelle und ohne Weitergabe neuer Informationen an die Nachkommenschaft.

Unabhängig von der zeitbedingten rechtlichen Würdigung der Problematik ist aber angesichts der Einmaligkeit und Würde der menschlichen Person die in der Gentechnik grundsätzlich gestellte **Frage nach Zeugung** (was den totalen Zufall bedeutet) **oder Herstellung** (was teilweise oder völlige zielsichere Planbarkeit beinhaltet) zu beantworten.

Wie so oft in der angewandten Ethik konkurrieren in der Entscheidung Menschenwürde und das Grundrecht auf Leben mit den Interessen von Forschung und Wissenschaft.

– Die **Selbstzwecklichkeit des Menschen** schließt Eugenik aus,
– seine **Individualität** verlangt zwingend nach dem Verbot der Klonierung,
– die **Gleichheit der Würde aller Menschen** resultiert aus der Zufälligkeit ihrer Herkunft, Hauptargument gegen jegliche Art der Rassendominanz,
– seine Anlage und Fähigkeit zur **Selbstbestimmung** lassen Fremdeingriffe ohne seine Zustimmung nicht zu.

Im erlaubten Forschungs- und Therapiebereich gelten für die Gentechnik im Sinne der Verantwortungs- und Folgenethik die folgenden **Handlungsregeln** (nach B. Irrgang, in Nida-Rümelin 2005).

– Es ist zu prüfen, ob die geplanten Maßnahmen **verantwortbar** sind, und zwar unter Beachtung der Folgen für alle Betroffenen.

– Das Fairnessprinzip gebietet die **Gleichbehandlung** aller Betroffenen, was eine Therapiereservierung für privilegierte Bevölkerungsschichten aus etwa finanziellen Gründen ausschließt.

– Grundsätzlich ist **Schadensvermeidung** anzustreben, wobei diese umso dringlicher geboten ist, „je höher ein Lebewesen hinsichtlich Schmerzempfindungsfähigkeit, Empfindungsfähigkeit, Zentralnervensystem, Bewusstsein und Todesbewusstsein organisiert ist" (B. Irrgang, a. a. O., S. 518). Die Schadensvermeidung ist grundsätzlich immer auch unter den Kriterien ökologischer und sozialer Verträglichkeit zu sehen.

– Die **Verbesserungs- oder Wohlfahrtsregel** verlangt behandlungsverbessernde Ergebnisse von Forschung und Therapie. Forschung um der Forschung willen oder ohne erklärte gesundheitsförderliche Absicht oder Therapie ohne Nutzenmaximierung sind in der Gentechnik kaum zu rechtfertigen.

– „Die **Vorsichtsregel** als temporäre (= zeitweilig auftretende, P. K.) Handlungsregel verpflichtet zur Wahl der Projektalternative mit der größeren Prognosesicherheit und – verknüpft mit der Nichtschadensregel – verpflichtet zur Wahl derjenigen Forschungsstrategie, welche das größte Folgenwissen ermöglicht" (a. a. O., S. 518/519).

---

b) **Medizinethik** befasst sich unter moralischer Fragestellung mit der Analyse und Rechtfertigung des Umgangs mit der Gesundheit und Krankheit des Menschen während des gesamten Zeitraumes seiner Existenz, also einschließlich aller ärztlich betreuten Maßnahmen im Zusammenhang mit der Zeugung bis zur Begleitung beim Sterben.

Die enorme Erweiterung der ärztlichen Diagnose- und Handlungsmöglichkeiten durch die Technisierung der Medizin und die Fortschritte v. a. in der Biomedizin zeitigen unter dem Aspekt scheinbar grenzenloser Machbarkeit nicht nur ein einseitig technologisches Verständnis vom Menschen und ein verändertes Arzt-Patient-Verhältnis, sondern auch eine Menge ethisch relevanter Problemlagen.

Welches Verhalten ist moralisch gerechtfertigt z.B. bei

– In-vitro-Fertilisation (= künstliche Befruchtung im Reagenzglas mit nachträglicher Übertragung in die Gebärmutter),
– Leihmutterschaft,
– Abtreibung angesichts der Möglichkeiten der Pränataldiagnostik,
– Humanexperimenten,
– gentherapeutischen Maßnahmen,
– Umgang mit Komapatienten,
– Organtransplantationen,
– passiver und aktiver Sterbehilfe?

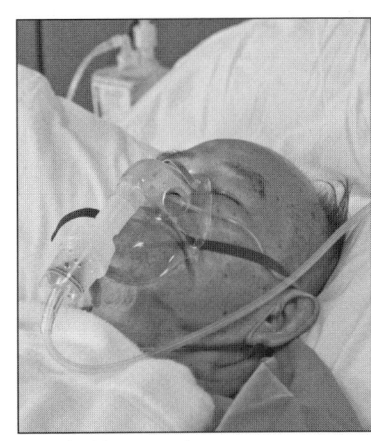

kessudap(Shutterstock.com

51

Jedes dieser Themen bietet anhand konkreter Fallbeispiele für die Entwicklung der ethischen Urteilsbildung äußerst ergiebige Dilemmasituationen (vgl. zur Methode 5.2.4!).

Als **Beispiel** sei die gegenwärtig kontrovers diskutierte Problematik der **Präimplantationsdiagnostik** (PID) im Rahmen der Reproduktionsmedizin (= interdisziplinäre Fachrichtung zur Behandlung der Unfruchtbarkeit) vorgestellt.

Begriffsbestimmungen und inhaltliche Klärungen:

- PID bezeichnet im Rahmen der In-vitro-Fertilisation (siehe unten!) die zytologische (= auf Bau und Funktionsweise der Zellen gerichtete) und molekulargenetische (= Veränderungen im Erbgut = die DNA betreffende) Untersuchung des Embryos am 3. Tag nach der Befruchtung im 4- bis 8-Zell-Stadium. Zweck der Untersuchung ist die Erkennung von familienbedingten Erbdefekten bzw. von Chromosomenaberrationen (= Abweichungen in den Erbinformationen, z. B. Down-Syndrom, Mukoviszidose, Chorea Huntington), und zwar **bevor** der Embryo in die Gebärmutter implantiert wird.

- Die der PID zugrundeliegende **In-vitro-Fertilisation** meint die Befruchtung der Eizelle mit der Samenzelle im Reagenzglas, also auf künstlichem Wege. Mithilfe der intrazystoplasmatischen Spermieninjektion (ICSI) wird die Samenzelle mit einer Bruchteile eines Millimeters dünnen Kanüle in die Eizelle eingebracht. Dabei ist nur etwa jede fünfte ICSI erfolgreich. Die Statistik spricht bei dieser Zeugungshilfe von einem leicht erhöhten Fehlbildungsrisiko.

- Das Embryonenschutzgesetz – vom 13. Dezember 1990, zuletzt durch Artikel 1 des Gesetzes vom 21. November 2011 geändert – regelt in rechtlicher Hinsicht die In-vitro-Fertilisation. Es verbietet im Wesentlichen
  1. die Verwendung von Embryonen zu Versuchs- und Bedarfszwecken,
  2. die Klonierung (siehe unter 5. a) Genethik),
  3. die Produktion von Chimären (= Mischwesen aus genetisch verschiedenen Zellen),
  4. die Verwendung von mehr als drei Eizellen bei der PID.

- Zur Abgrenzung: **Pränataldiagnostik** bezeichnet die vorgeburtlichen Untersuchungsmethoden während der Schwangerschaft zur Überprüfung der Entwicklung von Embryo und Fötus und zur Sicherung der medizinischen Fakten vor einem geplanten Schwangerschaftsabbruch. Gelegentliche Diagnosefehler ergeben sich sowohl bei der Feststellung einer genetisch unbedenklichen Entwicklung als auch einer genetisch belasteten Entwicklung.

- **Argumente für die PID:**
  1. Einschränkung der persönlichen Freiheit und des Selbstbestimmungsrechts der Frau durch ein Verbot der PID
  2. Recht auf optimale Startbedingungen für alle Kinder
  3. Ungleiche rechtliche Beurteilung der möglichen Folgen von PID und Pränataldiagnostik (PND): Eine Abtreibung bei Vorliegen derselben Gende-

fekte ist aufgrund der PND erlaubt, die Ausmusterung eines Embryos aufgrund der Befunde der PID nicht.

4. Vermeidung schwerer Schwangerschaftskonflikte durch Selektion schon vor der Zeugung
5. Vermeidung des PID-Tourismus als Folge eines Verbots der PID
6. Beschränkung der PID auf den Ausschluss von Erbkrankheiten
7. PID unterstützt das Gesundheitswesen im Sinne der Kosten-Nutzen-Rechnung:
   PID zur Vermeidung der Mukoviscidose kostet 25.000 €, die Behandlung ein Leben lang 740.000 €

– **Argumente gegen die PID:**
   1. Reduzierung des Menschen auf das Genom
   2. Der Embryo ist mit der Zeugung Person von Anfang an. Die Versagung des Personseins für die ersten 14 Tage nach der Zeugung, wie z. B. in England, ist willkürlich.
   3. Das routinemäßige Ausmustern genetischer Erkrankungen (Eugenik) bereitet den Weg auch zur Euthanasie. Heute können bereits ca. 1 600 genetische Defekte getestet werden, Anzahl ständig steigend.
   4. Es besteht die Dammbruchgefahr zum Massenscreening.
   5. Die Selektion zum Wunschkind, vor allem seines Geschlechts, ist durchaus möglich und wird z. B. in den USA von kommerziellen PID-Zentren in internationalen Anzeigen propagiert.
   6. PID reduziert den Menschen auf einen Kosten-Nutzen-Faktor im Gesundheitswesen.
   7. PID diskriminiert mit ihrer Ausmusterungspraxis eines möglichen von Krankheit und Leid belasteten Lebens die vorhandenen Behinderten.
   8. Wie groß ein genetischer Schaden nach der Geburt wäre, kann durch die PID nicht eindeutig entschieden werden. Die einzelne punktierte Zelle muss nicht zwangsläufig die erwartete Schädigung aufweisen und selbst eine diagnostizierte Schädigung einer Einzelzelle bedeutet noch nicht die Schädigung des Gesamtorganismus.
   9. Mögliche Züchtung von sog. „Rettungsgeschwistern", die z. B. zur Heilung leukämiekranker Geschwister gezeugt werden.
   10. Die Krankenkassen bezahlen bis jetzt die verhältnismäßig teure PID nicht, was eine Spaltung der Gesellschaft in Arm und Reich bedeutet.
   11. PID könnte gegen das Recht auf Nichtwissen verstoßen mit der Mitteilung sog. Nebenbefunde, z. B. der Anlage zur Krebserkrankung.
   12. PID bedeutet das totale Planungsmanagement über das menschliche Leben.

Der Deutsche Bundestag sprach sich am 7.7.2011 mit dem Präimplantationsgesetz für **eine begrenzte Zulassung der PID** aus. Seit 1.2.2014 dürfen in speziellen Zentren Embryonen bei hohem Risiko einer schwerwiegenden Erbkrankheit und bei gebotener Feststellung einer schwerwiegenden Schädigung des Embryos mit hoher Wahrscheinlichkeit einer Tod- oder Fehlgeburt untersucht werden. Die schriftliche Zustimmung der Frau, von der die Eizelle stammt, ist nach gründlicher Aufklärung einzuholen. Die PID ist von einer Ethikkommission zu genehmigen und von einem für PID autorisierten Arzt an einem PID-Zentrum vorzunehmen. Seit dem 5.11.2020 ist die PID bei nachgewiesener Erbkrankheit auch erlaubt, wenn sie mutmaßlich erst im Erwachsenenalter auftritt. In diesem Fall wird von zwei befruchteten Eizellen die nicht von der Erbkrankheit betroffene eingesetzt, die betroffene entsorgt. Die zuständige Ethikkommission muss auch hier in einer Einzelfallentscheidung zustimmen.

– Die PID – gesetzlich geregelt, aber ethisch noch nicht endgültig eingeordnet – scheint mittlerweile von der **Präkonzeptionsdiagnostik** überholt zu werden. Die von dem Amerikaner Stephen Kingsmore und Kollegen entwickelte Untersuchungsmethode testet das Erbgut noch **vor der Empfängnis** auf alle bisher lokalisierten Genleiden, derzeit 448. Angesichts der Tatsache, dass jeder Mensch ca. 50 möglicherweise eine Krankheit auslösende Gendefekte besitzen soll, bedeutet die Präkonzeptionsdiagnostik absolute Fortpflanzungskontrolle durch Information vor dem Zusammenkommen von Ei- und Samenzelle, allerdings mit unabsehbaren Konsequenzen auch für das mit diesem Wissen befrachtete Verhalten der Fortpflanzungspartner.

Die Medizinethik erfuhr aber nicht nur einen quantitativen Zuwachs ethisch problematischer Entscheidungssituationen, sondern auch eine grundsätzliche Neuorientierung durch die **Veränderung des Arzt-Patient-Verhältnisses:**
Im paternalistisch interpretierten hippokratischen Modell galten und gelten die Grundsätze:

1. Oberstes Gesetz ist das Wohl des Kranken.
2. Dem Kranken darf keinesfalls geschadet werden (auch Abtreibung ist ausdrücklich ausgeschlossen).
3. Gefordert ist absolute Verschwiegenheit des Arztes.

Ausschließlich auf die fachliche Kompetenz des Arztes bauend, wurden die Grundsätze des Hippokrates im Sinne einer **Fürsorgeethik** interpretiert, die dem Arzt die Verantwortung in medizinischen Entscheidungssituationen übertrug.
Das **Vertragsmodell** im Arzt-Patient-Verhältnis ergänzt die Verantwortungs- und Entscheidungsdominanz des Arztes durch die einklagbare Erwartung des Patienten auf kompetente diagnostische und therapeutische Dienstleistung.
Diesen Vertragsaspekt mit einschließend stellt den heutigen Stand des Arzt-Patient-Verhältnisses das **Modell des autonomen Patienten bzw. das Partnerschaftsmodell** dar, das sich seit den 60er-Jahren des 20. Jahrhunderts zuerst in den USA, mit ca. 20 Jahren Verspätung auch in Deutschland entwickelte. In diesem Modell trägt der Arzt **Mit**verantwortung für möglichst situationsangemessene Patientenentscheidungen.
Im Einzelnen orientiert sich das Modell der Patientenautonomie an den **Grundsätzen der in den USA entwickelten Medizinethik,** die wesentliche Ergänzungen zu den hippokratischen Grundsätzen bringen (vgl. auch 5a. Genethik!).

Prinzipien erster Ordnung sind danach

1. das Prinzip des Nichtschadens und der größtmöglichen Schadensvermeidung,
2. das Prinzip des Wohltuns und der Fürsorgepflicht,
3. das Prinzip der Autonomie (Selbstbestimmung) des Patienten.

Das **Konzept des informed consent** (der informierten Zustimmung) legt Wert darauf, über bloße aufklärende Information hinauszugehen. Es beinhaltet

- Aufklärung und Information;
- Sicherstellung des Verstehens der Information, z. B. durch Nachfragen, Gespräch, Vermeiden von Fachsprache ...;
- Freiwilligkeit des Patienten in seiner Entscheidung, das bedeutet z. B. Vermeidung zwingender Überredungsstrategien aufseiten des Arztes und von psychischem Druck vonseiten der Angehörigen;
- Entscheidungskompetenz des Patienten aufgrund eigener schlüssiger Argumentation, einschließlich der Risiko-Nutzen-Abwägung in seinem konkreten Fall;
- ausdrückliche Zustimmung des Patienten und Autorisierung des Arztes zu einer bestimmten Behandlung.
4. Prinzip der sozialen Gerechtigkeit, welche die unterschiedslose Bereitschaft zur ärztlichen Hilfe, z. B. bei der Verteilung von Transplantationsorganen bedeutet.

Diese Prinzipien erster Ordnung, die im Sinne von Einstellung und Gesinnung die ethisch relevanten Kriterien für die Beurteilung moralisch problematischer Entscheidungssituationen in der Medizinethik liefern, finden ihre Ergänzung durch **Prinzipien zweiter Ordnung,** die als ärztliche Tugenden aufzufassen sind, z. B.

- Hilfsbereitschaft,
- Verschwiegenheit,
- Wahrhaftigkeit,
- Vertragstreue,
- situations- und zeitgerechtes Handeln.

Für die konkrete Entscheidungssituation hat die amerikanische Medizinethik **Handlungsanweisungen** entwickelt:

- In einer Checkliste wird die **gründliche Ermittlung aller klinischen Fakten** eingefordert, wie z. B. Krankheitsbild, Heilungschancen, therapeutische Alternativen und ihre Folgewirkungen, augenblicklicher Zustand des Patienten (Terminalphase, Hirntod, künstliche Beatmung und/oder Ernährung, Entscheidungsfähigkeit).
- Die **Entscheidungskompetenz** ist sicherzustellen (Wer darf entscheiden, gibt es unterschiedliche Meinungen bei der Entscheidungsfindung?).

– Der vorliegende Fall ist nach den dargestellten Prinzipien erster und zweiter Ordnung zu **prüfen**. Darüber hinaus werden die medizinischen Entscheidungen durch ein immer dichteres Netz an gesetzlichen Regelungen flankiert, die einerseits die ethische Begründung einer bestimmten Handlung ersetzen – nicht selten zur Entlastung der medizinisch, aber nicht ethisch geschulten Ärzte –, andererseits aber selbst ethischer Prüfung unterzogen werden müssen. Jedenfalls sind bei der Behandlung medizinischer Dilemmasituationen die gesetzlichen Vorgaben miteinzubeziehen.

> **6.** Die **Wirtschaftsethik** untersucht wirtschaftliches Handeln Einzelner, von Institutionen (z. B. Unternehmen, Verbänden, Parteien, Gewerkschaften) und ganzer Wirtschaftssysteme (z. B. Planwirtschaft, Marktwirtschaft) unter den ethischen Gesichtspunkten Humanität, Solidarität, Gerechtigkeit, Verantwortung und Folgenabschätzung.

Letztlich geht es um die Frage, ob und inwieweit von ökonomischen Überlegungen angestrebte Gewinn- und Nutzenmaximierung einer ethischen Überprüfung standhält. „Der Erfolg als solcher rechtfertigt gar nichts. Dann wäre auch der Aufseher eines Konzentrationslagers erfolgreich." (H. Küng in ZEIT Nr. 1, 2010). Selbst allein die Orientierung an Gesetzen bei der Erfolgsoptimierung reicht nicht aus, da die Gesetze – so nützlich und notwendig sie sind – ohne Normen und Moral der trickreichen Umrundung ausgesetzt sind.

Arbeit, Kapital, Eigentumsverteilung, Produktionsmittel und deren Auswirkungen auf die Umwelt bedürfen in ihrer Verflechtung und in ihrem Einsatz der Regulierung durch ethische Prinzipien. Vgl. hierzu als theoretische Basis vor allem die vertragsorientierten Konzepte unter 7.4!

Im **Unterricht** wird man bei der Bearbeitung wirtschaftsethischer Probleme auf aktuelle Fallbeispiele (siehe B.5.3.2.5) und auf Dilemmageschichten (siehe B.5.2.4) zurückgreifen.

Themen bieten Wirklichkeit und vermittelnde Massenmedien hinreichend an, z. B.

– Generell freier Markt versus staatliche Regulierung
– Ökonomie und Ökologie im Widerstreit
– Leiharbeit zwischen Lohnkostendumping und Arbeitsstellenvermittlung: Durch die Leiharbeit verdienen die Leiharbeiter weniger innerhalb derselben Branche als die Festangestellten, die Mindestlohnentgelte für Leiharbeit dürfen allerdings nicht unterschritten werden.
– Unterschiedliche Löhne für Männer und Frauen (gender pay gap)
– Frauenquote in Politik und Wirtschaft?
– Mindestlohn
– Bankenkrise, rechtlich und ethisch betrachtet
– Rationalisierungsmaßnahmen im Kosten-Nutzen-Modell
– Dritte-Welt-Produktion
– Wirtschaftshilfe als Ausbeutung
– Rüstungsexport

> **7. Umweltethik** untersucht den Umgang des Menschen mit nichtmenschlichen Lebewesen (Tierethik) und mit der Natur (Naturethik) vor allem unter den ethischen Gesichtspunkten Verantwortung und Folgenabschätzung.

Tierische und pflanzliche Arten, Ökosysteme, Landschaften, Klima, Ressourcen u. a. m. fordern den Menschen zu ethisch reflektiertem und moralisch verantwortbarem Handeln auf. Die Verantwortung bezieht sich dabei gleicherweise auf die menschliche Einflussnahme auf die Lebensumstände der gegenwärtig lebenden Menschen wie zukünftiger Generationen von Menschen und auf die Umwelt selbst in ihrem zu achtenden Eigenwert.

Der Sichtweise nach wird in der Umweltethik unterschieden zwischen

Anthropozentrismus	und	**Physiozentrismus**
Bezugspunkt der Überlegungen ist der Mensch. Die außermenschliche Natur wird in ihrem Nutzen und Dienstcharakter für den Menschen gesehen.		Er bezieht die außermenschliche Natur in ihrem Eigenwert in ethische Überlegungen mit ein.

Der heutzutage in der umweltethischen Diskussion vorherrschende

Physiozentrismus kennt seinerseits drei Betrachtungsweisen:

Der **Pathozentrismus** billigt nur Schmerz empfindenden Wesen Eigenwert zu.	Der **Biozentrismus** betont die Rücksichtnahme auf **alle** Lebewesen.	Der **Ökozentrismus** bzw. **Holismus** erkennt auch die unbelebte Natur als unter ethischen Aspekten wertvoll an.

Bedauerlicherweise setzen Diskussionen und oft genug auch Theoriebildungen in der angewandten Ethik meist erst dann ein, wenn deutlich erkennbare Risiken menschlichen Handelns oder bereits gegebene Folgeschäden dazu zwingen. Nicht anders verhält es sich mit der Umweltethik, die ihre Themen i. d. R. aus dem sorglosen, nutzenorientierten Umgang des Menschen mit seiner Umwelt gewinnt. Ökologie und Ökonomie stehen auch hier in einem Widerstreit, wie z. B. Treibhauseffekt, Massentierhaltung, Waldsterben, Artenvernichtung, genetische Veränderung von Pflanzen bzw. das Risiko Gennahrung, Auswirkungen der Atomenergie auf die Umwelt u. a. m. nahelegen.

Es bedurfte in jüngster Zeit eines weltweit hartnäckig betriebenen Aufstandes der jungen Generation, vor allem von Schülern, gegen die Trägheit und Unentschlossenheit der Politiker, um die Problematik der drohenden Klimakatastrophe ins Bewusstsein von Gesellschaft und Politik zu rücken. Die Lebensqualität künftiger Generationen tritt in einen ethisch zu entscheidenden Wettstreit mit grenzenloser technologischer und ökonomischer Machbarkeit. „Was moralisch falsch ist, kann politisch nicht richtig sein." (W. E. Gladstone)

7 Handlungsmuster ethischer Begründung

Beim Nachdenken über die Wirklichkeit (= Philosophie), im Einzelnen über sich selbst, die materielle und immaterielle Welt, die Möglichkeit oder Notwendigkeit einer transzendenten Verankerung und die Beziehungen zwischen diesen Teilaspekten bemühte sich der Mensch seit jeher, nicht nur Erkenntnisse über Möglichkeit und Struktur des Seins zu gewinnen, sondern gleichzeitig auch Aufschluss über die handlungsrelevanten Konsequenzen dieser Erkenntnisse zu bekommen. Philosophie führt vom Wahrnehmen der Wirklichkeit in all ihren Erscheinungsformen über das von Neugier und Zweifel geleitete Verstehenwollen und Erklären notwendig und sinnvollerweise zum Handeln. Die Suche nach Maßstäben ethischer Beurteilung menschlichen Handelns, die sich unmittelbar aus der Frage „Was sollen wir tun?" ableitet, ist untrennbar verbunden mit der Frage „Was ist der Mensch?". In diesem Nachdenken über die moralische Wirklichkeit des Menschen wurden in der Geschichte der Philosophie verschiedene Handlungsmuster ethischer Begründung entwickelt, die in repräsentativer Auswahl hier – auf die Kerngedanken reduziert – vorgestellt werden sollen. Letztlich können nur philosophische Begründungsansätze zu einer Standortgewinnung verhelfen, die in moralisch relevanten Entscheidungssituationen über kurzschlüssige oder vordergründige Lösungen hinausführen. Problematisch ist allerdings die Erwartung, bei der Komplexität ethischer Phänomene entsprechende Beurteilungsvorgänge mit einem einzigen Prinzip bestreiten zu wollen. Ebenso unergiebig scheint uns ein Wettstreit der verschiedenen Ansätze ethischer Handlungsmuster zu sein. Sinnvoller ist es vielmehr, die ethische Wirklichkeit unter verschiedenen Perspektiven ohne Ausschließlichkeits- oder Fundamentalismusanspruch zu betrachten.

7.1 Eudämonistisches bzw. utilitaristisches Handlungsmuster

> Oberstes Ziel menschlichen Strebens und Handelns ist das **Glück** (griech. $εὐδαιμονία$ – Eudämonie, Glück, Glückseligkeit, Wohlstand') und zwar als noch näher zu bestimmendes individuelles Wohlergehen der größtmöglichen Anzahl von Menschen.

1. In der Lesart des **Hedonismus** (griech. $ἡδονή$ – Hedone ‚Freude, Vergnügen, Lust, Genuss'...) und seines Begründers Aristipp von Kyrene (435–365 v. Chr.) bedeutet dies als Lebens- und Handlungsregel:
   - Vermeide Unlust und Schmerz!
   - Strebe höchstmöglichen konkreten Lustgewinn an!

2. Eine differenziertere Sichtweise praktizierte **Epikur** (341–270 v. Chr.; vgl. auch 7.6.2/4.), von dem die Aussage überliefert ist: „Wenn du die Menschen glücklich machen willst, dann beschenke sie nicht, sondern nimm ihnen einige Ihrer Wünsche!"

- Erstrebenswert ist dauerhafte Lust in Ruhe (griech. *ἀταραξία* – Ataraxie ,Unerschütterlichkeit, Gemütsruhe, Gleichmut, Ausgeglichenheit') und ohne Abhängigkeit (z. B. von den Sinnen). Die höchste Lust ist der Zustand der völligen Abwesenheit von Unlust. Unlust aber wird in aller Regel von Begierden, Ängsten und persongefährdenden Übergriffen von außen verursacht.
- Die höchste Lust ist die reflektierte Lust, welche die Folgen mitbedenkt, u. U. auch in Kooperation mit anderen (vgl. das Gefangenendilemma unter C 1.1.2 (→ Entwicklung zum Konsequenzialismus).
- Sinnvoll ist die Unterscheidung zwischen niederen Lüsten (dem Leib zuzuordnen) und höheren Lüsten (der Seele zuzuordnen).

3. In der **stoischen Tradition** von Zenon aus Kition (333–262 v. Chr.) bis Seneca († 65 n. Chr.), Marc Aurel (121–180) und Epiktet (50–130) besteht
   - das Glück im naturgemäßen Leben, welches wiederum als vernunftgemäß definiert ist.
   - Demgegenüber ist alles andere (z. B. Knechtschaft, Krankheit, Tod) gleichgültig. Ziel eines tugendhaften Lebens ist deshalb v. a. *ἀπάθεια* (griech. – Apathie ,Leidenschaftslosigkeit, Unempfindlichkeit, Gleichgültigkeit, Gelassenheit aus Grundsatz'), ergänzt durch Gerechtigkeit und Menschenliebe.

4. Nach Ansicht des **Utilitarismus** (lat. utilitas ,Brauchbarkeit, Nutzen, Vorteil; Wohl') besteht das Glück im **individuellen oder sozialen Nutzen** (vgl. z. B. Th. Hobbes (1588–1679), Spinoza (1632–1677), den englischen Liberalismus mit J. Locke (1632–1704), F. Hutcheson (1694–1746), D. Hume (1711–1776), A. Smith (1723–1790), J. Bentham (1748–1832) und J. St. Mill (1806–1873).
   - J. Bentham formulierte als moralisch erstrebenswertes Ziel „das größte Glück der größtmöglichen Zahl von Menschen", die klassische Formel des sozialen Utilitarismus.
   - Antrieb des moralischen Verhaltens ist nach D. Hume das Sympathieprinzip, als psychische Dispositionen gegebene Gefühle und Empfindungen, die eine natürliche Neigung (moral sense) zugunsten des Wohles der Mitmenschen und des allgemeinen Nutzens begünstigen. Nicht Vernunft, sondern Empfindungen des Missvergnügens und Wohlgefallens motivieren uns zum moralischen Handeln. Für die Erziehung folgt daraus die Bildung und lebenslange Verfeinerung von Charakterzügen und Tugenden, vor allem des Mitgefühls, der Mitmenschlichkeit und der Empathie.

– Eine bis heute kontrovers diskutierte Variante des Utilitarismus begründete der Moralphilosoph und Tierrechtsverfechter Peter Singer (2013) mit seinem **Präferenzutilitarismus**. Singer fordert bei moralischen Entscheidungen die Berücksichtigung der Interessen aller Betroffenen (nicht nur Menschen, sondern Lebewesen überhaupt) unter dem Gesichtspunkt der Empfindung von Lust/Freude und Unlust/Schmerz, Leid = das **„Prinzip der gleichen Interessenabwägung"**. Erst nach der Erfassung aller in Frage kommenden Interessen kann eine vorsichtige Gewichtung für die Entscheidungsfindung vorgenommen werden, wobei **Unparteilichkeit** gefordert ist, ungeachtet rationaler und vor allem emotionaler Hindernisse, z. B. bei der Gewichtung der Interessen nahestehender und fremder Menschen oder gar der Interessen von Menschen und Tieren, jeweils aus deren Sicht.

Singer liegt generell daran, aus der anthropozentrischen Sichtweise (= „Speziezismus") heraustretend, den Stellenwert der Tiere zu heben, ohne aber gleichzeitig den der Menschen zu senken. Dennoch muss Singer zufolge nach dem Prinzip der gleichen Interessenabwägung die Frage erlaubt sein, welche moralische Rechtfertigung es gibt, Menschen unter allen Umständen am Leben zu erhalten und zu pflegen, während einige Tiere mit schwerer wiegenden Präferenzen zur Schlachtbank mit nachfolgendem Verzehr durch den Menschen geführt werden. Kontroverse Diskussionen löste Singers Präferenzutilitarismus auch in der **Medizinethik** aus, wo seine Fragestellungen vor allem auf den Lebensanfang und das Lebensende abzielen sowie auf Zeitpunkt und Qualität des Personseins. Ist z. B. Lebenserhaltung des Menschen unter allen Umständen moralische Pflicht und damit beispielsweise der Infantizid (= Tötung des Kindes nach der Geburt) ausgeschlossen, selbst bei schwersten Behinderungen und einem sicher voraussehbaren leidvollen und sozial belastenden Leben in ständiger Abhängigkeit und Versorgung? Von Bewusstsein spricht Singer in diesem Zussammenhang ab der 6./7. Woche nach der Befruchtung, was allerdings noch keine Interessen eines selbstbewussten Lebens einschließt. Der **gerechten Interessenabwägung in weltweiter und zukunftsorientierter Betrachtung** geht Singer in seinem Buch „The Life You Can Save" (2010) nach. Er fordert gegenüber der weltweit ungleichen Verteilung und Nutzung von Ressourcen aller Art im Sinne einseitiger gewinnorientierter Interessenbefriedigung dazu auf, durch eine freiwillige, aber zweckgebundene Spendenkultur dem Prinzip der gleichen Interessenabwägung näher zu kommen.

In Anlehnung an Anzenbacher (1995) wird die moralische Beurteilung im Utilitarismus in folgenden Schritten vollzogen:

Frage	Kriterium	Prinzip
Wie sind Handlungen (Aktutilitarismus) bzw. Regeln (Regelutilitarismus) zu beurteilen?	nach den Folgen, Konsequenzen	Konsequenzen-prinzip
Wie sind die Konsequenzen zu beurteilen?	nach dem Nutzen hinsichtlich des Guten	Utilitätsprinzip
Was ist das Gute?	Erleben von Lust, Vermeiden von Unlust	Hedonismusprinzip
Wie sind Lust und Unlust genauer zu bestimmen?	Maximierung des Glücks für alle Betroffenen (Nutzensumme, Durchschnittsnutzen)	Sozialprinzip

Die *Glücksphilosophie der Gegenwart* setzt in Berücksichtigung sowohl der individuellen als auch der sozialen Möglichkeiten des Menschen weder auf genussvolle Bedürfnisbefriedigung möglichst vieler noch auf asketische Tugendüberforderung. Es ist vielmehr das jedem Menschen Zumutbare in seinem Glücksstreben aufzudecken, das frei ist von moralischen oder religiösen Verfremdungen bzw. Sollensforderungen. Die vor dem Hintergrund der jeweiligen Lebensumstände durchaus verschiedene Definition von Glück als eine frei und selbst geleistete Lebensqualität und einen in Entwicklung befindlichen Lebenssinn lässt den Subjektivismus in der Glücksauffassung als zwingend gegeben erscheinen. Als langfristige, auf Erfüllung gerichtete Lebensplanung setzt sich diese Auffassung von Glück von kurzfristigem Zufalls- und Erlebnisglück ebenso ab wie von der aufschiebenden Hoffnung auf Glück im Jenseits.

Richtungweisend für die subjektive Glücksdefinition wirkt bis heute z. B. V. E. Frankl (1905–1997) mit der von ihm gegründeten Schule „Logotherapie und Existenzanalyse". Bewusst betriebene **Sinnfindung** ist für ihn der Weg zum Glück. Dazu verhilft dem Menschen vor allem *Selbsttranszendenz* als volle Hingabe an eine Person oder Sache und *Selbstdistanzierung* als gelassene Relativierung seiner selbst. Auch „... trotzdem Ja zum Leben sagen"(2018), wie es Frankl als Insasse in verschiedenen Konzentrationslagern abverlangt war, kann Sinnfindung und damit Glück bedeuten (vgl. auch Frankl 1985, 1991, 2015).

Der *empirischen Glücksforschung* geht es um die Erforschung der Bedingungen des Glücklichseins sowohl als eines angenehmen wiederkehrenden Gefühlszustandes als auch einer auf Dauer und Weiterentwicklung angelegten Lebensqualität. Auch sog. Flow–Erlebnisse gehören hierher, womit das völlige Aufgehen in einer Beschäftigung gemeint ist (vgl. Csikszentmihalyi 2019, Csikszentmihalyi, 2014). Die geläufigen Methoden zur Erforschung der Glückbedingungen sind Befragungen in Interviews oder mit Fragebögen, Experimente durch situative Arrangements und Messung von Emotionen mithilfe von EEG (Enzephalogramm), MRT (Magnetresonanztomographie) und PET (Positronen-Emissions-Tomographie).

Regelmäßig genannt bzw. erhoben werden dabei als Glücksindikatoren Einkommen, sinnerfüllte Arbeit bzw. Tätigkeit, Gesundheit, angenehme soziale Beziehungen, Gene als Grundvoraussetzungen eines glücklichen Lebens, das politische und gesellschaftliche Umfeld und neuerdings verstärkt eine intakte Umwelt bzw. die Abwendung der Umweltzerstörung.

7.2 Wertorientiertes bzw. axiologisches Handlungsmuster

(axiologisch von griech. ἡ ἀξία – Axia ‚Wert, Preis, Würde' und ἀξιόλογος – axiologos ‚nennenswert, bedeutend'; Axiologie = Wertlehre)

> Handeln und Verhalten werden durch einen Wert/ein Gut bestimmt.

1. Die Wertethik basiert auf der phänomenologischen Philosophie (griech. φαινόμενον – Phänomen ‚das Erscheinende') Edmund Husserls (1859–1938). Anstatt mithilfe rationaler Erkenntnis werden die reinen Wesenheiten des vordergründig Erscheinenden durch **geistig-intuitive Wesensschau** zugänglich.
Jedes Denken bringt bereits Beiwerk, einen bestimmten „Horizont" der Welt mit in den Denkakt, weshalb es sich zunächst auch nur darauf beziehen kann, *wie* etwas erscheint, nicht was es ist. Das eigentliche Wesen z. B. von Liebe kann nur **einfühlend** erschlossen werden. Die mitgebrachten Denkmöglichkeiten verstellen den Zugang zum Wesentlichen und müssen deshalb überschritten werden (= phänomenologische Reduktion bzw. phänomenologische „Einklammerung"). Vergleiche das Beispiel unter Punkt 4., vierter Spiegelstrich!

2. Der **Begriff Wert** wurde in die Philosophie von Rudolf Hermann Lotze (1817–1881) eingeführt, und zwar als eine Gegebenheit, die vom Menschen als übergeordnet anerkannt und angestrebt wird. Werte existieren a priori (von der Erfahrung oder Wahrnehmung unabhängig). Sie stellen die Bedingung für das Wertvollsein von Objekten dar, das in einem Akt des intuitiven Fühlens, nicht in einem Denkakt erfasst wird.

3. Als **Hauptvertreter der materialen Wertethik** gelten
- Max Scheler (1874–1928), ein Schüler Husserls,
- Nikolai Hartmann (1882–1950), der die phänomenologische Methode als streng objektive Beschreibung des Gegebenen und tatsächlich sinnlich Zugänglichen definierte,
- Dietrich von Hildebrand (1889–1977), der eine christlich-katholisch geprägte materiale Wertethik vertrat.

Nikolai Hartmann

Max Scheler

4. Kernaussage der materialen Wertethik:

- Werte sind **a priori material gegeben** und beschreibbar. Sie werden nicht gefunden oder gar erfunden, sondern entdeckt (Wendung gegen den Psychologismus in der Ethik und den damit verbundenen Relativismus).
- Werte bestehen **ungeschichtlich unveränderlich,** der Veränderung unterliegt das Verhältnis des Menschen zu den Werten, der Entwicklungsstand seines Wertfühlens.
- Zugänglich werden Werte durch **Wertfühlen,** z. B. durch Akte des Vorziehens und Nachsetzens, des Liebens und Hassens; sie werden wirklich durch den Vollzug des Wertfühlens.
- Moralische Werte beinhalten ein **ideales Sollen, das in einer aktuellen Situation verwirklicht werden muss.**
  Beispiel: Hilfsbereitschaft ist ein idealer Wert an sich, der tatsächlich verwirklicht wird angesichts der Lernschwierigkeiten meines Mitschülers/ Mitstudenten.
- **Personwerte** sind höher einzuschätzen als Sachwerte, da eine Person sich überhaupt nur durch Wertverwirklichung entwickelt.

5. Die Vertreter der materialen Wertethik unterstellen ein „**Reich der an-sich-seienden Werte**", das im Sinne einer Werthierarchie aufgebaut ist. Auf **Wertfundamenten** wie z. B. Leben und Bewusstsein können erst **Güterwerte** wie Dasein, Macht und Glück, **sittliche Werte** wie das Gute und Edle und **Personwerte oder Tugenden** wie Gerechtigkeit, Weisheit, Tapferkeit verwirklicht werden (nach N. Hartmann).

Beispiel der Wertverwirklichung:

Der Personwert Liebe wird offenkundig und erlebbar in Gefühlen wie sexuelle Lust, Mitgefühl, Altruismus, Hingezogensein, grundsätzliches Wohlwollen, aber er ist eben nicht nur Gefühl. In den Vorzügen einer geliebten Person und in den gefühlsmäßigen Reaktionen darauf wird die Liebe zu dieser Person sinnlich erfahrbar. Erfassbar werden bis hierher verschiedene **Erscheinungsformen** der Liebe, noch nicht aber das eigentliche Wesen von Liebe. Dieses verbirgt sich in der konkreten Person des Geliebten, welche nicht als die Summe noch so vieler Vorzüge definiert werden kann. Liebe kann in ihrem Wesenskern letztlich nicht rational erschlossen werden, sondern nur in Vollzügen des Einfühlens, der totalen Annahme der geliebten Person und aufopfernder Hingabe intuitiv erfasst werden. In der konsequenten Antwort auf die Erscheinungsformen der Liebe um einer konkreten Person willen besteht die Chance, über einfühlenden Vollzug zum Wesen des Wertes Liebe vorzustoßen. Noch so intensives Ausleben etwa sexueller Lust aufgrund bestimmter körperlicher Vorzüge des Sexualpartners verfestigt lediglich die Erscheinungsform der Liebe als sexuelle Lust, verfehlt aber den Wesenskern der Liebe als einfühlende Hingabe an eine Person (Literatur vgl. z.B. Scheler 1971–1997; Hartmann 1962; Hildebrand 1982).

6. Eine bedenkenswerte **aktualisierte Werteliste** legt H. v. Hentig (vgl. von Hentig 1988) vor, die im Unterricht in Gegenüberstellung zu den Werthierarchien Schelers und Hartmanns diskutiert bzw. weiterentwickelt werden könnte:

1. Leben
2. Freiheit/Selbstentfaltung/Selbstbestimmung/Autonomie
3. Frieden/Freundlichkeit/Gewaltlosigkeit
4. Seelenruhe – z.B. aufgrund der erfüllten Pflicht oder aus Übereinstimmung mit dem eigenen Gewissen, also auch Schuldlosigkeit
5. Gerechtigkeit
6. Solidarität/Brüderlichkeit/Gemeinsamkeit (= Nichteinsamkeit) (Gemeinwohl ist die übergeordnete Idee.)
7. Wahrheit
8. Bildung/Wissen/Einsicht/Weisheit
9. Liebenkönnen/Geliebtwerden
10. Körperliches Wohl/Gesundheit/Freiheit von Schmerz/Kraft
11. Ehre/Achtung der Menschen/Ruhm
12. Schönheit.

Kritische Stellungnahmen zur traditionellen Wertontologie blieben nicht aus. So vertritt z.B. der stark von antiker Skepsis und Nietzsche beeinflusste A. Urs Sommer (2016) die Meinung, dass Werte nicht a priori und unwandelbar gegeben, sondern historisch je nach herrschender Weltanschauung und gesellschaftlicher Verfasstheit bedingt seien. Dennoch bezeichnet er Werte als eher nützliche, aber eben flexible Erfindungen bzw. „Fiktionen" (S. 163), abhängig vom jeweiligen gesellschaftlichen Bedarf, beliebig in Anzahl und Geltung und meist zu abstrakt für konkretes Handeln. Ob allerdings die von ihm erwogene Haltung einer „mit Ironie gebrochene(n) Solidarität" (S. 161), bewegt von der „Einsicht, dass die eigene Sicht mitnichten die einzig mögliche ist" (S. 162) ein ausreichendes moralisches Fundament darstellt, kann bezweifelt werden: Ohne ein großes Maß an „Indifferenz"(S. 162) lässt sich dieses Konzept nämlich kaum verfolgen; konsequenterweise müsse man dann „das Meiste einfach geschehen lassen"(S. 162).

7.3 Pflichtorientiertes bzw. deontologisches Handlungsmuster (Immanuel Kant 1724–1804)

(Griech. δεῖ – dei ‚es ist nötig, man muss'; ‚es ist recht, man soll, man darf'; το δέον, τα δέοντα – deon, deonta ‚das Erforderliche, Nötige, Schickliche, die Pflicht, Schuldigkeit, das Bedürfnis, rechte Zeit'; Deontologie = Ethik als Pflichtenlehre)

> Das Verhalten leitet sich unmittelbar aus einem Gesetz (objektive Norm) bzw. aus einer Pflicht (subjektive Norm) her. Aus beiden, Gesetz und Pflicht, ergibt sich eine Nötigung, im Gewissen erfahren, autonom von der praktischen Vernunft bejaht und den Willen bestimmend. Maßstab für die Überprüfung der alltagspraktischen Handlungsgrundsätze ist das auf Universalisierung abgestellte Prinzip des kategorischen Imperativs.

1. Anmerkungen zu Leben und Werk Immanuel Kants

Er wurde am 22. 4. 1724 in Königsberg als viertes Kind von insgesamt neun Kindern eines Sattlermeisters geboren. Seine Kindheit war durch eine strenggläubige lutherisch-pietistische Erziehung geprägt. 1732–1740 besuchte er das Collegium Fridericianum, eine dürftige Lateinschule, die nach Aussage seines Mitschülers David Ruhnken von der „pedantisch-düsteren Zucht der Fanatiker" bestimmt war. 1737 bereits starb seine geliebte Mutter; „arm und still", d. h. ohne Begleitung eines Geistlichen und bei Erlass der Gebühren, wurde sie beerdigt; 1746 ebenso der Vater.

Ab 1740 widmete sich Kant dem Studium der Naturwissenschaften, der Mathematik, Theologie und Philosophie in Königsberg.

Am 12. 6. 1755 promovierte er und bereits am 27. 9. desselben Jahres habilitierte er sich mit dem Thema „Die ersten Prinzipien der Metaphysik".

Ärmlich hielt er sich als Hauslehrer, Hofmeister und Privatdozent (mit 20–36 Semesterwochenstunden!) über Wasser, bis er 1764 Unterbibliothekar wurde. Ab 20. 8. 1770 hatte er die Professur für Logik und Metaphysik (mit 14–22 Semesterwochenstunden) in Königsberg inne, deren Pflichten er bis 1796 wahrnahm.

Lukrative Rufe, z. B. nach Halle, lehnte er wegen seiner Heimatverbundenheit und seiner instabilen Gesundheit ab. Am 12. 2. 1804 starb er in seniler Demenz.

Sein Freund Hamann schilderte Kant als klein (1,57 m), mager, etwas verwachsen mit eingedrückter Brust und die rechte Schulter höher tragend als die linke; er nannte ihn „den kleinen Magister".

Er blieb Junggeselle ohne Reue, obwohl er zweimal nahe an der Verheiratung war. Er klagte: „Als ich eine Frau brauchen konnte, konnte ich sie nicht ernähren."

Kant liebte die Gesellschaft und pflegte seit seiner

pict rider-stock.adobe.com

Besserstellung als Professor stets mit drei bis neun Gästen zu Mittag zu speisen, und zwar mit Repräsentanten des öffentlichen Lebens, nicht mit Kollegen, philosophische Gespräche vermeidend. Seine überdauernden gesellschaftlichen Beziehungen verdankte er wahrscheinlich seinem Grundsatz: „Neigung darf niemals die Distanz preisgeben."

Sein Tagesablauf war von 5–22 Uhr streng geregelt, wohl aus Rücksichtnahme auf seine Gesundheit. Sein täglicher Spaziergang bei jedem Wetter auf dem „Philosophenweg" brachte ihm die Bezeichnung „Normaluhr Königsbergs" ein.

2. Die transzendentale Differenz als Grundlage für Kants Ethik

Transzendentalphilosophie bedeutet bei Kant die systematische Darstellung „der apriorischen Erkenntnis selbst", d.h. aller Grundsätze der reinen Vernunft, insofern diese aller Erfahrung vorausgesetzt (= a priori) sind, die Erfahrung bestimmend, nicht aber aus ihr abgeleitet. Es geht um Erkenntnis mit reinen (d. h. von Empfindungen unabhängigen) Begriffen. Für das Verständnis von Kants Ethik ist die grundlegende **Unterscheidung zwischen transzendentalem und empirischem Ich** (Subjekt-Objekt-Spaltung) bedeutsam. Letztlich geht es Kant um die Frage, ob der Mensch in moralischen Belangen ein autonom entscheidendes Subjekt oder eine naturkausal erklärbare Funktionseinheit ist.

Er unterscheidet deshalb

a) **„Ich, der ich denke"** vom

> b) **„Ich, das sich selbst anschaut"**

Zu a:

Als des Denkens fähig ist der Mensch transzendentales Subjekt bzw. Vernunftwesen.

Im Sinne eines Erkennens a priori (also von der sinnlichen Erfahrung unabhängig) ist er die Bedingung der Möglichkeit und Grenze von Erfahrung; als transzendentales Subjekt kommt der Mensch im Bereich des Empirisch-Objektiven nicht vor, sondern ist diesem vorausgesetzt. Kant interessieren in diesem Zusammenhang nicht die Gegenstände selbst, sondern das Erkennen dieser Gegenstände, insofern es jeder Erfahrung vorausliegt und sie ermöglicht, sozusagen das Instrumentarium liefert für die Erfassung der objektiven Welt.

Ludwig Wittgenstein (1889–1951) zog für diesen Sachverhalt in seinem Tractatus logico-philosophicus das Bild vom Auge und vom Gesichtsfeld heran:

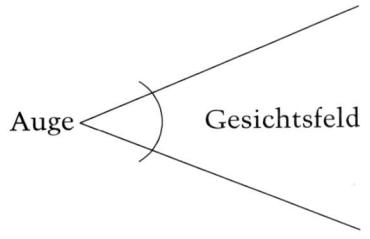

Auge — Gesichtsfeld

Das Auge ist Bedingung und Voraussetzung des Gesichtsfeldes; ohne das Auge gäbe es das Gesichtsfeld überhaupt nicht. Das Auge selbst aber kommt im Gesichtsfeld niemals vor, ist also selbst keiner der Gegenstände des Gesichtsfeldes. Nur über das Auge sind die Gegenstände des Gesichtsfeldes definierbar.

Zu b:

Der Mensch erlebt sich nicht nur als denkendes Subjekt, sondern gleichzeitig als **gedachtes Objekt,** nach Kant als **Naturwesen,** das von innerer und äußerer Wahrnehmung und Erfahrung geleitet ist (= empirisches Ich).

Die transzendentale Differenz bringt zwei im Menschen vereinigte unterschiedliche Daseinsweisen zum Ausdruck, das, „was die Natur aus dem Menschen macht" (Mensch als Naturwesen), und das, was der Mensch „als frei handelndes Wesen" aus sich macht (Mensch als Vernunftwesen) (in: Anthropologie in pragmatischer Hinsicht).

Hauptwerke Kants:

Titel	Inhalt und Zweck
Kritik der reinen Vernunft (1781)	**Was kann ich wissen?** Wie ist reine (d.h. von allem sinnlich Wahrnehmbaren, Empirischen befreite) systematische Erkenntnis beschaffen und welche Rolle spielt dabei die Vernunft als das Apriorische (= allem Wahrnehmbaren, Empirischen Vorausliegende)? **= Erkenntnistheorie**
Grundlegung zur Metaphysik der Sitten (1785) Kritik der praktischen Vernunft (1788)	**Was soll ich tun?** Wie ist sittliches Handeln beschaffen und zu begründen und welche Rolle spielt dabei die Vernunft als das Apriorische? **= Ethik**
Kritik der Urteilskraft (1790)	Wie ist die gefühls- und verstandesmäßige Beurteilung des Naturgeschehens beschaffen und welche Rolle spielt dabei die Vernunft als das Apriorische (hier im Sinne des Prinzips der Zweckmäßigkeit)? **= Ästhetik und kritische Teleologie**
Die Religion innerhalb der Grenzen der bloßen Vernunft (1793)	**Was darf ich hoffen?** Wie verhält es sich mit Wissen und Glauben in der Religion und welche Rolle spielt die Vernunft als das Apriorische bei der Bestimmung von Freiheit, Unsterblichkeit und Gott? **= Reduktion der Theologie auf Anthropologie und Moralphilosophie**

3. Die Sichtweise der transzendentalen Differenz ergibt für den Menschen eine **doppelte Handlungsmotivation** bzw. vermittelt ihm das Erlebnis „**eines Bürgers zweier Welten**".

Person als

Naturwesen	**Vernunftwesen**
(Gegenstand der empirischen Philosophie, hier der praktischen Anthropologie)	(Gegenstand der reinen Philosophie = Metaphysik mit Vorgaben a priori, hier der Moralphilosophie)
– der Sinnenwelt und damit der Natur zugehörig	– die Natur übersteigend, transzendierend und damit nicht den Kausalgesetzen unterworfen, sondern der intelligiblen Welt zugehörig
– ausgestattet mit Erkenntnisvermögen, einem nach Regeln die Sinnenwelt ordnenden Verstand	– nicht instrumentalisiert, d. h. frei von aller Lust-Unlust-Motivation
– mit Affekten, Trieben, Leidenschaften, sinnlichen Neigungen, mit „Begehrungsvermögen" wie Wünschen, Bedürfnissen	– d. h. reine Vernunft wird aus sich selbst praktisch; das Sittengesetz = kategorischer Imperativ ist ein „Faktum der Vernunft" a priori
– von Lust-Unlust-Gefühlen bestimmt	– Vernünftigkeit, Gesetzmäßigkeit und Wille als Einheit
– mit der Möglichkeit der Handlungsfreiheit als äußerem Handlungsspielraum im Rahmen der Naturkausalität, also letztlich heteronom bestimmt	– Möglichkeit der Entscheidungsfreiheit als innerer Freiheit = Freiheit des Willens als Autonomie

Empirische Handlungsmotivation	**Vernunftmotivation des Handelns**
– aus Neigung resultierend	– als Pflicht wahrgenommen
– auf Lust **bzw.** Unlust gerichtet	– auf die Idee des allgemeinen Gesetzes gerichtet
	– als bedingungsloses Sollen, als reine Verpflichtung gegeben

Naturwesen	Vernunftwesen
Kriterium: Das Subjektiv-Singuläre	**Kriterium: Universalisierung**
Aber: Empirische Bestimmungs- gründe sind keine tragfähige Basis für sittliche Entscheidungen, denn „völlige natürlich gegebene Reinigkeit der Gesinnungen ist nicht möglich".	Sie bedeutet den Durchbruch zur Gesinnungs- und Verantwortungs- ethik. Als Wesen zweier Welten handelt der Mensch nur sittlich durch **Selbstverpflichtung**. Autonomie und Freiheit bedingen sich wechselseitig.
Moralisch böse aber ist eine empiri- sche Motivation erst, wenn sie der Vernunftmotivation **widerspricht**.	„Moralität ist also das Verhältnis der Handlungen zur Autonomie des Willens, d. i. zur möglichen allge- meinen Gesetzgebung, durch die Maximen desselben" (Grundlegung z. M. d. S., S. 64).

Eine sittliche Handlung **mit** Neigung ist durchaus möglich, **aus** Neigung aber nicht, und eine Handlung der Pflicht **gemäß** ist von anderer (nämlich niederer) Qualität als eine Handlung **aus** Pflicht. Diese Ansicht trug Kant den Vorwurf des Rigorismus ein und veranlasste Schiller zu einem Epigramm (Sinn- oder Spottgedicht):

> *Gewissensskrupel:*
> *Gerne dien' ich den Freunden, doch tu ich es leider mit Neigung,*
> *Und so wurmt es mir oft, dass ich nicht tugendhaft bin.*
> *Da ist kein anderer Rat, du musst suchen, sie zu verachten,*
> *Und mit Abscheu alsdann tun, was die Pflicht dir gebeut.*

In „Die Religion innerhalb der Grenzen der bloßen Vernunft" (1794) geht Kant in Fußnote 6 auf Schillers Epigramm ein. Er erläutert, dass der Pflichtbegriff „unbedingte Nötigung enthält, womit Anmut in geradem Widerspruch steht ...

Aber die Tugend, d. i. die fest gegründete Gesinnung, seine Pflicht genau zu er- füllen, ist in ihren Folgen auch wohltätig, mehr wie alles, was Natur oder Kunst in der Welt zu leisten mag ... Das fröhliche Herz in Befolgung seiner Pflicht ... ist ein Zeichen der Echtheit tugendhafter Gesinnung ..."

Schiller versichert Kant in seiner Antwort überschwänglich, von seiner Lehre zutiefst überzeugt zu sein und mit dem Epigramm noch Abständige zu genaue- rer Beschäftigung mit der Kantschen Pflichtlehre anhalten zu wollen.

Fr. Schlegel warf Kant vor, alle Moral in Jurisprudenz und den Menschen in eine „vollkommene Vernunftmaschine" zu verwandeln.

4. Zur weiteren Verdeutlichung der transzendentalen Differenz soll die Gegenüberstellung der bestimmenden Merkmale von empirischer Lust-Unlust-Motivation und moralischer Vernunftmotivation dienen.

Empirische Lust-Unlust-Motivation	Moralische Vernunftmotivation
– Sie ist **material** ausgerichtet auf Lustgewinn und Unlustvermeidung.	– Sie ist **formal** motiviert durch die reine Vernunftform als solche, die weder Vor- noch Nachteile verspricht. Gefragt ist Einhaltung des Gesetzes um des Gesetzes willen, Pflichterfüllung um der Pflicht willen.
– Sie ist **subjektiv und situativ**, d. h. es sollen bestimmte individuelle Neigungen erfüllt werden, durchaus egoistischen Standpunkten verpflichtet, die nicht verallgemeinert werden können.	– Sie ist **objektiv und universal gültig**, d. h. der moralische Standpunkt ist an der Idee des Reichs der Zwecke schlechthin orientiert, welches Kant als *„die systematische Verbindung verschiedener Wesen durch gemeinschaftliche Gesetze"* beschreibt (Grundlegung z. M. d. S., S. 56). Das Reich der Zwecke ist also als die für alle vernünftigen Wesen in autonomer Willensentscheidung gefundene gemeinsame Menge allgemeingültiger Gesetzgebung zu verstehen.
– Sie ist **hypothetisch**, d. h. hier abhängig von Bedingungen, von Wenn-dann-Beziehungen, getragen vom Nützlichkeitsprinzip. Handlung wird strategisch als Mittel zum Zweck eingesetzt, z. B. zum Zweck der Glückseligkeit.	– Sie ist **kategorisch**, d. h. unabhängig von sinnlich-empirischen Bedingungen; sie beansprucht unbedingte Geltung. Als moralisch kann eine Handlung nur bezeichnet werden, wenn sie für sich selbst, ohne Beziehung auf einen anderen Zweck ausgeführt wird. *„Das Wesentliche und Gute einer Handlung besteht in der Gesinnung, der Erfolg mag sein, welcher er wolle."*
– Sie ist **heteronom**, d. h. Handeln ergibt sich fremdbestimmt als Resultat eines empirischen und naturkausalen Wirkungszusammenhangs.	– Sie ist **autonom**, d. h. das vernunfthafte Subjekt gibt sich das apriorische Sittengesetz (kategorischer Imperativ) selbst. Darauf beruht die Würde der vernünftigen Natur des Menschen, unabhängig vom Wandel der Neigungen.

5. Die Varianten des kategorischen Imperativs

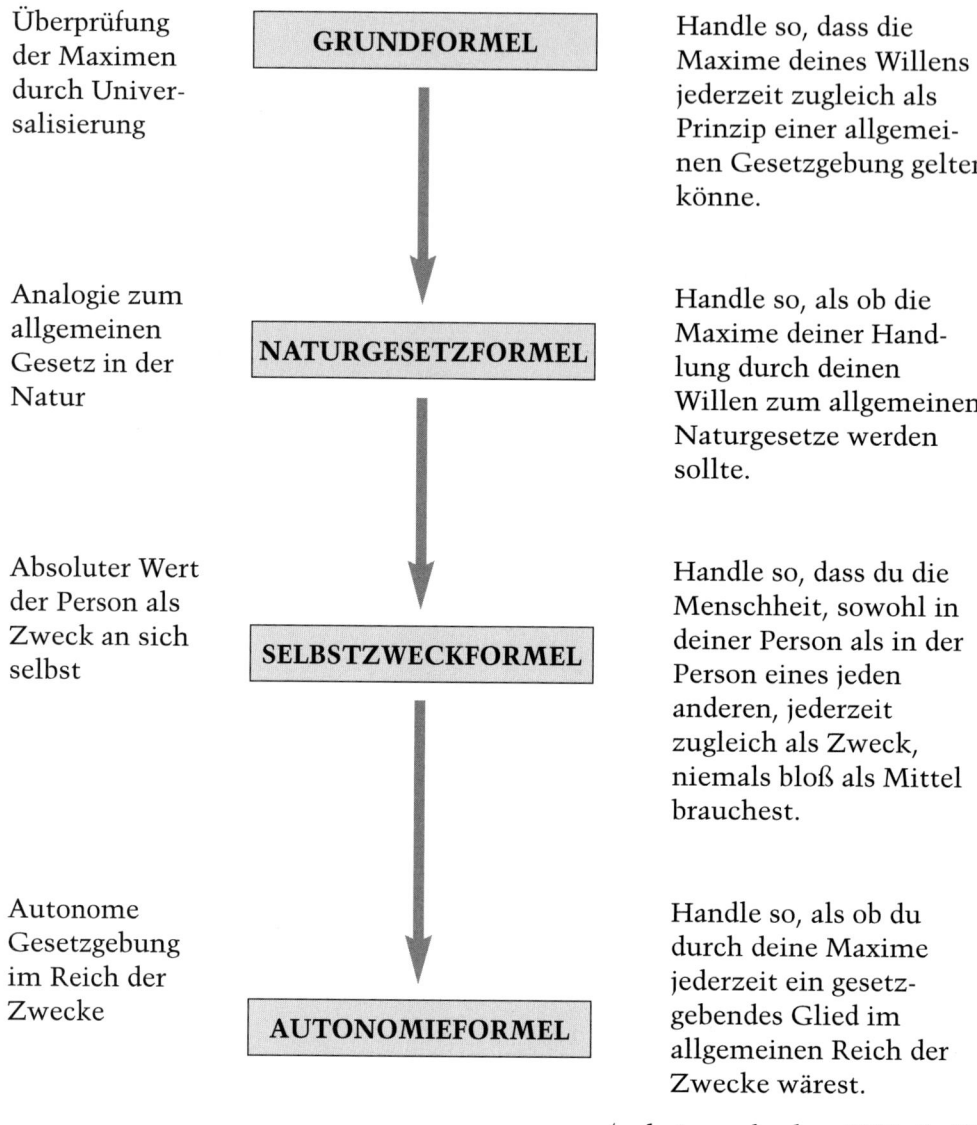

Überprüfung der Maximen durch Universalisierung	**GRUNDFORMEL**	Handle so, dass die Maxime deines Willens jederzeit zugleich als Prinzip einer allgemeinen Gesetzgebung gelten könne.
Analogie zum allgemeinen Gesetz in der Natur	**NATURGESETZFORMEL**	Handle so, als ob die Maxime deiner Handlung durch deinen Willen zum allgemeinen Naturgesetze werden sollte.
Absoluter Wert der Person als Zweck an sich selbst	**SELBSTZWECKFORMEL**	Handle so, dass du die Menschheit, sowohl in deiner Person als in der Person eines jeden anderen, jederzeit zugleich als Zweck, niemals bloß als Mittel brauchest.
Autonome Gesetzgebung im Reich der Zwecke	**AUTONOMIEFORMEL**	Handle so, als ob du durch deine Maxime jederzeit ein gesetzgebendes Glied im allgemeinen Reich der Zwecke wärest.

(vgl. Anzenbacher 1995, S. 63)

Der kategorische Imperativ wirkt nicht aufgrund gefühlsmäßiger Bewertung einer Handlungsentscheidung (wie z. B. die Goldene Regel) oder aufgrund empirischer Einsichten (Mittel-Zweck-Beziehungen), sondern ausschließlich aufgrund eines Denkaktes. Er steht mit seinem Postulat der unbedingten Pflichterfüllung in Rücksicht auf den Selbstzweck der menschlichen Person höher als die Goldene Regel. Der kategorische Imperativ schreibt nicht vor, was der Mensch wollen soll (Inhalt), sondern wie er wollen soll (Methode).

Kants Beispiel vom Geldleihen:

Ich will von einem Freund unter dem Versprechen der Rückzahlung Geld leihen, obwohl ich weiß, dass ich es nie zurückzahlen kann; nur das falsche Versprechen verschafft mir das Geld. Meine Handlungsmaxime lautet also: Wenn du Geld leihen willst, das du nicht zurückzahlen kannst, gib das falsche Versprechen, dass du es zurückzahlen wirst. Diese Maxime – als universelles Gesetz gedacht – hebt sich selbst auf, da niemand mehr unter solchen – ja allgemein bekannten – Umständen Geld leihen will. Ich kann also diese Maxime im Sinne der Allgemeinverbindlichkeit nicht wollen, ihre moralische Disqualifikation ist durch einen Denkakt offenkundig geworden. Moralisch qualifiziert kann eine Handlung also nur sein, wenn sie von subjektiven Interessen und Bedürfnissen ebenso absieht wie von ermogelten Ausnahmeregelungen – so verständlich sie sein mögen – und sich stattdessen einzig und allein an der verallgemeinerbaren unbedingten Pflichterfüllung aus allgemeiner Gesetzlichkeit orientiert. **Eine moralische Entscheidung ist also nicht material, sondern formal bestimmt.**

6. Der kategorische Imperativ und die Pflichten des Menschen

Pflichten

des Menschen sich selbst gegenüber	als animalisches Wesen	Selbsterhaltung vs. Selbstmord, Selbstverstümmelung, Selbstbetäubung
	als moralisches Wesen	Wahrhaftigkeit und Selbstachtung vs. Lüge, Geiz, Unterwürfigkeit
	als rationales Wesen	Selbsterkenntnis
anderen Menschen gegenüber		Liebe, Wohltätigkeit, Dankbarkeit, Anteilnahme vs. Menschenhass, Neid, Undankbarkeit, Schadenfreude
		Achtung vs. Hochmut, üble Nachrede, Verhöhnung
		nützliche Umgangsformen: Zugänglichkeit, Gesprächigkeit, Höflichkeit, Gastfreiheit

(vs. = versus, hier: ‚wozu im Widerspruch steht'); vgl. die Erläuterungen unter 7.6.2/9.

Über das Ausmaß einer Verpflichtung entscheiden **ihre Art und ihre Herkunft:**

1. Als **aktive Verpflichtung** bezeichnet Kant Handlungen aufgrund einer zwingenden Aufforderung durch die Vernunft, aber mit Ausführungsspielraum je nach persönlichem Vermögen und den Gegebenheiten der Situation, z. B. erste Hilfe bei einem Verunglückten.

2. Eine **passive Verpflichtung** liegt vor, wenn die Handlung auf berechtigten Forderungen beruht, also eine Verpflichtung aufgrund einer Schuld gegeben ist, z. B. bezüglich der Rückzahlung geliehenen Geldes. Hier gibt es keinen Ausführungsspielraum, etwa durch die willkürliche Beschränkung der Schuld auf eine Teilzahlung.

3. Kein Handlungsspielraum bleibt auch bei **natürlichen Verpflichtungen,** die sich aus der Natur der Sache ergeben, wie z. B. das Tötungsverbot. Hier liegt eine Selbstverpflichtung durch die praktische Vernunft vor, die jeden Verstoß dagegen kategorisch ausschließt.

4. **Positive Verpflichtungen** ergeben sich aus einer Setzung, einem Gebot. Sie stellen Fremdverpflichtungen aus Furcht vor Strafe dar und sind deshalb anfällig dafür, nicht eingelöst zu werden.

7. Der kategorische Imperativ in der ethischen Praxis

Kategorischer Imperativ als Prinzip des Sollens (objektives Prinzip) = Kriterium der Überprüfung von Maximen im Sinne der Idee einer allgemeinen Gesetzgebung (= Universalisierungsprinzip) Dieses Prinzip des Sollens ist nötig wegen der Unvollkommenheit des menschlichen Willens; für einen heiligen Willen (Gott) fallen Wollen und Gesetz zusammen, er braucht das Sollen nicht. Überprüfung von	Kann ich wollen, dass meine Maxime Grundsatz einer allgemeinen Gesetzgebung sei, d.h. von allen Menschen ohne Einschränkung praktiziert wird? Die zweite Maxime nein, bestenfalls wünsche ich mir eine Ausnahme. Hier gilt es alles in Erfahrung Gründende, wie Neigungen, Bedürfnisse etc., auszuschalten, dann zeigt sich wahre Tugend. Wenn die Vernunft **allein** den Willen und damit das Verhalten bestimmen soll, kann sie das notwendig nur a priori (= von Erfahrung unabhängig) tun. *„Durch Erfahrung geschärfte Urteilskraft"* kann aber nicht schaden. 
Maximen = subjektive praktische Grundsätze des Handelns (subjektive Prinzipien) und empirisch gegebene, in bestimmten Situationen bewährte Orientierungen, inklusive der ermogelten Ausnahmen aktualisiert als	– Untreue ist Vertrauensbruch, der die Ehe zerstört. – Die Freiheit der Person beinhaltet auch sexuelle Freizügigkeit. 
Alltagspraktische Regeln, mitbestimmt durch subjektive Bedingungen wie Unwissenheit, Neigungen, Gewohnheiten, unbedachte Nachahmungen … für	– Warum nicht mitnehmen, was gut tut? – Einmal ist keinmal! – Belebendes Elixier für die Ehe! – Treue ist unteilbar!
Konkrete praktische Entscheidungen, Fälle, Situationen	Eine Situation, ein Fall setzt ein Signal, das zwingend meine Entscheidung herausfordert, z.B. eine Gelegenheit zum Seitensprung.

Zusammenfassung: Gut und Böse sind Bestimmungen der Willensfreiheit, die nicht den Neigungen der Naturkausalität folgt (dies wäre heteronome Bestimmtheit), sondern autonomer Selbstverpflichtung. Kant unterstellt in diesem Zusammenhang die Willensfreiheit als Postulat, denn *„wenn ich soll, muss ich auch können"!* Ich entscheide mich für oder gegen das von mir selbst (autonom) bestimmte Gesetz mit Allgemeingültigkeit. In der Willensfreiheit wird das „Übersinnliche" (im ursprünglichen Sinne des Wortes) gegenwärtig in der Welt, und zwar im Vollzug des unbedingten praktischen Gesetzes, das wir durch unsere Vernunft selbst sind.

8. Zusammenfassung der Kernaussagen Kants zur Ethik

– Kants Ethik beruht auf seinen Ansichten zum Weg der Erkenntnis:

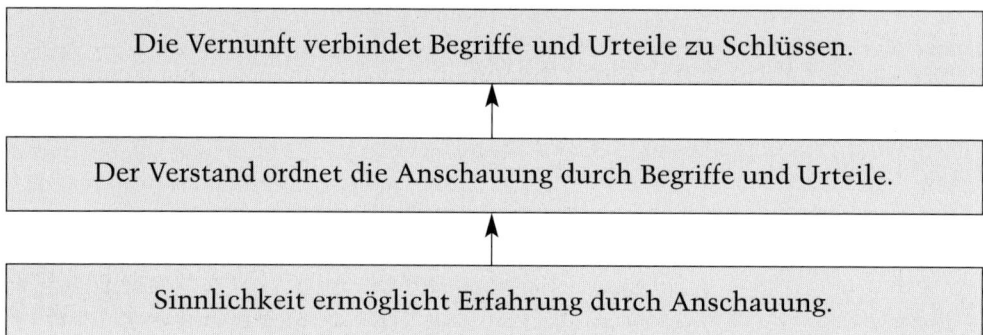

– Grundlage der Möglichkeit einer moralisch relevanten Entscheidung ist die Annahme der transzendentalen Differenz, die den Menschen als Naturwesen und Vernunftwesen sieht. Die praktische Vernunft allein vermag moralisch relevante Entscheidungen zu treffen, die unabhängig sind von subjektiver Willkür.

– Beweisbar ist weder die Willensfreiheit noch die absolute Determiniertheit des Menschen, die Notwendigkeit des moralischen Handelns legt es aber nahe, die Willensfreiheit als Postulat anzunehmen, so zu tun, „als ob" sie gegeben wäre, genauso wie als Postulate in diesem Sinne die Unsterblichkeit der Seele und die Existenz Gottes anzunehmen sind.

– Entgegen den Tugendlehren der Antike ist nach Kants Ansicht für das richtige moralische Handeln nicht das Ziel bzw. Wertoptimierung maßgeblich, sondern die Art der Handlungsausführung und die dahinter stehende Absicht = der Wille = die praktische Vernunft.

– Jede Handlung ist zweckorientiert, gesteuert von Maximen (subjektiven Handlungsgrundsätzen), die der Überprüfung bedürfen.

– Die praktische Vernunft prüft die Maximen mithilfe des kategorischen Imperativs auf widerspruchsfreie Gültigkeit und damit auf Universalisierbarkeit. In diesem Überprüfungsvorgang werden also die individuellen Handlungsmaßstäbe (= Maximen) mit den Handlungsmaßstäben aller anderen Menschen verglichen.

– Aus der Überprüfung ergibt sich eine unmittelbare moralische Verpflichtung als freies und autonomes Handeln, also selbst auferlegten Gesetzen folgend.

Gut ist ausschließlich der Wille, der dieser Verpflichtung, dem Sittengesetz folgt.

7.4 Vertragsorientiertes bzw. kontraktualistisches Handlungsmuster

(Kontrakt ‚Vertrag‘, kontraktualistisch ‚vertragsorientiert‘ oder ‚Kontraktualismus‘ haben lateinische Wurzeln:
– contrahere ‚zusammenziehen, zusammenbringen, beiziehen; versammeln, sammeln, vereinigen, konzentrieren; zu einer Verbindung vereinigen‘
– contractus ‚das Zusammenziehen, das Eingehen eines Geschäfts‘ → Vertrag)

> Moralisches Verhalten wird aus vertraglichen Verpflichtungen abgeleitet.

Vertragstheoretische Ansätze der Ethik gehen von der Überzeugung aus, dass ein erträgliches und geordnetes Zusammenleben der Menschen nur auf der Grundlage akzeptierter Verträge möglich ist, deren Einhaltung gegebenenfalls durch Sanktionen garantiert ist. Unter dem leitenden Grundsatz der Gerechtigkeit ist zu fragen, wie Individualinteressen und Kollektivinteressen in Einklang gebracht werden können, ob und wie die Einschränkung individueller Freiheit durch Rechtsnormen gerechtfertigt werden kann. Im Folgenden werden die das neuzeitliche ethische Vertragsdenken bestimmenden theoretischen Entwürfe vorgestellt und abschließend in einer Übersicht einander gegenübergestellt.

7.4.1 Thomas Hobbes (1588–1679) legte mit seinen staatsphilosophischen Schriften die erste auch ethisch relevante Vertragstheorie der Neuzeit vor. Er

war Sohn eines englischen Landgeistlichen und einer Bauerntochter. Von 1603–1607 studierte er in Oxford scholastische Philosophie, ohne von ihr erfasst zu werden. Den von der Scholastik vereinnahmten Aristoteles lehnte er als „den schlechtesten Moral- und Staatsphilosophen" ab.
Nach dem Studium war er als Hauslehrer in adeligen Familien tätig. Auf mehrfachen Reisen mit seinen Zöglingen nach Frankreich lernte er dort sowohl die dortige Geisteswelt, v. a. Descartes, kennen, als auch die politisch-kriegerischen Auseinandersetzungen auf dem Festland. Am 4. 12. 1679 starb Hobbes in Hardwick Hall (County Derbyshire).

Georgios Kollidas – stock-adobe.com

Vertragstheorie:

> **Hobbes Verständnis von Moral:** Was uns in den Sinnesempfindungen angenehm erscheint, bejahen wir, was unangenehm ist, lehnen wir ab. Moral wird als physisches Geschehen unter den Prinzipien Nützlichkeit und Egoismus definiert, ein Standpunkt, der um der eigenen Sicherheit und eines geordneten Zusammenlebens willen durch vertragliche Vereinbarungen überformt werden muss.

Ausgangspunkte für seine Vertragstheorie waren vor allem

- die kriegerischen Auseinandersetzungen auf dem Festland und der englische Bürgerkrieg, vor dem er nach Paris floh (1640–1651),
- die Hinrichtung König Karls I.,
- aber auch seine Neigung zum Naturrechtsdenken und zur Machtphilosophie der Sophisten (die ein allen Menschen eigenes Interesse an der Befolgung allgemein verbindlicher Regeln unterstellen) und seine Ablehnung der aristotelischen Staatstheorie (die den Menschen als ein von Natur geselliges Wesen betrachtete).

Diese Erlebnisse und Überzeugungen ließen ihn bei seinen staatsphilosophischen Überlegungen von der bewusst übertriebenen Vorstellung eines menschlichen **Naturzustandes** ausgehen, der den Menschen als von „natürlicher Begierde" bestimmt darstellt. In diesem Naturzustand „war es jedem erlaubt, zu tun, was er wollte, und alles in Besitz zu nehmen, zu gebrauchen und zu genießen, was er wollte und konnte … Daraus erhellt, dass im Naturzustand Selbsterhaltung und Nutzen der Maßstab des Rechtes sind", mit der Folge, dass „der Mensch für den Menschen ein Wolf" ist (homo homini lupus; alle Zitate aus Leviathan …, s. u.).

Da diesen extremen utilitaristischen Egoismus jeder für sich reklamieren konnte – denn von Natur aus sind ja alle gleich –, folgte daraus der „Krieg aller gegen alle" (bellum omnium contra omnes). Das Leben ist in diesem Zustand „einsam, arm, hässlich, brutal und kurz". Der bei solchen Verhältnissen verständliche Wunsch nach Sicherheit und Rechtsschutz zum Zweck des Überlebens veranlasst die Menschen, ihre Naturrechte durch freie Übereinkunft wechselseitig einzuschränken und durch einen **Staatsvertrag** verlässliche Sicherheit und geordnete Moral zu ermöglichen. Für die Einhaltung der vertraglichen Vereinbarungen sorgt über die Furcht vor Bestrafung ein **allmächtiger Staat** (Leviathan), der Idee nach das Volk als Summe aller im Vertrag vereinigten Bürger, in der Realität jedoch je nach Staatsverfassung ein Monarch oder das Parlament. Hobbes überzieht die Machtausstattung der Staatsgewalt entschieden, wenn er deren Inhaber an keinen Vertrag bindet. Die Staatsgewalt steht absolut über ihren Untertanen; sie bestimmt Recht und Moral und sogar die Zulässigkeit von Religion. Zwischen den Staaten besteht übrigens der Naturzustand fortwährenden Krieges weiter.

Hobbes Staatsvertrag überwindet nicht das gegebene Zeitalter des Absolutismus, indem die Menschen den Vertrag nicht aus freiem Willen, sondern aus Not und Überlebensinteresse schließen, sich in die Rechtlosigkeit begeben, da sie alle Rechte an die Staatsgewalt abtreten und nicht einmal mehr die Kontrolle über die abgetretenen Rechte besitzen. Hobbes legitimiert die absolutistische Herrschaft, aber nicht als Gottesgnadentum, sondern als Auftrag des Volkes.

Dass sowohl die Vertragsbasis als auch das Verhältnis von Staatsgewalt und einzelnem Untertan bereits in der unmittelbaren englischen Traditionslinie anders gesehen wurde, verdeutlicht J. Locke (1632–1704). Er sieht als Grundlage des Staatsvertrags nicht gemeinsame Interessen der um Leben und Eigentum fürchtenden Menschen, sondern unveräußerliche natürliche Menschenrechte, die im Vertrag lediglich festgeschrieben werden. Konsequenterweise verdankt die Staatsgewalt ihre Existenz dem Willen der Einzelnen, durch die Trennung von Legislative und Exekutive in wechselseitiger Kontrolle vor Willkür bewahrt und voll und ganz auf das Wohl aller im Vertrag vereinigten Individuen ausgerichtet.

Hauptwerke:

1640	The elements of law natural and politic (Naturrecht und allgemeines Staatsrecht in den Anfangsgründen). Das Werk machte ihn beim Parlament unbeliebt.
1642–1658	Elementorum philosophiae sectio prima de corpore; sectio secunda de homine; sectio tertia de cive (Elemente der Philosophie. 1. Teil. Über den Körper; 2. Teil: Über den Menschen; 3. Teil: Über den Bürger).
1651	Leviathan or the matter, forme and power of a Commonwealth ecclesiastical and civil (Leviathan oder Wesen, Form und Gewalt eines kirchlichen und bürgerlichen Gemeinwesens). Dieses Werk ließ ihn bei König Karl II. im Pariser Exil in Ungnade geraten und zwang ihn zur Flucht ins republikanische England Oliver Cromwells.

7.4.2 Jean-Jacques Rousseau (1712–1778), in der Gunst der Zeitgenossen ein Rivale Voltaires (1694–1778), stand in der Tradition der Aufklärung. Mit der Betonung des Gefühls in seinen Schriften und mit seinen kulturkritischen Ansichten setzte er aber auch zur Überwindung der Aufklärung an.

Rousseaus Vater, Uhrmacher von Beruf, stammte von französischen Hugenotten ab, seine Mutter war Calvinistin. Aus einer unglücklichen Kindheit und Jugend floh er 1728 16-jährig nach Annecy zu Frau von Warens, die – 14 Jahre älter – für ihn Mutter und Geliebte gleichzeitig war. Sie veranlasste ihn auch zur Konversion zum Katholizismus, den er allerdings 1754 wieder zugunsten des Calvinismus verließ. Ab 1742 lebte er als Hauslehrer und Privatsekretär in

Paris, verkehrte mit Diderot und den Enzyklopädisten. Ab 1743 lebte er in wilder Ehe – erst 1768 legalisiert – mit einem ungebildeten Mädchen, Thérèse Levasseur. Die fünf Kinder aus dieser Ehe gab er in ein Findelhaus, wohl aus ökonomischen Gründen und wegen seiner häufigen Ortswechsel. Nach dem Verbot seines Erziehungsromans „Emile" und bedroht von einem Haftbefehl floh er 1762 in die Schweiz, von wo er erst 1767 nach Frankreich zurückzukehren wagte. Nach der Veröffentlichung der „Bekenntnisse" (1771) ereilte ihn erneut ein Verbot, nämlich Vorlesungen daraus zu halten. Am 2. 7. 1778 starb er in Ermenonville bei Paris.

pict rider – stock.adobe.com

Vertragstheorie:

> Moralisches Verhalten wird aus der Natur, letztlich aus der Freiheit des Menschen abgeleitet.

Die Eigenart der menschlichen Freiheit verdeutlicht Rousseau z. B. am unterschiedlichen Nahrungsverhalten von Mensch und Tier: Das Tier ist nicht in der Lage, sein Nahrungsverhalten zu ändern; der Löwe frisst Fleisch und kann nicht Vegetarier werden. Der Mensch kann dagegen sogar für ihn Nachteiliges zu sich nehmen; er wählt frei nach bestimmten Intentionen, so auch bei seinem Eintritt in eine Rechtsgemeinschaft.

Im erklärten Gegensatz zu Hobbes geht Rousseau von der Überzeugung aus, dass **der Mensch von Natur aus gut** sei. „Der Mensch ist frei geboren und überall liegt er in Ketten" (Contrat social, 1762). „Alles ist gut, wie es aus den Händen des Schöpfers der Dinge hervorgeht, alles entartet unter den Händen des Menschen" (Émile ou de L'éducation, 1762). Das folgende Zitat aus dem Emile brachte ihm neben ähnlichen Äußerungen die öffentliche Verbrennung des Buches und schließlich sogar einen Haftbefehl ein, dem er sich durch die Flucht in die Schweiz entzog: „Wenn ich die Dummheit symbolisch darzustellen hätte, die unsere Galle erregen kann, so würde ich einen Pedanten malen, der die Kinder aus dem Katechismus unterrichtet."

Das (idealisierte) Bild vom Naturzustand des guten, freien und gleichen Menschen (Naturmensch, der „edle Wilde") wird getrübt durch die Herausbildung von **Ungleichheit**, die nach und nach dadurch entsteht, dass die Menschen beginnen, sich Privateigentum aus den allen gleichermaßen zur Verfügung stehenden natürlichen Ressourcen abzuzweigen. Die Folgen sind unausweichlich Habgier, Gewalttätigkeit, Herrschaft und Unterwerfung. Standes- und Klassengegensätze entwickeln sich. Zur Aufrechterhaltung ihrer Privilegien und zur schadenvermeidenden Regelung des Umgangs miteinander richten die Besitzenden und Privilegierten über vertragliche Vereinbarung Machtinstitutionen ein, welche die Nichtprivilegierten gleichzeitig im Zaum halten. Die Nichtprivilegierten geraten also in diesen entarteten Gesellschaftsvertrag durch einen Vorgang der Übertölpelung.

Eigentum, Obrigkeit und Willkür in der Machtausübung werden als die **Wurzeln des gesellschaftlichen Verfalls** festgeschrieben.

Damit aber nicht genug, beschleunigt die privilegierte Klasse die Entfernung vom Naturzustand des Menschen noch, indem sie über den Luxus die Künste, über den Müßiggang die Wissenschaften fördert, ein Vorgang, der durch Verweichlichung, Verkünstelung und Überbildung zu „entarteter Kultur" führt. „Die Wissenschaften und Künste verdanken ihre Entstehung unseren Lastern", die wiederum „aus dem Müßiggang entstanden sind und diesem ihrerseits Vorschub leisten". „Die Kinder lernen nur unnützes Zeug, das sie zu Schöngeistern macht, aber sie nicht zu moralischem Handeln befähigt." Rousseau lehnt allerdings Wissenschaften und Künste nicht grundsätzlich ab, sondern lediglich die zivilisatorische Entwicklung, die „nicht das ganze wissenschaftliche und künstlerische Leben auf Tugend und Glückseligkeit des Menschen konzentriert und ihnen unterordnet". Er kritisiert mit seinen vehementen Angriffen den vorgefundenen „oberflächlichen Kulturtrieb". Aus diesem Dilemma kann nur ein **Gesellschaftsvertrag** (contrat social) herausführen, der auf dem idealen **Gemeinschaftswillen der freien und gleichen Menschen** (volonté générale) beruht, ermittelt durch Abstimmung. Dieser Vertrag ist also bei der Abtretung von Rechten und Interessen nicht wie bei Hobbes von Furcht getragen, sondern von der freiwilligen Entscheidung des Menschen. Aus den Individualinteressen aller Bürger wird der tragfähige Gemeinschaftswille im Sinne des Gemeinwohls entwickelt. Grundlegend dabei ist ein Willens- oder Gesinnungswandel in Freiheit. Als Staatszustand ergibt sich im Sinne der Rückkehr zum Naturzustand und damit des Menschen zu sich selbst **radikale Demokratie und Volkssouveränität**. Der Staat ist das Volk selbst als freie gesellschaftliche Vereinigung der Menschen. Es gibt kein Parlament, sondern Volksreferenden bei wichtigen Entscheidungen.

Staatsverfassung
nach Rousseau:

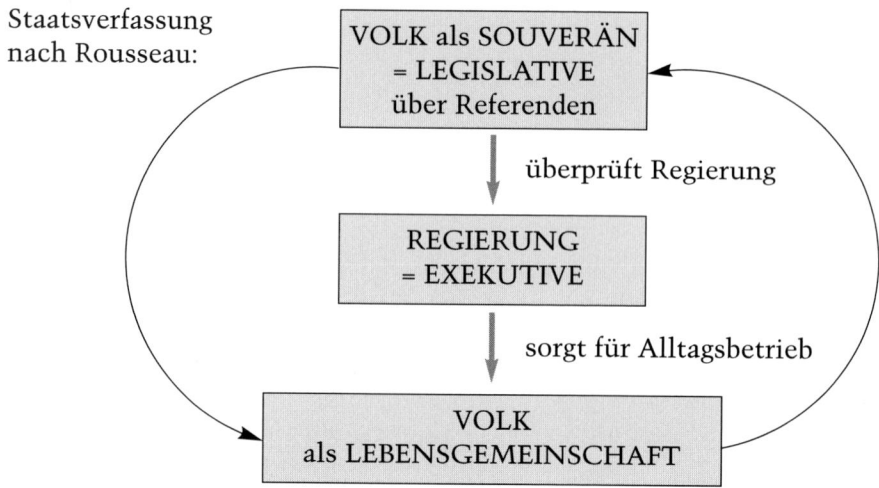

Für die Erziehung bedeutet die Ansicht Rousseaus vom Gesellschaftsvertrag, dass die jungen Menschen von den Einflüssen der etablierten Gesellschaft in einer Art pädagogischer Provinz ferngehalten werden müssen (= negative Erziehung), um – herangewachsen – überhaupt unverbildet im Sinne der neuen Staatsverfassung wirken zu können.

Hauptwerke:

1750   Abhandlung zur Fragestellung der Akademie von Dijon: Hat die Wiederherstellung der Wissenschaften und der Künste zur Verfeinerung der Sitten beigetragen?

1755   Abhandlung über den Ursprung und die Gründe der Ungleichheit unter den Menschen

1762   Contrat social ou principes du droit politique (Über den Gesellschaftsvertrag oder Grundsätze des politischen Rechts)

1762   Émile ou de L'éducation (Emil oder Über die Erziehung) → nachhaltige Wirkung, z. B. auch auf Goethe, Schiller, Herder, Pestalozzi

1771–1778   Les Confessions (Bekenntnisse)

7.4.3 Immanuel Kant (1724–1804), vgl. zu Leben und Hauptwerk S. 66–68!

Moralisches Verhalten im Gemeinwesen ergibt sich aus dem „allgemein vereinigten Willen des Volkes", d. h. dem kategorischen Imperativ des Rechts, der Pflichterfüllung um des Gesetzes willen mit Notwendigkeit und wechselseitiger Allgemeingültigkeit.

Kant sieht den Menschen auf der Basis der transzendentalen Differenz (vgl. S. 67f.) als Naturwesen und Vernunftwesen. Er braucht als Ausgangspunkt seiner Überlegungen weder die Annahme vom Menschen als eines im Naturzustand von egoistischen Interessen beherrschten Wesens (Hobbes) noch als eines von Natur aus guten und friedfertigen Wesens (Rousseau). Es genügt vielmehr, die auf egoistischen Interessen beruhende Handlungsmotivation durch die Vernunftmotivation zu überformen, um ein staatliches Zusammenleben der Menschen in gesicherter Ordnung und in Frieden zu gewährleisten.

Von einem Naturzustand kann bei Kant also nur mit Einschränkung die Rede sein, insofern damit die Seite des Menschen als Naturwesen gemeint ist, abhängig von sinnlicher Wahrnehmung, Empfindung und Erfahrung. In diesem Zustand – ausschließlich von eigenen Interessen geleitet – ist die Alltagserfahrung der Menschen von Dauerkonflikten geprägt, die sich aus ihren egoistischen Willkürhandlungen zwangsläufig ergeben. Konfliktregelungen gelingen allenfalls aus gefühlsmäßiger „Neigung" oder zufällig.

Eine Überwindung dieser misslichen Situation ergibt sich aus der weiteren **Bestimmung des Menschen als vernunftbegabter Person** mit Notwendigkeit. Als **moralische** Persönlichkeit praktiziert nämlich der Mensch „die Freiheit eines vernünftigen Wesens unter moralischen Gesetzen" (MdS = Metaphysik der Sitten, 22). Diese Freiheit zeichnet sich dadurch aus, dass sie auf der Basis strikter Wechselseitigkeit „mit jeder anderen Freiheit nach einem allgemeinen Gesetz zusammen besteht" (MdS 45).

Nach Kants Auffassung tut sich bei freier Vernunftentscheidung kein Mensch selbst Unrecht, andernfalls würde er in Widerspruch zu sich selbst geraten. Diese Tatsache hat er auch jedem anderen zuzubilligen, wie dieser ihm. Als moralisch-praktisches Gesetz ergibt sich daraus der kategorische Imperativ: „Handle so, dass die Maxime deines Willens jederzeit zugleich als Prinzip einer allgemeinen Gesetzgebung gelten könne." Die zwischen den Menschen für ein geordnetes und sicheres Zusammenleben nötige Vereinbarung kann also nur im „allgemein vereinigten Willen des Volkes" bestehen, der sich im Recht niederschlägt. „Das **Recht** ist der Inbegriff der Bedingungen, unter den die Willkür des einen mit der Willkür des anderen nach einem allgemeinen Gesetze der Freiheit vereinigt werden kann" (MdS 31).

Konfliktregelungen werden nicht mehr der Neigung oder dem Zufall überlassen, sondern erhalten moralische Qualität, indem sie durch die **pflichtgemäße** Einlösung der in freier Vernunftentscheidung entstandenen allgemeingültigen Gesetze gerechtfertigt werden.

Allerdings ist es auch in diesem idealen Vertragszustand im Alltag oft schon hinreichend, wenn Handlungen wenigstens legal sind, d. h. mit dem Gesetz übereinstimmen z. B. aus Gewohnheit, aus Furcht vor Strafe oder weil sie mit den eigenen Interessen zufällig übereinstimmen. Kant nennt dies den Zustand der **Legalität** (Gesetzmäßigkeit). Von **Moralität** (Sittlichkeit) kann aber erst die Rede sein, wenn die Triebfeder der Handlung die Pflichterfüllung gemäß dem Gesetz ist (vgl. MdS 15). Den Staatszustand, der sich aus dem „allgemein ver-

einigten Willen des Volkes" ergibt, beschreibt Kant folgendermaßen:
„Ein Staat ist die Vereinigung einer Menge von Menschen unter Rechtsgesetzen (MdS 165)… Ein jeder Staat enthält drei Gewalten in sich, d. h. den allgemein vereinigten Willen in dreifacher Person:

- die Herrschergewalt (Souveränität), in der des Gesetzgebers,
- die vollziehende Gewalt, in der des Regierenden (zu Folge dem Gesetz)
- und die Recht sprechende Gewalt (als Zuerkennung des Seinen eines Jeden nach dem Gesetz), in Person des Richters,
  gleich den drei Sätzen in einem praktischen Vernunftschluss:
- dem Obersatz, der das Gesetz jenes Willens,
- dem Untersatz, der das Gebot des Verfahrens nach dem Gesetz …
- und dem Schlusssatz, der den Rechtsspruch (die Sentenz) enthält, was im vorkommenden Fall rechtens ist.

Die gesetzgebende Gewalt kann nur dem vereinigten Willen des Volkes zukommen."

Der ideale Staatszustand als sittliche Freiheitsordnung aller vernunftmäßig entscheidenden Staatsbürger stellt keinen Minimalschnittpunkt übereinstimmender Interessen dar, wie bei Rousseau, sondern eine Rechtsordnung, die notwendigerweise wegen ihrer totalen Verallgemeinerungsfähigkeit absolute Gültigkeit beanspruchen muss.

akg-images/Fototeca Gilardi

7.4.4 John Rawls (1921–2002), Philosophieprofessor an der Harvard University seit 1962, emeritiert 1991; Hauptwerk: A Theory of Justice (Theorie der Gerechtigkeit) (vgl. Rawls 1971)

> Moralisches Verhalten wird verwirklicht in der Ausübung sozialer Gerechtigkeit, die auf gleichen Freiheitsrechten aller Menschen, fairer Chancengleichheit und der Lebensverbesserung der am meisten Benachteiligten beruht.

Seit der Antike handelt die politische Ethik von der richtigen Form des Zusammenlebens, kollektiver Rationalität, gerechten Institutionen und angemessenem öffentlichen Handeln. Nach Rawls wird dies alles ermöglicht, wenn die **Richtschnur gesellschaftlichen Handelns die „soziale Gerechtigkeit"** ist und nicht etwa der größtmögliche Nutzen für Einzelne oder für die größtmögliche Zahl von Menschen wie im Utilitarismus. Die entscheidende Frage ist aber, **wie** die soziale Gerechtigkeit zu erreichen ist. In der Beantwortung dieser Frage definiert

Rawls „**Gerechtigkeit als Fairness**", die „**Gesellschaft als faires System der Kooperation**" (**social union of social unions**) mit gemeinsamen Toleranz- und Demokratievorstellungen. Die Gerechtigkeit als Fairness ist darauf gerichtet, alle Mitglieder eines politischen Systems einschließlich der nachfolgenden Generationen (≙ Sparprinzip) mit gleichen Rechten auf Freiheiten und soziale Grundgüter auszustatten. Diese sollen ihnen die bestmögliche Lebensverwirklichung ermöglichen, ohne dabei jemand anderen einzuschränken (= 1. Gerechtigkeitsprinzip). Die in einer solchen Gesellschaft ein „Leben lang kooperierenden Mitglieder" sind freie und gleiche Personen mit zwei moralischen Vermögen, nämlich

– einer Anlage zu einem Gerechtigkeitssinn
– und der Befähigung zu einer Konzeption des Guten.

Da aber kaum jemand bereit sein dürfte, Einbußen in seinem tatsächlichen gegenwärtigen gesellschaftlichen Status um der Besserstellung sozial Benachteiligter willen hinzunehmen, auch nicht davon ablassen wird, in erster Linie die eigene Besserstellung zu betreiben, ruft Rawls wie seine kontraktualistischen Vorgänger zu einem Gedankenexperiment auf: Er unterstellt einen **fiktiven Urzustand gleichberechtigter, rational entscheidungsfähiger Vertragspartner,** in dem sich diese – von einem „Schleier des Nichtwissens" umgeben – sozusagen in Unkenntnis ihres tatsächlichen und möglichen gesellschaftlichen Status befinden. Rawls mutet den Menschen als rationalen Egoisten zu, ihre Vereinbarungen unter Einschränkungen zu treffen, indem sie nämlich absehen von tatsächlichen Positionen und Privilegien, von besonderen Begabungen und Fähigkeiten. In dieser Situation „kennt niemand seine Stellung in der Gesellschaft, seine Klasse oder seinen Status, ebensowenig sein Los bei der Verteilung natürlicher Gaben wie Intelligenz oder Körperkraft. Ich nehme sogar an, dass die Beteiligten ihre Vorstellung vom Guten und ihre besonderen psychologischen Neigungen nicht kennen. Die Grundsätze der Gerechtigkeit werden hinter einem Schleier des Nichtwissens festgelegt. Dies gewährleistet, dass dabei niemand durch die Zufälligkeiten der Natur oder der gesellschaftlichen Umstände bevorzugt oder benachteiligt wird" (1975, S. 27 f.).

Nur auf dieser Basis können, ohne dass die Menschen auf bestimmte Positionen und Privilegien schielen, die erzielten Vereinbarungen fair (= gerecht) sein, denn niemand weiß ja mit Sicherheit, ob er sich mit eher egoistischen Verhaltensvorschlägen verbessern oder verschlechtern wird. G. H. Mead bezeichnet dieses vorgestellte Eintauchen in den von egoistischen Interessen freien Urzustand als „ideale Rollenübernahme" (vgl. Mead 1973, S. 429 f.).

Die **generelle** Entscheidung über das Gesellschaftssystem, in dem man leben möchte, ist also zu treffen in Unkenntnis der **individuellen** Position, die man dort tatsächlich einnehmen wird; man könnte auf der besten Position, aber auch auf der schlechtesten landen.

Zur Veranschaulichung bietet Rawls das Beispiel vom Pudding auf, den eine Mutter unter zwei Kindern gerecht aufteilen soll. Was soll die Mutter bloß machen, der beide Kinder misstrauen? Sie löst das Problem, indem sie das eine Kind zwei gleich große Portionen herstellen, das andere Kind aber zuerst wählen lässt.

Der vorsichtige Realist – nicht natürlich der tollkühne Pokerspieler, der vom egoistischen Nutzendenken nicht ablassen kann – wird sich bei der Wahl verschiedener Möglichkeiten von Gesellschaftssystemen nach dem Maximin-Prinzip (lat. maximum minimorum = die beste unter den schlechtesten Möglichkeiten) verhalten: Er wird bei der Bestimmung möglicher Freiheiten und Grundgüter jenen staatlichen Zustand wählen, der ihn auf der schlechtesten Position immerhin noch besser stellt als die schlechtesten Positionen anderer staatlicher Zustände. Auf diese Weise wird als Ausgangslage die Gleichheit aller Staatsbürger garantiert, denn die tatsächliche Position bleibt ja im Unklaren. Für Rawls ergeben sich aus dem vorgestellten Urzustand **zwei Gerechtigkeitsprinzipien**:

„– *Erster Grundsatz:* Jedermann hat gleiches Recht auf das umfangreichste Gesamtsystem gleicher Grundfreiheiten, das für alle möglich ist.
 – *Zweiter Grundsatz:* Soziale und wirtschaftliche Ungleichheiten müssen folgendermaßen beschaffen sein:
   a) sie müssen unter der Einschränkung des gerechten Spargrundsatzes [= Vorsorge für die nachfolgenden Generationen/Köck] den am wenigsten Begünstigten den größtmöglichen Vorteil bringen (= Sparprinzip), und
   b) sie müssen mit Ämtern und Positionen verbunden sein, die allen gemäß fairer Chancengleichheit offenstehen" (a. a. O., S. 336 f., ebenso die weiteren Zitate).

Der gerechte Staat hält also auf der Basis gleicher Freiheitsrechte und gleicher Chancen (= Gleichheitsprinzip) den Aufstieg für jedermann offen. Soziale und wirtschaftliche Ungleichheiten sind nur zulässig, wenn alle Mitglieder der Gesellschaft, vor allem die Benachteiligten, Vorteile davon haben (= Unterschiedsprinzip bzw. Differenzprinzip)). So ist z. B. die Existenz von Managern durchaus gerechtfertigt, insofern dieselben u. a. für die Sicherung von Arbeitsplätzen und steigenden Wohlstand der Arbeitnehmer sorgen. Ihre Ablösung bedeutet eine Verunsicherung der Unternehmensentwicklung, wenn nicht sogar den Bankrott des Unternehmens. Aber: „Eine Chancenungleichheit muss die Chancen der Benachteiligten verbessern."

Eine Einschränkung „der Grundfreiheiten ist nur um der Freiheit willen" zulässig, „und zwar in folgenden Fällen:

a) eine weniger umfangreiche Freiheit muss das Gesamtsystem der Freiheiten für alle stärken;
b) eine geringere als gleiche Freiheit muss für die davon Betroffenen annehmbar sein."

Die Setzungen von Rawls können hilfreich sein in existenziell bedeutsamen Situationen, wie z.B. bei Organtransplantationen, der Havarie von Schiffen oder in einer Pandemie wie bei Covid 19 (Corona-Pandemie), wo Entscheidungsgrundsätze der Allokationsethik (= Verteilungsethik) gefragt sind. Das in solchen Fällen geltende Notstandsrecht fußt auf den Prinzipien der Gerechtigkeit und der Chancengleichheit. Als Kriterien des Handelns dienen:

- Dringlichkeit unter dem allgemeinen Gesichtspunkt der Humanität, Prognose unter dem utilitaristischen Gesichtspunkt, wem es am meisten nützt und
- Wartezeit im Sinne gleicher Chancen für alle (Egalitarismus).
- Im Falle einer Triage – wie erlebt in der Corona-Pandemie – greifen die Rettungsvorschriften (rule of rescue) der Katastrophenmedizin. Unter der Vorschrift „rette so viele wie möglich" sind Schwerverletzte sofort, Leichtverletzte zurückgestellt, Hoffungslose vorläufig nicht zu behandeln.

Der von Rawls angestrebte staatliche Zielzustand ist auf der Grundlage der beiden Gerechtigkeitsprinzipien (Prinzip der gleichen Freiheit und Unterschiedsprinzip) die **„wohlgeordnete Gesellschaft",** in die hineinzuwachsen erhebliche Anstrengungen der moralischen Erziehung nötig sind.

Die Institutionalisierung der Gerechtigkeitsprinzipien erfolgt nach Rawls in vier Etappen:

1. Verbindliche Formulierung der Gerechtigkeitsprinzipien
2. Erarbeitung einer darauf aufbauenden Verfassung
3. Gesetzgebung im Rahmen der Verfassung
4. Durchsetzung der Normen der Verfassung durch Einzelfallentscheidungen der Verwaltung und Justiz

Zur Kritik der Regel- und Prinzipienethik vergleiche z. B. den Ethikansatz des Kommunitarismus, S. 115.

7.4.5 Zusammenfassung der vorgestellten vertragsorientierten Handlungsmuster moralischen Verhaltens in Gegenüberstellung

	Naturzustand	Vertrag	Staatszustand
Hobbes (1588–1679)	*Zweck:* Glück und Selbsterhaltung bei Gleichheit aller Menschen ↓ Die Handlungen der Menschen sind ausschließlich interessen- und nutzengeleitet. *Folgen:* – Der Mensch, ein Wolf für den Menschen – Krieg aller gegen alle	Aufgabe unbeschränkter Freiheit in der Ausübung von „Naturrechten" zugunsten verlässlicher Sicherheit und geordneter Moral *Motiv:* Furcht und Unsicherheit, nicht Freiwilligkeit	Absolute Staatsgewalt (Monarch oder Parlament), die den Vertrag interpretiert und durch Sanktionen garantiert → Gefahr der staatlichen Willkür in der politischen Realität, da der Mensch alle Rechte abtritt und keine Kontrolle mehr über sie hat
Rousseau (1712–1778)	Alle Menschen sind gut, frei, gleich und leben in Frieden zusammen. ↓ Ungleichheit entsteht durch Privateigentum, Obrigkeitsstaat, Willkür. ↓ „Entartete Kultur" durch Luxus und Müßiggang	Gesellschaftsvertrag (contrat social) durch volonté générale = den idealen Gemeinschaftswillen durch freiwillige Einschränkung von Individualinteressen *Motiv:* Gemeinwohl aufgrund freier Entscheidung	Rechtsstaat durch Gemeinschaftswillen, radikale Demokratie (der Staat ist das Volk selbst), Volkssouveränität
Kant (1724–1804)	Als Naturwesen neigt der Mensch zu Willkürhandlungen zur Beförderung seiner Eigeninteressen. ↓ Die Folge sind Dauerkonflikte.	Als Vernunftwesen kann der Mensch auf der Basis der Wechselseitigkeit notwendige und allgemein verbindliche Regeln des moralischen Verhaltens entwickeln. ↓ Kategorischer Imperativ des Rechts als Prüfmaßstab für moralisches Verhalten (vgl. 7.3/5.)	Staat als „allgemein vereinigter Wille des Volkes" = Vernunftsstaat mit sittlicher Freiheitsordnung = freiheitlicher Rechtsstaat aufgrund der freiheitlich entschiedenen Wechselseitigkeit von Pflichterfüllung um des Gesetzes willen

	Naturzustand	Vertrag	Staatszustand
Rawls (1921–2002)	Alle Menschen sind – gleichberechtigt, – rational entscheidungsfähig, – unter dem Schleier des Nichtwissens frei von individueller Interessenvertretung und damit fair = gerecht	Bewusste Wahl der beiden Gerechtigkeitsprinzipien: – Prinzip der gleichen Freiheit (politischer Bereich) – Chancengleichheit – Unterschiedsprinzip mit Begünstigung der Benachteiligten (sozialer und wirtschaftlicher Bereich)	Die wohlgeordnete Gesellschaft auf der Basis – der Gerechtigkeitsprinzipien (v. a. Förderung der Schwächsten) – und intensiver moralischer Erziehung bzgl. der tragenden Vertragsgedanken

7.5 Diskursethisches Handlungsmuster

Moralisches Verhalten bezieht sich auf Normen, die aufgrund verständigungsorientierter Vereinbarung (= praktischer Diskurs) Geltung beanspruchen dürfen. Die Normen sind universell gültig, insofern die Folgen ihrer Einhaltung für jeden Betroffenen ohne Zwang annehmbar sind.

7.5.1 Etymologische Vorbemerkung

Diskurs geht als Lehnwort auf das lateinische discursus ‚Mitteilung, Erörterung' zurück. Das zugrunde liegende Verb discurrere wird je nach Zusammenhang mit ‚auseinander laufen, ausbreiten, mitteilen, erörtern' übersetzt. Im Deutschen ist Diskurs seit dem 16. Jahrhundert in der Bedeutung von ‚Abhandlung, Unterhaltung, Erklärung, Erörterung' auffindbar.

Jürgen Haberman bei einer Diskussion in der Hochschule für Philosophie München, Wolfram Huke, 2008, CC-BY-SA-3.0

7.5.2 Grundannahmen der Diskursethik

1. Der Hauptvertreter der Diskursethik ist Jürgen Habermas, 1929 in Düsseldorf geboren. Als Soziologe und Philosoph gehört er der zweiten Generation der Kritischen Theorie der Frankfurter Schule an, wo er ab 1956 als Forschungsassistent am Institut für Sozialforschung bei M. Horkheimer, Th. W. Adorno und H. Marcuse arbeitete.

Nach seiner Habilitation 1961 und einer Professur in Heidelberg wurde er 1964 auf den Lehrstuhl für Philosophie und Soziologie in Frankfurt berufen, wo er die Studentenbewegung zwischen 1960 und 1970 fördernd, aber auch kritisch begleitete.

1971–1981 wirkte er als Kodirektor zusammen mit C. Fr. von Weizsäcker am Starnberger Max-Plank-Institut. 1980/1981 erschien sein Hauptwerk „Theorie des kommunikativen Handelns". 1983–1994 lehrte er wieder in Frankfurt Philosophie, auch vielfach Einfluss nehmend durch seine publizistischen Stellungnahmen zu aktuellen gesellschaftspolitischen Themen.

J. Habermas sieht **Moral** anthropologisch als eine Schutzmaßnahme gegen die Verletzbarkeit sowohl des Individuums in einem gesellschaftlichen System als auch der zwischenmenschlichen Beziehungen.

Moral ist also

- „auf **interaktive Beziehungen** zwischen handlungsfähigen Subjekten zugeschnitten, nicht auf Güter" (Habermas 1991, S. 177).
- Die Interaktionen sind durch **Normen** geregelt (S. 178),
- die ihrerseits **argumentativ** zu sichern sind, also über konsensfähige Begründung (S. 144).
- Moral stellt in diesem Verständnis eine **„friedvolle Alternative"** zum Austrag von Handlungskonflikten dar (S. 178).

Diese anthropologische Grundannahme fordert notwendig

- Gerechtigkeit im Sinne gleicher Rechte für alle und Achtung jedes Einzelnen
- und **Solidarität** als „Empathie und Fürsorge für das Wohlergehen des Nächsten" (S. 16), womit einer einseitigen Individualisierungstendenz in der Ethik eine klare Absage erteilt ist.

2. Die Diskursethik versteht sich als **Neufassung bzw. Weiterentwicklung der Ethik I. Kants.** Diese ist zusammengefasst (nach Habermas 1991, S. 11–12)

- **deontologisch**, d. h. sie besteht auf der unbedingten Geltung von Pflicht und Gesetz, von Handlungsnormen und Geboten;
- **kognitivistisch** mit der Frage, wie sich normative Aussagen begründen lassen;
- **formalistisch**, insofern „alle vernünftigen Wesen wollen können müssen, was im moralischen Sinne gerechtfertigt ist";
- **universalistisch**, da ein Moralprinzip (der kategorische Imperativ) kultur- und epochenübergreifend gilt.

Die Diskursethik sieht in der Ethik Kants eine mehrfache Überforderung verborgen:

- So fordert Kant, die konkreten Handlungsumstände in einer moralisch relevanten Situation möglichst außer Acht zu lassen.
- Stattdessen setzt er ganz auf den autonom gesetzgebenden Willen und die praktische Vernunft als Normen prüfende Instanz, eine enorme Anforderung – wenn nicht Überforderung – an die individuelle moralische Leistungsfähigkeit des Menschen.

– Und diese im höchsten Maße anspruchsvolle moralische Leistungsanforderung siedelt er in einem Reich des Intelligiblen (= des nur durch den Intellekt Erschließbaren) an, in dem sich der Möglichkeit nach alle Vernunftwesen konfliktfrei begegnen können.

3. Die Diskursethik holt den Einzelnen aus dem Zwang einsamer moralischer Entscheidungen unter dem Diktat des kategorischen Imperativs auf reiner Vernunftebene heraus. Durch die Vereinung der Moralprinzipien Gerechtigkeit und Solidarität wird „die Autonomie unvertretbarer Individuen" (so weit Kant) in „ihrer Einbettung in intersubjektiv geteilte Lebensformen" (Habermas 1991, S. 19) gesehen. Die von Kant geforderte individuelle Maximenprüfung wird zum „intersubjektiv veranstalteten Diskurs" (Habermas, 1991, S. 21) erweitert. „An die Stelle des kategorischen Imperativs tritt **das Verfahren der moralischen Argumentation", der (ideale) praktische Diskurs** als das entscheidende ethische Rechtfertigungskriterium.

> Der **praktische Diskurs** stellt den „moralischen Standpunkt" (moral point of view) dar, von dem aus moralische Fragen
> – rational,
> – unparteilich,
> – herrschaftsfrei,
> – auf der Grundlage allgemein anerkannter Kommunikationsregeln,
> – unter den Aspekten Gerechtigkeit und Solidarität
> – mit dem Ziel verständigungsorientierter Vereinbarung und Handlung
> beurteilt werden können.

Es zählt allein der „Zwang des besseren Arguments" (Habermas, 1991, S. 14), das nicht strategisch durchgeboxt wird, sondern auf Verständigung zielend die „ideale Rollenübernahme" (Mead) als Empathieleistung und Perspektivenwechsel mit einschließt.
Vom moralischen Standpunkt des Diskurses aus „dürfen nur diejenigen Normen Geltung beanspruchen, welche die Zustimmung aller Betroffenen als Teilnehmer eines praktischen Diskurses finden könnten" (Seite 12). Dies bedeutet konkreter, „dass die Folgen und Nebenwirkungen, die sich aus der **allgemeinen** Befolgung der Normen für die Befriedigung der Interessen **jedes Einzelnen** voraussichtlich ergeben, von **allen** Betroffenen zwanglos akzeptiert werden können" (ebenda).

4. Es drängt sich mit dem idealen praktischen Diskurs das unbehagliche Gefühl auf, dass damit Kants Überforderung mit dem kategorischen Imperativ durch eine andere ersetzt worden ist. Habermas ist allerdings Realist genug, angesichts der elitären Idealvorstellungen der Diskursethik neben dem regelethischen Verfahren des praktischen Diskurses auf Tugenden als moralischer Disposition der Handelnden und darüber hinaus auf das mit Sanktionen ope-

rierende Recht zu bauen. Mit der „Diktatur des Sitzfleisches" (Weinrich 1972) in elitären Diskursgruppen sind die meist unter Zeitdruck zu entscheidenden moralischen Alltagsprobleme offensichtlich nicht zu bewältigen.

Moral und positives Recht müssen sich also ergänzen.

Die **Moral** garantiert Normen (Verhaltensregeln) als faire, im praktischen Diskurs und über Verständigung gewonnene Ergebnisse in Bezug auf gleichmäßige Berücksichtigung der Interessen aller möglichen Betroffenen, insofern mit universaler Geltung. Das Bezugssystem ist die Menschheit als Ganzes, ihre Bewährungsprobe bestehen die Normen in alltäglichen kommunikativen Situationen konkreter Personen.

Das **Recht** berücksichtigt zusätzlich die partikularen Belange eines konkreten gesellschaftlichen Systems bzw. eines politischen Gemeinwesens. Neben universaler Rechtfertigung sind unter dem Alltagsdruck pragmatische Rechtfertigungen gefragt. Das Bezugssystem kann hierbei nicht die Menschheit als Ganze sein, sondern nur die in einem bestimmten Gemeinwesen miteinander verbundenen Mitglieder. Das Recht besteht seine Bewährungsprobe in der Regelung der Interaktionsverhältnisse zwischen Personen als Rechtsträgern.

Diskursprinzip und Rechtsform konstituieren den Rechtsstaat, der sich insbesondere auszeichnet durch das Demokratieprinzip und die Beachtung der Menschenrechte.

In der Begründung der Normen vermeidet die Diskursethik jede transzendente Anbindung. Nach Habermas ist ohnehin „eine Letztbegründung der Ethik weder möglich noch nötig" (vgl. Habermas, 1991, S. 195).

7.5.3 Der **diskurspädagogische Ansatz** (F. Oser mit Anleihen bei L. Kohlberg und J. Habermas) unterstellt die grundsätzlich gegebene – wenngleich entwicklungsentsprechend unterschiedlich realisierte – Autonomie des Kindes in ethischen Entscheidungssituationen, und zwar unter den Gesichtspunkten der Gerechtigkeit, der Fürsorge, der Verantwortung und der Wahrhaftigkeit. Oser ist realistisch genug, den entwickelten Entscheidungsfähigkeiten der Kinder gemäß einen Diskurstyp I, in dem letztlich der Erzieher die Entscheidungsverantwortung bei offen gelegter Nachvollziehbarkeit und Akzeptanz durch die Kinder übernimmt, von einem Diskurstyp II zu unterscheiden, an dem alle Beteiligten gleichberechtigt Anteil haben.

7.6 Tugendethisches Handlungsmuster

Moralisches Verhalten wird durch die zugrunde liegende Haltung, Einstellung, Disposition und die daraus resultierenden Handlungsmotive bestimmt. Es bezieht sich auf die eigene Lebensgestaltung und die Erfüllung sozialer Rollen.

Der Begriff Tugend steht im alltäglichen und im wissenschaftlichen Sprachgebrauch nicht hoch im Kurs. In der jüngeren Geschichte willkürlich beladen mit bedenklichen ideologischen Bedeutungsgehalten und verkürzt auf die sog. Sekundärtugenden wie Fleiß, Ordnungsliebe, Gehorsam, Aufmerksamkeit etc., verschwand er Mitte des 20. Jahrhunderts aus Alltagspraxis und wissenschaftlicher Diskussion. Begünstigt wurde dieser Vorgang zweifellos noch von der Ablösung der Eigenschaftspsychologie durch die Verhaltenspsychologie, der geisteswissenschaftlichen Pädagogik durch die empirische Pädagogik, ganz zu schweigen von den gesellschaftlichen Veränderungen, die mit dem Wandel von einer ideologisch uniformen Gesellschaft zu einer pluralistischen Gesellschaft verbunden sind.

Trotz dieser belastenden Entwicklung für den Tugendbegriff wird an seiner Wiederaufwertung und an einer Neuformulierung der Tugendethik in ersten Ansätzen seit den 60er-Jahren des 20. Jahrhunderts – ausgehend von der anglo-amerikanischen Ethik – gearbeitet, bis heute mit heftig umstrittenen Ergebnissen.

Tugendethik heute kritisiert die vorherrschende universalistische Regel-, Prinzipien- und Pflichtenethik I. Kants und der Utilitaristen – vor allem in der modernen Version von J. Rawls und J. Habermas –, die einseitig nach Rechtfertigung, Gründen und Verfahrensregeln für die Beurteilung moralischen Verhaltens frage, nicht aber nach den leitenden Motiven des Verhaltens und nach der zugrunde liegenden Haltung.

Eine Gegenüberstellung soll die wesentlichen Unterschiede zwischen Tugendethik und Regelethik verdeutlichen (vgl. W. K. Frankena 1994):

Tugendethik	**Regelethik**
= Ethik der Eigenschaften, Haltungen	= Ethik der Prinzipien, Pflichten, Handlungen
– Im Zentrum der Überlegungen steht die Bewertung des Handelnden selbst und seiner Motive,	– Hier interessiert die Bewertung und Rechtfertigung von Handlungen,
– und zwar sowohl situations- und kontextabhängig als auch vor dem Hintergrund kultur- und geschichtsabhängiger Haltungen (= Tugenden).	– und zwar mithilfe universell gültiger Verfahrensregeln und Maßstäbe.
– Ihre Kernfrage lautet: Wie soll ich leben, um das Glück zu erlangen? = Eudämonistischer, strebensethischer Ansatz Entscheidend für ethisches Handeln ist das Ziel, das Glück.	– Ihre Kernfrage lautet: Wozu bin ich moralisch verpflichtet und wie löse ich meine Verpflichtung ein? = Deontologischer Ansatz (Ethik als Pflichtenlehre)
– Sie beinhaltet den erzieherischen Auftrag zur Vervollkommnung des Menschen selbst.	– Entscheidend für ethisches Handeln ist der Anfang, die Gesinnung.
	– Ein erzieherischer Auftrag interessiert hier nur, insofern er zur Regeleinhaltung befähigt.

7.6.1 Was ist Tugend? – Etymologische Befunde

Tugendethiker greifen bei der Definition von Tugend und der Bestimmung einzelner Tugenden auf die antike Philosophie zurück.

1. Das **griechische Wort** ἀρετή (Arete) bezeichnet generell das einem Menschen, einem Tier oder einer Sache eigene Gutsein, seine Tüchtigkeit oder Tauglichkeit, und zwar zunächst auch beim Menschen nicht nur auf moralisches Verhalten allein beschränkt. Wer Arete besitzt, befindet sich im richtigen Zustand und erfüllt in erwartbarem Maße seine Aufgaben. So ist z.B. von berufsspezifischen Tugenden oder Tugenden des Alltagsverhaltens, wie Ordnungsliebe, Zuverlässigkeit usw., die Rede, die mit keinem moralischen Bedeutungsgehalt belegt sind. Einem Schuster wurde in der griechischen Antike Arete zugesprochen, wenn er ordentliche Schuhe herstellte, einem Staatsmann, wenn er die Polis (Stadtstaat) zu ihrem besten Wohle leitete, einem Messer, wenn es scharf geschliffen seine Funktion zu schneiden voll erfüllte.
Ethik ist folgerichtig nach Platon teleologisch (zielorientiert) auf die Idee des Guten hin zu verstehen. Da gut ist, was seinen objektiven Zweck erfüllt, ist die Frage nach dem Guten eine solche des Wissens, nicht der Anständigkeit (vgl. weiter 7.6.2/2.).

2. Das **lateinische virtus** ,Mannhaftigkeit, Kraft, Stärke; Mut, gute Eigenschaft; Wert, Tugend' ist als Übersetzung des griechischen Arete erstmals bei Cicero zu finden. Es geht als Bedeutungserweiterung auf das lateinische vir ,Mann, Held, Soldat, Mensch' zurück.

Als bedeutsam ist bereits in der Antike die Unterscheidung der Tugenden festzuhalten in

Primärtugenden	und	**Sekundärtugenden**
= moralische Tugenden wie Gerechtigkeit, Tapferkeit, Besonnenheit		= funktionelle oder instrumentelle Tugenden wie Fleiß, Ordnungsliebe, Pünktlichkeit

3. Im **Deutschen** ist das Wort Tugend (nach Kluge 1995) ab dem 9. Jahrhundert nachweisbar, aus dem mittelhochdeutschen tugent, tugende entwickelt. Etymologisch hängt es mit taugen zusammen, später durch den christlichen Tugendbegriff geprägt. Ursprünglich sei es wohl abgeleitet vom altnordischen Adjektiv dyggr ,aufrecht, zuverlässig'.

> Die Herkunft verweist übereinstimmend darauf, dass Tugenden der Bedeutung nach unverzichtbare Eigenschaften sind, die der Mensch als Mensch braucht zu seiner Selbstverwirklichung und in seinem Verhältnis zu Mit- und Umwelt.

7.6.2 Der Tugendbegriff in der philosophischen Ethik – historischer Rückblick

Moderne tugendethische Positionen berufen sich mit Vorliebe auf die antiken Vorbilder, passen diese allerdings in ihren Interpretationen eher ihren Überzeugungen an, als sich an ihnen zu orientieren (vgl. 7.6.3).

1. In **vorsokratischer Zeit** (bis ca. 500 v. Chr.) war in Griechenland – dem Erziehungsverständnis Homers (Ende des 8. Jahrhunderts v. Chr.) entsprechend – als Tugend die **Vortrefflichkeit des (Krieger-)Adligen** gefragt. Von ihm erwartete man Tapferkeit, gewandten Umgang mit Waffen, Pflichtbewusstsein, aber auch weitsichtige und auf das Gemeinwohl bedachte Beeinflussung und Führung des Volkes und die dafür nötige Redegewandtheit.

2. Seit den **Sophisten** (5. Jahrhundert v. Chr.), **Sokrates** (470–400 v. Chr.), **Platon** (427–347 v. Chr.) und deren Nachfolgern wird die **Tugend als der Weg zum Glück** beschrieben. Gut bzw. tauglich ist etwas, wenn es das Seine tut, d. h. seinen objektiven Zweck erfüllt (vgl. 1.). Um der Tugend willen allein lohnt nach Sokrates das Leben, gelebt zu werden. Heftig umstritten bleibt zwischen den Sophisten und Sokrates u. a. die Frage, ob Tugend lehrbar sei. Die Sophisten bejahten diese Frage und machten in ihren Schulen ein lukratives Geschäft daraus. Sokrates war zwar auch der Auffassung, dass Wissen und Können untrennbar und in Wechselwirkung auf das Gute hin ausgerichtet seien, aber nicht vorgefertigt übernommen werden könnten, zumal man sich ihrer nie mit letzter Sicherheit gewiss sein kann. Als einer der Ahnväter des Konstruktivismus war er davon überzeugt, dass Wissen und Können vom Einzelnen erarbeitet werden müssen. Der Lehrer kann dabei nur Geburtshelfer sein. Ohnehin stehe im Vordergrund menschlichen Bemühens nicht die Quantität gegenständlichen Wissens, sondern das Wissen um sich selbst und dessen Beschränktheit (vgl. Theaitetos 150 d), das Wissen um sein Nichtwissen, gegen das es ein Leben lang anzugehen gilt. Ganz im Sinne antiker Philosophie als einer lebenspraktischen Disziplin geht es Sokrates um die richtige Art des Lebens, um Werte und die das Handeln leitende moralische Absicht. Tugend ist Wissen, aber umgesetzt in ethisches Handeln.

Unterschiedlich musste zwischen Sokrates und Platon einerseits und den Sophisten andererseits bei ihren Grundpositionen die Antwort auf die Frage ausfallen, worin denn überhaupt das Glück bestehe, auf das hin die Tugend der Weg ist. Die Sophisten Kallikles (in Platons Dialog Gorgias) oder Thrasymachos (im „Staat") z. B. meinten in der von ihnen vertretenen egozentrischen Sichtweise, dass gerade Rücksichtslosigkeit und Ungerechtigkeit Tugenden seien, die das Glück verheißen, das für sie in äußeren Gütern wie Reichtum, Macht, Einfluss, Genuss etc. besteht. Unverkürzt vertreten sie das Recht des Stärkeren und bezeichnen moralische Bedenken als raffinierte Schutzmechanismen der Schwachen.

Sokrates und Platon verorten demgegenüber das Glück im seelischen Bereich und sehen das Gutsein in Abhängigkeit vom **Wissen um das für das Leben insgesamt gesehen wirklich Gute und Schlechte.** Wenn der Mensch das Wissen um Gut und Schlecht besitzt bzw. darum ringt, ist er generell tugendhaft (vgl. hierzu Platons Forderung von Philosophenkönigen, die als Wissende am weitesten auf dem Weg zum Glück fortgeschritten sind und wegen dieser ihrer Lebensform als Lenker des Stadtstaates am geeignetsten sind).

Konkreter ist es die Kardinaltugend der Besonnenheit, die im Unterscheiden zwischen Richtig und Falsch, Gut und Schlecht ein an der Wahrheit orientiertes Leben ermöglicht. Eine derartige Lebensweise und streng theoretische Erkenntnis sind der Heilsweg zum höchsten Seienden, das die Ideen des Wahren, Guten und Schönen in sich vereinigt.

Beispiel: Im Dialog **Gorgias** lässt Platon Sokrates seine Sichtweise von der Tugend kompakt entwickeln.

Arete ist die auf der Erkenntnis des wahrhaft Guten und damit auch Nützlichen beruhende Tugend/Tüchtigkeit des in der und für die Gemeinschaft lebenden Menschen. Sie wird – im Menschen angelegt – mithilfe einfühlsamer Anleitung entwickelt und bedarf der Übung im alltäglichen Handeln. Auf diese Weise wandelt sich z. B. unüberlegt darauf los stürmende Kühnheit in die Tugend besonner Tapferkeit. Derart auf Wissen um das Gute beruhende Tugend nützt nicht nur der Gemeinschaft, sondern erweist sich auch als das am meisten erstrebenswerte Ziel für das Wohlbefinden des einzelnen Menschen. Die Gemeinschaft (des Staates) und der Einzelne sind untrennbar aufeinander bezogen. Beide sind für die bestmögliche Entwicklung des anderen verantwortlich. Leitende Grundsätze sind dabei die Tugenden der Gerechtigkeit und der Besonnenheit, die in allem für die Einhaltung des rechten Maßes sorgen. Gerechtigkeit übt der, welcher in seinem Stand und an seinem Platz „das Seinige tut", und zwar zu seinem und des Gemeinwesens Wohl. Höchste Lust gewährt eine gerechte seelische Verfassung, nicht noch so ausgiebige Sinnenlust. In seinem Werk „Der Staat" entwickelt Platon seine Ansicht von **Gerechtigkeit**, die als ausgewogenes harmonisches Verhältnis der **Seelenkräfte** und **Tugenden** verwirklicht wird, das sich letztlich als identisch mit richtigem Leben und Glück erweist. Im Einzelnen verhilft die Seelenkraft **Vernunft** zur Tugend der Weisheit und Klugheit, die der **Lebenskraft**, des Mutes und des Willens zur Tugend der Tapferkeit und die Seelenkraft der **Begierde**, des Verlangens und des Triebes zur Tugend der Besonnenheit, Selbstbeherrschung und Mäßigung der Begierden. Alle drei Tugenden vereinigen sich in Platons Verständnis von Gerechtigkeit, nämlich an seinem von Natur aus zugewiesenen Platz das Seine in Vollendung zu tun. In dem von ihm vertretenen Ständestaat weist er das gerechte Handeln mit dem Schwerpunkt Weisheit den Herrschern zu, mit dem Schwerpunkt Tapferkeit den Wächtern (Vollzugsbeamte, Soldaten) und mit dem Schwerpunkt Besonnenheit im Sinne von Bescheidenheit und Gehorsam der arbeitenden Bevölkerung.

Da in der Realität der Weg zum gerechten Handeln aller nicht beschritten wird, schlägt Platon zur Erhaltung des Gemeinwesens strenge Gesetze einschließlich entsprechender Sanktionen vor (vgl. die Flucht in den Legalismus in der Regel- und Diskursethik!).

Mido Semsem – stock.adobe.com

3. **Aristoteles** wurde 384 v. Chr. in Stageira auf Chalkidike geboren. 367–347 war er u.a. Mitglied der Akademie Platons. 341 heiratete er Pythia, mit welcher er zwei Kinder, Nikomachos und Pythia, hatte. Ab 342 wirkte er als Erzieher Alexander des Großen in Makedonien. 335 kehrte er nach Athen zurück, wo er die Peripatetische (= Hin- und Hergehen in einer Säulenhalle) Schule gründete. Nach dem Tod Alexanders und der nachfolgenden antimakedonischen Stimmung in Athen floh er 323 nach Chalkis auf Euböa in das Haus seiner Mutter, wo er 322 starb. Aristoteles war ein Universalgelehrter, mit enormem Einfluss auf die Geschichte der Philosophie, Politik und Naturforschung, in unserem Zusammenhang auf die Geschichte der Ethik mit seinem dem Sohn gewidmeten Werk „Nikomachische Ethik". **Aristoteles** gilt seit seiner Vereinnahmung durch Thomas von Aquin (1224–1274) als profunde Quelle der christlichen Tugendethik. Aber auch Neuansätze der Tugendethik berufen sich bei ihrem Rückgriff auf die Antike vor allem auf ihn, weshalb seine Ansichten ausführlicher dargestellt werden müssen.

Für Aristoteles geht es in seiner Tugendethik (vor allem in der Nikomachischen Ethik, benannt nach seinem Sohn Nikomachos) letztlich um das Zusammenspiel des rationalen und des emotionalen Bereichs der Seele. Tugend als eine „feste Grundhaltung" (III, 8) ist rational kultivierte Emotion, oder mit den Worten des Aristoteles: Tugend als Weg zum Glück ist „ein Tätigsein der Seele im Sinne der Vernunft". Das Motiv ethischer Praxis ist das höchste erstrebenswerte Gut, das Glück ($\varepsilon\vartheta\delta\alpha\mu o\nu i\alpha$ – Eudaimonia), das er als „Verwirklichung der Seele gemäß der Tugend" (I, 6) auffasst, als die Erfahrung eines gelungenen Lebens, nur im Handeln und Leben durch Übung erreichbar. Das Glück besteht also in der Ausübung der Tugenden, diese sind somit glückskonstitutiv, nicht lediglich instrumentell definiert; man könnte sagen: Der Weg ist das Ziel! Die tugendgemäße Verwirklichung seiner Seele ist dem Menschen möglich, wenn er seiner eigentlichen Zweckbestimmung gerecht wird (im ursprünglichen Verständnis von Arete), nämlich dem Vernunftgebrauch. Wessen Handeln von der Vernunft geleitet ist, lebt seiner Natur als Mensch gemäß und handelt auch im moralischen Sinne gut.

Wie aber funktioniert näherhin das Zusammenspiel von Vernunft und Emotion im Sinne tugendhaften Verhaltens?

a) In Rücksicht auf den Menschen als Sinnes- und Vernunftwesen unterscheidet Aristoteles zwischen zwei Arten von Tugenden.

Die zwei Arten von Tugenden sind:

Die höher stehenden **dianoetischen Tugenden** (von διάνοια – Dianoia ‚das Denken, Verstand, Einsicht …‘) dienen der Steigerung und Vervollkommnung der Vernunft selbst und damit der Wahrheitserkenntnis.

Die **ethischen oder Charaktertugenden** streben die Beherrschung der Triebe und Affekte durch die Vernunft an. Vernunft ist also hier Mittel zum Zweck für richtige Handlungsentscheidungen; erworben und damit zum Habitus (Haltung, Eigenschaft) werden die ethischen Tugenden aber nicht durch Wissen allein, sondern durch Handeln und Übung, die im angemessenen Umgang des Menschen mit seinen Affekten, wie z. B. Liebe, Hass, Angst, Zorn, bestehen (vgl. näherhin c. und d.). Die ethischen Tugenden sind darüber hinaus nicht nur im Sinne gelingender Selbstverwirklichung zu verstehen, sondern immer auch im Kontext von Recht und Polis (Staatsgemeinschaft, Gemeinwohl).

Insbesondere die **Klugheit** sorgt als sittliche Einsicht für die dem Einzelnen bestmögliche Ausformung der ethischen Tugenden im Sinne einer situativ und personal variablen Mitte zwischen Extremhaltungen (vgl. c. und d.).

b) Aristoteles beschreibt **5 dianoetische Tugenden (Verstandestugenden):**

① **Verstand**/νοῦς (Nous): intuitiv-erkennend, auf Wahrheit gerichtet (VI, 9)

② **Wissenschaftliche Erkenntnis/** ἐπιστήμη (Episteme): richtiges Schlussfolgern von gegebenen Wahrheiten als Urteilsbildung über das Allgemeine und Notwendige (VI, 6)

③ **Philosophische Weisheit**/σωφία (Sophia): Wissenschaft in Vollendung durch vollkommene Verbindung von Episteme (= diskursive Erkenntnis) und Nous (= intuitiver Verstand) (VI, 7) in Philosophie, Theologie, Naturwissenschaften, Mathematik; Sie bedeutet **vollkommenes Glück**, im Streben nach θεωρία (theoria – Theorie) als höchster Form der Praxis, verwirklicht durch Denken, Forschung und Kontemplation.

auf Erkenntnis des Unveränderlichen gerichtet (VI, 1), spekulativ; **es geht um wahr und falsch**

④ **Technischer Verstand**/τέχνη (Techne):
praktisches Können, für das Machen und
Hervorbringen zuständig (VI, 4)

⑤ **Klugheit, sittliche Einsicht**/
φρόνησις (Phronesis):
als Streben, Plan, Methode auf die
richtige Handlungsentscheidung
gerichtet, unter Berücksichtigung des
Lebens als Ganzem (VI, 5)
= „Mit sich zu Rate gehen" (VI, 8 und
10), angesiedelt zwischen Gerissen-
heit und Einfalt

abwägend-reflektie-
rend auf das Ver-
änderliche und somit
auf Handeln und
Hervorbringen
gerichtet;
**es geht um gut und
schlecht.**

Die **Klugheit** bezeichnet Aristoteles als jene Tugend, die durch und durch pra-
xisorientiert **zuständig ist für die Art und Weise der Ausübung der ethischen
Tugenden.** In dieser Tätigkeit stellt sie nach der Weisheit (s. o.) die **zweitbeste
Möglichkeit des Glücksstrebens** dar.
So hoch auch ein Leben in schauender Betrachtung und Erkenntnis einzuschätzen ist, die Affektsteuerung des Menschen erfordert in Wechselwirkung dazu
sowohl die auf Handeln und Hervorbringen gerichteten dianoetischen Tugenden der Phronesis und der Techne als auch die Vervollkommnung der ethischen
Tugenden nach der **Lehre der individuell möglichen Mitte** (vgl. d.). Die hohen
Anforderungen lassen die Erfüllung der ethischen Tugenden also keineswegs
als die Wahl des „kleinen Mannes" erscheinen, der zum vollkommenen Glück
der philosophischen Weisheit nicht fähig ist. Konsequenterweise ergibt sich für
den zur Weisheit Befähigten nicht nur die Verpflichtung zu individueller Ver-
vollkommung, sondern auch zur Übernahme politischer Verantwortung.
Äußere Güter wie Geld, Macht, Einfluss, Freunde, Herkunft sind übrigens nach
Aristoteles durchaus förderliche Bedingungen für die tugendgemäße Praxis.

Vollkommenes Glück ergibt sich als Schnittpunkt und aus dem Zusammenwirken der in der Übersicht veranschaulichten Aktivitäten:

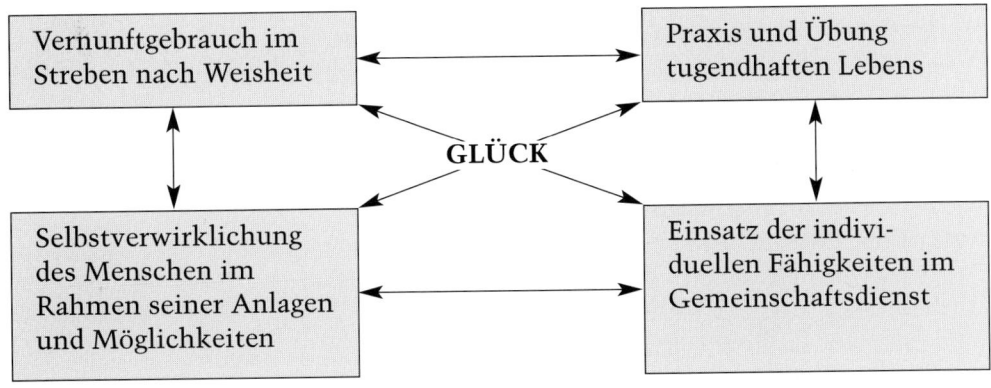

c) Überblick über die **ethischen Tugenden (Charaktertugenden)**:

> Die dianoetische Tugend der Klugheit bietet das handlungsleitende Wissen für die Ausübung der ethischen Tugenden als **richtige** Einstellungen und Ziele.

Ethische Tugenden: III, 9–V, 15

– allgemein:

① **Tapferkeit, Zivilcourage**/$\dot{\alpha}\nu\delta\varrho\varepsilon\tilde{\iota}\alpha$ (Andreia): zwischen Tollkühnheit, Verwegenheit, sinnlosem Draufgängertum   und   Feigheit, Angst (als Vorgefühl drohenden Übels, v. a. des Todes)

② **Besonnenheit, Mäßigkeit** im Begehren, und zwar in Bezug auf körperliche Lustempfindungen/$\sigma\omega\varphi\varrho\omega\sigma\acute{\upsilon}\nu\eta$ (Sophrosyne): zwischen Zügellosigkeit   und   Stumpfsinn

– im Umgang mit Geld und Besitz, beim Geben und Nehmen:

③ **Großzügigkeit, Freigebigkeit**/ $\dot{\varepsilon}\lambda\varepsilon\upsilon\vartheta\varepsilon\varrho\iota\acute{o}\tau\eta\varsigma$ (Eleutheriotes): zwischen Verschwendungssucht   und   Knausern, Geiz („Kümmelspalter", meist schwach im Geben, stark im Nehmen)

④ **Hochherzigkeit**/$\mu\varepsilon\gamma\alpha\lambda o\pi\varrho\acute{\varepsilon}\pi\varepsilon\iota\alpha$ (Megaloprepeia), z. B. in Bezug auf das geziemende Geben bei einer Hochzeit: zwischen Protzerei, Großmannssucht   und   Engherzigkeit

– im Umgang mit Ansehen und Ehre:

⑤ **Hochsinnigkeit**/$\mu\varepsilon\gamma\alpha\lambda o\psi\upsilon\chi\acute{\iota}\alpha$ (Megalopsychia): zwischen dummstolz, Selbstüberschätzung   und   engsinnig, Selbstgeringschätzung, Tiefstapelei

⑥ **Gesunder Ehrgeiz**/$\varphi\iota\lambda o\tau\iota\mu\acute{\iota}\alpha$ (Philotimia): zwischen Geltungssucht   und   Gleichgültigkeit

⑦ **Sanftmut, vornehme Ruhe, Milde**/ $\pi\varrho\alpha\acute{o}\tau\eta\varsigma$ (Praotes): zwischen zorniger Erregung   und   Phlegma, unzulässiger Nachsicht

⑧ **Wahrhaftigkeit, Aufrichtigkeit**/$\dot{\alpha}\lambda\dot{\eta}\vartheta\varepsilon\iota\alpha$ (Aletheia):

zwischen Aufschneiderei, Liebedienerei, Rechthaberei	und	Selbsttherabsetzung, falscher Bescheidenheit

⑨ **„Takt der Umgangsformen", Gewandtheit, feinsinniger Humor**/$\varepsilon\dot{v}\tau\varrho\alpha\pi\varepsilon\lambda\dot{\iota}\alpha$ (Eutrapelia):

zwischen Hanswurst Possenreißerei	und	Holzklotz, Steifheit

⑩ **Freundschaft, Liebe, Zuneigung**/$\varphi\iota\lambda\dot{\iota}\alpha$ (Philia):

zwischen Imagepflege, Rechthaberei, nur geben	und	Schmeichelei, Unterwürfigkeit, nur nehmen

– im politischen Leben:

⑪ **Gerechtigkeit**/$\delta\iota\varkappa\alpha\iota\sigma\dot{v}\nu\eta$ (Dikaiosyne):

als Achtung der Gesetze und der bürgerlichen Gleichheit zwischen Unrechttun	und	Unrechtleiden

- verteilend: Jedem das Seine nach seinen Verdiensten und Bedürfnissen
- regulierend (z. B. bei Vertragsbruch, Diebstahl, Mord): Ausgleich zwischen Gewinn und Verlust (Jedem das Seinige als Gleiches)

Die **ethischen Tugenden bedeuten Praxis, Fähigkeit und Handeln**. In diesem Sinne sagt Aristoteles: „… denn wir betrachten die Tugend nicht, um zu wissen, was sie ist, sondern um tugendhaft zu werden" (II, 2). Seinsgemäße Selbstverwirklichung ergibt sich als Ziel von Ethik und Bildung gleichermaßen. Selbstverwirklichung ereignet sich aber immer auch im Dienst am anderen. Aristoteles weist damit den Weg vom Hedonismus (lustbetonte Egozentrik) zum Eudämonismus als dem Vernunftgemäßen im sozialen Kontext. Gefragt ist die durch Klugheit vernunftgemäße Gestaltung und Erziehung der Affekte, der Sinnlichkeit, und zwar im Kontext von Recht und Gemeinwohl in der Polis. „Denn der Mensch ist für die Gemeinschaft der Polis und von Natur für das Zusammenleben bestimmt … Und so ergibt sich, dass der Glückliche Freunde braucht" (IX, 9).

Aristoteles widmet dem Wert und der Notwendigkeit der *Freundschaft* die Bücher 8 und 9 der Nikomachischen Ethik. Freundschaft ist gekennzeichnet von der Liebe zum Charakter des Anderen. Um von Dauer zu sein, setzt sie charakterliche Gleichheit voraus. Wahre Freundschaft mit Nicht-Tugendhaften ist unmöglich, da sie in Handlung und Zielsetzung auseinanderfällt.

d) Die bereits mehrfach erwähnte **Mesoteslehre** ($\mu\varepsilon\sigma\acute{o}\tau\eta\varsigma$ ‚Mitte') des Aristoteles erläutert, wie die Tugend als richtige Haltung zwischen extremen Verhaltensweisen ausgeübt werden kann, z. B. die Tugend der Tapferkeit zwischen Tollkühnheit und Feigheit:

(1) Die angepeilte Mitte ist nicht als arithmetische Mitte zu verstehen, sondern im Sinne der **goldenen Mitte im Sinne des Besten**, also in Abhängigkeit von Situation, äußeren Umständen, persönlichem Leistungsvermögen und allgemein anthropologischen Voraussetzungen. Sie kann nicht schlicht quantitativ festgelegt werden zwischen einem Zuviel und einem Zuwenig, sie bedarf vielmehr auch einer qualitativen Würdigung im Gesamtkontext. Für die Praxis der Tugendausübung ergibt sich daraus ein Spielraum innerhalb bestimmter Toleranzgrenzen.

(2) Tugend gemäß der Mesoteslehre heißt Beherrschung bloßer Leidenschaft durch Vernunft. Über die in einer bestimmten Situation richtige Haltung befindet die dianoetische Tugend der **Klugheit**, die das dem Glück Dienliche bestimmen hilft. „Klug sein kann nicht, wer nicht zugleich tugendhaft ist" (VI, 13), oder umgekehrt: Wer in einer moralisch relevanten Situation klug entscheidet (nicht schlau, gerissen, hinterhältig), ist zugleich auch tugendhaft. Das dem Glück Dienliche ist das dem jeweiligen Menschen in einer bestimmten Situation und nach allgemeiner Erkenntnis (Bedeutung der Tradition!), also nach Maßgabe der Vernunft (nicht der Lust oder Laune) Zuträgliche und Zumutbare.

(3) Der zulässige Toleranzspielraum der Tugend wird mithilfe der Klugheit bezüglich der methodischen Möglichkeiten angedacht und ausgelotet. Zu einem Tugendstandpunkt verdichtet wird er aber nur durch **Übung**. Gerecht wird man also nicht durch Philosophieren über Gerechtigkeit, sondern durch Einübung in gerechtes Handeln.

(4) Unabdingbare Voraussetzung tugendhaften Lebens und Handelns ist **Freiwilligkeit**. „Als freiwillig darf das gelten, dessen bewegendes Prinzip in dem Handelnden selbst liegt" (III, 3). Dementsprechend „darf die Entscheidung (in moralisch bedeutsamen Situationen/Einfügung Köck) bestimmt werden als überlegtes Streben nach dem, was in unserer Macht steht" (III, 5). Die Selbst- und Fremdanforderung an tugendhaftes Verhalten muss die Mittel und Wege berücksichtigen, die dem Betroffenen zur Verfügung stehen. Überforderung verstößt gegen das Handlungsprinzip der Freiwilligkeit, wodurch der Betroffene aus seiner moralischen Verantwortung entlassen wird. „Als unfreiwillig (und damit moralisch nicht verantwortet/Einfügung Köck) gilt, was unter Zwang oder aus (unverschuldeter/Einfügung Köck) Unwissenheit geschieht" (III, 1).

Beispiel:

Ein Passant beobachtet, wie eine rechtsradikale Bande einen Schwarzafrikaner zu Boden knüppelt. Das erwartbare Ausmaß an Tapferkeit des Beobachters ist angesichts der Situation und in Abhängigkeit von seinen Möglichkeiten auf einem Kontinuum zwischen Wegsehen und Davonlaufen und Eingreifen ohne Rücksicht auf die eigene Gesundheit anzusiedeln.

Sind die Schläger mit Waffen ausgerüstet? Wie viele sind es? Kann Hilfe herbeigerufen werden? Ist der Beobachter hünenhaft gebaut und/oder Karatekämpfer oder eher zierlich und einer Schlägerei von vornherein nicht gewachsen? Von Tugend kann keinesfalls die Rede sein, wenn sich der Beobachter davonstiehlt oder ohne entsprechende körperliche Voraussetzungen ins Kampfgetümmel stürzt.

Zwischen diesen beiden gleicherweise unvernünftigen und damit auch nicht tugendhaften extremen Verhaltensweisen kann aber in Abhängigkeit von den situativen Umständen als tugendhaftes Verhalten erwartet werden, z. B. andere Passanten zu gemeinsamem Einschreiten zu veranlassen, durch Lärm auf die Vorgänge aufmerksam zu machen, im Zeitalter des Smartphones die Polizei zu rufen etc.

© akg-images/Erich Lessing

4. Epikur wurde 341 v. Chr. auf der griechischen Insel Samos geboren. 323 übersiedelte er nach Athen, wo er sich über eine zweijährige vormilitärische Ausbildung im Gymnasion die Bügerschaft Athens erwarb. Nach ungeklärten Zwischenaufenthalten ist er ab 306 wieder in Athen nachweisbar, wo er im Kepos (griechisches Wort für Garten) seine Schule eröffnete, heute eher geläufig als epikureische Schule. 270 starb Epikur in Athen.

Epikur bezieht sich mit seiner Ethik auf die **Atomlehre Demokrits**, indem er die gesamte Wirklichkeit, auch die Seele, ausschließlich materialistisch erklärt. Er beschreibt die Wirklichkeit als Ergebnis und Verteilung unveränderlicher und unendlich vieler Atome und Atomverbindungen im Raum. Konsequenterweise empfiehlt er in Ablehnung jeglicher transzendenter und metaphysischer Orientierung die Verwirklichung von Lebenslust und Seelenfrieden im Hier und Jetzt bei größtmöglicher Vermeidung von Leid, Ängsten und Begierden. Vernunftbegründete Einsicht in die richtige Lebensführung und Lustgewinn bzw. -vermeidung hängen zusammen. Auch Tugend und das angestrebte Glück bedingen sich wechselseitig, sind aber nicht identisch. Im Unterschied zur aristotelischen Auffassung besteht das Glück nicht in der Ausübung der Tugend, sondern **die Tugend bewirkt das Glück = die Lust,** sie verhält sich also instrumentell zum Glück. Tugend ist nicht um ihrer selbst willen erstrebenswert, sondern nur insofern sie Lust ermöglicht.

Beispiel:

Der Schuster schustert nicht um des Schusterns willen, sondern um Schuhe herzustellen oder zu reparieren.

Entscheidend für die Tugendausübung ist für Epikur aber die Frage, worin denn die **wahre** Lust als Glück besteht. Er empfiehlt, sich **in Askese** auf **naturgemäße und notwendige Begierden** zu beschränken, die vitale Bedürfnisse befriedigen und Schmerz vermeiden helfen (z. B. Hunger, Durst, Wohlbefinden, intellektuelle Lebendigkeit). Dagegen sollte man naturgemäßen, aber nicht notwendigen Begierden (z. B. sexuellen Bedürfnissen und üppigen Festgelagen) höchstens gelegentlich Spielraum lassen. Weder naturgemäße noch notwendige Begierden (z. B. Reichtum, Ansehen, Unsterblichkeit) unterdrückt man als letztlich unbegründet am besten ganz. Nur so kann die auf eine endlose Reiz-Reaktions-Spirale ausgelegte und immer wieder von Unzufriedenheit begleitete Lust in eine Lust überführt werden, die in **Gelassenheit, Unerschütterlichkeit, Seelenruhe** (ἀταραξία – Ataraxia) und **Leidenschaftslosigkeit, Unempfindlichkeit, Gemütsruhe** (ἀπάθεια – Apatheia: im Sinne von ‚Freisein von Leiden, Schmerzen, unerfüllbarer Lust, beunruhigenden Affekten') besteht.

Was allerdings der vollkommenen Lust hartnäckig entgegensteht, ist die Furcht vor den Göttern und vor dem Tod. Epikur zerstreut diese Ängste mit entwaffnender Logik, denn

① die Götter als Inbegriff der Lust und insofern bestenfalls als Vorbilder haben gar keine Veranlassung, sich um die Welt zu kümmern – womit auch jeglicher Anlass zur Furcht vor ihnen und folglich auch die Furcht vor Lustverminderung durch sie entfällt – und

② der Tod betrifft uns überhaupt nicht: Wenn wir sind, ist der Tod nicht da; wenn der Tod da ist, sind wir nicht mehr. Also genießen wir jeden Tag als unvermutet zugefallenes Geschenk!

Um die vorgeschlagene Lebensform zu erreichen und zu erhalten, sind nach Epikur als unverzichtbare Übungen die Gewissenserforschung, die Beichte und die freundschaftliche Zurechtweisung nötig (vgl. Hadot 1999, S. 149 f.). Freundschaft mit Gleichgesinnten hilft wechselseitig, auf unnütze Bedürfnisbefriedigung aufmerksam zu machen und sie zu vermeiden sowie Schaden voneinander abzuwenden. In politische Geschäfte und die damit verbundenen zum Teil üblen Praktiken der Alltagspolitik mischt man sich besser nicht ein, weil diese die Seelenruhe aus dem Gleichgewicht bringen. Mit dem Herrscher arrangiert man sich, wenn es nötig ist.

5. Die Hauptvertreter der stoischen Lehre (vgl. unter 7.1/3.) teilen mit den Epikureern die Ansicht, dass das erstrebenswerte Glück in einem Leben in Ausgeglichenheit (Ataraxia) und totaler Abwesenheit der Affekte (Apatheia) besteht. Nur verstehen sie die Tugenden im Unterschied zu Epikur und in Übereinstimmung mit Aristoteles als glückskonstitutiv, d. h. **das Glück des Menschen besteht gerade in der Ausübung der Tugenden.**

Die Stoa wird üblicherweise eingeteilt in

- die **alte Stoa:** Zenon von Kition/Zypern (333–262 v. Chr.), Kleanthes (304–232 v. Chr.), Chrysipp (um 280–208 v. Chr.),
- die **mittlere Stoa:** Panaitios (185–99 v. Chr.), Poseidonios (ca. 135–51 v. Chr.) und
- die **jüngere Stoa:** Seneca (4 v. Chr.–65 n. Chr.), Epiktet (50–138 n. Chr.), Marc Aurel (121–180 n. Chr.).

Benannt ist die Stoa nach der von ihren Lehrern angemieteten „bemalten Säulenhalle" (στοὰ ποικίλη – Stoa poikilá) in Athen.

Nach der **stoischen Lehre von der natürlichen Zueignung** (Oikeiosis-Lehre) ist das **Gute als „das, wonach alles strebt"** (Aristoteles: Nikomachische Ethik I.1) nicht etwa die Lust, wie Epikur lehrt, sondern die **Förderung und Erhaltung des zum Menschen von Natur aus Gehörenden und Gemäßen** (οἰκεῖον – oikeion = das, was zum Haus gehört). Das dem Menschen Nichtgemäße, zu ihm Nichtgehörende, gar ihm Nichtzuträgliche und Nichtnützliche gilt es abzuwehren. Um all dies leisten zu können, ist dem Menschen wesensmäßig die **Vernunft** eigen. Das der Natur des Menschen Gemäße ist auch vernunftgemäß und umgekehrt. Es ist zweckmäßig, da es einem übergeordneten kosmischen Plan (= Gott als Weltvernunft, als das alles Zusammenhaltende und Umgreifende) entspricht, wogegen sich aufzulehnen anmaßend und unsinnig (= unvernünftig) wäre. Daraus folgt, dass alles dem Menschen Widerfahrende als ohnehin unabänderlich und gleichgültig hinzunehmen ist, ohne (leidenschaftlich) dagegen aufzubegehren (= ἀπάθεια – Apatheia: Leidenschaftslosigkeit, Gleichgültigkeit, Gelassenheit als grundsätzliche Lebenshaltung). Nichts in der Welt ist dem Zufall überlassen – dies würde ja Planlosigkeit und damit Abwesenheit von Vernunft bedeuten – bzw. ohne zureichenden Grund, sondern **durch Vernunft geleitet zweckmäßig und notwendig.** Frei ist der Mensch in seinem vom Schicksal bestimmten Handeln, wenn und insofern er das Geschehende akzeptiert (= bewusst zustimmt) und sich damit unabhängig erlebt von der Macht der Begierden, Ängste, Lebenssehnsüchte und -einschränkungen aller Art, letztlich sogar von der Macht und Drohung des Todes. Im Übrigen „beunruhigen nicht die Tatsachen selbst die Menschen, sondern ihre Meinungen darüber. So ist der Tod nichts Furchtbares – denn sonst wäre er auch dem Sokrates so erschienen – sondern die Meinung, der Tod sei furchtbar, *die* ist das Furchtbare" (Epiktet). Hadot (vgl. Hadot 1999, S. 153) fasst im Sinne der Stoa zusammen: „Das Unglück der Menschen rührt daher, dass sie hartnäckig versuchen, Güter zu erwerben, die sie nicht erhalten können, und Übeln aus dem Weg zu gehen, die unvermeidlich sind."

Seine leiblichen Bedürfnisse zu befriedigen, ist die Pflicht des Menschen, insofern der möglichst funktionstüchtige Leib Voraussetzung für ein vernunftgemäßes Leben ist. Diese Pflicht zählt zu den sog. **allgemeinen Pflichten,** die das erwartbare und geziemende Verhalten des Einzelnen sich selbst und dem Gemeinwesen gegenüber regeln.

Sog. **vollendete Pflichten,** die in Übereinstimmung mit der kosmischen Vernunft realisiert werden, bestehen darin, sich handelnd nur um das zu kümmern, was überhaupt realisiert werden kann. Affekte oder Leidenschaften aufgrund einer falschen Zustimmung der Vernunft zu Trieben, insbesondere Affekte des Schmerzes, der Furcht, der Begierde und der Lust, sind am besten von vornherein zu meiden. Nach stoischer Lehrmeinung gibt es kein Leid außer dem selbst verursachten. Auch Leben, Gesundheit, Schönheit, Lust, Reichtum und Ruhm sind nur auf Zeit gegeben und können nützen, aber auch schaden. Nur die Freiheit von allen unvernünftigen Anmutungen (= das wahrhaft sittlich Gute) kann dem Menschen nicht mehr genommen werden, wenn er es einmal hat. Er gelangt dazu durch das Wissen, dass nichts gut ist außer der Tugend, d. h. ein von der Vernunft geleiteter Mensch zu sein, und zwar nicht nur für sich selbst, sondern im Verbund mit allen anderen Menschen, die mit ihm im Besitz der Vernunft vereinigt sind.

Da Klugheit/Wissen die leitende Tugend ist, ist sie auch **lehrbar.** Die Mesoteslehre des Aristoteles wird als unsinnig bezeichnet, weil Wissen für gut steht und Nichtwissen für schlecht, ein Mittleres zwischen Wissen und Nichtwissen aber nicht existiert.

Beispiel für die Stoa: Marcus Tullius Cicero, geboren am 3.1.106 v. Chr. in Arpinum (Latium), war seit 102 mit seiner Familie in Rom ansässig. 79–77 betrieb er Studien im griechischen Teil des römischen Reiches, vor allem – der griechischen Sprache seit seiner Kindheit mächtig – in der Auseinandersetzung mit der griechischen Philosophie. Ab 75 in hohen politischen Ämtern und als Redner und Anwalt gefragt, war er lebenslang ein Verfechter der republikanischen Regierungsform. Als Konsul ab 63 v. Chr. war er maßgeblich an der Niederschlagung der Verschwörung des Catilina beteiligt. 58 musste er deshalb auf Betreiben seiner Gegner Rom fluchtartig verlassen und ging nach Thessaloniki in Griechenland. Seine Besitztümer in Italien wurden enteignet und sein Haus in Rom wurde niedergebrannt. Aber schon 57 v. Chr. wurde er nach Rom zurückgerufen, wiederum politisch tätig, vor allem aber an philosophischen, staatspolitischen, rhetorischen Schriften arbeitend. Als Verteidiger der Republik geriet er immer mehr in Gegnerschaft zu Gaius Julius Caesar und nach dessen Tod (15.3.44) auch zu Antonius. Am 7.12.43 wurde er auf Befehl des Antonius auf der Flucht ermordet und verstümmelt in Rom ausgestellt.

Seine Ansichten zur Ethik legte Cicero in seinem Werk **De officiis** (= wörtlich von den Pflichten, inhaltlich über Sittlichkeits-, Erkenntnis- und Nützlichkeitspflichten und über die vier Kardinaltugenden) nieder. De officiis stellt die lateinische Bearbeitung einer Schrift über die Pflicht des Panaitios von Rhodos (185–99 v. Chr.) dar, die Friedrich II. von Preußen am liebsten dem Moralunterricht in seinem Staat zugrunde gelegt hätte. Eklektizistisch nimmt Cicero Anleihen bei Platon (Erkenntnislehre), dem Skeptizismus der neueren Akademie, der Stoa (vor allem Anthropologie und Ethik), Aristoteles und – in kritischer Auseinandersetzung – bei Epikur. Durch Verbannung zu politischer Auszeit gezwungen, verfasste er die Schrift in Briefform in drei Teilen, gerichtet an seinen

Sohn Marcus, der offensichtlich sein Studium in Athen nicht ernst nahm und durch Ermahnungen zu mehr pflichtgemäßem Handeln angehalten werden sollte. Durch zahlreiche Beispiele erreicht De officiis erfreulich große Praxisnähe, ist deshalb auch im Ethikunterricht mit Gewinn verwendbar.

Das Glück liegt für Cicero nicht in der Ruhe und Gelassenheit, wie für Epikur, sondern im Tätigsein, nicht in der Lust, sondern in der Pflicht, der Güte, dem Wohltun, in der Liebe und in der Freundschaft. **Tugend** ist das, was „so beschaffen ist, dass es unter Absehung von jeglichem Nutzen und ohne jeden Lohn oder Vorteil seiner selbst wegen lobenswert ist" (De finibus II,45).

Im **ersten Teil von De officiis** befasst sich Cicero mit dem **ehrenhaften Verhalten,** gestützt auf Platon und Panaitios. Als besonders bedeutend für die Lebensführung preist er die vier Kardinaltugenden an.

- Knappen Raum widmet er der auf Wissen beruhenden **Klugheit** (prudentia), da er Wissen nur insofern für wichtig hält, als es für das praktische Verhalten nützlich ist.
- Den höchsten Rang weist Cicero, wie Platon, der **Gerechtigkeit** (iustitia) zu, die ungeregelte Begierden und rücksichtsloses Verhalten bändigt (er nennt hier als Beispiel u. a. Cäsars Machtgier) und im Bunde mit **Freigebigkeit/ Güte** (liberalitas) vertretbare Wohltaten für die Mitmenschen ermöglicht. Anhand zahlreicher Beispiele aus dem privaten und öffentlichen Leben sowie aus Kriegszeiten erläutert Cicero gerechtes und ungerechtes Verhalten, eine praxisnahe Fundgrube für den Ethikunterricht.
- Der Kardinaltugend der **Tapferkeit** (fortitudo), gepaart mit **Großherzigkeit/ Seelengröße** (magnanimitas), bedürfen vor allem Menschen mit politischen Ämtern. Allerdings kommt sie in idealer Weise nur zur Wirkung, wenn sie als Korrektiv jederzeit auf die Kardinaltugend der Gerechtigkeit bauen kann. Ein Verstoß gegen die Tapferkeit besteht nicht nur in mangelhaftem Durchhaltevermögen, sondern auch in der Unterlassung notwendiger Handlungen, z. B. jemandem in Bedrängnis zu helfen.
- Die Kardinaltugend der **Mäßigung** (moderatio, temperantia) hält durch Orientierung am Angemessenen, Schicklichen die Begierden und Triebe des Menschen in Grenzen. Sie liefert diesem damit die Befähigung, seinen Rollen als Mensch, im Gemeinwesen, im Beruf und in der Begegnung mit Um- und Mitwelt gerecht zu werden. Nach der personae-Lehre (= Rollenlehre Ciceros) ist der Mensch zur Vernunft verpflichtet (1. Rolle) und von ihr geleitet hat er in seiner spezifischen natürlichen Verfasstheit (2. Rolle) und in seinem sozialen Status (3. Rolle) sowie in seinem selbst entschiedenen Handlungsrahmen (4. Rolle) das Schickliche zu tun.

Im **zweiten Teil** wendet sich Cicero dem für den Menschen **Nützlichen** zu, das er in untrennbarer Wechselwirkung mit dem im ersten Teil behandelten ehrenhaften Verhalten und den vier Kardinaltugenden sieht. Nützlich ist nach der stoischen Oikeiosis-Lehre (siehe oben) ein Verhalten, welches das zum Menschen von Natur aus Gehörende, ihm Gemäße befördert. Dazu gehören z. B. Gesundheit, Vermögen und Ansehen, aber erworben durch ehrenhaftes Verhalten. Als Maßstäbe für ehrenhaftes Verhalten nennt Cicero Zuneigung, Vertrauen und Bewunderung, die dem ehrenhaften Menschen zuteil werden.

Im **dritten Teil** beschäftigt sich Cicero – hier auf Panaitios und Poseidonios gestützt – anhand zahlreicher Beispiele aus dem öffentlichen Leben, im Zusammenhang mit Krieg und dem Verhalten bekannter Personen damit, ob und inwieweit ehrenhaftes und nützliches Verhalten in Konflikt miteinander geraten können. Quintessenz dieser Ausführungen ist, dass ehrenhaftes Verhalten immer auch dem Menschen nützlich, gemäß ist und nützliches Verhalten – in diesem Sinne verstanden – auch immer ehrenhaft ist. Unehrenhaftes Verhalten kann niemals nützlich sein, mag es auch vordergründig manchmal so scheinen, da es eben dem Menschen als Mensch bzw. der Natur des Menschen nicht gemäß ist.

Oberste Entscheidungsregel in moralisch relevanten Situationen ist die, nie einem anderen Menschen Schaden zuzufügen, um sich damit einen Vorteil zu verschaffen. Dies gebietet die menschliche Natur als vernunftbegabtes Individual- **und** Sozialwesen. Gegen diese Entscheidungsregel darf nur um der Gemeinschaft willen, nicht um seiner selbst willen verstoßen werden, wenn sich der Betroffene außerhalb der Gemeinschaft gestellt hat, wie z. B. der Tyrann (= Legitimation des Tyrannenmordes).

Cicero verdeutlicht das Verhältnis von nützlichem und ehrenhaftem Verhalten durch weitere Beispiele aus dem alltäglichen Leben, in Kriegszeiten und im Wirtschaftsleben, die nichts an Aktualität eingebüßt haben.

6. Auf die Spitze treiben die Tugendlehre von der vollkommenen Ausgeglichenheit, Affektbeherrschung und der Gleichgültigkeit in je eigener Weise die **Kyniker und die Pyrrhoniker bzw. Skeptiker.**

a) Philosophie als Lebensform bedeutet bei den **Kynikern** (Diogenes von Sinope ca. 404–323 v. Chr., Krates von Theben, gest. um 328 v. Chr., Hipparchia, Gattin des Krates, gest. um 320 v. Chr.) die radikale Ablehnung aller Konventionen und gesellschaftlichen Regeln sowie des Strebens nach den üblichen Statussymbolen wie Reichtum, Geltung, Macht. Solch ein Leben wider die Illusionen des Scheins verlangt **Askese** als äußerste Genügsamkeit und Abhärtung gegenüber physischen und psychischen Beeinträchtigungen, in Wechselwirkung mit **Ataraxia und Apatheia.**

So soll Diogenes öffentlich onanierend gesagt haben: „Könnte man doch den Bauch ebenso reiben, um den Hunger loszuwerden" (Diogenes Laertius VI, 46 und 69). Und er warf Schüssel und Becher weg, als er ein Kind beobachtete, das aus den Händen trank und seinen Linsenbrei mit einem Brotstück als Löffel aß (Diogenes Laertius VI, 37). Zur Lebensform nach Ansicht der Kyniker verhelfen weder Argumentation noch Unterricht, sondern die Lehre ist das Leben selbst in Askese.

b) Für **Pyrrhon von Elis** (ca. 360–270 v. Chr.) ist das Ziel allen philosophischen Bemühens die **Tugend der vollkommenen Gleichgültigkeit** im Sinne absoluter Unabhängigkeit und damit gewonnener Freiheit und uneingeschränkter Seelenruhe. Diese Gleichgültigkeit ist das einzig Nichtgleichgültige, denn sie trägt zur Überwindung unnützer alltäglicher Werturteile und Kräfte raubender, letztlich bedeutungsloser Daseinsgestaltung bei. Leitendes Lebensprinzip ist: „Dies nicht mehr als das!" Wir können nicht erkennen, wie die Wirklichkeit ist, sondern nur, wie sie uns erscheint; dies legt Zurückhaltung im Urteilen nahe.

Seinen Ansichten folgte Pyrrhon konsequent mit seiner Lebensführung, indem er es für sein Ansehen keineswegs als abträglich betrachtete, für seine Schwester Philista Vögel und Schweinchen zum Markt zu tragen, den Hausputz zu übernehmen und Schweine zu waschen (Diogenes Laertius IX, 66).

Von Pyrrhon führte die Entwicklung der Lebenseinstellung samt ihren ethischen Konsequenzen zum **Skeptizismus** (v. a. Sextus Empiricus, 1./2. Jh. nach Chr.): Alles ist unerkennbar, unbestimmbar und damit vielleicht und relativ. Jedes Argument hat sein Gegenteil, weshalb strikte **Urteilsenthaltung bzw. Zurückhaltung vor endgültigen Entscheidungen** angesagt ist. Dies bedeutet keineswegs Infragestellung alltagspraktischen Verhaltens, zu dem Konsens besteht und das durch Gesetze geregelt ist, wohl aber ... „Verweigerung der Zustimmung zu dogmatischen philosophischen Diskursen, einschließlich des skeptischen Diskurses selbst, der wie ein Abführmittel mit den Ausscheidungen abgeht, deren Eliminierung er ausgelöst hat" (Hadot 1999, S. 171). Nach Diogenes Laertius (IX, 74) „sahen sie (die Skeptiker) ihre Aufgabe ununterbrochen darin, den Lehrsätzen der Sekten sämtlich den Garaus zu machen, ohne selbst etwas lehrsatzmäßig festzustellen."

7. Plotin, geboren 204 n. Chr., stammte mutmaßlich aus einer der weströmischen Provinzen oder auch aus Ägypten. Er wuchs mit der griechischen Sprache auf und ist ab 242 n. Chr. in Alexandria (Ägypten) nachweisbar, wo er vor allem von Ammonios Sakkas in die platonische Lehre eingeführt wurde. Er nahm am Feldzug des römischen Kaisers Gordian III. gegen die Perser teil mit der Absicht, die Weltanschauungen und Religionen des Morgenlandes kennenzulernen. Nach der Ermordung des Kaisers 244 n. Chr. gründete er in Rom eine philosophische Schule, wo er bis zu seinem Tod (269/270 n. Chr.) politisch einflussreich, aber selbst ohne politisches Amt blieb. Plotin und der sich auf ihn berufende Neuplatonismus unterstellen für ihre Ethik den Dualismus von Körper und Seele. Folgerichtig unterscheidet Plotin zwischen niederen oder politischen Tugenden und höheren Tugenden. Die politischen Tugenden sind die vier platonischen **Kardinaltugenden** Weisheit, Tapferkeit, Mäßigung, Gerechtigkeit, welche die mit dem Körper gegebenen Affekte in Schach halten und auf diese Weise die Herrschaft der Seele über den Körper sicherstellen sollen.

Die höheren Tugenden zielen über Reinigungsrituale und Kontemplation auf die völlige Freiheit der Seele von Affekten (Apatheia) und auf ihre Angleichung an das Göttliche, aus dem sie stammt und dessen Hilfe sie für diese (mystische) Rückkehr auch braucht. Für die Lebensführung des Menschen erweisen sich auf diesem Wege als nützlich und notwendig die Askese und der philosophische Diskurs, welch letzterer der Rechtfertigung u. a. moralischer Handlungen und der Unterweisung anderer dient.

Plotin geht in seiner Weltsicht von der **Emanation**, das heißt dem Hervorgehen von allem Existierenden aus einem transzendenten, absoluten und vollkommenen, nicht fassbaren und nicht beschreibbaren Einen aus, identisch mit dem Guten schlechthin. Die Bewegung dieses Einen verläuft über die Welt des Geistes und der Ideen und weiter über deren Entäußerung in die beseelte Welt und die Einzelseelen bis hin zur Sinnenwelt und zur Materie. Gegenläufig erfolgt eine Rückkehr alles in aufsteigender Reihung Existierenden zum Einen, das allem Materiellen und auch gedanklich Fassbaren entzogen ist und nur in (selten verwirklichter) Ekstase und religiös-mystischem Empfinden erreichbar ist. Im Aufstieg zum Einen betont Plotin den Weg des Menschen nach innen über Reinigung, Erleuchtung und schließlich Einigung mit dem Einen.

Plotin steht mit seiner Weltsicht am Ende der griechischen Philosophie und am Anfang der christlichen Philosophie.

© akg-images

8. **Thomas von Aquin** wurde 1225 auf Schloss Roccasecca in der Nähe von Aquino (Italien) als 7. Kind einer adligen Familie geboren. Thomas wurde als das jüngste Kind der Familie mit fünf Jahren zu seinem Onkel Sinibald in das Benediktinerkloster Montecassino geschickt, der dort Abt war.

1239–1244 absolvierte er ein Studium generale an der Universität Neapel. 1244 trat er in den Dominikanerorden ein.

1245–1248 war er Student und später Assistent bei Albertus Magnus. Auf seinen Stationen als Hochschullehrer vor allem in Paris, Rom und Neapel arbeitete er gleichzeitig an einer enormen Anzahl von Schriften. Am 7.3.1274 starb er auf der Reise zum 2. Konzil von Lyon im Kloster Fossanova an einer schweren Erkrankung, oft wird auch behauptet an einer Vergiftung. 1323 wurde er heiliggesprochen, 1567 zum Kirchenlehrer erhoben.

Thomas von Aquin beschreibt die Tugend im Anschluss an Aristoteles als eine je bestimmte, durch Übung erworbene Haltung, die ein vernunftgemäßes und ganzheitliches (also die Sinnlichkeit einschließendes) Handeln zur zweiten Natur werden lässt.

Grundlegend für die Ethik des Thomas von Aquin ist seine Unterscheidung des actus humanus vom actus hominis. Im **actus hominis** (= Handlung des Menschen) ist der Mensch allen anderen Lebewesen gleich. Wie diese bewegt er den Fuß oder die Hand, kratzt sich am Kopf, niest oder schläft. Der **actus humanus** (= menschliche Handlung) kennzeichnet den Menschen, insofern er speziell Mensch ist, unterschieden von allen anderen Lebewesen. Er ist Herr über seine

Handlungen durch den Gebrauch von Vernunft und Willen, wodurch überhaupt erst sittliches Handeln möglich wird (Summa theologiae I-II q. 1 ff.).

Tugend ist der Inbegriff der richtigen Handlungsweisen des Menschen als Mensch, die von der Haltung (habitus) der richtigen Mitte in der Realisierung einer Handlung getragen werden (vgl. die Mesoteslehre des Aristoteles unter 7.6.2/3. c und d).

Tugend ist bei Thomas nicht orientiert an einem Sollen, sondern am Sein, denn „ens et bonum convertuntur" ‚Das Sein und das Gute sind identisch'. Da alles Sein von Haus aus gut ist (omne ens est bonum), was letztlich Ordnung bedeutet, stellt das Böse (= malum) einen Mangel an Sein bzw. Unordnung dar. Die ethische Konsequenz ist folgerichtig: Je tugendhafter der Mensch **ist** (Sein), desto moralisch vollkommener kann er handeln. „Darin besteht das Gutsein eines jeden Dinges, dass es sich entsprechend verhält nach Maßgabe seiner Natur" (Summa theologica 1.II, 71.1), und die spezifische Natur des Menschen besteht eben in seiner Vernunftbegabung. Deshalb gilt: „Was immer also wider die Vernunft ist, das ist wider des Menschen Natur" (Quaestiones über das Übel 14,2, ad 8.). Das oberste Axiom der Ethik heißt: „Das Gute ist zu tun, das Böse ist zu meiden." Bei der Einhaltung dieser Lebensregel helfen die „inclinationes naturales" (= die natürlichen Hinordnungen des Menschen), wie z. B. Selbst- und Arterhaltung, Leben in der Gemeinschaft, Gotteserkenntnis, aus denen sich alltagstaugliche moralische Normen ableiten lassen.

Allerdings reicht für tugendhaftes Handeln die Vernunftorientierung nicht aus, maßgebend ist vielmehr der freie Wille, welcher sich für das vernunftgemäße und damit der Natur des Menschen gemäße Handeln entscheidet.

Thomas ist Realist und Psychologe genug, den sittlichen Anspruch an den Menschen mit der Forderung naturgemäßen Handelns nicht unerreichbar hoch zu hängen. So spricht er von der Tugend als „complementum potentiae" und „ultimum potentiae", als Vervollständigung bzw. das Äußerste dessen, was einer zu leisten vermag. Der Mensch ist eben als Sinnen- und Vernunftwesen homo viator, immer auf dem Weg zum Guten.

Thomas ist aber auch Theologe genug, der aristotelischen Vernunftpraxis mit der hilfreichen Gnade Gottes unter die Arme zu greifen, allerdings nicht mit dem Absolutheitsanspruch von Augustinus, für den Tugend ganz und gar Gnade Gottes ist. Nur mit ihr ist nach Augustinus Tugend als „Inbegriff all dessen, was zu tun ist" einlösbar (De civitate Dei IV, 21). Durchaus hilfreich sind dabei die vier Kardinaltugenden Platons (7.6.2/2.), ergänzt durch die Kardinaltugend der Frömmigkeit (pietas).

Auch bei Thomas ist der Wille Gottes der Urgrund des Rechten und Guten, aber in der Umsetzung – bei aller Teilhabe am göttlichen Gesetz – der Vernunfterkenntnis und dem freien Willen des Menschen als Aufgabe auferlegt. Moralität im strengen Sinne bedeutet für Thomas vernunftgetragene Gesinnung, bewusste sittliche Überzeugung unter dem Einfluss der „für uns unverfügbaren Tatsachen der Welt", wobei die letzte Instanz der Willensentscheidung das Gewissen ist, das auch nach der Handlung als Gerichtshof letzter Instanz fungiert.

Mit seinem Tugendkatalog schließt sich Thomas an die tradierten griechischen Kardinaltugenden an, ergänzt durch die christlichen Tugenden Glaube, Hoffnung und Liebe.

– Die **Klugheit** zielt auf die Erkenntnis der Wirklichkeit und sie leitet über richtige (= vernunftgemäße) Entscheidungen das Wollen und Handeln. Wie bei Aristoteles ist sie die handlungsleitende Instanz auch bei den anderen Einzeltugenden.
– **Gerechtigkeit** bedeutet schlicht, „jedem das Seine" zuzugestehen.
– **Tapferkeit** bewährt sich – aktuell formuliert – als Haltung der Zivilcourage, als Behaupten eines für richtig erkannten Standpunktes, bei allen durchaus verständlichen Einschränkungen im Sinne der Mesoteslehre.
– **Maß, Zucht und Ordnung** fordern Selbstdisziplin, vor allem gegenüber den bei exzessivem Ausleben zerstörerisch wirkenden Grundtrieben der Sexualität, der Geltung, des Essens und Trinkens, gegenüber Sucht und Maßlosigkeit aller Art.

Oberste Ziele des Tugendstrebens sind Schau der Wahrheit, d. h. hier Gottes, persönliche Vervollkommnung, gerechtes Gemeinwohl und die ewige Glückseligkeit – Aristoteles im Licht christlicher Theologie! Für den Gläubigen fallen ethische Autonomie und Theonomie ohnehin zusammen.

Für die **Analyse und Bewertung moralisch relevanter Handlungsweisen** bzw. tugendhaften Verhaltens in konkreten Situationen schlägt Thomas vor, den sechs Elementen einer jeden menschlichen Handlung (= actus humanus) nachzuspüren:

1. Wie ist meine Handlung beschaffen? Handle ich überlegt und willentlich und damit überhaupt in moralisch relevantem Zusammenhang?

2. Welchen genau bezeichneten Anteil hat meine Vernunft an meiner Handlung? Handle ich zweckrational, zweckirrational oder gar zweckemotional?

3. Unter welchen Umständen vollziehe ich meine Handlung? Wer handelt und wo, wann, womit und wie wird gehandelt? Fordern die Umstände überhaupt eine moralisch relevante Handlung heraus?

4. Erfordert das Objekt meines Handelns (z. B. ein Ertrinkender) notwendig mein Eingreifen?

5. Ist der Zweck meines Handelns (z. B. die Rettung des Ertrinkenden) grundsätzlich moralisch gut oder schlecht?

6. Welche Absicht verfolge ich mit meiner Handlung wirklich? Stimmen Absicht und Zweck unmittelbar überein oder verfolge ich eine abweichende Absicht, z. B. wegen der Rettung des Ertrinkenden in der Zeitung erwähnt zu werden, eine Belohnung zu erhalten oder mir den Geretteten irgendwie zu verpflichten?

Die **Vernunft** hat in diesem Analyse- und Bewertungsschema als *notwendige Bedingung* einer moralisch guten Handlung die Nichtwidersprüchlichkeit der Handlungselemente festzustellen, der **Wille** gewährleistet als *hinreichende Bedingung* die tatsächliche Ausführung der Handlung.

9. Für **I. Kant** (1724–1804) ist Tugend „die in der festen Gesinnung gegründete Übereinstimmung des Willens mit jeder Pflicht" (Metaphysik der Sitten, Tugendlehre 1797, Werkausg. v. W. Weischedel, Bd. 8, S. 526), nicht automatisierte Gewohnheit, sondern immer wieder neu in vernünftigem Diskurs mit sich selbst gewonnen und überzeugt – und d. h. auch gern – ausgeübt.

a) Zur deutlichen Abgrenzung unterscheidet Kant
- **Rechtspflichten** mit enger Verbindlichkeit unter Zwangsandrohung, bezogen auf die Handlungen selbst, von den
- **Tugendpflichten** mit weiter Verbindlichkeit, welche auf die Handlungsmaximen bezogen sind, die eigene Vervollkommnung und das Wohl der Mitmenschen bezwecken und verdienstlich sind.

Tugendpflicht als formale Basis der Einzeltugenden, als grundlegende moralische Gesinnung bedeutet im Sinne von Haltung die grundsätzliche **Achtung vor der Pflicht**, nicht z. B. Sympathie oder Nächstenliebe.

b) Eine weitere präzisierende Unterscheidung trifft Kant
- zwischen Moral und Sitte,
- zwischen moralischen Tugenden und Umgangstugenden (z. B. Höflichkeit, Gesprächigkeit, Gastfreundlichkeit), als kommunikativer Rahmen durchaus nützlich,
- zwischen moralischem Verstandesurteil, das auf Einsicht zielt, und moralischem Gefühl, das den Handlungsantrieb liefert.

Moralität als moralische Haltung und damit Tugend besteht letztlich darin, mithilfe der Vernunft (d. h. mit notwendigen Regeln a priori) „über seine dem Gesetz widerspenstigen Neigungen Meister zu werden" (MdS a. a. O., 513).
Immoralität als das Gegenteil wäre für Kant das denkbar Schlimmste, da sie Freiheit ohne Gesetze und damit totale Unordnung bedeuten würde. Eher sind da noch das **Laster** (als ein Handeln gegen ein immerhin bestehendes Gesetz) oder die **Untugend** (als Mangel an Tugend im Sinne nicht oder ungenügend geübter Praxis) zu ertragen. Eine wohltätige Grundeinstellung z. B. wird erst zur Tugend, wenn sie auch hinreichend in die Tat umgesetzt wird.
Bei seiner Bestimmung der Tugend polemisiert Kant hart gegen die **Pseudotugend**, die er in der Mönchstugend mit Selbstkasteiung und -bestrafung gegeben sieht. Selbstverstümmelung und -erniedrigung verstoßen gegen die Menschenwürde und bringen einen geheimen Hass gegen die Tugend zum Ausdruck. Die philosophische Tugend begegnet demgegenüber allen Übeln ungezwungen (unter Zwang kann sich keine Tugend entfalten) und fröhlich.

c) Nach der Definition der Tugendpflicht als grundlegender moralischer Gesinnung und Ausrichtung des Willens auf die Pflicht führt Kant einzelne konkrete Tugendpflichten auf. Er räumt dabei den Pflichten gegen sich selbst als Voraussetzung den Vorrang vor den Pflichten gegen andere ein (vgl. zum Weiteren a. a. O., S. 549 f.).

- **Gegen sich selbst hat der Mensch Pflichten,** indem er sich selbst moralisch frei und autonom das Gesetz gibt und sich damit als Sinneswesen in Ordnung hält. Kant erwähnt hier:

  ① Die **Pflicht zur Selbsterhaltung** beinhaltet nicht nur das Verbot des Selbstmordes und der Selbstverstümmelung, sondern auch der Selbstbetäubung durch Unmäßigkeit im Genuss- und Nahrungsmittelgebrauch.

  ② Die **Pflicht zur Wahrheit** entzieht der Lüge jeglicher Art den Boden.

  ③ Die **Pflicht zur Selbstachtung** schließt falsche Demut im Sinne von Kriecherei und Geiz als Vernachlässigung seiner selbst aus.

  ④ An oberster Stelle steht bei den Pflichten gegen sich selbst die **Pflicht zur moralischen Selbsterkenntnis,** „ob das Herz gut oder böse ist".

- **Pflichten gegen andere:**

  ① Die **Pflicht der Achtung vor der Würde des Menschen** gebietet in erster Linie die Vermeidung von übler Nachrede und Hochmut. Sie fordert aber auch – ins Positive gewendet – die von Kant so hoch geschätzte **Freundschaft**. Sie ist für ihn
     - wechselseitiges Wohlwollen,
     - auf Gleichheit beruhend (andernfalls wäre es Gunst),
     - eine Synthese von Liebe und Achtung, wobei letztere intellektuell und moralisch als jeweils angemessene soziale Distanz zu bestimmen ist,
     - von Klugheit geleitet (mit der Preisgabe von Geheimnissen und der Anmahnung von Fehlern erweist man der Freundschaft keinen Gefallen angesichts der Tatsache, dass sie gelegentlich in Feindschaft umschlagen kann).

  ② Die **Pflicht zu Dankbarkeit, Wohltätigkeit und Mitleid** lässt Undankbarkeit, Neid und Schadenfreude keinen Raum.

  ③ Die **Pflicht zum Gehorsam** ergibt sich aus der Notwendigkeit eines funktionierenden Gemeinwesens v. a. in Rücksicht auf die Rechtspflichten (s. o.).

  ④ Die **Pflicht zur Tierliebe** resultiert indirekt aus den Pflichten gegen die Menschheit. Da Tiere kein Bewusstsein und damit auch keine Moral haben, zählen sie nach Kant zu den Sachen. Wenn also jemand einen nutzlos gewordenen Hund erschießt, handelt er nicht gegen die Pflicht gegen den

Hund (denn eine solche gibt es nicht), wohl aber gegen die Menschlichkeit in sich, als ob der Hund Hausgenosse wäre.

7.6.3 Aktuelle Ansätze der Tugendethik

Heutige Entwürfe von Tugendethik verstehen sich vor allem als Gegenbewegung gegen die Prinzipien-, Regel- und Pflichtenethik mit moralischer Verbindlichkeit auf der Grundlage des Universalisierungsprinzips. Solche Prinzipienethik wird heute vor allem von den Verfechtern des Liberalismus vertreten, der auf Freiheit und Autonomie des Einzelnen setzt, z. B. von J. Rawls, R. Dworkin, Th. Nagel, Th. M. Scanlon, R. Nozick, J. Habermas, von ihren Gegnern überzeichnend auch als „Atomisten" tituliert. Nach MacIntyre (vgl. MacIntyre 1994, S. 89) vertritt die Prinzipienethik „eine Moral, die Standards bereitstellt, nach denen alle bestehenden gesellschaftlichen Strukturen von einem Standpunkt aus beurteilt werden können, der von all diesen Strukturen unabhängig ist". Der Preis für Allgemeingültigkeit und Universalismus sei allerdings ständiger Gemeinschaftsschwund, d. h. eine Tendenz zu Verhaltensunsicherheit und unterschiedlichen Regelentwürfen. Der Prinzipien- und Regelethik fehlten schlicht die Fundamente der Moral.

Neuentwürfe der Tugendethik sehen Wald/Bertold (vgl. Fechtrup, Schulze, Sternberg 1996) im Kommunitarismus (s. u.), in der Rechtsphilosophie und Politischen Theorie (z. B. Habermas) und in der Moralphilosophie (z. B. M. Hare). Hinzufügen möchte ich die meist theoretisch nicht begründeten Didaktikansätze der Lehrpläne für Ethik.
Dem hier vor allem interessierenden **Kommunitarismus** (v. a. vertreten von M. J. Sandel, A. MacIntyre, M. Walzer, Ch. Taylor, A. Etzioni) liegt an der moralischen Grundlegung der Gesellschaft mit Blick auf das bonum commune, das Gemeinwohl.
Damit sollen übertriebener Individualismus, der Rückzug in private Nischen, rücksichtsloses Machtstreben und die Flucht aus der Wirklichkeit mit ihren (oft lästigen) Alltagsanforderungen ebenso abgefangen werden wie ausschließlich regelorientiertes, letztlich strategisches Verhalten in moralisch relevanten Situationen. Ihrer ganzheitlichen, zum Kollektivismus neigenden Ansichten wegen sehen sich die Kommunitarier auch als „Holisten".
G. E. M. Anscombe kritisierte schon 1958 (vgl. Anscombe 1958) die seiner Meinung nach letztlich inhaltsleeren Bezeichnungen von moralisch richtig oder falsch und ersetzte sie durch verhaltensbezogene Bezeichnungen wie gerecht – ungerecht, keusch – unkeusch usw. Statt regeltechnischer Handlungsvorschriften sind wieder – im Rückgriff auf die antike Philosophie, v. a. Aristoteles – Charakterzüge, Eigenschaften gefragt, die in moralisch relevanten Situationen die größere Beständigkeit besitzen, d. h. weniger anfällig gegen Mogel- und Vermeidungsversuche sind (vgl. von Wright 1963; von Wright 1994; Geach 1977).

Im kommunitaristischen Programm (vgl. Etzioni 1998) warten die Kommunitarier vor allem mit Kulturkritik bezüglich des Anspruchs- und Konsumdenkens des staatlich versorgten Menschen auf, ein Sachverhalt, der letztlich Entmündigung und damit einen Verstoß gegen die menschliche Würde bedeute. Dagegen setzen die Kommunitarier unter Betonung des Subsidiaritätsprinzips die Leistung des Einzelnen im sozialen Bereich, Freiwilligentätigkeit und Ehrenamt. Individualrechte und soziale Systeme, in die jedes Individuum zwangsläufig und notwendig eingebunden ist, können nur dauerhaft aufrechterhalten und weiterentwickelt werden, wenn sich auch jedes Mitglied dieser Gemeinschaften für gemeinsame Belange engagiert. „Jedes Mitglied der Gemeinschaft ist allen etwas schuldig, die Gemeinschaft schuldet jedem ihrer Mitglieder etwas." (A.a.O., S. 295)

Die Familie und die Gemeinschaft des sozialen Umfeldes haben Priorität vor dem Staat, gefragt ist Hilfe zur Selbsthilfe, statt auf die Gaben des Wohlfahrtsstaates zu warten. Generell gilt: Mehr Gemeinschaft, weniger Staat.

Auf der Basis verbindlich anerkannter gemeinsamer Werte im Sinne einer ausgewogenen Balance von individuellen Freiheiten und sozialer Ordnung ist für die konkrete Lebensführung hilfreich Etzionis Neuformulierung der Goldenen Regel: „Respektiere die soziale Ordnung der Gesellschaft genauso, wie du möchtest, dass die Gesellschaft deine persönliche Freiheit respektiert." Durchaus gerechtfertigt ist in diesem Zusammenhang die wechselseitige Ermutigung, gegebenenfalls auch Ermahnung der Mitglieder des Gemeinwesens, sich an die vereinbarte soziale Ordnung zu halten.

Den für ein derart verankertes moralisches Verhalten notwendigen Einstellungswandel müssen erziehungsfähige intakte Familien, die Schulen und ein durch konsequent demokratische Regeln geordnetes öffentliches Leben bewirken (vgl. Gerbert, 2013).

Zusammengefasst beziehen sich die Auseinandersetzungen zwischen den Prinzipienethikern und den Kommunitariern hartnäckig auf **vier zentrale Streitpunkte** (vgl. auch Forst, R. in Honneth, 1993, S. 181 f.):

1. Ist der Personbegriff individualistisch oder durch die Gemeinschaft bestimmt aufzufassen? Nach Ansicht der Kommunitarier sind Gemeinschaft und Gesellschaft nicht Vertragsergebnisse (wie bei den Vertragstheoretikern von Hobbes bis Rawls und Habermas), sondern Naturzustand, bei dem mit der moralischen Erziehung zu beginnen ist.

2. Gebührt der Vorrang der Gerechtigkeit oder der gemeinsamen Auffassung vom Guten? Der Vorrang der Gerechtigkeit vor dem Guten führt nach Ansicht der Kommunitarier zu einer Trennung von öffentlich und privat, von Recht (Politik) und Ethik (privater Lebensgestaltung), von Rechtsperson und Bürger.

3. Ist die politische Gemeinschaft über das Recht oder über das Gute zu legitimieren, über Prinzipien- und Regeleinhaltung oder über gemeinsame Auffassungen des Guten?

4. Ist moralisches Verhalten eher unter dem Aspekt des Universalismus mit seinen Gerechtigkeitsprinzipien im idealen Diskurs oder unter dem Aspekt des Kontextualismus zu gewährleisten, welch letzterer auf der Basis eines minimalen universalen Moralkodex (Achtung der Person als Person) im Übrigen den konkreten demokratischen Konsens in Alltagssituationen bevorzugt?

Die entscheidende Frage für die Kommunitarier ist die, welche gemeinsamen Grundüberzeugungen eine Gesellschaft zu ihrer Daseinssicherung braucht. Vor der gerechten Ordnung der Gesellschaft steht nach Ansicht der Kommunitarier notwendig die Übereinstimmung über verbindliche Werte, aus denen sich erst Handlungsmotive entwickeln können. Eine Handlung aufgrund bloßer Pflichterfüllung nach Regeln ist ebenso wenig moralisch wertvoll wie eine Handlung zum individuellen Lustgewinn (Nutzen, utilitaristischer Ansatz). Zum Beispiel bleibt ohne das Liebesmotiv, den anderen um seiner selbst willen zu lieben, bestenfalls Pflichterfüllung und d. h. bloßer Legalismus.

Der **gemäßigten Version im Kommunitarismus,** der an einer Wiederaufwertung der Tugenden in der Ethik liegt, ohne gleichzeitig jegliches regelethische Vorgehen zu eliminieren, ist n. E. einiges abzugewinnen. Tugenden als Haltung überdauern die geschichts- und kulturabhängigen Regeln und korruptionsanfällige Institutionen, so sehr sie dieselben für ihren Fortbestand brauchen. Tugend antwortet als richtiges Verhalten auf allgemein und jederzeit zugängliche Erfahrungs- und Entscheidungsbereiche des Menschen. Solche sind nach Nussbaum (vgl. Nussbaum 1998) z. B. Sterblichkeit, der Körper, Freude und Schmerz, Streben nach Erkenntnis, Fragen der praktischen Vernunft (wie man leben und handeln soll), Verbundenheit mit anderen … (vgl. die Bereichsethiken unter 6). Tugend ist umso mehr gefragt, als das Verhältnis zu anderen berührt ist, u. U. gestützt sogar durch Sanktionen.

Zur Bändigung des Selbstinteresses bedarf der Mensch aber auch vereinbarter Regeln. „Den Staat braucht selbst ein Volk von Teufeln" (Kant: Vom ewigen Frieden), die ihr Verhalten über kluge Regeln koordinieren. Zur Illustration der Regelnotwendigkeit sei an J. Rawls Beispiel mit der Nachspeise erinnert, die unter zwei Kindern gerecht verteilt werden soll (vgl. S. 85).

Moralität und Legalität, Tugend und Regeleinhaltung müssen sich also in der Ethik ergänzen.

Eher der Kritik setzen sich **extreme Ansätze der Kommunitarier** aus, die einer **partikularen Inhaltsbestimmung der Tugenden** das Wort reden und damit regelethischen Universalismus ablehnen. Für MacIntyre (vgl. MacIntyre 2013) z. B. wird Moral in einer bestimmten Gemeinschaft mit Bezug auf bestimmte Güter und durch die spezifische Unterstützung dieser Gemeinschaft gelernt (= partikularistisch). Tugenden sieht er als Eigenschaften, die zur Bewältigung rollenspezifischer und auf das Gemeinwesen bezogener Aufgaben notwendig und tauglich sind. Den Kommunitariern dieser Richtung schwebt immer die tatsächlich gelebte Gemeinschaft vor, die im Kontext von Geschichte, Kultur und Gegenwartsaufgaben zu verstehen ist (vgl. auch Tayler 1989, dt. 1996; Walzer 2006; zum Überblick Honneth 1993).

Der ethische Relativismus ist bei dieser Ansicht nicht zu übersehen. Nach Höffe (vgl. Rippe/Schaber 1998) verwechseln die Kommunitarier hier „den gemeinschaftsgebundenen, insoweit partikularen Erwerb der Tugenden in einer bestimmten Situation und an bestimmten Personen mit ihrem universalen Begriff und der ebenso universalen Rechtfertigung" (S. 57).

Außerdem ist auch die antike Tugendethik, auf welche die Kommunitarier gerne zurückgreifen, auf das universale Ziel des Glücks ausgerichtet, das alle Vernunftwesen anstreben. So ist z. B. die Bestimmung der Tapferkeit als situations- und personabhängiger Umgang mit Furcht/Feigheit und Tollkühnheit immer und überall gleich, auch wenn sich das Ereignisfeld vom Schlachtfeld eher zur politischen Auseinandersetzung hin verlagert hat.

Tugendethik bedarf also zumindest der Ergänzung durch die Prinzipienethik und die Güterethik, welche z. B. unverzichtbare Grundrechte des Menschen thematisiert. Auch eine auf Tugenden bauende Haltung bewältigt moralische Dilemmata nicht allein mit ebendieser Haltung, sondern sie braucht auch situationsangemessene praktische Vernunft und bestimmte Regeln und Prinzipien zur Lösung der Dilemmata. Angewandte Ethik befasst sich mit einzelnen Handlungen, nicht mit Personen mit bestimmten Haltungen, ganz abgesehen davon, dass Haltungen fehleranfällig und Veränderungen ausgesetzt sind.

Antworten bleibt der Kommunitarismus auch auf die Frage schuldig, wie man mit einer partikularistisch bestimmten Tugend in einer pluralistischen und globalen Gesellschaft zurechtkommt, und schließlich, welchen Stellenwert die Folgen moralischer Handlungen in der Tugendethik haben, wenn es um die Handlungen gar nicht geht.

Die Realität des vor allem in den USA praktizierten strengen Kommunitarismus lässt Entwicklungen erkennen, die Anlass zur Kritik geben:

– So wird z. B. vorgeschlagen, Scheidungen durch eine „Abkühlperiode" (Etzioni 1997) zu erschweren zur Vermeidung übereilter Trennungen, vor allem auf Kosten der Kinder. Der Vorschlag hat durchaus Einiges für sich, stellt aber zumindest einen Eingriff in intime Lebensbereiche dar.
– Die Praxis von „Crime Watch", das gegenseitige Beobachten von Nachbarhäusern, birgt bei zunächst intendierter nachbarschaftlicher Fürsorge auch die Gefahr der Überwachung, neugierigen Ausspähung und des Spitzeltums in sich.
– Nachbarschaftsstreifen und Bürgerwehren zum Schutz eines Viertels konkurrieren in unterschiedlicher Auslegung und Praxis mit dem Gewaltmonopol des Staates.
– Zum Schutz umzäunte Siedlungen lassen elitäre Teilgesellschaften entstehen.
– Der streng überwachte Moralkodex leistet einer autokratischen Erziehungspraxis Vorschub.
– Minderheiten und Randgruppen werden ausgegrenzt.

7.7 Zusammenfassender Überblick über Handlungsmuster ethischer Begründung

Ethisches Handlungs-muster	Handlungsziel	Beurteilungskriterium
1. Eudämonistisches/ utilitaristisches Handlungsmuster	Individuelles Glück bzw. allgemeine Wohl-fahrt (empirisch erfass-bar und beschreibbar)	Individueller bzw. sozialer Nutzen, beurteilt von den Konsequenzen her
2. Wertorientiertes/ axiologisches Hand-lungsmuster	Werterkenntnis und -optimierung im Han-deln (intuitiv durch Einfühlung erfahrbar)	Ausmaß der Überein-stimmung des Han-delns mit material exis-tierenden Werten
3. Pflichtorientiertes/ deontologisches Handlungsmuster	Handlung gemäß der praktischen Vernunft, aus Pflicht um des Ge-setzes willen	Kategorischer Impera-tiv mit Autonomie- und Universalisie-rungsanspruch
4. Vertragsorientier-tes/kontraktualisti-sches Handlungs-muster	Durch vertragliche Ver-einbarung gesicherte staatliche Gemein-schaft	Soziale Gerechtigkeit
5. Diskursethisches Handlungsmuster	Handeln nach Normen aufgrund verständi-gungsorientierter Ver-einbarung	Moralische Argumenta-tion im praktischen Diskurs
6. Tugendethisches Handlungsmuster	Individuelles und/oder soziales Glück als bzw. über tugendhaftes Ver-halten	Naturgemäßheit = Vernunftgemäßheit des Handelns

B

Ethik als Unterrichtsfach: Didaktik und Methodik des Ethikunterrichts

1 Legitimation der Ethik als Unterrichtsfach

Wenn die Notwendigkeit von Ethik für die individuelle und gesellschaftliche Lebensgestaltung grundsätzlich vorausgesetzt werden darf (vgl. A. 1.3), geht es hier um die Frage, ob Ethik und Moral im Rahmen unterrichtlicher Lernprozesse zu vermitteln möglich und notwendig ist.

1.1 Anthropologische Legitimation

Die **Anthropologie** legt die Notwendigkeit einer Vermittlung von Moral und Ethik wegen der grundsätzlichen Verletzbarkeit nahe, welcher der Mensch aufgrund seiner Instinktverunsicherung und Freiheit gleichermaßen im Prozess seiner Vergesellschaftung ausgesetzt ist. Nach Habermas (vgl. Habermas 1986, S. 20) ist „Moral als eine Schutzvorrichtung" zu sehen, welche die „in soziokulturelle Lebensformen strukturell eingebaute Verletzbarkeit kompensieren" soll. Da diese Kompensation nicht instinktgesichert funktioniert, muss sie im Sozialisationsprozess gelernt werden. Dabei kommt es vordringlich auf die Ausrichtung des Verhaltens einerseits nach dem Gerechtigkeitsprinzip, andererseits nach dem Fürsorge- bzw. Solidaritätsprinzip an sowie auf die Einübung relativ stabiler moralischer Haltungen (= Tugenden). Offen bleibt vorläufig noch die Beantwortung der Frage, auf welche Wege bei der Vermittlung von Moral und Ethik Verlass ist (vgl. hierzu B. 1.4 und 3.2.4 sowie 5).

Für die anthropologische Legitimation von Moral und Ethik ist es bedeutsam, dass sie zur spezifischen Ausstattung menschlicher Daseinsgestaltung zählen, ebenso wie physische, kognitive, emotionale, soziale, sprachliche und religiöse Bestimmungsmerkmale des Menschen. Wie diese signalisieren sie Bildungsbedürftigkeit und sind damit auch der Erziehungsverantwortung aufgegeben.

1.2 Sozialisationstheoretische Legitimation

Die **sozialisationstheoretische Rechtfertigung** der Vermittlung von Moral und Ethik resultiert aus den gesellschaftsrelevanten Defiziten einer Daseinsgestaltung ohne Moral oder gegen Moral oder auf dem Boden eines moralischen Relativismus (= durch den unterschiedlichen Erkenntnisstand jedes Einzelnen bedingte Beliebigkeit, im Gegensatz zu Allgemeingültigkeit), sei er individuell oder – ideologisch gesteuert – kollektiv ausgelebt. In jedem Fall ist das Ergebnis Anarchie, mit Th. Hobbes „bellum omnium contra omnes" („Krieg aller gegen alle"), wie die Alltagserfahrung in Vergangenheit und Gegenwart nachdrücklich vor Augen führt. Ohne allgemein verbindliches Moralsystem scheint weder eine auf Dauer funktionsfähige, d. h. gerechte und solidarische Gesellschaft möglich zu sein noch eine menschenwürdige Entfaltung des Einzelnen. Als vordringliche Sozialisationsaufgaben mit moralischer Wertigkeit sind in der postmodernen Gesellschaft anzugehen:

1. Kindheit und Jugendalter sind mehr denn je im Lebensalltag von Verunsicherung bedroht, die zu einem erheblichen Teil aus dem Mangel an Wertvorstellungen resultiert, auf die als Bezugs- und Haltepunkte in problematischen Lebenssituationen Verlass wäre. Orientierung an traditionellen Institutionen, wie z. B. Religionsgemeinschaften, wird nur noch in seltenen Fällen konsequent vorgelebt. Familiäre und private Lebensgestaltung befinden sich in einem geradezu revolutionären Wandel. Die eigene Statusunsicherheit der Jugendlichen wird durch immer längere Lern- und Ausbildungszeiten ständig ausgeweitet und gleichzeitig werden ihre Zukunftsperspektiven allgemein unberechenbarer, Berufsziele nur noch auf Zeit kalkulierbar.

2. Gerade Jugendliche wenden sich vermehrt und oft genug mit unübersehbarem Protestverhalten von überkommenem Autoritätsverständnis und weltanschaulich geschlossenen Wertsystemen einerseits und von technischen Allmachtsfantasien mit ihrer verhängnisvoll nachlässigen Folgenabschätzung andererseits ab.
Das entstandene Autoritäts- und Wertevakuum wird durch die **Flucht in den Werterelativismus** aufgefüllt. **In seiner individuellen Ausprägung** begünstigt er egozentrische Bedürfnisbefriedigung durchaus unterschiedlicher Wertigkeit – bis hin zur Flucht in Scheinwelten der Suchtszene (von der Medienwelt bis zur Drogenkarriere). **In seiner kollektiven Form** hält er zur Suche nach weltanschaulichen Ersatzgruppierungen mit Halt versprechenden Botschaften an (vgl. Jugendsekten und politisch radikale Gruppen).

3. Als weitere aktuelle Sozialisationsaufgabe mit hoher moralischer Relevanz stellt sich die Bewältigung heutzutage nur noch weltweit zu lösender Lebens- und Überlebensprobleme. Hier warten auf eine Stellungnahme von Moral und Ethik beispielsweise
   - die weltweit freiwillig vollzogenen oder durch Krieg, Terror und lebensbedrohende Unsicherheit wirtschaftlicher Umstände ausgelösten Migrationsbewegungen, die das Aufeinandertreffen verschiedener, manchmal sogar sich widersprechender Moralvorstellungen bedingen;
   - die zunehmende Heimatlosigkeit des modernen Menschen ebenso wie seine Lebensgestaltung in einer multikulturellen Gesellschaft,
   - die Begegnung mit der Umwelt vom Umgang mit den Ressourcen über die Klimabeeinflussung bis zur Artenvernichtung,
   - die enorme Zunahme des Besitz-, Ernährungs- und Bildungsgefälles in der Weltbevölkerung,
   - die Entschlüsselung des menschlichen Genoms samt den damit verbundenen biotechnischen Möglichkeiten, insbesonders unter dem Gesichtspunkt der Verteilungsgerechtigkeit,

– das durch die computerisierte Informationstechnologie bedingte Auseinanderfallen der Weltbevölkerung in mit Fachwissen ausgestattete und das Know-how beherrschende „Informationsjongleure" und grenzenloser Manipulation ausgesetzte Informationsabnehmer u. a. m.

Das Tempo der gesellschaftlichen Entwicklung hat in allen Bereichen derart zugenommen, dass die Antworten von Moral und Ethik über die Alltagserfahrung nicht mehr damit Schritt halten können, wenn sie es denn je überhaupt konnten. Ethikunterricht ist also antwortbeschleunigend notwendig. Als Frage bleibt auch hier lediglich offen, welche Art von Unterricht dies leisten kann.

1.3 Pädagogische Legitimation

Pädagogische Legitimation für das Unterrichtsfach Ethik kann über die in den vorangegangenen Ausführungen bereits integrierten Aspekte hinaus durch die folgenden Besonderheiten aufgeboten werden:

1. Eine Schule, die sich der Allgemeinbildung verpflichtet sieht, kann Moralerziehung nicht aussparen, da diese ihrerseits Bezug nimmt auf den Menschen als grundsätzlich auch unter moralischen Gesichtspunkten Stellung nehmendes Wesen. Bildung als allseitige Persönlichkeitsentwicklung bzw. als „ordnende Orientierung im Ganzen des Seins" (Max Müller) ist ohne moralische Bildung nicht einlösbar.

2. Erziehung unterstützt insbesondere in der Schule die individuelle Sinnorientierung der Kinder und Jugendlichen als zentralen Bestandteil ihrer Identitätsbildung. Angesichts des katastrophal desorientierend wirkenden Werte- und Normenpluralismus moderner Gesellschaften, einer zunehmend wirklichkeitsfremden privaten Nischenbildung und des weitverbreiteten Verlustes transzendenter Letztbegründung von Moral und Ethik kann diese Aufgabe der Schule nicht hoch genug eingestuft werden.

3. Gegenläufig zur moralischen Desorientierung wird den Jugendlichen durch Vervielfachung der Handlungsmöglichkeiten gegenüber früher größere Entscheidungskompetenz denn je für ihr Handeln abverlangt.

1.4 Schulpädagogische Legitimation

Eine speziell **schulpädagogische Legitimation** für das Unterrichtsfach Ethik ist mit der Frage nach der Lehrbarkeit von Moral und Ethik verbunden. Bereits Platon eröffnet seinen Menon-Dialog mit dieser Frage: „Kannst du mir sagen, Sokrates, ob die Tugend lehrbar ist? Ober ob nicht lehrbar, sondern eine Sache der Übung? Ober ob sie weder Sache der Übung noch des Lernens ist, sondern von Natur aus oder auf irgendeine Weise den Menschen einwohnt?" (vgl. die Antwort des Sokrates unter A. 7.6.2/2). Es müsste besser um die Menschheit bestellt sein, wenn lehrbares Wissen allein für moralisches Verhalten ausreichend wäre. Moral als normatives Regelwerk alltäglichen sittlichen Verhaltens und Ethik als wert- und prinzipienorientierte Grundlage moralischer Einstellungen und moralischen Urteilsvermögens sind **im herkömmlichen Verständnis schulischer Unterweisung offensichtlich nicht lehrbar.** Moralerziehung, die sich mit der kognitiven Verfügbarkeit von Werten und Normen begnügt und gegebenenfalls mangelhafte Verfügbarkeit mit Sanktionen belegt, verfehlt die von jedem Menschen selbst zu leistende Anknüpfung ihrer Absichten an den Verhaltensbereich. Sie produziert in der Alltagspraxis moralisch handlungsunsichere, wenn nicht gar gegen das aufgezwungene Moralwissen aufbegehrende Menschen.

Was der Ethikunterricht leisten kann und muss, ist **Förderung der Entwicklung des moralischen Urteilsvermögens.** Die Verantwortung des Lehrers im Ethikunterricht besteht also darin, den Schülern Lernsituationen zu ermöglichen, in denen sie selbst Verantwortung für ihre Handlungen auf der Basis begründeter Urteile und Entscheidungen übernehmen können.

Im Einzelnen bedeutet dies:

1. Der Ethikunterricht kann im Rahmen moralisch relevanter Handlungssituationen, mit Vorzug aus dem aktuellen Erfahrungsbereich der Schüler, **Kenntnisse** vermitteln z. B. über mögliche ethische Positionen, über Strategien ethischer Urteilsfindung oder über historische Vorbilder, die hilfreich sein können bei den Urteils- und Entscheidungsprozessen der Schüler. Wissen und Haltung sind untrennbar verbunden wie Unterricht und Erziehung. Allein die Aneignung von Wissen und der Umgang mit Wissen schließen schon Anfragen an die Ethik mit ein, insofern sie im Begründen und Argumentieren der Forderung von Redlichkeit und Wahrhaftigkeit untergeordnet sind und in der Anwendung immer auch sozialethische Dimensionen eröffnen.

2. Der Ethikunterricht muss die **Fähigkeiten** vermitteln und trainieren, wiederum im aktuellen Erfahrungs- und Handlungsfeld der Schüler, die für eine ethisch begründete Urteilsfindung nötig sind. Die Aufgaben reichen hier von der systematischen Förderung der Empfindsamkeit für moralisch relevante Situationen über die wirklichkeitsgemäße Verbesserung der Selbst- und Fremdwahrnehmung bis zur Einübung in diskursive Kommunikation und in Methoden der Metakommunikation. Gerade echtes Diskursverhalten ist letztlich der einzige Weg demokratischer Moralerziehung, wenngleich zweifellos sehr anstrengend. Es setzt auf kritisch reflektierende Auseinandersetzung, in unserem Zusammenhang über moralisch relevante Sachverhalte, und zwar auf der Basis von Wahrhaftigkeit, Manipulationsfreiheit und der Einhaltung vereinbarter Diskussionsregeln. Solches Diskursverhalten stellt sich nicht schlagartig etwa mit der Fähigkeit zu abstrakten Denkoperationen ein, sondern als Ergebnis kontinuierlicher altersangemessener Erziehungsanstrengungen seit dem Vorschulalter.

3. Die schwierige Einübung in Diskursverhalten führt uns zu einer weiteren Möglichkeit der Lehr- und Lernbarkeit im Ethikunterricht, dem eher indirekten **Lernen über Vorbild bzw. Modell und über Nachahmung**. V. a. der Lehrer ist in jedem Lernbereich Modell für die Schüler, durch sein Engagement für das Unterrichtsfach, seine Methodenkenntnisse und seine Glaubwürdigkeit. Da die Lerneffekte über Modell-Lernen wegen ihrer geringen Planbarkeit und wegen verschieden großer emotionaler Einflüsse schwer bis gar nicht abschätzbar sind, bleibt dem Lehrer nur der sorgfältig selbst- und fremdkontrollierte Balanceakt zwischen den generell berufsethischen, im Ethikunterricht aber zusätzlich fachspezifischen Prinzipien Wahrhaftigkeit, Gerechtigkeit und Fürsorge. Der Lerneffekt aus seinem Modellverhalten für die Schüler bleibt in jedem Fall unkalkulierbar.

> **Zusammenfassung:** Moralische Gesinnung und Handlungsbereitschaft können nur in echten Handlungssituationen erworben werden, unterstützt durch Vorbilder, Kenntnisse und das Training grundlegender Fähigkeiten, niemals aber können sie unmittelbar vermittelt oder gar über Strafmaßnahmen mit nachhaltiger Wirkung aufgezwungen werden.

1.5 Rechtliche Bestimmungen

Die **rechtliche Bestimmung des Ethikunterrichts** scheint mittlerweile hinreichend geklärt zu sein. Für den Stellenwert und das Selbstverständnis des Ethikunterrichts ist es keineswegs belanglos, ob er als Ersatzfach für den Religionsunterricht, als gleichberechtigtes Wahlpflichtfach neben dem Religionsunterricht, als integrierter Bestandteil anderer Unterrichtsfächer oder als allgemein verbindliches Grundlagenfach geführt wird.

Das Bundesverwaltungsgericht Berlin hatte bereits 1973 entschieden, dass die Länder, bei denen die Kulturhoheit liegt, im Rahmen der staatlichen Schulaufsicht nach Artikel 7, Abs. 1 GG „für die am Religionsunterricht nicht teilnehmenden Schüler einen obligatorischen Ersatzunterricht in Philosophie einrichten" können, sofern dies der Staat – in weltanschaulicher Neutralität – zur Erreichung der gesteckten Bildungsziele für notwendig hält. Bei aller gebotenen Toleranz gegenüber der Gewissensfreiheit des Einzelnen kann der Staat von seinen Bürgern Pflichten und Leistungen verlangen, so z. B. die Auseinandersetzung „über die allgemein anerkannten Grundsätze der Sittlichkeit" (Bayer. Verf., Art. 137, Abs. 2).

Die Berechtigung und Notwendigkeit des Ethikunterrichts ergibt sich aber auch aus Artikel 4 GG, nach welchem „die Freiheit des Glaubens, des Gewissens und die Freiheit des religiösen und weltanschaulichen Bekenntnisses unverletzlich" sind. Nach einem Urteil des Bundesverwaltungsgerichtes von 1997 (BVerwG 6C11.97) meinen Formulierungen der Länderverfassungen wie „Verantwortung vor Gott" und die Erziehung in „Ehrfurcht vor Gott" und im

„Geist christlicher Nächstenliebe" den „prägenden Kultur- und Bildungswert christlicher Religionen, nicht aber Glaubenswahrheiten und ein entsprechendes Bekenntnis". Im selben Urteil wird das Unterrichtsfach Ethik als **„uneingeschränkt wählbare Alternative"** zum Religionsunterricht bezeichnet und die Auffassung, „den Ethikunterricht als inhaltlich und organisatorisch nicht gleichwertigen Ersatzunterricht zu betrachten, als nicht verfassungskonform" verworfen. Eine Höherrangigkeit des Religionsunterrichts ist also mit diesem Grundsatzurteil nicht vereinbar, vielmehr sind beide Unterrichtsfächer „ordentliche Lehrfächer" und ein Wechsel von einem Unterrichtsfach zum anderen ist ohne Angabe von Gründen möglich. Als „uneingeschränkt wählbare Alternative" ist der Ethikunterricht „bekenntnisfrei, religiös und weltanschaulich neutral, nicht aber wertneutral" (Goldschmidt 1997, Neue Sammlung 37, Heft 2). Religions- und Ethikunterricht sind in ethischen Fragen in gleicher Weise der Vernunftargumentation unterworfen, über die hinaus der Religionsunterricht als Spezifikum eine im Transzendenten verankerte Sinn- und Weltdeutung zu geben vermag, von welcher her moralisches Handeln letztgültig begründet werden kann. Eine Letztbegründung der Ethik ohne transzendente Verankerung ist nach Habermas weder möglich noch nötig.

Die Diskussion um den Ethikunterricht als (ungeliebtes) Ersatzfach für den Religionsunterricht ist also in der multikulturellen Gesellschaft von heute nicht zielführend. Der Ethikunterricht als unverzichtbares, für alle verbindliches Grundlagenfach ist aber auch mit schwierigen Fragen konfrontiert,

z. B. wer nach welchen Kriterien über die Lehrinhalte bestimmt und zwar auf dem Boden welcher Kulturtradition und Weltanschauung und in welchem Verhältnis zu den Religionsgemeinschaften.

Rechtliche Fragen wirft im Zusammenhang mit der Legitimation des Ethikunterrichts auch die nach wie vor mangelhafte Ausbildung vieler Ethiklehrer auf. Als ordentliches Studienfach an Universitäten ist Ethik als Unterrichtsfach nicht flächendeckend eingeführt. Dem Mangel an ausgebildeten Ethiklehrern versucht man bislang mit Ergänzungsstudien, Fortbildungsveranstaltungen und überwiegend fachfremd erteiltem Unterricht beizukommen, eine rechtlich problematische Sachlage angesichts des Anspruchs der Schüler auf fachkundigen Unterricht in einem regulären Unterrichtsfach.

2 Standortbestimmung der Fachdidaktik Ethik

2.1 Verständnis der Allgemeinen Didaktik

Allgemeine Didaktik beschäftigt sich forschend, theoriebildend und auf praktische Brauchbarkeit bezogen mit den Wechselwirkungsprozessen zwischen Lehren und Lernen, vor allem im schulisch organisierten Unterricht. Schwerpunktmäßig werden hierbei die institutionellen Rahmenbedingungen und das Verständnis von Unterricht, die kriteriengeleitete Ermittlung von Bildungsinhalten und die vor allem lernpsychologisch abgesicherten Wechselwirkungen in Lehr-Lern-Prozessen bedacht.

2.2 Verständnis der Fachdidaktik

Die **Fachdidaktik** – Berufswissenschaft des Lehrers im engeren Sinne – sieht sich in Spezialisierung der Allgemeinen Didaktik schulart- und fachbezogen mit den folgenden Aufgaben konfrontiert:

1. Legitimation und Zielbestimmung des Unterrichtsfaches
2. Sichtung möglicher Lernziele und -inhalte und Prüfung derselben auf ihre Bildungsrelevanz
3. Kriteriengeleitete Auswahl und didaktische Reduktion der Lernziele und -inhalte unter Berücksichtigung des fachwissenschaftlichen Erkenntnisstandes und der Lern- und Verarbeitungsmöglichkeiten der Schüler
4. Anordnung (Zusammenhänge, Abfolge) und Verteilung der Lernziele und -inhalte auf die Jahrgangsstufen
5. Ermittlung fachspezifischer Unterrichtsmethoden.

2.3 Aufgabenbereiche der Fachdidaktik Ethik

Wie jede andere Fachdidaktik ist auch die **Fachdidaktik Ethik** im Schnittpunkt des Spannungsfeldes Fachwissenschaft, hier der Ethik, den aktuellen Anforderungen der Gesellschaft und dem Schüler angesiedelt, wobei die Interessenvertretung des Schülers v. a. von der Schulpädagogik und der Psychologie wahrgenommen wird. In der je besonderen Vermittlungsfunktion zwischen diesen drei Instanzen besteht die Eigenständigkeit jeder Fachdidaktik, in Wechselwirkung mit ihren Bezugswissenschaften, aber in keinem irgendwie gearteten Über-Unterordnungs-Verhältnis.

Übersicht zur Standortbestimmung der Fachdidaktik Ethik:

Schüler

mit Interessen, Bedürfnissen, Lernmöglichkeiten, Besonderheiten der Entwicklung des moralischen Bewusstseins (vertreten v. a. durch Schulpädagogik und Psychologie)

Fachdidaktik Ethik

Hauptaufgaben:
- Bildungsrelevanz der fachwissenschaftlich aufbereiteten Lerninhalte
- Auswahl, Anordnung, Verteilung der Lerninhalte (Lehrplan)
- Didaktische Reduktion der Lerninhalte
- Fachspezifische Vermittlung

Gesellschaft

mit aktuellen Anforderungen und Notwendigkeiten, formuliert in Bereichsethiken

Fachwissenschaft Ethik

mit ihren Bezugswissenschaften Philosophie, Anthropologie, Theologie, Psychologie, Ethnologie, Soziologie, Politikwiss.

Erläuterungen:

Sowohl die Gesellschaft mit ihren aktuellen Anforderungen als auch die Fachwissenschaft Ethik mit ihren gesammelten Erkenntnissen sind darauf aus, sich möglichst ohne Abstriche beim Schüler durchzusetzen.

Es ist die Aufgabe von Schulpädagogik und Psychologie, sich schützend vor den Schüler zu stellen und die Besonderheiten auszuloten, welche die Entwicklung des moralischen Bewusstseins kennzeichnen.

Eine moralisch relevante Handlungssituation aus der aktuellen Lebenswelt des Schülers fordert diesen zu komplexer und anstrengender Aktivität heraus:

- Er muss sich auf sensible Wahrnehmung, Verinnerlichung und Analyse der vorliegenden Situation einlassen.
- Er soll sein moralisches Urteil auf hierfür relevante Wertvorstellungen und Normen stützen und auf diese Weise nach und nach alltagstaugliche Einstellungen entwickeln.
- Er darf bei diesen eher kognitiven Leistungen nicht die Einübung in Empathie und in die Fähigkeit zur fairen Auseinandersetzung über moralische Sachverhalte (= moralischer Diskurs) vernachlässigen.
- Er erfährt moralische Entwicklung letztlich nur durch den persönlich betreffenden Rückbezug seiner Überlegungen und Entscheidungen auf die eigene Handlungssituation.

Schulpädagogik und Psychologie können Auskunft darüber geben, auf welche Weise und mit welchem Anspruch diese Fähigkeiten altersentsprechend zu fördern sind (vgl. hierzu B. 1.4/3.2.4/5). Das unmittelbar verhaltens- und handlungsbezogene Aufgabenfeld des Unterrichtsfaches Ethik kann mit (Re-)Konstruktion von Wirklichkeit allein nicht bewältigt werden, mit herkömmlicher Abbild-Didaktik schon gar nicht. Ethikunterricht darf weder bloßer Sachunterricht, nämlich über Werte und Normen, noch bloßer Diskussionsunterricht über alltägliche aktuelle Probleme oder Fremdfälle sein. Beide Verlaufsformen begünstigen eine abstrakte Gegenstandsbeschäftigung und lassen zu viel Distanz zu, um verbindliche Handlungskonsequenzen herauszufordern.

Die Kinder und Jugendlichen sind im Ethikunterricht dort abzuholen, wo sie tatsächlich sind, und nicht dort, wo sie nach Vorstellung der unmittelbaren Bezugspersonen und gesellschaftlichen Institutionen sein sollten, also z. B.

- bei ihren alltäglichen Konflikten in der Peergroup und in der Lerngruppe,
- bei den aktuellen Generationskonflikten,
- bei ihren spezifischen Lebenserwartungen und -ängsten,
- bei der protest- und kritikbeladenen Abkehr von traditionellen Werten,
- bei der Orientierung und sinngebenden Suche nach Vorbildern und verlässlichen Autoritäten,
- bei der Flucht in Jugendsekten, in die Suchtszene, in extrem privatistische Lebensgestaltung.

3 Lernen im Ethikunterricht als Entwicklungsprozess

3.1 Lerntheoretische Grundlagen des Ethikunterrichts

Für das Verständnis und die Möglichkeiten von Unterricht beginnt sich – zumindest in der universitären Forschung und Lehre – eine Wendung von der Belehrung über Wirklichkeit zur aktiven Aneignung von Wirklichkeit durchzusetzen. Die herkömmliche Abbild- und Belehrungsdidaktik geht von der Vorstellung einer objektiv vorgegebenen Wirklichkeit aus, die es auf den Schüler zu übertragen gilt.

Im Gegensatz dazu sieht die systemisch-konstruktivistische Didaktik die Sichtweise von der Wirklichkeit in Abhängigkeit vom aktiv gestaltenden Zugriff jedes Einzelnen.

3.1.1 Merkmale des systemisch-konstruktivistischen Lernens

1. Die Wirklichkeit existiert für den Menschen lediglich als subjektive Vorstellungswelt, als seine Ansicht über die Welt, die er auf je spezifische Weise durch Wahrnehmen und Erkennen gewinnt bzw. aufbaut (= konstruiert von lat. construere ‚zusammenfügen, erbauen‘).

2. Die Lebensqualität des Menschen hängt von dem Ausmaß ab, in dem seine Ansicht über die Wirklichkeit mit der tatsächlich gegebenen Wirklichkeit übereinstimmt.

3. Da niemand die Erkenntnis der tatsächlich gegebenen Wirklichkeit für sich in Anspruch nehmen kann, bleibt um der Notwendigkeit eines förderlichen Zusammenlebens willen nur die Verständigung über die Ansichten von Wirklichkeit, wozu geeignete, d. h. repressionsfreie Verfahren zu praktizieren sind.

4. Diese Verständigung ist unumgehbar, da der Mensch Subsystem eines sozialen Systems (= spezifische Ganzheit von Elementen in Wechselbeziehungen) ist. Solche sozialen Systeme weisen sinnhafte Selbstorganisation und -steuerung auf, selbstregulierende Anpassungsmechanismen bei Störungen, Gefährdungen, notwendigen Veränderungen, sonst aber einen Hang zur Stabilität mit vorsichtiger Veränderungsbereitschaft und relative Geschlossenheit (d. h. Wechselbeziehung zu anderen Systemen: ja, unmittelbare, nicht bejahte Eingriffe von außen: nein).

5. Die Kennzeichen des sozialen Systems gelten uneingeschränkt auch für das System Mensch. So ist der Lernprozess nach J. Piaget als selbst gesteuerte Entwicklung kognitiver Schemata aufzufassen: Solange ungewohnte Lern- und Lebensaufgaben mit den beherrschten kognitiven Schemata gelöst werden können (= Vorgang der Assimilation), bleibt ein beruhigend wirkender,

weil veränderungsresistenter Gleichgewichtszustand erhalten (= Zustand der Homöostase oder Äquilibration). Erst wenn die gewohnte Wirklichkeitskonstruktion (= kognitives Schema) nicht mehr für die Bewältigung der Lern- oder Lebensaufgabe ausreicht, muss sie – widerwillig oder nicht – zu einer neuen Wirklichkeitskonstruktion verändert werden (= Vorgang der Akkomodation).

3.1.2 Pädagogische Handlungskonsequenzen

Wenn wir die unter B.1.4 nachgewiesene Nichtlehrbarkeit von Moral und Ethik mit den Ansichten der systemisch-konstruktivistischen Didaktik zusammenbringen, ergeben sich für den Ethikunterricht die folgenden Konsequenzen:

1. Lernen von Moral und Ethik als Erwerb handlungsbestimmender Einstellungen, Gesinnungen und Haltungen ereignet sich nicht als Übernahme vorformulierten Wissens, d. h. letztlich fremder Wirklichkeitskonstruktionen bzw. der Ansichten anderer über Wirklichkeit, sondern nur durch eigene **Gestaltung von Wirklichkeit**.
   Imitierender Mit- und Nachvollzug und für den Ernstfall „auf Halde gelegtes" Wissen fremder Wirklichkeitskonstruktionen erweisen sich in eigenen Handlungssituationen als wenig tragfähig, schlimmstenfalls durch Sanktionen abgezwungen.

2. Konsequenterweise sind die Schüler ihrem Kenntnisstand, ihren Fähigkeiten, ihren Interessen und Bedürfnissen entsprechend in jenen moralisch relevanten Lebenssituationen abzuholen, für deren Bewältigung sie bereits über geeignete Wirklichkeitskonstruktionen verfügen. Ethikunterricht kann nur **in einem vom Schüler her bedachten Angebot von Lernsituationen** bestehen, manchmal auch nur im Zulassen derselben, in denen der Schüler
   - die Diskrepanz zwischen der Handlungsanforderung und seiner eigenen Handlungsfähigkeit als ihn betreffend erleben kann,
   - handlungsrelevante Kenntnisse auf ihre Situationstauglichkeit und auf ihre generelle Brauchbarkeit für die eigenen Verhaltensmuster prüfen kann
   - und eigene erprobende Einübung in moralisches Urteilen und Handeln mitsamt der Erfahrung der Handlungsfolgen und gelegentlichen Scheiterns praktizieren kann.

3. Ethikunterricht muss mehr als jeder andere Unterricht in der methodischen Gestaltung auf die **Unterscheidung von Kenntniserwerb, Einübung von Fähigkeiten (z. B. der Urteilsfindung) und Aufbau von Gesinnung und moralischem Urteilsvermögen achten**. Allzu leicht geraten alle drei zur Manipulation und Indoktrination bzw. zur Entfremdung von der eigenen Wirklichkeitskonstruktion. Das Hauptziel des Ethikunterrichts ist die vom Schüler selbst zu befördernde Entwicklung der moralischen Urteilsfähigkeit. Kenntnisse und Strategien leisten hierbei wichtige Dienste, mehr aber nicht.

4. Da es im Ethikunterricht wesentlich darum geht, moralisch relevante Sachverhalte allgemein verbindlichen Prüfmaßstäben zu unterwerfen, ist **verständigungsorientierte Kommunikation Ziel und permanentes Trainingsfeld** zugleich.

5. Der auf Verständigung zielende moralische Diskurs funktioniert nicht voraussetzungslos:
   - Er bedarf der **Sensibilisierung der Sinne** und er fördert sie, hier verstanden als das aufmerksame Gewahrwerden von und die Einfühlung in Ungerechtigkeit, Rücksichtslosigkeit, Unaufmerksamkeit, Unterlassungen, als Beachtung von Konflikten, statt sie zu übergehen, wegzusehen, „unter den Teppich zu kehren".
   - Der Interaktionstheorie verdanken wir die gründliche Bearbeitung der Erkenntnis, dass **zwischenmenschliche Beziehungen maßgeblich einerseits von den verhaltensbeeinflussenden Lebenswelten jedes Einzelnen, andererseits von der subjektiven Sicht des aktuellen Bedeutungszusammenhanges bestimmt** werden, also davon z. B.,
   - welche Erfahrungen die Interaktionspartner teilen,
   - welche Erwartungen sie ineinander setzen,
   - welche Vorurteile sie gegeneinander hegen,
   - wie sie die gemeinsame Situation der Interaktion (z. B. Lernvorgang, diskursive Auseinandersetzung) beurteilen,
   - welche Rolle sie dabei für sich in Anspruch nehmen und den anderen zugestehen,
   - welche Bedeutung sie dem Kommunikationsgegenstand (z. B. dem zur moralischen Beurteilung anstehenden Problem) beimessen.
   - Moralischer Diskurs und die Entwicklung der moralischen Urteilsfähigkeit können nur gelingen, wenn auf der **Basis realistischer Selbst- und Fremdwahrnehmung** und im Abgleich dieser beiden auf die eigene Person bezogene **Situationsdefinitionen** ohne ‚Mogelpackungen' und Schönfärberei eingebracht und ausgetauscht werden.
   - Wenn ich nicht zuerst bei mir selbst war, kann ich auch dem anderen nichts Wesentliches von mir, d. h. an der Wahrheitssuche Orientiertes geben. Oberflächlicher Small Talk wird dem Anliegen des moralischen Diskurses nicht gerecht. Der Ethikunterricht braucht also notwendig **Phasen der Entspannung, der Konzentration, der Meditation.**
   - Verständigung kann nur erzielt werden mithilfe **geeigneter Strategien**, die allen Diskussionsteilnehmern bekannt und von ihnen auch eingeübt sind (vgl. hierzu Methoden unter 5, insbesondere Dilemmadiskussionen).

6. Der Ethikunterricht erfordert zwingend **erfahrungs- und handlungsorientierten Unterricht**. Ausgangspunkt für den Aufbau von moralisch relevanten Einstellungen, von Haltung und Handlungsbereitschaft sind **Erlebnisse der Alltags- und Vorstellungswelt**, die den Schüler unmittelbar emotional betreffen und sein ernsthaftes Bemühen um eine angemessene Antwort

herausfordern. Allzu weit von seiner Erlebniswelt entfernte Fallbeispiele mögen als Musterbeispiele für moralische Sachverhalte oder Strategien moralischen Urteilens und Handelns nützlich sein, für die eigene Urteilsfähigkeit der Schüler bringen sie aber nur insoweit etwas ein, als sie zu einem bewusst bejahten, d. h. kognitiv verarbeiteten und zu einem fest integrierten Bestandteil der kognitiven Struktur, hier der moralischen Urteils- und Handlungsfähigkeit, geworden sind.

Solch ernsthaftes Bemühen um einen wirklichkeitsangemessenen moralischen Standpunkt lösen Erlebnisse in der Regel erst aus, wenn sie sich durch Intensität oder gehäuftes Auftreten zu **Erfahrungen** verdichtet haben. Erst Erfahrungen können mit ihrem Anspruch auf Gewissheit und im Sinne alltagspraktisch bewährten Wissens zur Grundlage fundierter **Erkenntnisgewinnung** werden, die ihrerseits wiederum Voraussetzung für **Urteilsfindung und Handlung** ist.

Der erfahrungsorientierte Ethikunterricht setzt also auf die ständige Verschränkung affektiven und kognitiven Lernens in der Abfolge

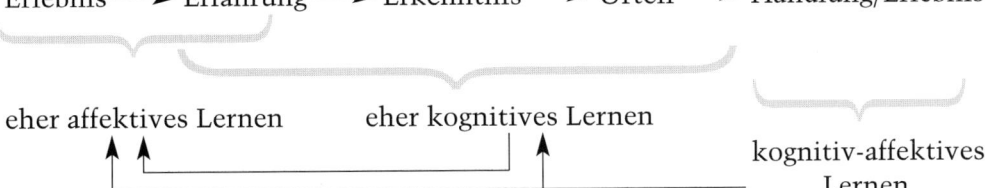

Erst die einigermaßen zufriedenstellende Anknüpfung der Folgen der kognitiven Lernprozesse einschließlich der davon getragenen Handlung an die Erlebnis- und Erfahrungsgrundlage stabilisiert den moralischen Standpunkt. **Handlungsorientierter Unterricht** geht über die Anforderungen des Unterrichtsprinzips Selbsttätigkeit hinaus. Handeln bedeutet

– zielgerichtete bzw. beabsichtigte,
– methodisch geplante,
– ergebnisorientierte
– und verantwortete Veränderung der Wirklichkeit.

7. Nach Habermas (vgl. Habermas 2011) dient **Handeln** allgemein „der Bewältigung von Situationen".
   Ausgehend

– von der Deutung einer vorgefundenen Situation
– vor dem Hintergrund der eigenen Lebenswelt (die den sichernden, vorinterpretierten Rahmen für den Zusammenhang der objektiven, sozialen und subjektiven Welt abgibt)
– wird ein Handlungsplan entworfen und ausgeführt,
– um ein definiertes Ziel zu erreichen.

In einer Handlung sind also Wahrnehmen, Denken, Tätigsein und Verantworten in einem allseitigen Wechselwirkungsprozess miteinander verschränkt.

Gerade im Ethikunterricht ist der eigentliche Zweck des handlungsorientierten Unterrichts einzulösen, wonach nicht der Besitz von Wissen und Können ausschlaggebend ist für die Qualität moralischen Handelns, sondern **die Art und Weise, wie die Schüler ihr Wissen und Können erwerben und verwenden**.

Habermas unterscheidet drei Varianten des Vorgehens:

- Für *erfolgsorientiertes Handeln* in nicht sozialen Handlungssituationen reicht die exakte Befolgung technischer Handlungsvorschriften aus, z. B. für die Reparatur eines Automotors.
- Von *strategischem Handeln* ist in sozialen Handlungssituationen die Rede, durch welches die Entscheidungen der Kommunikationspartner wechselseitig im Sinne ihrer jeweiligen Handlungsabsichten beeinflusst werden sollen.
- *Kommunikativem Handeln* in sozialen Handlungssituationen liegt dagegen ein kooperativer Deutungsprozess zugrunde. Die Handlung wird an der Verständigung orientiert, d. h. wechselseitige Geltungsansprüche werden intersubjektiv anerkannt und die Handlungspläne der Beteiligten werden durch verständigungsorientierte Benutzung der Sprache bei Einhaltung anerkannter Kommunikationsregeln koordiniert.

(Zur Umsetzung des handlungsorientierten Unterrichts vgl. B 5.1.2.)

3.2 Entwicklung der moralischen Urteilsfähigkeit als Ausgangspunkt und Ziel des Ethikunterrichts

Moralische Urteilsfähigkeit bezeichnet in Anlehnung an L. Kohlberg das Vermögen, in moralisch relevanten Handlungssituationen auf der Grundlage der aufmerksamen Wahrnehmung und Klärung der verschiedenen Positionen sowie orientiert an ethischen Prinzipien Entscheidungen treffen zu können und diesen Entscheidungen entsprechend auch handeln zu können.

3.2.1 Situation der Forschungsarbeit zur Entwicklung der moralischen Urteilsfähigkeit

Die Förderung der moralischen Urteilsfähigkeit im Ethikunterricht muss sich an der Erfahrungswelt und den kognitiven Fähigkeiten der Schüler orientieren. Kinder und Jugendliche begründen ein und dieselbe moralische Handlung je nach Entwicklung ihrer kognitiven, emotionalen und sozialen Leistungsfähigkeit anders, wobei sich alterstypische Gesetzmäßigkeiten erkennen lassen.

L. Kohlberg/© Suhrkamp, Frankfurt am Main, 1996

Bahnbrechende Forschungsarbeit zur Entwicklung der moralischen Urteilsfähigkeit leistete Lawrence Kohlberg, begonnen 1958 mit dem Moral Judgment
Interview (MJI) als Testinstrument, das in der Folgezeit bis 1987 aufgrund kritischer Einwände vor allem zur wünschenswerten klaren Unterscheidung von
Struktur und Inhalt bei moralischen Urteilen und in Bezug auf die Präzisierung
verschiedener Erhebungseinheiten mehrmals verändert wurde. In der ursprünglichen Form hatte das MJI vor allem zu wenig berücksichtigt, dass Kinder
oftmals in ihrem Handeln und in der handlungsauslösenden Motivation weiter
entwickelt sind als in ihrer Argumentations- und Begründungsfähigkeit. Zurückzuführen ist dieser Sachverhalt wohl darauf, dass auch moralische Urteile
nicht allein das Ergebnis kognitiver Leistungen sind, sondern auch affektiven
Einflüssen ausgesetzt sind. Auf diese generell lernbestimmende Wechselbeziehung hatten Krathwohl u. a. bereits 1964 (vgl. Krathwohl/Bloom/Masia 1964)
mit ihrer affektiven Lernzieltaxonomie aufmerksam gemacht. Danach setzen
kognitive Leistungen beim moralischen Urteilen durchaus zwingend eine entsprechend weit gediehene kognitive Gesamtentwicklung voraus, in der Regel
mit synchronen Rückwirkungen auf die emotionale Auslösequalität moralischer Urteile. Moralisches Handeln kann aber auch in Abhängigkeit von der erreichten emotionalen Stabilität, der aktuellen Situation und der durch sie ausgelösten Handlungsmotivation, von Bedürfnissen und Interessen sowie von den
bisher gesammelten Erfahrungen anspruchsvoller ausfallen, als nach den gegebenen kognitiven Fähigkeiten zu erwarten wäre. In solchen Fällen ist sozusagen die rationale Begründung emotional getragener Handlungsentscheidungen

nachzuliefern. Die Veränderungen des MJI mündeten schließlich in ein über 900 Seiten starkes Testhandbuch, das Standard-Issue-Scoring-Manual, wegen seines Umfangs und seiner Kompliziertheit nicht gerade leicht zu handhaben.

Das MJI bietet den Versuchspersonen drei Dilemma-Geschichten mit folgenden Bearbeitungsschritten:

– Vorlesen einer Dilemma-Geschichte
– Formulieren einer Entscheidung
– Begründen der Entscheidung
– Standardisierte Nachfragen durch den Versuchsleiter
– Evtl. situationsabhängige Nachfragen durch den Versuchsleiter

Die Zuordnung zu Entwicklungsstufen der moralischen Urteilsfähigkeit erfolgt für jedes Dilemma gesondert, durch einen Vergleich der Antworten mit vorgegebenen Antwortmöglichkeiten im Testhandbuch, durch Ermessungszuordnung nicht erwarteter Antworten sowie durch Mittelwertberechnungen.

Mittlerweile liegt in Anknüpfung an Kohlbergs MJI und in kritischer Stellungnahme zu ihm erweiternd, verändernd und in Details präzisierend eine Reihe von weiteren Untersuchungsinstrumenten zur Entwicklung der moralischen Urteilsfähigkeit vor, z. B.

– der Defining Issue Test (DIT) von Rest (vgl. Oser/Althoff 1994),
– der Moralisches-Urteil-Test (MUT) von Lind (vgl. Lind 1983),
– der Urteilskonsistenz-Test (UKT) von Hinder (vgl. Hinder 1987),
– der erweiterte Urteilskonsistenz-Test (EUKT) von Horlebein (vgl. Horlebein 1998),
– der Index zur Messung der moralischen Urteilsfähigkeit (IMU) von Steffek (vgl. Steffek 2000).

Wesentliche ergänzende Erkenntnisse aus diesen Forschungsarbeiten werden im Folgenden den nach wie vor grundlegenden Ergebnissen von Kohlberg hinzugefügt.

3.2.2 Theoretische Grundlagen des Forschungsansatzes von L. Kohlberg

Philosophisch steht Kohlberg fest verwurzelt in der abendländischen Tradition. Unmittelbare Bezugspunkte sind für ihn I. Kant (vgl. A. 7.3), J. Rawls (A. 7.4) und J. Habermas (A. 7.5). Dabei interessieren ihn in der Entwicklungsforschung und in der Moralerziehung weniger die Inhalte moralisch relevanter Entscheidungen und Urteile als vielmehr die Art des Entscheidungsvorganges, die Begründung der Entscheidung, die Struktur des Denkens über Fragen der Gerechtigkeit bzw. Fairness, der Gleichheit und der Wechselseitigkeit.

Erkenntnistheoretisch sieht sich Kohlberg also den Ansichten des Konstruktivismus und des Interaktionismus verpflichtet. Danach ereignet sich Wissenserwerb weder passiv, sozusagen als ein Nebenprodukt in einem sozialen Prozess, noch durch Belehrung, sondern durch aktive Auseinandersetzung mit der Umwelt auf immer komplexere, d. h. der Umwelt angemessene Weise. Lernen als aktive Bewältigung von Umweltanforderungen ist deshalb nötig, weil immer anspruchsvollere Anforderungen Antworten auf immer höherem Niveau verlangen.

Damit sind auch die *lernpsychologischen Grundlagen* angesprochen, die nach Kohlberg mit den erkenntnistheoretischen korrespondieren. Als Gewährsleute benennt er vor allem J.M. Baldwin, D.H. Mead, J. Dewey und J. Piaget.

1. Nach J.M. Baldwin (1861–1934) ereignet sich der Aufbau moralischer Haltung als selbst geleistete Entwicklung. Aktive Auseinandersetzung mit den Sollensforderungen der sozialen Umwelt und den bisher praktizierten, aber in Frage gestellten eigenen Gewohnheiten führen – über Imitation und kritischen Vergleich in Theorie und Praxis – zur Herausbildung anspruchsvollerer moralischer Autonomie, allerdings immer in Wechselbeziehung mit den anderen Mitgliedern des betroffenen sozialen Systems.

2. G.H. Mead (1864–1931) arbeitete die entscheidende Funktion der Rollenübernahme bei der moralischen Entwicklung heraus. Über sie allein kann der Anspruch der Universalisierbarkeit mit einem sozialen kategorischen Imperativ eingelöst werden, der lauten könnte: Handle so, dass alle zu berücksichtigenden Interessen einschließlich deiner eigenen ohne zumutbare Zurücksetzung bedacht sind.

3. J. Dewey (1859–1952) vertrat die Ansicht, dass für die Bewältigung von Problemen vor allem Denkschulung erforderlich ist, die durch den handelnd-experimentierenden Umgang mit den Problemen (learning by doing) geleistet wird. Auf diese Weise wird auch Rücksichtnahme als Grundlage der demokratischen Lebensform eingeübt, bei welcher es auf den fairen Ausgleich des Handelns aller Beteiligten ankommt. Insofern sind für Dewey demokratische Sozialisation und Moralerziehung untrennbar verbunden, in der Schule für den späteren Ernstfall vorgeübt.

4. Die Forschungsarbeiten von J. Piaget (1896–1980) zur kognitiven Entwicklung des Menschen wurden für Kohlberg zur unmittelbaren Vorlage für sein eigenes, empirisch bestätigtes Beschreibungs- und Verstehensmodell der Entwicklung der moralischen Urteilsfähigkeit sowie für seine moralerzieherischen Konsequenzen (vgl. B. 3.2.4). Es geht auch in der Moralentwicklung um die ständige Überarbeitung kognitiver Strukturen, verstanden als „Regeln der Verarbeitung von Informationen oder der Verbindung von Erfahrungen" (Kohlberg). Solche Regelbeherrschung kann nur in eigener und selbstständiger Auseinandersetzung des Individuums mit den begegnenden Problemen gewonnen werden. Die Art und Weise der **Begründung** eines moralischen Urteils bedarf der Entwicklung, das Urteil selbst ergibt sich in Abhängigkeit von der Qualität der Begründungsregeln.

Aufgabe der Moralerziehung kann also nur die ständige Verbesserung der kognitiven Strukturen, Arbeit an ihrer wirklichkeitsentsprechenden Viabilität (= Gangbarkeit) sein, und zwar in Rücksichtnahme auf die Verarbeitungsfähigkeiten der Kinder und Jugendlichen. Moralerziehung hält die Entwicklung der moralischen Urteilsfähigkeit in Gang, indem sie in vertretbarem Ausmaß zum Vollzug des nächsthöheren Entwicklungsschrittes (= Plus-1-Konvention) ermuntert, und zwar unter den Gesichtspunkten der Gerechtigkeit, der Gleichheit und der Wechselseitigkeit. Gerade beim Einsatz der Plus-1-Konvention (= eine Anforderungsstufe höher als die beherrschte) ist zur Vermeidung von Demotivation und Unverständnis das sog. Überwältigungsverbot zu beachten. Wenngleich das erstrebenswerte Ziel der Moralerziehung auch nach Kohlberg (v. a. in Anlehnung an Rawls und Kant) die autonome Orientierung an allgemeingültigen ethischen Prinzipien ist, muss der jeweilige moralische Standpunkt der Schüler in seiner gültigen Vorläufigkeit respektiert werden.

5. Kritik an Kohlbergs Untersuchungsmethode meldete u. a. C. Gilligan (vgl. Gilligan 1984) an, empirisch allerdings wenig untermauert. Sie bemängelte, dass bei Kohlberg moralische Dilemmata einseitig als kognitive Leistung nach den Kriterien der Gerechtigkeit und Fairness entschieden würden. Sie betonte demgegenüber, dass Frauen dazu neigen, ihre Entscheidungen nach **Fürsorge, Zuwendung, Pflege** auszurichten (care) und **Verantwortung** sowie **Beziehungen** in den Vordergrund zu rücken. Verantwortung bedeutet bei Gilligan aufmerksames Antworten auf die Bedürfnisse und Nöte anderer in einem Beziehungsgeflecht und die Verpflichtung, Vereinbarungen zu erfüllen.

Mittlerweile ist auch bei Gilligan nicht mehr von zwei Moralen die Rede, schon gar nicht von einer männlichen und einer weiblichen Moral, sondern von einer **Perspektive der Gerechtigkeit und einer Perspektive der Fürsorglichkeit in der Moral**. Kohlberg schloss sich dieser Sichtweise an, indem er in der Moral einen eher persönlich orientierten Bereich und einen Bereich der Gerechtigkeit zugestand, allerdings unter dem Primat der Gerechtigkeit.

Die Ethik der Verantwortung (Ethics of Care and Response/Gilligan) steht nicht mit Absolutheitsanspruch der Ethik der Fairness und Gerechtigkeit (Ethics of Justice/Kohlberg) gegenüber, auch nicht lediglich ergänzend, wie von Kohlberg zugestanden, sondern in einem Wechselwirkungsverhältnis zu ihr. Neben der ebenfalls vorgebrachten Kritik an Kohlbergs Forschungsansatz z. B. wegen der Orientierung der Dilemmata an vorformulierten Erwartungen, der Vernachlässigung von emotionalen und situativen Bedingungen und der Künstlichkeit der Versuchsanordnungen im Sinne hypothetischer Lebenssituationen wird vor allem auf eine gelegentlich falsche Zuordnung von moralischen Urteilen zu Altersstufen verwiesen. Diese Kritik läuft allerdings ins Leere, da Kohlberg selbst betont, dass Kinder und Jugendliche mit ihren Begründungen durchaus auf verschiedenen Entwicklungsstufen angesiedelt sein können, eine scharfe Trennung der Entwicklungsstufen hinsichtlich der moralischen Urteilsfähigkeit also überhaupt nicht behauptet ist. Die Plus-1-Konvention sieht ausdrücklich die Berücksichtigung stufenübergreifender Argumentation vor. Eine zeit- und situationsabhängige Verschiebung kindlicher und jugendlicher Wertorientierungen ist ohnehin immer einzukalkulieren.

3.2.3 Entwicklung der moralischen Urteilsfähigkeit nach L. Kohlberg

3.2.3.1 Übersicht:

Moralisches Hauptprinzip: Gerechtigkeit **Lernprinzip: Plus-1-Konvention**

	Stufe/Alter	Beschreibung z. B.	Exemplarische Maxime
	O 0–4 Egozentrischer Standpunkt	Erfahrungen des Urvertrauens, des Weltentdeckens, der Selbstbehauptung	„Fair ist, was **ich** will und **mir** gut tut."
HETERONOME ORIENTIERUNG	**1. Präkonventionelles Niveau**		
	A 1 ab ca. 4 Fremdbestimmung des Verhaltens, Orientierung an Strafe u. Gehorsam B	Erfahrung von Autorität und Gehorsam, egozentrische Beachtung der Konsequenzen, Regeleinhaltung aus Furcht vor Strafe, Sachen und Personen keinen Schaden zufügen **Moral als Einbahnstraße**	„Vermeide Strafen, erstrebe Belohnung!" „Wer die Macht hat, hat das Sagen!"
	A 2 ab ca. 7 Individualistisches Denken, Zweck-Mittel-Denken, Austauschbereitschaft B	Wechselseitige Fairness und Regeleinhaltung v. a. aus Eigennutz, Geben und Nehmen sind pragmatisch aufeinander bezogen, Moral als Produkt strategischer Klugheit **Einzelgängermoral**	„Wie du mir, so ich dir!" „Jedem das Seine!"
SOZIALE ORIENTIERUNG	**2. Konventionelles Niveau**		
	A 3 ab 10 Wechselseitige Beziehungen und Erwartungen, interpersonelle Übereinstimmung B	Eigene Wertschätzung und soziale Anerkennung als zwei Seiten einer Medaille, Rücksicht auf die Bezugsgruppe u. deren mehrheitliche Meinung, Einlösung von Rollenerwartungen **Bezugsgruppenmoral**	„Was du nicht willst, das man dir tu, das füg auch keinem andern zu!" (= **Goldene Regel**)
	A 4 ab 16 Orientierung an der sozialen Ordnung B	Solidarität u. Pflichterfüllung als Rollenträger, Handeln nach Regeln, Geboten, Verboten, und zwar aus Einsicht in deren Notwendigkeit **Gesellschaftsorientierte Moral**	Vor dem Gesetz sind alle gleich! Gut ist, was erlaubt und gesellschaftlich anerkannt ist.
AUTONOME ORIENTIERUNG	**3. Postkonventionelles Niveau**		
	A 5 ab ca. 20 Gesellschaftsvertrag und individuelle Rechte, moralische Selbstbestimmung B	Absolute Geltung von Grundwerten und -rechten, moralisches Denken orientiert sich am Primat der Gerechtigkeit u. an Maximen des Gesellschaftsvertrags, z. B. größtes Wohl der größten Zahl **Legalistische Moral**	„Eigentum verpflichtet!" (GG 14/2), Recht auf Selbstverwirklichung
	A 6 Universale ethische Prinzipien B	Orientierung an Gewissen und universalen ethischen Prinzipien, Perspektive des „moralischen Standpunkts", auf dem sich alle Menschen als freie, gleiche, autonome Personen begegnen. Moralische Autonomie, nur dem Gewissen verpflichtet **Moral steht vor Recht**	Kategorischer Imperativ

Das Stufenmodell ist ein **Beschreibungs- und Verstehensmodell**, kein Beurteilungsmodell. Das Kind bzw. der Jugendliche ist also mit seinem altersgemäß gerechtfertigten, wenngleich vorläufigen moralischen Urteil – gemessen an prinzipienorientierter moralischer Autonomie – nicht mit einem Defizit belastet, sondern es/er begründet seine moralische Entscheidung eben mit dem zur Verfügung stehenden Urteilsvermögen.

Das Stufenmodell eignet sich in der Moralerziehung als **Orientierungsinstrument** für die Auswahl möglicher, aber auch nötiger Entwicklungsanreize im Sinne der Plus-1-Konvention. Es beschreibt die kognitiven Strukturen, die Kinder/Jugendliche einer bestimmten Altersstufe – durch empirische Untersuchungen nachgewiesen – zur Bewältigung ihrer moralischen Alltagsprobleme aufbieten (können).

Im Anschluss an die Stufenbeschreibung sind jeweils **stufentypische Argumente** von Kindern bzw. Jugendlichen eingefügt, die vom Landesinstitut für Schule und Weiterbildung (Landesinstitut für Schule und Weiterbildung (1991) zusammengestellt wurden.

Stufe 0

Die dem Stufenmodell Kohlbergs vorangestellte Stufe 0 beschreibt die Ausgangslage der moralischen Entwicklung, die Kindern bis etwa zum 4. Lebensjahr eigen ist. Ihr egozentrisches Denken ist ganz fixiert auf die Qualität der eigenen Daseinssicherung. Im Vordergrund ihrer Lebensgestaltung stehen Erfahrungen zuverlässiger Bindung, des Kontaktnehmens, der Entdeckung der überschaubaren unmittelbaren Umwelt, der Selbstbehauptung, alles in vorsozialer Grundhaltung. Ein Perspektivenwechsel ist ihnen noch nicht möglich, schon gar nicht, wenn etwa in einer Konfliktsituation die eigenen Bedürfnisse und Wünsche mit denen anderer verglichen werden sollen. Selbst Einfühlung in andere ist ihnen nur möglich, wenn sie bereits hinreichend eigene Erfahrungswerte über diese Personen besitzen. Gut ist für sie, was möglichst sofort und ohne Einschränkung der Bedürfnisbefriedigung dient und ihrem Willen entspricht.

Stufe 1

Im Alter von 4 bis 7 Jahren orientieren sich die Kinder in ihrer Überlebensstrategie und im Erleben ihrer totalen Abhängigkeit unbefragt an den Normen der Erwachsenen, vor allem der unmittelbaren Bezugspersonen, da diese groß sind und die Macht haben (= heteronome Orientierung). Gehorsam ist angesagt, da er über Lob und Strafe entscheidet. Obwohl den Kindern zunehmend Perspektivenwechsel und Empathie möglich sind, zählen für sie dennoch in erster Linie die Konsequenzen einer Handlung, die sie selbst zu erwarten haben. Aus Angst vor dem Erwischtwerden bei einer unmoralischen Handlung und auf Vorteile bedacht, pflegen sie ein ausgesprochen opportunistisches Verhalten. Moral ist für diese Kinder eine Einbahnstraße als strafvermeidende Regelbefolgung; den Aspekt der Wechselseitigkeit können sie noch nicht realisieren.

Stufentypische Argumente:

Ich habe *Lust*, das zu tun, also darf ich es auch machen.

Wenn man nicht *erwischt* wird, darf man es auch tun.

Ich habe mich falsch verhalten, denn ich bin sehr hart *bestraft* worden.

Ich sollte das nicht tun, denn sonst wird meine Mutter/mein Vater *traurig* und dann fühle ich mich nicht wohl.

Das ist richtig und gut so, denn *meine Eltern* sehen das so.

Wenn eine Sache nicht so *wertvoll* ist, dann ist Klauen auch nicht so schlimm.

Stufe 2

Zwischen 7 und 10 Jahren beginnen die Kinder die Einsicht zu entwickeln, dass Moral auch etwas mit Fairness und Wechselseitigkeit zu tun hat, allerdings von ihnen pragmatisch interpretiert. Jeder darf seine eigenen Interessen verfolgen und auf seine Vorteile bedacht sein. Geben und Nehmen beruhen auf Gegenseitigkeit z. B. nach der Devise: Ich will nicht bestohlen werden, also stehle ich auch nicht. Perspektivenwechsel und Empathie werden von den Handlungen der beteiligten Personen und den Handlungsfolgen für jeden auf die Gedanken und Gefühle der Beteiligten ausgeweitet. Wie in Stufe 1 herrscht **heteronome Orientierung** in der Moral vor, d. h. mein eigenes moralisches Urteilen und Handeln wird letztlich durch das Verhalten anderer bestimmt. Fremdgesetzte und -überwachte Regeln bedingen konformistisches Verhalten.

C. Gilligan sieht diese Stufe von der Entwicklung vom Egoismus zu wachsendem Verantwortungsgefühl gekennzeichnet. Fremd- und selbstbestimmte Erwartungen werden zunehmend differenziert.

Stufentypische Argumente:

Jeder sollte sich *um die eigenen Angelegenheiten* kümmern.

Wenn *ich was davon habe*, kann ich es auch tun.

Es ist mir egal, *was meine Eltern dazu sagen*, Hauptsache, ich werde nicht erwischt.

Ich muss das nur machen, wenn er *auch das Gleiche für mich* machen würde. Bekomme ich *genauso* viel wie sie?

Wenn ich das nicht mache, *dann macht es ein anderer* und dann hat der den Nutzen.

Ich muss meinen Eltern helfen, *weil sie auch viel für mich tun*.

Das ist *unfair, weil es auf Kosten von dem anderen* geht.

Stufe 3

Mit der Stufe 3 erreichen die Kinder etwa ab dem 10. Lebensjahr das konventionelle Niveau der Moralentwicklung. Soziale Verhaltensregeln werden in ihrer Allgemeinverbindlichkeit selbstverständlich anerkannt. Anpassung an moralische Autoritäten und unbedingte Erwartungserfüllung bestimmen das Verhalten (= **soziale Orientierung**). Auf Stufe 3 sind die Kinder vor allem an zwischenmenschlicher Übereinstimmung in den Bezugsgruppen interessiert.

Die Erfüllung der Erwartungen anderer verspricht Anerkennung. Der fortgeschrittene einfühlende Perspektivenwechsel erlaubt jetzt den gleichzeitigen Blick auf sich selbst und eventuelle Kontrahenten sozusagen von außen, was das auf den Eigennutz gerichtete Denken zurückdrängt. Die Interessen von Fremdgruppen haben keinen Einfluss auf das eigene moralische Verhalten, weshalb auch ein Interessenausgleich zwischen verschiedenen Gruppenerwartungen noch kein Thema ist. C. Gilligan leitet aus der Anpassungstendenz dieser Stufe die Bereitschaft zu Hilfeleistung und Rücksichtnahme ab – Fürsorge für andere als Einlösung gesellschaftlicher Verhaltenserwartungen.

Stufentypische Argumente:

Was denken die anderen darüber?
Wenn ich das mache, *dient es meiner Clique.*
Man muss auch sehen, aus welchen *Motiven* jemand gehandelt hat. Wenn er es gut gemeint hat, darf man ihn nicht tadeln.
Man tut das nicht!
Es ist nur *natürlich*, so zu handeln.
Das *machen doch alle so; alle erwarten das* von mir.
Es ist *egoistisch, nur an sich zu denken.*
Wenn du das machst, *fühlt sich der andere unwohl.*
Wenn ich das tue, werde ich *besser angesehen.*

Stufe 4

Der manchmal geradezu engstirnige Bezugsgruppenblickwinkel wird ab dem 16. Lebensjahr zur gesellschaftlichen Sichtweise erweitert. Es wird anerkannt, dass das gesamtgesellschaftliche System als Ansammlung miteinander in komplexer Wechselbeziehung stehender Subsysteme bis hin zum einzelnen Menschen als System nur bei Einhaltung eines sozialen Ordnungsrahmens funktionieren kann. Die Jugendlichen orientieren sich – teilweise in rigider Auslegung und Handhabung – an Gesetz und Ordnung, die überindividuell gültig sind. Das moralische Verhalten wird gemessen am Ausmaß der Pflichterfüllung und am notwendigen Handeln nach Regeln, Geboten und Verboten. Unmoralisches Verhalten wird unter dem Einfluss des Gewissens als Schuld erlebt.
Nach C. Gilligan geht es darum, Fürsorge für sich selbst, für andere und das gesellschaftliche System in einen fairen Ausgleich zu bringen.

Stufentypische Argumente:

Wenn das alle täten, würde unser Gemeinwesen nicht mehr funktionieren.
Das ist *illegal*, dann darf man es auch nicht machen.
Diese *Entscheidung überlasse ich den Gerichten.*
Man hat schließlich eine *Verantwortung gegenüber der Gesellschaft.*
Du darfst nicht *nur an dich oder eure Gruppeninteressen* denken.
Wenn ich das tun würde, würde ich *Recht und Ordnung* untergraben.
Ich habe diese *Pflicht* übernommen, also muss ich sie auch so gut wie möglich erfüllen.

Stufe 5

Mit dem Eintritt in die postkonventionelle Phase mit ca. 20 Jahren beschäftigt die Jugendlichen der Aufbau eines allgemeingültigen Wertesystems, unabhängig von Autoritäten, Bezugsgruppen, gesellschaftlichen Vorgaben oder Traditionen. Die **autonome Orientierung** in der Moral setzt ein. Grundrechte und -werte haben in jedem Fall Vorrang vor evtl. abweichenden Regeln und Gesetzen der Gesellschaft. Bei der Beurteilung einer moralischen Handlung gilt der **Primat der Gerechtigkeit,** genauer der Gerechtigkeitsprinzipien Gleichheit, Wechselseitigkeit und unbedingte Achtung der Würde des Menschen.
Für C. Gilligan erreicht auf dieser Stufe die Fürsorge die Qualität eines ethisch universellen Prinzips, im Sinne einer Moral der unbedingten Gewaltlosigkeit und Verantwortung.

Stufe 6

Für die empirisch nicht nachgewiesene Stufe 6 ist eine Altersangabe nicht sinnvoll, ihr Anspruch setzt jedenfalls hohe Abstraktionsfähigkeit voraus. Die für die Beurteilung einer moralischen Handlung maßgeblichen Prinzipien haben universale Geltung. Sie unterstellen darüber hinaus neben dem immer nötigen, auf den aktuellen Vorgang bezogenen Einfühlungsvermögen die Fähigkeit zur idealen Rollenübernahme. Rawls beschreibt damit die Fähigkeit, sich für die moralische Entscheidung in die Rolle eines jeden Beteiligten zu versetzen, allerdings ohne zu wissen, welche Rolle man selbst tatsächlich hat oder haben wird (vgl. Schleier des Nichtwissens unter 7.4/4.). Diese Unterstellung soll verhindern, sich selbst Vorteile zu ermogeln.

Stufentypische Argumente zu 5/6:

Schützt diese Regelung *auch die Rechte dieses Einzelnen?*
Dieses *legale* Verfahren missachtet im vorliegenden Fall ein Menschenrecht; Rechtsbruch ist hier *legitim* und geboten.
Was „*normal*" ist, ist damit *noch lange nicht richtig.*
Dem können nicht *alle zustimmen.*
Der Zweck *heiligt nicht die Mittel, individuelle Ansprüche* und Interessen müssen mit dem *Interesse aller* (dem größten Wohl aller) vereinbart werden – und umgekehrt.
Könnte mein Handeln *verallgemeinert* werden? Wäre es vertretbar, *wenn in diesem Falle alle so handeln* würden?
Es ist nicht akzeptierbar, wenn *Menschen als Mittel zum Zweck* missbraucht werden.

Überlegungen zu einer Stufe 7:

Kohlberg ordnet einer Stufe 7 religiöse, jedenfalls metaphysische Überzeugungen bei moralischen Entscheidungen zu. Die Letztbegründung der Ethik wird im Transzendenten verankert, indem der Mensch auf moralische Fragen aus dem Bewusstsein seiner Teilhabe am Kosmos, am Sein, an Gott antwortet, vor allem auf Fragen von grundsätzlicher Bedeutung, wie z. B.: „Warum sollte man in einer Welt voller Ungerechtigkeit, Leiden und Tod gerecht sein?"

Nach Habermas ist eine Letztbegründung der Ethik weder möglich noch nötig. Er sieht es als möglich an, den Menschen aus seiner Einsamkeit bei moralischen Entscheidungen an Sicherheit verleihende ethische Prinzipien (lat. principium ‚Anfang, Ursprung'; in weiterer Bedeutung erst ‚Grund, Grundsatz, Richtschnur') über den praktischen Diskurs heranzuführen (vgl. hierzu ausführlich A. 7.5).

3.2.4 Zusammenfassung der empirischen Befunde und pädagogische Handlungskonsequenzen

1. Moralische Urteilsfähigkeit kann nicht gelehrt werden, sondern ist Ergebnis eines Entwicklungsprozesses. In diesem geht es immer darum, welche Erfahrungen und daraus resultierend welche Einstellungen eine Person aufgrund zwingender (Lern-)Situationen zu Gerechtigkeit, Gleichheit und Wechselseitigkeit sowie zu solidarischer Fürsorge gewinnt und wie sie diese in Argumentation und Verhalten zum Ausdruck bringt.

Ethikunterricht kann die moralische Entwicklung lediglich durch entsprechende Lernsituationen anstoßen und fördern. Moralisches Urteilen und Handeln muss vom Schüler selbst gewollt und geleistet werden. Moralisches Handeln auf Befehl, Anweisung und Erwartung wird bei Abwesenheit der fordernden Instanz zumindest in Frage gestellt, wenn nicht eingestellt. Die Plus-1-Konvention im Ethikunterricht besteht in der mit hoher Aufmerksamkeit betriebenen Entdeckung und Förderung höherstufiger Argumente, die sich aufgrund des unterschiedlichen Entwicklungsstandes der Schüler in einer Klasse, erst recht in jahrgangsübergreifenden Ethikgruppen von allein einstellen. Erst an zweiter Stelle wird der Lehrer höherstufige Argumente vorsichtig dosiert einbringen.

Soziale Konditionierung, Versuch-Irrtum-Lernen, Imitation und Modell-Lernen üben zweifellos unterstützende Wirkung auf die moralische Entwicklung aus, einigermaßen berechenbar werden sie aber erst, wenn ihre eher gefühlsmäßig verankerten Wirkungen rational verarbeitet und in die relativ überdauernden Einstellungen integriert werden.

2. Emotionale und kognitive Leistung stehen beim moralischen Urteil in Wechselwirkung. Emotionen, v.a. in Form des Einfühlungsvermögens, lösen i. d. R. die kognitive Auseinandersetzung mit einem moralischen Sachverhalt aus, der ohne unmittelbares Betroffensein für eine Person bedeutungslos bleibt. Die spezifische moralische Qualität erhalten Gefühle, Gedanken und Handlungen aber erst durch die **kognitive** Leistung des moralischen **Urteilens**, also durch ihre Ausstattung mit einer wohlüberlegten Absicht.

3. Die Entwicklung der moralischen Urteilsfähigkeit verläuft in aufeinander folgenden Stufen durch wirklichkeits- und problemangemessene Differenzierung der zugrunde liegenden kognitiven Strukturen (= der bisherigen kognitiven Leistungsfähigkeit). Sie hängt unmittelbar vom Fortschritt der Denkentwicklung allgemein ab.

Die Stufenfolge ist hierarchisch (= mit zunehmendem Anspruch) geordnet und invariant (= in der Reihenfolge unveränderlich). Es kann also weder eine Stufe übersprungen werden noch ist ein Rückschritt auf eine niedrigere Stufe möglich. Der Übergang von einer Stufe zur nächsten erfolgt gleitend je nach aktiver Auseinandersetzung mit der Umwelt.

4. Wiederholte Tests im Abstand von drei Jahren brachten das Ergebnis, dass die Versuchspersonen entweder auf ihrer bisherigen Stufe verharrten oder aber die nächste Stufe erreicht hatten. Die moralische Entwicklung findet lebenslang statt.

5. Die Entwicklung der moralischen Urteilsfähigkeit bezieht sich auf den unterschiedlichen Umgang mit Konventionen (= die in einer Gesellschaft als allgemeingültig anerkannten Verhaltensnormen). Entsprechend weist die moralische Entwicklung drei Niveaus auf, das präkonventionelle (= das dem konventionellen Verhalten vorangehende), das konventionelle (= das mit den Konventionen übereinstimmende Verhalten) und das postkonventionelle (= das die Konventionen übersteigende Verhalten).

Jedes der drei Niveaus ist aufgrund des deutlich unterschiedlichen Umgangs mit moralischen Sachverhalten wiederum in zwei Stufen unterteilt.

6. Tempo und Endpunkt der moralischen Entwicklung sind individuell verschieden (je nach der allgemeinen Entwicklung der kognitiven Strukturen), auch nicht starr an Altersgrenzen gebunden. Nach Kohlberg erreichen z. B. nur ca. 10 % der älteren Jugendlichen und der Erwachsenen überhaupt das nachkonventionelle Denken.

7. Die Art der Argumentation der Versuchspersonen und ihre Fähigkeit zum Perspektivenwechsel legten für Kohlberg die Erkenntnis nahe, dass **jede Stufe noch in eine Unterstufe A und eine Unterstufe B** einzuteilen sei. Bei Urteilen nach Unterstufe A dominiert die heteronome (fremdbestimmte) Orientierung einerseits an Regeln, Rollen, Verhaltenserwartungen und die gehorsame Anerkennung von Autoritäten, andererseits an den Handlungskonsequenzen und an dem damit verbundenen Nutzen für sich selbst und/oder die Gemeinschaft. Urteile nach Unterstufe B sind dagegen eher von der autonomen (selbstbestimmten) Orientierung einerseits an den Gerechtigkeitsprinzipien Gleichheit, Wechselseitigkeit und unbedingte Achtung des Menschen als Person mit Universalisierungstendenz gekennzeichnet, andererseits von der Orientierung am „idealen Selbst", das sich bei seinem Wertstreben ausschließlich nach seinem Gewissen richtet.

Auf jeder Entwicklungsstufe können also moralische Urteile von allen vier Orientierungen her begründet werden, wobei sowohl Unterstufe A als auch Unterstufe B jeweils durch pflichtorientierte (deontologische) und zielorientierte (teleologische) Argumente gekennzeichnet ist, allerdings mit unterschiedlich hohem Anspruch. Auf Unterstufe A dominieren die Orientierungen an der sozialen Ordnung (deontologisch) und an den Handlungskonsequenzen (teleologisch), auf Unterstufe B werden die höherwertigen Orientierungen an Gerechtigkeit (deontologisch) und idealem Selbst (teleologisch) herangezogen.

Kohlberg führt bezüglich der vier Orientierungen auf ein und derselben Stufe (hier Stufe 3) das **Beispiel eines Warenhausdiebstahls** an ([4]1996, S. 40):

„1. Soziale Ordnung: Es ist immer falsch, zu stehlen. Sobald du anfängst, die Regeln mit Diebstahl zu brechen, fällt alles zusammen.

2. Handlungskonsequenzen (utilitaristisch): Du fügst anderen Menschen Schaden zu. Der Warenhauseigentümer hat eine Familie zu unterhalten.

3. Gerechtigkeit: Der Warenhauseigentümer hat hart gearbeitet für sein Geld, du nicht. Warum solltest du es haben und nicht er?

4. Ideales Selbst: Eine Person, die nicht ehrlich ist, ist nicht viel wert. Stehlen und Betrügen sind das Gleiche, sie bedeuten beide Unehrlichkeit."

Die individuell verschiedene Entwicklung der moralischen Urteilsfähigkeit wird auch durch die unterschiedlichen Entwicklungslinien von A nach A zwischen den Stufen oder von B nach B oder aber von A über B der einen Stufe zu A und B der nächsthöheren Stufe offenkundig.

4 Didaktisches Konzept des Ethikunterrichts

Von Übereinstimmung im didaktischen Konzept des Unterrichtsfaches Ethik im internationalen und nationalen Vergleich kann keine Rede sein. Allein die unterschiedlichen Bezeichnungen des Unterrichtsfaches in den verschiedenen Bundesländern, wie z.B. Ethik, Ethik/Philosophie, Allgemeine Ethik, Philosophieren mit Kindern, Philosophie, Werte und Normen, Lebensgestaltung-Ethik-Religionskunde (LER), lassen bei der Bestimmung von Lernzielen und Lerninhalten unterschiedliche Orientierungen erkennen (vgl. Treml 1994):

1. **Lebenshilfe** als Arbeit an alltagspraktischen Problemen mit beliebiger Auswahl. Der unmittelbare Schluss vom Sein (Wirklichkeit, Tatsachen) auf ein Sollen (normative Verhaltensweisen), also der Sein-Sollen-Fehlschluss, lässt diese Orientierung ebenso fragwürdig erscheinen wie die Neigung zur freien Entfaltung des im Kind von Natur aus angelegten Guten und Richtigen (vgl. Reifungskonzepte von Rousseau über A. S. Neill in Summerhill bis zur Antipädagogik von A. Miller und E. v. Braunmühl, nach welcher die Erziehung lediglich ein Instrument zur Befriedigung der Erwachsenenbedürfnisse ist).

2. **Moralerziehung** gemäß dem in pluralistischen Gesellschaften allgemein verbindlichen Minimalkonsens in Grundwerten und Normen (Menschenrechte, Grundgesetz, Länderverfassungen), z.B. vertreten von A. Bandura und B. F. Skinner.
   Die Überlieferung des Bewährten, v. a. von Tugenden, soll durch Unterricht, Übung, Vorbild gesichert werden. Die Dominanz von Anpassung und Reproduktion birgt die Gefahr der Indoktrination ohne Eigenreflexion und -verantwortung sowie eine moralische Haltung mit wenig Praxisbeständigkeit in sich.

3. **Praktische Philosophie** als Interpretation ethisch relevanter Texte, z.B. Platon, Aristoteles, Thomas v. Aquin, Kant bis Wittgenstein, Habermas und Rawls.

4. **Ethische Reflexion** mit dem Ziel der Entwicklung der moralischen Urteilsfähigkeit und ethischer Kompetenz: Von der Problemanalyse und -diagnose über die Befragung ethischer Handlungskonzepte zum realistischen kriteriengeleiteten Handlungsentwurf.

Die meisten Lehrpläne für Ethik stellen – mehr oder weniger oder gar nicht begründete – Mischformen dieser Orientierungen dar.
Methodisch dominiert der hermeneutische (= deutende, interpretierende, auf Verstehen ausgerichtete) Ansatz, in neueren Entwürfen zumindest ergänzt durch diskursbestimmten und handlungsorientierten Unterricht.

4.1 Fachdidaktische Ansätze für den Ethikunterricht

Bedauerlicherweise meistens unabhängig von der Lehrplanentwicklung favorisieren fachdidaktische Entwürfe je nach unterrichts- und lerntheoretischer Anbindung schwerpunktmäßige Ziel- und Inhaltsbestimmungen des Ethikunterrichts:

1. Kognitive Ausrichtung des Ethikunterrichts:

– Z. B. Höffe (vgl. Höffe 1978); oben skizziert bei ethischer Reflexion
– Im Konzept der Wertklärung von Raths, Harmin, Simon (1978) steht im Mittelpunkt des Unterrichts die vom Schüler selbst rational, d. h. begründend vorgenommene Wertewahl, allerdings ganz von individueller Gewichtung geleitet und damit der Gefahr des Wertrelativismus ausgesetzt. Selbstverwirklichung rangiert vor Sozialerziehung (vgl. auch B 5.2.3).
– Kohlberg (4/1996) vertritt in Anlehnung an die Entwicklungspsychologie Piagets und den pädagogischen Pragmatismus J. Deweys die Stimulierung der moralischen Entwicklung durch Dilemmasituationen und den systematischen Einsatz der sog. Plus-1-Konvention (vgl. ausführlich B 5.2.4).

2. Bevorzugung emotionaler und sozialer Erfahrungen und Willensakte, z. B.:

– Türk (vgl. Türk 1981) setzt darauf, vor allem durch Kontrasterfahrungen (= Nichtübereinstimmung mit verinnerlichten Werten und Normen), Konvergenzerfahrungen (= bestätigende Erlebnisse der Übereinstimmung) und Motivationserfahrungen (= aufrüttelnde Erfahrungen moralisch relevanter Grenzsituationen) Sinnhorizonte des Lebens ganzheitlich erschließen zu können.
– Die britischen Projekte Startline (8- bis 13-Jährige) und Lifeline (14-Jährige und Ältere) unter der Federführung von McPhail u. a. (1972 und 1978) wollen die Schüler im unmittelbaren Durchleben aktueller Situationen (= soziales Erkundungsexperiment) und dabei erfahrener Verstärkung (= soziale Konditionierung) zu den entscheidenden moralischen Verhaltensweisen Fürsorglichkeit (caring) und Rücksichtnahme (consideration) führen. Konsequenterweise bestimmen den Unterricht vor allem Empathie (Einfühlung) fördernde Methoden wie Simulationen, Rollenspiele und Psychodrama. Erfahrung und Kognition müssen in der moralischen Erziehung verbunden werden, weshalb besonderer Wert auf die Einbettung in *kommunikative Situationen* gelegt wird. Aufgebaut werden soll eine Abfolge von *reception* (= aufmerksame Wahrnehmung anderer in ihrem Verhalten), *interpretation* (= einfühlsame und logisch einwandfreie Deutung), *response* (= adressatenangemessene Rückmeldung), *message* (= eindeutige Botschaft an andere). Ziel des systematisch betriebenen Vorgangs ist *die angemessen vertretene Sorge für sich und für andere.*

3. Betonung von Kommunikation und Diskurs im Ethikunterricht:

In Anlehnung an die Kritische Theorie, vor allem an die von J. Habermas entwickelte Diskursethik (vgl. A. 7.5), sieht z. B. Fellsches (vgl. Fellsches 1982) die Chance der Entwicklung moralischer Kompetenz durch gemeinschaftliche Reflexion der gesellschaftlichen Praxis in folgenden Schritten:

- Analyse der historischen und gegenwärtigen gesellschaftlichen Situation
- Erkundung der aktuellen gesellschaftlichen Bedürfnisse und Erwartungen
- Überprüfung der Bedürfnisse und Erwartungen anhand allgemein verbindlicher Kriterien, die im Diskurs durch verständigungsorientierte Vereinbarung gewonnen wurden
- Entwurf von Handlungskonsequenzen einschließlich der Folgenabschätzung.

4. Ethikunterricht als Orientierung an Bildungsstandards und Kompetenzen

Der Wortbedeutung von **Standard** als einer **Richtschnur** bzw. einem **Qualitätsniveau** nach bezeichnen **Bildungsstandards** die eindeutig beschriebene und in der Regel auch messbare Ausprägung von Fähigkeiten, Verhaltensweisen, Kenntnissen usw. (= von Kompetenzen auf einem bestimmten Niveau).

Kompetenz (von lateinisch competere = zu etwas fähig sein, für etwas ausreichen) bezeichnet umgangssprachlich eine durch tatsächlichen Vollzug nachgewiesene Fähigkeit, wobei das Ausmaß dieser Fähigkeit für die Bewertung der Kompetenz maßgeblich ist. In diesem Sinne spricht man z. B. von umfassender oder geringer sprachlicher Kompetenz oder gar von Inkompetenz.

Die Kompetenz wird in drei Erscheinungsformen beschrieben:
- Kompetenz als grundsätzliche Veranlagung, überhaupt bestimmte Fähigkeiten ausbilden zu können;
- Kompetenz als mögliche Idealentfaltung des vernunftbegabten Menschen, die der Einzelne nie ganz erreichen kann;
- Kompetenz als besondere Vorgabe an Fähigkeiten eines bestimmten Individuums.

Dem Menschen als vernunftbegabtem Subjekt kommt während seiner Entwicklung – in Abhängigkeit von den jeweils erreichten Entwicklungsstufen – insbesondere die Aufgabe zu, Kompetenz in dreifacher Richtung zu entfalten: operative Kompetenz (von Piaget im Bereich der Intelligenzentwicklung untersucht), moralische Kompetenz (von Kohlberg beschrieben) und kommunikative Kompetenz (vor allem von Habermas verfochten).

Anknüpfend an ihre zweite Erscheinungsform (siehe oben) bedeutet **Kompetenz in der Unterrichtstheorie** ein „System von Kenntnissen, Fähigkeiten, Fertigkeiten, Gewohnheiten und Einstellungen" (Rösch 2009, S. 31) zur erfolgsorientierten Zielerreichung bzw. situationsangemessenen und verantwortungsbewussten Bewältigung komplexer, aber konkreter moralischer Anforderungen des alltäglichen Lebens. Der Sache nach meinten frühere Unterrichtstheorien dasselbe mit Schlüsselqualifikationen oder Basisfähigkeiten, die als transferfähig, zukunftsorientiert und problemoffen definiert waren. Solche Kompetenzen stellen z. B. die Kulturtechniken dar oder die Kompetenzdimensionen der Sach-, Methoden-, Selbst- und Sozialkompetenz, die in unaufhebbarer Wechselwirkung realitätsgerechte Handlungsfähigkeit ermöglichen.

Kompetenzmodelle beschreiben die Aufeinanderfolge verschiedener Kompetenzniveaus. Rösch schlägt für den Ethikunterricht z. B. den Erwerb folgender Kompetenzen vor:

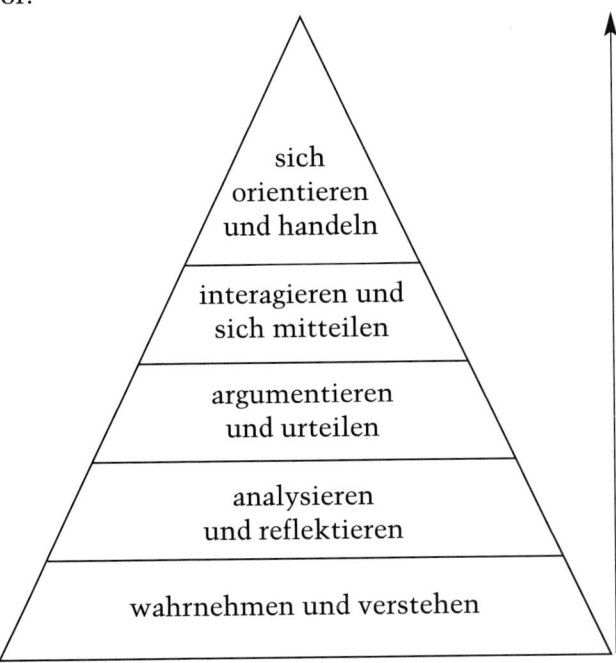

Kompetenzmodelle dieser Art sind nur sinnvoll, wenn die einzelnen beschriebenen Kompetenzen gleichzeitig im Anspruch steigend in jeder Jahrgangsstufe verwirklicht werden, dem Entwicklungsstand der Schüler jeweils angemessen. Im kompetenzorientierten Unterricht erfolgt die Unterrichtsplanung vom Endziel, von der angestrebten Kompetenz her unter Berücksichtigung der altersspezifischen Kompetenzniveaus. Die einzelnen Unterrichtsstunden sind also in einem Gesamtentwurf in zwingender Zielrichtung auf die gewünschte Kompetenz ausgerichtet, im Unterrichtsfach Ethik auf moralische Urteils- und Handlungskompetenz, die alle sie bedingenden Teilkompetenzen einschließt.

4.2 Der Ethikunterricht als erfahrungs- und handlungsorientiertes Regelkreislernen

Bei der Entscheidung für das didaktische Konzept eines Unterrichtsfaches geht es immer darum, das Notwendige mit dem Machbaren zusammenzubringen. Überzogene oder einseitige Sichtweisen bei der Bestimmung und Auswahl von Inhalten lassen diese Aufgabe ebenso verfehlen wie unrealistisch hohe und/oder einseitige Anforderungen an die Verarbeitungsfähigkeiten der Schüler.

Haltung betrifft den Menschen ganzheitlich. Konsequenterweise muss auch der Ethikunterricht bei der alltagstauglichen Ausrüstung des Menschen für die Bewältigung moralisch relevanter Situationen seine **verschiedenen Zugriffsmöglichkeiten auf die Wirklichkeit in ihrer Wechselbeziehung** beachten.

Es geht im Ethikunterricht immer um

- kognitive **und** affektive Aneignung und Umsetzung von Grundsätzen menschenwürdiger Lebensführung;
- wahrnehmen, erleben, erfahren einerseits **und** erkennen, urteilen, handeln andererseits;
- gleichermaßen kognitive **und** emotional gefestigte Einstellungen und Handlungsmotive;
- Anbindung moralischer Sachverhalte an Gefühl **und** Wille **und** Vernunft;
- individuelle Sinnsuche und -erfüllung **und** Mitarbeit an einer gerechten Gesellschaft;
- Orientierung an der vorgefundenen Wirklichkeit, an Vorbildern aus Vergangenheit und Gegenwart, an philosophischen, weltanschaulichen und religiösen Traditionen (= deskriptive Leistung) **und** autonomes Urteilen durch prinzipien- und wertgeleitetes Vergleichen von Handlungsalternativen und durch verantwortetes Entscheiden (= normative Leistung).

Für den Ethikunterricht bieten sich somit folgende fünf Zielebenen an, die im Sinne des **Regelkreislernens** wechselseitig miteinander verbunden sind:

Ethikunterricht
als erfahrungs- und handlungsorientiertes Regelkreislernen

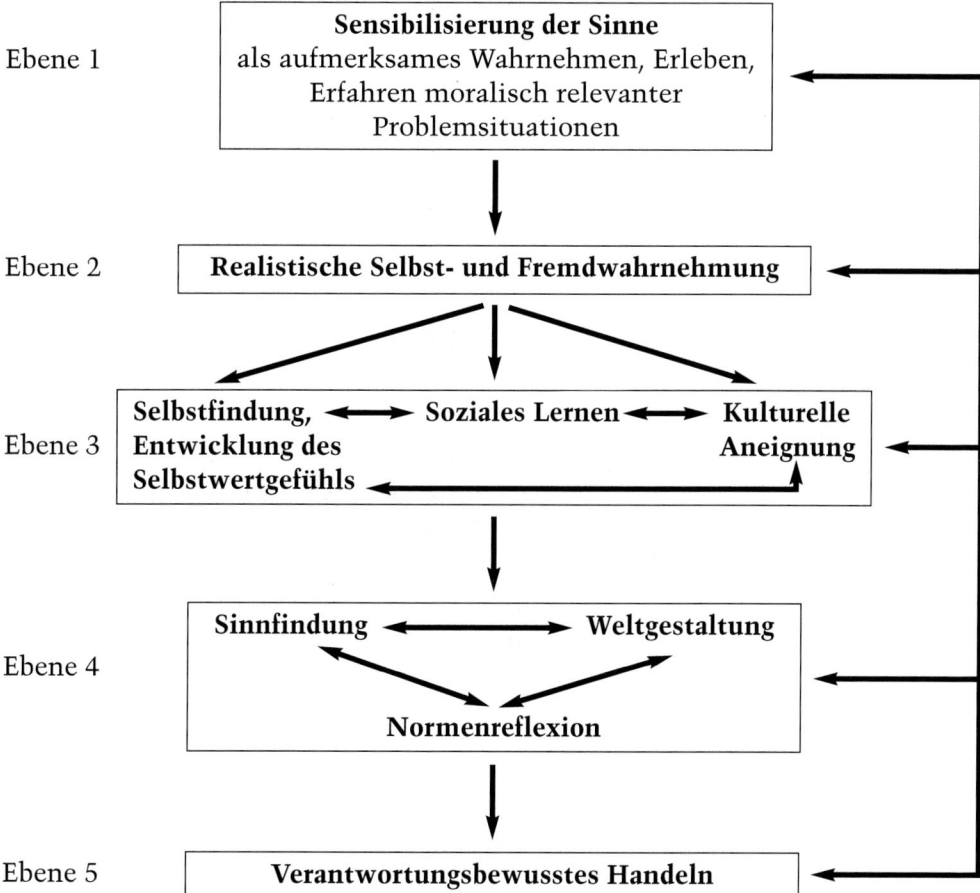

Erläuterungen:

Die Übersicht wäre gründlich missverstanden, wenn sie im Sinne einer Abfolge sonst isoliert zu bearbeitender Lernbereiche interpretiert würde. In Regelkreissystemen (vgl. z.B. die thermostatgesteuerte Zentralheizung) besteht die Hauptleistung darin, zwischen Teilbereichen des Gesamtsystems einen für die Wirklichkeitsbewältigung bewährten Gleichgewichtszustand aufrechtzuerhalten, und zwar durch aufeinander abgestimmte Regulation der Wechselbeziehungen. Jeder der Teilbereiche bzw. jedes Subsystem ist von allen anderen Subsystemen und der möglichen Gesamtleistung abhängig.

Die Entwicklung der moralischen Urteilsfähigkeit ereignet sich als Regelkreislernen, insofern zusammenstimmende und -wirkende kognitive und emotionale Strukturen durch ungewohnte Problemsituationen aus dem Gleichgewicht geraten und ihre volle Funktionstüchtigkeit vorübergehend einbüßen (vgl. hierzu auch B. 3.1.1/5.).

Es kann als Besonderheit des Ethikunterrichts bezeichnet werden, in der Regel, zumindest aber immer wieder Lernsituationen zu arrangieren, in denen die fünf Zielebenen alle im Zusammenhang durchlaufen werden. Dies stellt keineswegs notwendige Schwerpunktsetzungen im Unterricht in Frage, wenn Defizite z. B. bei der Problemwahrnehmung oder an Kenntnissen dies erfordern. Auf keinen Fall aber erfüllt der Ethikunterricht seinen Zweck, wenn er etwa im emotional gefärbten Erleben und Nachempfinden moralisch problematischer Situationen stecken bliebe oder überwiegend zu einem gruppendynamisch orientierten Selbst- und Fremdwahrnehmungstraining geriete oder ausschließlich Anhäufung von philosophischem Wissen betriebe.

Ein noch gravierenderes Missverständnis läge vor, wenn die fünf Zielebenen der Übersicht verschiedenen Jahrgangsstufen zugeordnet würden. Auch Grundschulkinder sind z. B. der Normenreflexion fähig, in ihrer Sprache, mit ihren Denkstrategien, auf ihrer Entwicklungsstufe und bezogen auf ihre Alltagserfahrungen. Und Oberstufenschüler blieben mit noch so anspruchsvoller Normenreflexion auf philosophischer Ebene in einem allzu abstrakten und mit enormen Behaltensverlusten belasteten Kenntniserwerb stecken, wenn sie die neu gewonnenen Kenntnisse nicht als **Er**kenntnisse mit ihrer konkreten Wirklichkeitswahrnehmung, mit ihrer personalen und sozialen Identität und mit erprobendem Handeln in aktuellen, sie betreffenden Alltagssituationen verbinden könnten.

4.3 Grundlegende inhaltliche Dimensionen für das Fachprofil des Ethikunterrichts

Das **Fachprofil** eines Unterrichtsfaches beschreibt
- seine Legitimation (vgl. B.1),
- die Bezugspunkte und Quellen für die Sichtung und Auswahl der Unterrichtsziele und -inhalte,
- die übergeordneten Lernziel- und Inhaltsbereiche bzw. Kompetenzen, denen das Unterrichtsfach gemäß seinem Bildungsauftrag verpflichtet ist,
- die Kriterien für die Auswahl und Abfolge der konkreten Unterrichtsziele und -inhalte,
- lern- und entwicklungspsychologische Besonderheiten (vgl. B. 3.1 und 3.2)
- und fachspezifische Vermittlungsmethoden (vgl. B. 5).

4.3.1 Bezugspunkte und Quellen der Ziele und Inhalte des Ethikunterrichts

Der verfassungsrechtlich geschützte Wertepluralismus in einer demokratischen Gesellschaft (vgl. B.1.5) begünstigt zwar die Freiheit der religiösen und weltanschaulichen Orientierung, erschwert aber gleichzeitig den notwendigen Mindestkonsens bezüglich allgemein anerkannter moralischer Grundanschauungen und deren wert- bzw. prinzipiengeleiteter Begründung.

Als **Quellen für einen solchen Mindestkonsens** werden z. B. angeführt:

1. *religiös begründete,* d. h. im Transzendenten verankerte und von einer nicht hinterfragbaren Offenbarung getragene Normsetzungen, wie z. B.
   - aus der Bibel die 10 Gebote und das Gebot der Nächstenliebe, die drei Tugenden Glaube, Hoffnung und Liebe
   - oder die Verhaltensregeln des Korans;

2. *philosophisch begründete,* d. h. aus anthropologischen Annahmen und gesellschaftlichen Zielvorstellungen abgeleitete Werte und Normen, wie z. B.
   - die 4 Kardinaltugenden Platons (Weisheit, Tapferkeit, Mäßigung, Gerechtigkeit),
   - der umfangreiche Tugendkatalog des Aristoteles (vgl. A. 7.6.2/3.),
   - die der Philosophie und der Theologie gleichermaßen verpflichtete Tugendtafel des Thomas von Aquin (vgl. A. 7.6.2/8.),
   - das Reich der material existierenden Werte der Wertphilosophie (vgl. A. 7.2),
   - die auf freier Willensentscheidung und autonomem Gewissen beruhende praktische Vernunft nach I. Kant, orientiert an dem auf Universalisierung ausgerichteten kategorischen Imperativ (vgl. A. 7.3),
   - die das moralische Handeln leitenden Gerechtigkeitsprinzipien nach Rawls (vgl. A. 7.4.4);

3. die von international namhaften Persönlichkeiten des öffentlichen Lebens erarbeitete (vorläufige) *Weltethoserklärung:*
   „Jeder Mensch muss menschlich behandelt werden", d. h.
   - „Verpflichtung auf eine Kultur der Gewaltlosigkeit und der Ehrfurcht vor allem Leben"
   - „Verpflichtung auf eine Kultur der Solidarität und eine gerechte Wirtschaftsordnung"
   - „Verpflichtung auf eine Kultur der Toleranz und ein Leben in Wahrhaftigkeit"
   - „Verpflichtung auf eine Kultur der Gleichberechtigung und der Partnerschaft von Mann und Frau";

4. die *Menschenrechtskataloge und Grundrechte,* eingelöst in Verfassungen, internationalen Abkommen und den Menschenrechtskonventionen der Vereinten Nationen;

5. die an der Aktualität orientierten *Ergebnisse empirischer Untersuchungen* vor allem zur Folgenabschätzung möglichen menschlichen Handelns, die

um der gegenwärtigen und zukünftigen Lebensqualität willen Konsequenzen für das moralische Handeln herausfordern.

Die Vielfalt möglicher Interpretationen und die unterschiedlichen Ansatzpunkte der genannten Quellen legen es nahe, die moralisch allgemein verbindlichen Verhaltenserwartungen bzw. die moralische Mündigkeit im Sinne wert- und prinzipiengeleiteten Urteilens und Handelns an der rechtlich fixierten Wertebasis der Menschenrechtserklärungen, des Grundgesetzes und der Länderverfassungen festzumachen. Der begründende Rückgriff auf andere Quellen ergibt sich im Ethikunterricht als Notwendigkeit, und zwar aus dem Selbstverständnis des Unterrichtsfaches, das nicht nur zu gesetzeskonformem Verhalten, sondern zu moralischem Verhalten anleiten soll (vgl. A.4.2 und A.4.3).

Dabei ist im Ethikunterricht angesichts der Pluralität der Gesellschaft religiöse und weltanschauliche *Neutralität* angesagt. Der Unterricht ist wissenschaftlicher Methodik verpflichtet und abweichende Standpunkte tolerierend. Gerade im Ethikunterricht ist das *Überwältigungsverbot* einzuhalten, das den Lehrer anhält, nicht mit sprachlichem und argumentativem sowie erfahrungsbezogenem und kenntnisreichem Kompetenzvorsprung dem Schüler seine Denkspur und seine Überzeugungen aufzuzwingen.

4.3.2 Übergeordnete Lernziel- und Inhaltsbereiche des Ethikunterrichts

Die Ziel- und Inhaltsbestimmung eines jeden Unterrichtsfaches wird im zugehörigen **Lehrplan** geleistet. Dessen Zielsetzungen sind in der Regel abgeleitet von den entwicklungspsychologischen Lebenssituationen der Kinder und Jugendlichen, von aktuellen, für die Schülerinnen und Schüler bedeutsamen Alltagserlebnissen und zeitgeschichtlichen Ereignissen, von Konfliktsituationen und kommunikativen Anforderungen, aus den aktuellen Bereichsethiken und vom Erziehungsauftrag der Schulgesetze. Die gegenwärtige Terminologie der Lehrplangestaltung bevorzugt es – längst Bekanntes und Praktiziertes lediglich mit anderen Bezeichnungen versehend – von **Bildungsstandards, Kompetenzen und Kerncurricula** zu sprechen (vgl. zur Klärung B. 4.1/4.). Bildungsstandards – oftmals noch differenziert in Minimal-, Regel- und Maximalstandards – legen verbindlich die gewünschte Ausprägung von Kompetenzen fest, die in einem Unterrichtsfach – in der Regel messbar – erreicht werden sollen.

Kerncurricula, die sich auf das unbedingt Verbindliche beschränken – vergleichbar den früheren Richtlinienlehrplänen – , sollen Raum lassen für die schüler-, situations- und regionalspezifische Ausgestaltung des Weges zu den Kompetenzen und mit diesen zu den Bildungsstandards.

Als übereinstimmende Schwerpunkte aus den unter B. 4.3.1 genannten Quellen ergeben sich die folgenden ethischen Dimensionen, die auf Anregung des Autors Peter Köck hin z. B. für die Auswahl und Anordnung der konkreten Unterrichtsziele und -inhalte im Grundschullehrplan in Bayern zugrunde gelegt wurden, ähnlich in den Fortschreibungen der Grundschullehrpläne.

Übersicht: Ethische Dimensionen bzw. Kompetenzen					
Selbstwahrnehmung und Selbstfindung	Soziale Wahrnehmung und Verantwortung	Sinnfindung und Lebensorientierung	Leben in kultureller Vielfalt und gesellschaftlicher Verantwortung	Ästhetische Kompetenz und Umweltbewusstsein	Selbstbehauptung und Normenreflexion
(„Ich bei mir selbst")	(„Ich in Beziehungen")	(„Ich und mein Leben")	(„Ich im kulturellen und gesellschaftlichen Umfeld")	(„Ich in meiner Welt")	(„Ich stehe zu mir und meiner Überzeugung")

Diese ethischen Dimensionen beanspruchen **alters- und schulartübergreifende Gültigkeit**. Wie unter B. 4.2 erläutert, müssen sie auch alle auf allen Altersstufen im Sinne ganzheitlichen Lernens zur Lernaufgabe der Schüler werden, wenn nicht für die moralische Gesamthaltung nachteilige Entwicklungsrückstände entstehen sollen. Eine **Verschiebung in der Gewichtung** der ethischen Dimensionen ergibt sich mit dem allgemeinen kognitiven, emotionalen und sozialen Entwicklungsfortschritt. Insbesonders die Eigenart des Zugriffs auf moralische Probleme und die Auswahl von Bearbeitungsstrategien tragen entwicklungsbedingt in je spezifischer Weise zur insgesamt ganzheitlichen Entwicklung der moralischen Urteilsfähigkeit bei. So bleibt es z. B. in der Oberstufe des Gymnasiums nach wie vor eine Lernaufgabe des Ethikunterrichts, soziale Wahrnehmung und Verantwortung weiterzuentwickeln, aber jetzt nicht mehr vorzugsweise über Empathieübungen und alltagspraktische Erfahrung im überschaubaren Klassenverband, sondern zunehmend unter Einbezug kritischer Analyse gesellschaftlicher Gegebenheiten und der Orientierung an handlungsleitenden Werten und Grundsätzen.

4.3.2.1 Selbstwahrnehmung und Selbstfindung

Ziel dieser ethischen Dimension ist der schrittweise Aufbau einer einigermaßen **stabilen Ich-Identität** als wesentlicher Bedingung angemessener Bewältigung moralisch bedeutsamer Anforderungen.

In einem Entwicklungsprozess vom ca. 2. Lebensjahr bis zur Pubertät wird das Ich als einheitliches, einmaliges und unverwechselbares Ganzes zunehmend bewusst erlebt, und zwar in Abgrenzung gegenüber dem Nicht-Ich, das in anderen Menschen begegnet und in Abgrenzung gegenüber nicht menschlichen

Lebewesen, Sachen und Sachverhalten. Es erweist sich als verantwortliche Instanz im Menschen für Wahrnehmung, Denken und Handeln.

Ich-Identität als bewusste Bejahung und Behauptung seiner selbst in sozialen Wechselbeziehungen und im kulturellen Umfeld baut auf der **realistischen Selbstwahrnehmung** eigener Möglichkeiten, Fähigkeiten und Grenzen auf. Gerade das Erlebnis und das Eingeständnis eigener Grenzen leiten zum Verständnis der Andersartigkeit (z. B. Menschen aus anderen Kulturkreisen oder anderer Nationalität), der Leistungsgrenzen (z. B. Behinderte, Kranke) und des Versagens (z. B. Verhaltensabweichungen bis zur Kriminalität) anderer an.

Mit den Fragen „Wer bin ich?", „Was kann ich, was (noch) nicht?", „Was soll ich tun?" in aktuellen Problemsituationen gewinnt der Mensch eine immer differenziertere Sichtweise auch von seinen moralischen Entwicklungsaufgaben. Dabei gilt es, in einem ständigen **„Handel um Identität"** (McCall und Simmons) die individuelle Einmaligkeit und Unverwechselbarkeit (= personale Identität) mit den allgemein anerkannten Verhaltenserwartungen an jedes Mitglied in einem sozialen System (= soziale Identität) in Übereinstimmung zu bringen.

Eine den Anforderungen der Wirklichkeit angemessene Ich-Stärke ruht auf gefestigtem Selbstwert**gefühl** und Selbst**bewusstsein**, wofür der Handel um Identität im Ethikunterricht nicht nur zugelassen und geduldet, sondern als Unterrichtsprinzip gefördert werden muss. Anlässe hierzu bieten in eher überforderndem Ausmaß z. B.

– die aktuelle Situation von Kindheit und Jugendalter, gekennzeichnet vom Mangel an vorgelebter Wertsicherheit, instabilen Familien, Vereinzelung und dem Wandel von der unmittelbaren zur mittelbaren Wirklichkeitsbegegnung über Medien;
– die Suchtgefährdung von unkontrolliertem Fernseh- und Computerkonsum bis zum Nikotin-, Alkohol- und Drogenmissbrauch, mit der Konsequenz vor allem primärer Suchtprävention als Arbeit am Selbstwertgefühl, an der Fähigkeit zum Nein-sagen-Können, an der Widerstandskraft gegen Trends;
– Einflüsse von politisch-radikalen Gruppierungen und autoritären pseudoreligiösen Jugendsekten;
– vor allem aber die alltägliche Auseinandersetzung mit der Anpassung an Verhaltenserwartungen der unmittelbar umgebenden Bezugsgruppen und Institutionen.

Oberster Maßstab für den jeweils altersentsprechenden Handel um Identität ist die unbedingte Achtung vor der Würde des Menschen. Sie garantiert den Spielraum, den der Einzelne für den fairen Abgleich eigener Erfahrungsmöglichkeiten und Interessen mit den Verhaltenserwartungen des gesellschaftlichen Bezugssystems braucht.

4.3.2.2 Soziale Wahrnehmung und Verantwortung

Die tatsächliche Wechselwirkung aller in der Übersicht genannten ethischen Dimensionen ist besonders augenfällig zwischen den ersten beiden. Selbstwahrnehmung und Selbstfindung als Wege zur Ich-Identität werden nicht in isolierter Selbstschau beschritten, sondern eingebunden in ein soziales Umfeld. Außerdem weist die Ich-Identität selbst eine personale und eine soziale Komponente auf. Es kann also allenfalls von einer schwerpunktsetzenden Gewichtung die Rede sein, wenn im einen Fall das ganzheitliche Innewerden der eigenen Möglichkeiten und des eigenen Wertes im Vordergrund steht, sozusagen als tragfähige Ausgangsbasis für weitere Entwicklungsprozesse, im anderen Fall die schrittweise Erweiterung der Ich-Identität in das soziale Umfeld hinein.

So bedeutet soziale Wahrnehmung und Verantwortung als ethische Dimension die sensible Aufmerksamkeit

– auf den eigenen Stellenwert in sozialen Gruppierungen,
– auf die Entwicklung sozialer Grundfähigkeiten wie angemessenen Gebens und Nehmens, der Kontaktaufnahme, situationsgerechter sozialer Distanz und Nähe,
– auf wechselseitige Verhaltenserwartungen und Situationsdefinitionen und auf mit Recht sich daraus ergebende Lernprozesse,
– auf die problematischen Folgen von Unterlassungen,
– auf die Entwicklung alltagstauglicher Regeln und Rituale sowie von Tugenden (z. B. Toleranz, Solidarität, Gerechtigkeit, Nächstenliebe),
– auf die gelebte Alltagskommunikation und ihre Reflexion unter dem Gesichtspunkt der Humanität, nicht lediglich der Funktionalität,
– auf Konfliktbearbeitung nicht nur nach den eingeübten Regeln einer bewährten Strategie, sondern unter Einbezug von Wertediskussion und Werteklärung,
– auf die gerechtfertigten Anforderungen des Handelns in sozialen Rollen,
– aber auch auf die Auslotung der Grenzen der Anpassung, auf notwendige Rollendistanz und evtl. auf Widerstand gegen unzulässige Verhaltenszumutungen.

Soziale Verhaltensmuster einschließlich moralischer Handlungsmuster und diese begründende ethische Überzeugungen entwickeln sich in unmittelbarer Interaktion, im Abgleich von Selbst- und Fremdwahrnehmung, in der Wechselwirkung von Personalisation und Sozialisation. Dabei geht es inhaltlich um die bruchlose, von Übervorteilung freie Vereinbarkeit von Ich, sozialem Umfeld und gesellschaftlichen Institutionen, von moralischer Selbstbestimmung (Autonomie) und reflektierter Fremdbestimmung (Heteronomie) durch Teilsysteme der Gesellschaft wie Ehe, Familie, Schule, Kirche, Rechtsordnung etc. Als Ziel der Moralerziehung kann hier die geglückte Wechselbeziehung zwischen Ich-Kompetenz und Sozialkompetenz unter moralischem Anspruch formuliert werden.
Der Ethikunterricht nutzt zur Einlösung dieser Aufgaben Alltagsereignisse und aktuelle Interaktionssituationen, die altersentsprechend gefühlsmäßig und verstandesmäßig für die Schüler verkraftbar sind. Allein der Schulalltag mit der

schrittweisen Ausweitung der sozialen Beziehungen durch Schuleintritt, Schulwechsel, neue Lerngruppen fordert ständig Empathie, Austesten neuer Rollen, gemeinsames Aushandeln des moralisch Wünschenswerten, wenigstens Vertretbaren, und zwar durch den reflektierten Rückbezug auf Normen und Werte. Zur praktischen Umsetzung eines Wertekonzepts in der Schulgemeinschaft vgl. B. 5.4!

4.3.2.3 Sinnfindung und Lebensorientierung

Mit dem Erwerb von Ich-Identität – und darin eingeschlossen mit zunehmender Verantwortung für sich und für die Beziehung zur Mitwelt und zur Umwelt – sind untrennbar die Fragen nach dem Woher, Wohin und Wozu des Menschen und seines Lebens verbunden. Die Glückseligkeit als Ziel einer moralischen Lebensführung durchzieht – unterschiedlich interpretiert – zu allen Zeiten religiöses und philosophisches Fragen nach dem Sinn des Lebens. Ausgelöst von Grenzerfahrungen des Menschen, wie z. B. von individuellem und kollektivem Leid, von der Unausweichlichkeit des Todes, von der Vorläufigkeit und der Unberechenbarkeit allen menschlichen Erkennens und Handelns, fallen Antworten auf die Sinnfrage des Lebens immer schwerer, da die bis zur völligen Beliebigkeit gesteigerte Pluralität von Wertorientierungen als verlässliche, allgemein anerkannte Wertebasis nicht taugt.

Mit ebendieser Pluralität der Wertüberzeugungen stößt auch der Ethikunterricht an seine Grenzen. Er steckt in dem Dilemma, einerseits Lernsituationen anbieten bzw. zulassen zu müssen, in denen der Schüler seine wert- und prinzipiengeleiteten Antworten auf die Sinnfrage seines Lebens selbst formulieren kann, andererseits aber bei diesem Unternehmen jeden Verdacht auf Manipulation vermeiden zu müssen.

Ausgangspunkt für Sinnfindung und Lebensorientierung ist wiederum die eigene Lebenssituation der Schüler mit ihren altersspezifischen Fragen. Leid, Tod, Unvollkommenheit, Begrenztheit sind Begleiter während des ganzen Lebens, objektiv gesehen oft von unterschiedlichem Gewicht, subjektiv gewertet aber stets bedrohlich.

Sinnvolle Lebensaufgaben und eine grundsätzlich konstruktive Lebenseinstellung brauchen als Orientierungsvorgabe in verstärktem Maße aktuelle und historische Vorbilder, philosophisch und/oder religiös begründete Werte und realistische Zukunftsperspektiven. Sinnvolle, d. h. immer wieder reflektierte und nach Bedarf weiterentwickelte Regeln und Rituale der alltäglichen Lebensgestaltung bieten einen Orientierungsrahmen, der Kräfte freisetzt für die Bewältigung aktuell dringlicher Lebensaufgaben.

Der Lehrer kann sich in dieser existenziell für die Schüler richtunggebenden Situation der Sinnsuche und Lebensorientierung nicht mit der Rolle des Unterrichtsarrangeurs begnügen. Er ist mit seinen persönlichen Antworten und als Vorbild mit dem Recht auf Unvollkommenheit gefragt.

4.3.2.4 *Leben in kultureller Vielfalt und gesellschaftlicher Verantwortung*

Mit dieser ethischen Dimension weitet sich der moralische Verantwortungsbereich in Abhängigkeit von den bisher dargestellten ethischen Dimensionen erneut aus.

> **Kultur** (von lat. cultura ‚Bearbeitung, Pflege, Lebensweise‘) bedeutet in Philosophie und Soziologie in allgemeinster Formulierung den vom Menschen geschaffenen Teil der Welt im Unterschied zur Natur. Im engeren Sinne wird unter Kultur die „Gesamtheit der geistigen und künstlerischen Lebensäußerungen einer Gemeinschaft, eines Volkes" (Duden), und zwar Einstellungen, Handlungen und Produkte, verstanden oder als „die Summe der Selbstverständlichkeiten in einem Gesellschaftssystem" (Hofstätter).

Kultur ist in ihrem vollen Umfang erfasst, wenn ihre zweifache Erscheinungsform berücksichtigt wird:

– Sie stellt **Objektivationen menschlicher Tätigkeit** dar, wie Sprache, Brauchtum, Mode, Arbeits- und Wirtschaftsformen, Wissenschaft, Technik, Kunst, Werte und Normen, Verfassung und Rechtssystem, Religion und Bildungswesen.
– Sie umfasst aber auch die Art der individuellen und kollektiven **Lebensgestaltung**, wie z. B. die Form des Ich-Verständnisses, Ausdrucks- und Mitteilungsformen, die Art religiöser, weltanschaulicher und philosophischer Weltdeutung, Regeln und Rituale des Umgangs und der Verständigung miteinander im privaten und im öffentlichen Bereich, Arbeits- und Berufsmoral. Selbst ein In-Frage-Stellen der tradierten Kultur, z. B. durch alternative Lebensformen oder Erscheinungsformen des Jugendprotests, sind als kulturelle Lebensäußerungen aufzufassen, die zur Weiterentwicklung der Kultur beitragen.

Das jeweilige **Gesellschaftssystem** ist nicht nur Erscheinungsform der bestehenden Kultur, im Vollzug mit ethischen Maßstäben zu prüfen, sondern auch der Lebensraum, in dem Antworten auf neue Herausforderungen für Moral und Ethik gefunden werden müssen, z. B. bezüglich

– der weltweit beobachtbaren Entwicklungstendenz zu multikulturellen Gesellschaften,
– der ebenso weltweit praktizierten Verstöße gegen Glaubens- und Gewissensfreiheit,
– der Missachtung von Grundgesetz und Verfassungen, sei es durch terroristische oder rassistische Gewalttaten oder durch Staatswillkür.
– der in rapider Beschleunigung befindlichen Zerstörung der natürlichen Lebensgrundlagen mit nicht mehr berechenbaren Konsequenzen für die nachfolgenden Generationen.

Aufgabe des Ethikunterrichts ist es, Kultur und Gesellschaft in ihren vielfältigen Erscheinungsformen in den Erlebnishorizont der Schüler zu bringen. Nur aus dem unmittelbaren Erleben heraus können sie verantwortetes moralisches Handeln entwickeln.

Beispiel:

Sprache als zentraler Bestandteil der Kultur ist nicht nur in den meisten Fällen Transportmittel für Argumentationen, Überzeugungen und Urteile in moralisch relevanten Situationen, sondern selbst durch Wortwahl und Argumentationsstil Ausdruck moralischen bzw. unmoralischen Verhaltens. Es handelt sich um einen Angriff auf die Würde des Menschen, wenn durch mediale Small-Talk-Tyrannei im Intimbereich der sprachlichen Verrohung und dem unbarmherzigen Aufdecken von menschlichen Schwächen und Fehlverhaltensweisen Vorschub geleistet wird, auch wenn krankhaft darstellungssüchtige Menschen all dies „freiwillig" auf sich nehmen. Es provoziert zumindest Kränkung, körperlich oder psychisch Benachteiligte und Minderheiten (gleich welcher Art) mit Etiketten abzustempeln, was gerade unter Kindern in unüberlegter Nachahmung entsprechender Modelle grausam praktiziert wird.

Gegen die Sprache als Mittel zur Verständigung verstößt hemmungsloses „Zuschwallen" ebenso wie in manchen Gesprächssituationen unverständliche Fachsprache, strategisch geschickte Manipulation und unzulässige Vereinfachung, ganz zu schweigen von den sog. „sprachverhunzenden Unwörtern" wie z. B. Lügenpresse, Alternative Fakten, Gutmensch etc.

Angesichts der angedeuteten Tragweite wird die Sprache nicht von ungefähr von der Schulpädagogik als fächerübergreifendes Unterrichtsprinzip favorisiert. Im Ethikunterricht ist sie darüber hinaus unmittelbares alltägliches Erlebnisfeld, direkter Anknüpfungspunkt für Entwicklungsarbeit am moralischen Urteilsvermögen und an einfühlender Rollenübernahme.

4.3.2.5 Ästhetische Kompetenz und Umweltbewusstsein

Ästhetik bezeichnet im üblichen Sprachgebrauch die Wissenschaft, die mit den Erscheinungsformen und den Gesetzmäßigkeiten des Schönen, Harmonischen in Natur und Kunst befasst ist. Sie ist *philosophisch* orientiert, insofern sie die Eigenschaften einer Erscheinung interessieren, die ästhetische Antworten herausfordern, und sie ist *psychologisch* orientiert, insofern sie nach der Eigenart des ästhetischen Verhaltens selbst fragt. Das zugrunde liegende, für unseren Zusammenhang ergiebigere **griechische Wort** (Aisthesis) bedeutet weit ausgreifend zweierlei:

- Es steht für ‚Gefühl, emotionale Sinneswahrnehmung, Empfindung; Feingefühl'.
- Es schließt darauf aufbauend aber auch die Akte der Erkenntnis, der Kenntnis, des Verständnisses und des Bewusstseins mit ein.

> Daran angelehnt bezeichnet also **ästhetische Kompetenz** die Fähigkeit zur aufmerksamen und einfühlenden Wahrnehmung und verantwortungsbewussten Gestaltung der Welt.

Der für den Ethikunterricht charakteristische Zusammenhang von sensiblem Wahrnehmen, Erkennen des Bedeutungsgehaltes für sich und für die Mit- und Umwelt und Beurteilen und Handeln kommt bei der Entwicklung der ästhetischen Kompetenz besonders zwingend zum Tragen. Die Qualität des Bewusstseins für den oftmals problematischen Umgang mit der Umwelt ergibt sich als Konsequenz aus der kontinuierlichen Arbeit an der Verfeinerung und Zuverlässigkeit der ästhetischen Kompetenz. Konkret geht es im Ethikunterricht z. B. darum,

– Natur und Kultur in ihren vielfältigen Erscheinungsformen überhaupt neugierig wahrzunehmen, umso mehr, als die unmittelbare Begegnung durch die mediale Präsentation immer häufiger verstellt bzw. auf Distanz gehalten wird;
– natürliche und kulturelle Wirklichkeit mit **allen** Sinnen zu erfassen, in Kompensation der einseitigen Bildersprache visueller Telekommunikation;
– Empfindungen und Gefühle der Zuneigung und Ablehnung bei der Begegnung mit natürlicher und kultureller Wirklichkeit zu akzeptieren, zu benennen und auf ihre Ursachen hin zu untersuchen;
– Verhaltenskriterien für die Begegnung mit Natur und Kultur zu entwickeln;
– eine Umweltmoral im Sinne von Verantwortungsethik und Folgenabschätzung anzubahnen;
– anhand nachvollziehbarer Beispiele die hohe Anforderung universaler Verantwortung für Mensch, Natur und Kultur erleben zu lassen (z. B. Regenwaldabholzung, Klimaerwärmung, Luftverschmutzung, Plastikmüll, Artenvernichtung).

4.3.2.6 Selbstbehauptung und Normenreflexion

Bei aller Bedeutung des sozialen Lernens, von Konditionierung und Modell-Lernen für die Entwicklung moralischer Urteilsfähigkeit und moralischen Handelns sind diese ohne begründenden, d. h. kritisch reflektierenden Bezug auf Normen und Werte zufälliger Fremdsteuerung überantwortet.

Das Ideal des moralischen Standpunkts setzt den selbstverständlichen, aber sinnvoll kontrollierten Umgang mit den eigenen Gefühlen voraus, ebenso Einfühlungsvermögen in die konkrete Handlungssituation anderer und eine einigermaßen gefestigte Ich-Identität, aber auch rationale Selbstbehauptung durch Ausübung von Freiheit und Autonomie in moralischen Entscheidungen. Der Mensch ist ein moralisches Wesen, insofern er in seinen Handlungen durch Vernunft und freien Willen sich selbst bestimmen und entwerfen kann, d. h. für sich selbst normative Letztinstanz ist, der unbedingt Folge zu leisten ist. Es geht in moralischen Handlungen also um

- **das Verhältnis von Werten** (als hoch geschätztem Gehalt bzw. Ziel einer Handlungsweise, z. B. Gerechtigkeit, Wahrhaftigkeit, Hilfsbereitschaft),
- **Normen** (als allgemein anerkannten Verhaltensregeln mit allerdings nur empfehlendem Charakter zur Verwirklichung sittlicher Werte)
- und **die Autonomie freier Willensentscheidung.**

Die aus diesem Verhältnis resultierende Verantwortung für moralische Handlungen ist freilich vor dem Hintergrund des gesamtgesellschaftlichen Systems mit individuellen und kollektiven Bedürfnissen und Erwartungen, sozialen Notwendigkeiten, bewährten Traditionen und Institutionen sowie der Folgenabschätzung des Handelns zu übernehmen. In der moralischen Handlung übersteigt der Mensch seine Determiniertheit durch Natur und Gesellschaft mithilfe seiner Vernunft und seines autonomen Willens, aber er lässt sie nicht unbeachtet zurück.

Als Grundlage für gerechtfertigte Selbstbehauptung und Normenreflexion arbeitet der Ethikunterricht auf **allen** Jahrgangsstufen altersentsprechend an der Entwicklung verständigungsorientierter Diskursfähigkeit, idealer Rollenübernahme und kommunikativer Kompetenz in moralisch relevanten Sachzusammenhängen, denn „moralischer Rigorismus kann friedensgefährdend sein" (Buchheim 1991). Bei aller grundsätzlichen Fragwürdigkeit von Kompromissen bei der moralischen Entscheidungsfindung kann ein tragfähiger, d. h. allgemein verbindlicher moralischer Standpunkt nur in einem verständigungsorientierten, auf Argumenten beruhenden Abgleich eigener und fremder Überzeugungen gefunden werden, keinesfalls über Manipulation oder Verordnung.

Konkrete Ziele des Ethikunterrichts können hier z. B. sein:

- ehrlicher Umgang mit den eigenen Gefühlen,
- einfühlsame Berücksichtigung der aktuellen Situation aller Beteiligten,
- faire Konfliktbewältigung in Achtung der Interessen aller Beteiligten,
- kritische Auseinandersetzung mit Autoritäten gleich welcher Art,
- kontinuierlicher Aufbau eines eigenen tragfähigen Wertesystems durch Befragung von Werttraditionen sowie über Wertklärung und -begründung,
- Immunität gegenüber Manipulation und Sucht,
- Vertretung des eigenen wert- und prinzipiengeleiteten moralischen Standpunkts in Rücksicht auf alle Beteiligten und die Gesamtsituation.

Notwendiger Exkurs zu den Begriffen Wert und Norm

1. **Werte** bezeichnen den anerkannten, hoch geschätzten Gehalt eines materiellen oder immateriellen Objekts für einen Einzelnen oder eine Gemeinschaft. Sie werden im Empfinden aus Erfahrung und im tatsächlichen Umgang als wahr, gut oder schön einer Sache, einem Sachverhalt, einer Person, einer Situation oder einer Handlung zugeschrieben und im Hinblick auf alle Menschen für richtig und erstrebenswert gehalten.

Formal wird zwischen

- dem Wert (= dem geschätzten Gehalt),
- dem Wertträger (= z. B. Sache, Person, Handlung),
- und der Haltung gegenüber dem Wert (= Ausmaß der Anerkennung, Hochschätzung) unterschieden.

Inhaltlich differenziert man zwischen

- logischen Werten (das Wahre),
- ethischen Werten (das Gute, z. B. Gerechtigkeit, Wahrhaftigkeit),
- ästhetischen Werten (das Schöne)
- und Nützlichkeits- oder Güterwerten (z. B. Gesundheit, Eigentum).

Die Wirklichkeit wird also **bewertet** unter den Gesichtspunkten wahr oder falsch, gut oder böse, schön oder hässlich, nützlich oder schädlich/unnütz. In der beschriebenen Bedeutung lehnt sich Wert an das griechische Wort $\dot{\alpha}\xi\acute{\iota}\alpha$ (‚Axia ,Wert, Preis, Würde, Lohn‘) und die lateinischen Wörter pretium (‚Preis, Wert, Lohn‘), valor (‚Geltung‘), aestimatio (‚Wertschätzung, Anerkennung‘) dignitas (‚Würde, Tüchtigkeit, Verdienst‘) und meritum (‚Verdienst, Lohn, Würdigkeit, Wert‘) an. Den vielfältigen Wurzeln ist bei aller Bedeutungsverschiebung gemeinsam, dass Wert etwas mit Qualität, Geltung, Hochschätzung, Nützlichkeit zu tun hat. Durch gehäufte Erfahrung und erfolgreiche Umsetzung nehmen insbesondere **ethische Werte die Qualität von Überzeugungen und Einstellungen** an, die ein Individuum oder ein soziales Gebilde (z. B. Familie, Peergroup, Staat) für die Begegnung mit der Wirklichkeit bzw. zu ihrer Bewältigung als in besonderer Weise angemessen und deshalb erstrebenswert betrachtet.

Bezüglich der *Herkunft der Werte* werden vor allem drei Annahmen vertreten:

- Im *naturalistischen Ansatz* werden Werte als erwünschte Ziele des Handelns aus dem beobachtbaren Alltagsverhalten ermittelt.
- Der *intuitionistische Ansatz* der Wertphilosophie (M. Scheler, N. Hartmann) behauptet „ein für sich bestehendes Reich der Werte" (Hartmann), unabhängig vom erkennenden Subjekt und auch unabhängig von ihrer Verwirklichung. Sie treten im Vollzug der moralischen Wertschätzung durch den Menschen lediglich „in Erscheinung", sind dadurch in ihrer Existenz aber nicht beeinflussbar.
- Der *konsenstheoretische Ansatz* versucht mithilfe des praktischen Diskurses bzw. verständigungsorientierter Argumentation Werte zu erschließen, die jeder ohne Zwang und Manipulation erkennen kann.

In jedem Fall liegt der Werteerschließung trotz beschreibender Anteile, die auf intersubjektiv überprüfbarer Erfahrung beruhen, ein Akt zustimmender oder ablehnender Stellungnahme, eben Bewertung, zugrunde. Bewertende Aussagen können aber allgemeine Anerkennung nur über den rationalen Diskurs erzielen, wenn wir von Setzung der Allgemeinverbindlichkeit durch Religion und Weltanschauung absehen.

Von Bedeutung für die moralische Handlung ist es in beiden Fällen, zwischen Geltung und Gültigkeit der als allgemein verbindlich anerkannten Werte zu unterscheiden: Z.B. mag Steuerehrlichkeit in unserer Gesellschaft Geltung besitzen, ob sie aber auch Gültigkeit für sich reklamieren kann, zeigt sich erst in ihrer strikten Einhaltung (egal aus welchen Motiven) oder durch das schlechte Gewissen bei Verstößen oder Mogelversuchen.

2. **Norm** geht als Lehnwort auf das lateinische norma zurück mit den Bedeutungen ‚Richtschnur, Maßstab (vor allem der Beurteilung und Bewertung), Winkelmaß‘, aber auch ‚Regel und Vorschrift‘.

> **Norm** in moralischen Handlungszusammenhängen ist eine Verhaltensregel im Sinne einer allgemein verbindlichen Vorschrift, eines Gesetzes oder eines Prinzips. Je nach Ursprung stellt sie eine Verhaltenserwartung einer Person an sich selbst dar (= persönliche oder funktionale Norm), eine Verhaltenserwartung einer Gruppe oder der Gesellschaft aufgrund mehrheitlicher Übereinkunft zu deren Nutzen (= statistische Norm) oder die einer Religion oder Ideologie (= Idealnorm).

Normen gewährleisten den Bestand und das geregelte Funktionieren des Alltags und sozialer Gebilde. Sie erleichtern z.B. Entscheidungsfindungsprozesse und das Verhalten in alltäglichen Handlungssituationen. Bei den sozialen Normen wird unterschieden zwischen Rechtsnormen (z.B. Urkundenfälschung ist per Gesetz verboten), moralischen Normen (z.B. du sollst nicht lügen) und Konventionen (z.B. man bedankt sich für ein Geschenk), zwischen denen es durchaus Konflikte geben kann. Das Ausmaß ihrer Verbindlichkeit wird durch die folgende Unterscheidung geklärt:

– *Hypothetische Normen* sagen in Wenn-dann-Sätzen, was zur Erfüllung **individueller** Bedürfnisse und Wünsche getan werden muss.
Beispiel: Wenn du Ski fahren lernen willst, (dann) musst du einen Skikurs besuchen und fleißig üben.
Die hypothetische (= nur unter bestimmten Bedingungen notwendige) Norm beinhaltet unausgesprochen, dass aus meinem Wunsch, Ski zu fahren, halt nichts Rechtes wird, wenn ich nicht bereit bin, die genannten Bedingungen zu erfüllen; zumindest gestaltet sich meine Wunscherfüllung schwieriger.
– *Kategorische Normen* bestehen demgegenüber auf ihrer verhaltenssteuernden Wirkung, unabhängig von unseren individuellen Bedürfnissen, Wünschen und Interessen. Sie stellen unbedingt gültige ethische Vorschriften, Gesetze bzw. Pflichtgebote dar (Beispiel: Du sollst nicht töten!), und zwar aufgrund ihres universellen Charakters, d.h. weil **jeder** an ihrer Einhaltung interessiert ist.

Während also Werte erstrebenswerte Ziele bzw. Orientierungspunkte menschlichen, hier moralischen Handelns sind, dienen Normen als Mittel bzw. als Sollensvorschriften des Handelns zur Verwirklichung dieser Werte.

Positive und negative Sanktionen sorgen für die Einhaltung kategorischer Normen und unterstreichen ihren dringend empfehlenden Charakter. Allerdings sollten diese Sanktionen ihrerseits hinterfragbar und gegebenenfalls auch veränderbar sein, wenn sie der aktuellen Situation nicht mehr angemessen oder nicht begründbar sind.

Für die Formulierung von Normen ist zu beachten, dass sie als vorschreibende (= präskriptive) Regeln nicht schlussfolgernd aus allein beschreibenden (= deskriptiven) Vordersätzen (= Prämissen) abgeleitet werden dürfen. Eine derartige Schlussfolgerung entspräche dem Sein-Sollen-Fehlschluss nach D. Hume, wonach Schlussfolgerungen nicht etwas enthalten dürfen, was nicht auch die Prämissen aufweisen. Aus bloßen Tatsachenbeschreibungen dürfen also nicht Vorschriften geschlussfolgert werden bzw. darf aus dem Sein nicht unmittelbar ein Sollen gefolgert werden.

Beispiel:

Aus der Tatsache, dass Mann und Frau zur Fortpflanzung in der Lage sind, kann weder gefolgert werden, dass sie sich fortpflanzen müssen, noch kann die Vorschrift ehelicher Treue als Bestandteil der Ehemoral abgeleitet werden. Eher kann sich die Ehemoral mit ihren Geboten auf den Wert der Familie für die ungestörte ganzheitliche Entwicklung der Kinder und für das geordnete Zusammenleben in der Gemeinschaft berufen.

Für die Normenprüfung gilt weiterhin, dass Normen keinen **Selbstwiderspruch** enthalten dürfen.

Beispiel:

Das Gebot „Du sollst nicht töten!", das bei Nichteinhaltung die Sanktion der Todesstrafe vorsieht, ist in dieser Kombination nicht widerspruchsfrei und die Todesstrafe bereits deshalb logisch unzulässig.

4.4 Verwirklichung von Lehr- und Lernzielen im Ethikunterricht zum Aufbau ethischer und moralischer Kompetenzen

Die Gestaltung des Ethikunterrichts ist von der bereits mehrfach erwähnten Vorgabe bestimmt, dass moralische Urteilsfähigkeit und moralisches Verhalten nicht lehrbar sind. Zumindest ist der Gestaltungsspielraum des Lehrers in der Weise zu interpretieren, dass er für Lernsituationen zu sorgen hat, in denen die Schüler selbst an der Entwicklung ihrer moralischen Urteilsfähigkeit arbeiten können. Noch mehr als in anderen Fächern muss der Lehrer im Ethikunterricht darauf bedacht sein, dass seine Lehrziele von den Schülern als selbst gewählte und gewollte Lernziele akzeptiert werden.

Schülerorientierter Unterricht bedeutet aber keineswegs Planlosigkeit. Der durchaus nötige Lehrplan muss lediglich an der aktuellen Wirklichkeit der Schüler und am gesetzmäßigen Verlauf ihrer moralischen Entwicklung orientiert sein und einen flexiblen Umgang mit den Lernzielen und -inhalten im Unterricht zulassen.

4.4.1 Lernzielorientierung als Gestaltungsprinzip des Unterrichts

Lernzielorientierung gehört nach der Überwindung mannigfacher Missverständnisse des lernzielbestimmten Unterrichtskonzepts und damit verbundener Einseitigkeiten zum festen Bestand lehrplan- und unterrichtsbestimmender Prinzipien, und zwar neben den Prinzipien des erziehenden Unterrichts, der Lernprozessorientierung, des fächerübergreifenden Prinzips und der Handlungsorientierung.

Was leisten Lernziele im Unterricht?

> 1. Ein Lernziel beschreibt einen vom Schüler angestrebten Lernfortschritt bzw. eine Kompetenzerweiterung, also wozu er eigentlich die Lernanstrengung auf sich nehmen soll.

2. Ein Lernziel wird vom Schüler umso bereitwilliger akzeptiert, je eindeutiger es ihm sagt,
   - was ganz konkret er zur Erreichung des Zieles tun muss,
   - welche Mittel, Wege und Situationen er dazu aufsuchen kann
   - und wie er selbst das Ergebnis seiner Lernbemühungen überprüfen kann.

3. Jedes Lernziel besitzt

eine **verhaltensbezogene** (formale) Komponente:	und eine **inhaltsbezogene** (materiale) Komponente:
Wie soll ich mit dem Gelernten umgehen?	**Was** soll ich lernen?
Beispiel: Die Schüler setzen sich kritisch und couragiert auseinander	mit gelungenen und misslungenen Erscheinungsformen von Autorität.

Mit Information allein ist es also im Unterricht nicht getan, vielmehr muss Wissen in Handeln, wenigstens in erprobte Handlungsfähigkeit münden.

4. Mit Rückwirkung auf die Unterrichtsgestaltung wird unterschieden zwischen kognitiven, affektiven und instrumentellen (auch psychomotorischen, pragmatischen, Arbeits-) Lernzielen.

- *Kognitive Lernziele* beziehen sich auf Wahrnehmung, Gewinnung, Verarbeitung und Reproduktion von Wissen und Erkenntnissen. Gefragt sind also Fakten, Regeln, Gesetze, Fähigkeiten der Analyse, Synthese, Interpretation und Reflexion. Kognitive Lernziele sind in Lehrplänen und im Unterrichtsvollzug hierarchisch nach Komplexität geordnet. Z. B. verlangt der bloße Einblick in einen Sachverhalt weniger Lernaufwand als die gründliche Kenntnis.
- *Affektive Lernziele* fordern zu wertender Stellungnahme und Urteilsbildung heraus, aber auch zur Sensibilisierung des emotionalen und sozialen Verhaltensbereichs. Sie zielen auf Absichten und Einstellungen, auf Interessen und Gefühle, auf Gesinnung und Haltung, in ihrem Anspruch nach dem Ausmaß an Verinnerlichung geordnet. So ist z. B. die einfühlende Wahrnehmung eines moralisch relevanten Sachverhalts die Voraussetzung für eine wertende Stellungnahme.
- *Instrumentelle Lernziele* dienen der Einübung manueller und geistiger Arbeitstechniken und Bewegungsabläufe, wobei das Anspruchsniveau vom Ausmaß an Koordinierung und Kombination verschiedener Techniken geprägt ist.

Im Unterricht werden – im Idealfall – die drei Lernzielarten miteinander verschränkt verfolgt, ohne bewusste Planung allerdings oftmals mit einseitiger Gewichtung der kognitiven Anforderungen. Die differenzierende Beachtung der drei Lernzielarten bei der Unterrichtsplanung soll also spezifische methodische Arrangements sicherstellen, die je nach Sachlage eine entsprechend gewichtende Kombination begünstigen. Für die Planung eines möglichst effektiven Unterrichtsverlaufs lohnt es sich jedenfalls zu bedenken, ob die Schüler z. B. die für die kritische Auseinandersetzung mit unterschiedlichen Erscheinungsformen von Autorität (= kognitives Lernziel) im o. g. Beispiel nötigen Arbeitstechniken (= instrumentelle Lernziele, z. B. Fallanalyse, Beobachtung) beherrschen und zu bloßer Gedächtnisspeicherung auf Vorrat (= kognitives Lernziel) oder darüber hinaus zu wertender Stellungnahme in einem aktuellen Fall (= affektives Lernziel) gelangen sollen.

Es gilt als empirisch gesichert, dass Affekte ohnehin immer auf kognitive Lernprozesse einwirken, indem sie die Motivation steuern, Wahrnehmung und Aufmerksamkeit bündeln, bestimmte Erinnerungen ebenso begünstigen wie die gedächtnismäßige Abspeicherung emotionsgeladener Denkergebnisse sowie die Schwierigkeit des Zugangs zu kognitiven Lerninhalten vermindern (vgl. Ciompi 1997, S. 94–103).

4.4.2 Besonderheiten der Lernzielorientierung im Ethikunterricht

Zur Erinnerung: Im Ethikunterricht geht es letztlich um die Entwicklung der moralischen Urteilsfähigkeit in wirklichen Handlungszusammenhängen, im Einzelnen um empfindsames Wahrnehmen, Betroffensein, Urteilen, Werten, Entscheiden und verantwortetes Handeln.

1. Auch im Ethikunterricht sind kognitive, affektive und instrumentelle Lernziele untrennbar miteinander verbunden, der **Lernschwerpunkt** liegt aber wegen der besonderen Gewichtung der emotionalen Befindlichkeit und des Urteilens und Wertens bei den **affektiven Lernzielen**. Dies bedeutet einerseits Einschränkungen für direkte Übermittlungsvorgänge im Sinne der Belehrung, andererseits Ausweitung von Lernsituationen, in denen die Schüler ihre Lernziele in eigener Regie und Verantwortung setzen und verfolgen können. Wegesichere Planung mit Überprüfung des Lerneffekts, wie sie bei der Arbeit an kognitiven und instrumentellen Lernzielen möglich ist, schrumpft bei affektiven Lernzielen auf Anregungen mit der Qualität unverbindlicher Angebote und Empfehlungen zusammen, der Fremdüberprüfung völlig entzogen.

2. Trotzdem ist der Lehrer nicht aus seiner Organisations- und Führungsverantwortung im Ethikunterricht entlassen. **Verzicht auf Belehrung bedeutet nicht gleicherweise Verzicht auf Unterrichtsgestaltung**. Auch affektive Lernziele kommen nicht ohne kognitive und instrumentelle Anteile aus. Für den Lehrer stellt sich also die Aufgabe, unterschiedliche Lernsituationen anzubieten, in denen konsequenterweise auch sein Einfluss auf die Lernanstrengungen und die Lerneffekte der Schüler unterschiedlich ausfällt:

- Wissen und Erkenntnisse, also rein kognitive Lernziele (z. B. Handlungsmuster ethischer Begründung, vgl. A. 7) können noch am ehesten durch Vermittlungsstrategien gewonnen werden, lehrergeleitet oder von Schülern selbst erarbeitet.
- Modell-Lernen (an historischen oder aktuellen Vorbildern, am Lehrer) entzieht sich dagegen der direkten Einflussnahme sowohl im Vollzug als auch bezüglich des überprüfbaren Effekts, da der affektive Anteil maßgeblich ist.
- Konditioniertes Lernen wiederum ist geplant und in seinen Effekten überprüfbar am Platz, wenn instrumentelle Lernziele angestrebt werden, wie z. B. Vorgehen bei einer Textanalyse, Konfliktschlichtungsstrategie, Argumentationsfiguren ethischer Begründung.
- Selbsttätiges und handlungsorientiertes Lernen mit ungewissem Ausgang ist angesagt, wenn der Schüler zu selbstverantwortetem Urteilen und Werten vorstoßen soll bzw. moralische Haltung und Gesinnung erwerben und praktizieren soll – eindeutig affektive Lernziele, die allerdings ohne gefestigtes Wissen und sicher beherrschte kognitive Arbeitstechniken nicht eingelöst werden können.

Der Einfluss des Lehrers auf den Lernprozess des Schülers einschließlich der überprüfbaren Lernergebnisse ist also planbar, wenn es um die Vermittlung grundlegenden Wissens, fachspezifischer Methoden und um die Einübung in Entspannungs- und Konzentrationstechniken zur Erzeugung einer förderlichen Lernhaltung geht. Nicht mehr planbar, in den Ergebnissen unkalkulierbar und nicht überprüfbar ist sein Einfluss, je mehr das Terrain affektiver Lernziele betreten wird, also z. B. eine moralfördernde Kommunikation, eine vertrauensvolle Gesprächsatmosphäre, Einbezug der Gefühlsebene in den Unterricht oder gar wertende Stellungnahme und moralisches Handeln angestrebt werden.

Lehrer (und Schüler) können wohl geeignete Lernsituationen schaffen, einschließlich des dazu nötigen inhaltlichen und methodischen Rüstzeugs, den Weg zur weiteren Entwicklung ihrer moralischen Urteils- und Handlungsfähigkeit können die Schüler aber nur selbst beschreiten. Ohne die affektive Lernzieldimension bleibt der Ethikunterricht letztlich in fruchtlosem Historismus, unverbindlicher Informationsausgabe und in der Einübung von Problemanalysetechniken oder auch in gruppendynamischer Spielerei um ihrer selbst willen stecken.

3. Lernziele werden in allen drei Verhaltensbereichen auf unterschiedlichen Anforderungsniveaus verfolgt. Im affektiven Verhaltensbereich ist **das Kriterium der zunehmenden Lernanforderung das Ausmaß der Annahme und Verinnerlichung**.

Die bereits klassische Lernzieltaxonomie (hier: hierarchisch gegliederte Ordnung) im affektiven Verhaltensbereich stammt von Krathwohl u. a. (1964):

1. Aufnehmen und beachten	bedeutet z. B. im Ethikunterricht: 1. bemerken, aufmerksames Wahrnehmen, Sensibilität für moralische Problemsituationen
2. Reagieren, antworten	2. Interesse zeigen, Anteil nehmen, darauf zugehen
3. Werten	3. ablehnen oder annehmen; für gut oder schlecht, richtig oder falsch halten, tolerieren
4. Aufbau und Organisation einer Werthierarchie	4. vergleichen, einschätzen, würdigen, einordnen
5. Charakterisierung des Verhaltens durch einen Wert oder Wertkomplex	5. prinzipien- oder wertorientiert handeln, überzeugt sein, eine feste Einstellung haben …

Die komplexeren Lernzielstufen setzen jeweils die Beherrschung der einfacheren voraus, andernfalls wird Überforderung der Schüler riskiert.

Beispiel:

Bevor Hilfsbereitschaft als handlungsleitender Wert in konkretes Verhalten umgesetzt wird, evtl. sogar zu einem tragenden Bestandteil sittlicher Haltung ausreift, muss sie in einer konkreten Situation gefühlsmäßig als notwendig erfahren und in einer Bewertung der Situation auf den Begriff gebracht worden sein sowie ihren Platz in der Rangordnung wertorientierter Verhaltensweisen bekommen haben. Ohne Sensibilisierung für fremde und eigene Not, ohne einfühlsame Anteilnahme und eigene Erfahrungsgrundlage besteht kein Anlass zur Ausübung von Hilfsbereitschaft. Ohne emotionale Beteiligung bleibt Hilfsbereitschaft bestenfalls ein Produkt rationaler Distanz (vgl. hierzu auch B. 4.2: Der Ethikunterricht als erfahrungs- und handlungsorientiertes Regelkreislernen).

4. Ein Qualitätsmerkmal lernzielorientierten Unterrichts ist die **Operationalisierung von Lernzielen**, d. h. deren eindeutige und damit überprüfbare Formulierung als zielgerichtete sinnvolle Handlungseinheiten des Schülers im Unterricht. Die in der Regel ergebnisbezogenen Lernziele und/oder Inhaltsvorgaben des Lehrplans müssen in **lernprozessorientierte Lernziele** umgesetzt werden; anders gesagt: der Schüler muss unmissverständlich erfahren oder sich selbst erarbeiten können, welche Handlungen er zur Erreichung der Lernziele ausführen soll, welcher Mittel er sich dabei bedienen und wie er seine Lernergebnisse überprüfen kann (Lernprozessorientierung im Ethikunterricht).
Diese konsequente Form der Operationalisierung ist für kognitive und instrumentelle Lernziele sinnvoll und möglich, nicht aber für affektive Lernziele, die sich auf Verhalten beziehen, das nicht verlässlich beobachtbar und messbar ist. Operationalisierbar sind im Ethikunterricht also die Lernzielanteile im Rahmen umfassender affektiver Lernzielorientierung, die auf Wissen und Kenntnisse, Verfahren und Strategien ausgerichtet sind, nicht aber solche, die Einfühlung, Werten, Urteilen und moralische Gesinnung sowie moralisches Handeln fördern sollen.

5. Die **Lernergebnisse im affektiven Lernzielbereich sind weder eindeutig kalkulierbar noch durch Leistungsmessungen überprüfbar.** Gemessen oder gar bewertet werden können wiederum die kognitiven und instrumentellen Anteile der affektiven Lernziele als Voraussetzungen des affektiven Vollzugs, der affektive Vollzug selbst aber nicht. Dieser notwendige Verzicht auf Fremdbewertung schließt freilich nicht das Arrangement von Situationen aus, in denen die Schüler das erworbene (überprüfbare) Rüstzeug erprobend in Vollzüge des Wertens, Urteilens und Handelns einbringen können, wobei die Beurteilung der Qualität ihrer affektiven Vollzüge ihnen selbst überlassen bleiben muss. Gerade moralische Dilemmasituationen (vgl. B. 5.2.4) halten die Schüler dazu an, gelernte ethische Argumentationsformen, Wissen über Werte und Normen, Erkenntnisse aus Fallbeispielen und aus dem Modell-Lernen einzubringen und zunehmend eine immer komplexere moralische Urteilsfähigkeit zu entwickeln.

6. Die affektive Lernzieldimension ist es auch, die im Ethikunterricht zwangsläufig für die **Rückbindung isoliert verfolgter kognitiver und instrumenteller Lernziele in einen größeren Sinnzusammenhang der Wirklichkeit** sorgt. Im Ethikunterricht werden nicht Wissen und Können auf Vorrat angehäuft, sondern es wird immer altersentsprechend an der Entwicklung der moralischen Urteilsfähigkeit gearbeitet, die ihre sofortige Bewährungsprobe im schulischen und außerschulischen Alltag findet. Der engere und weitere Erfahrungshorizont der Schüler ist das Arbeitsfeld des Ethikunterrichts, für dessen Bewältigung z. B. Fallbeispiele bedacht, philosophische Ethik reflektiert und Techniken verbesserter Selbst- und Fremdwahrnehmung geübt werden.

7. Für die Überprüfung operationalisierbarer kognitiver und instrumenteller Lernziele durch Leistungsmessungen kommen in Entsprechung zum Anspruchsniveau beim Lernprozess die folgenden **Lernzielstufen**, auch Anforderungsbereiche genannt, in Frage:

– *Reproduktionsaufgaben* verlangen die bloße Wiedergabe von Kenntnissen (z. B. von Daten, Namen, Begriffen, Situationen) bzw. den Vollzug von Methoden, und zwar in derselben Weise, wie sie im vorangegangenen Unterricht gelernt und geübt wurden.

  a) Nennen Sie das einzige Gesetz der formalen Ethik! (Name, Wortlaut) Erwartete Antwort: Kategorischer Imperativ: „Handle so, dass die Maxime deines Willens jederzeit zugleich als Prinzip einer allgemeinen Gesetzgebung gelten könne!"

  b) Frage mit Mehrfachwahlantworten: Die Einflüsse von Tradition und von gesellschaftlichen Erwartungen werden nach S. Freud repräsentiert durch das Es, Ich, Über-Ich. Erwartete Antwort: Ankreuzen von Über-Ich.

– *Reorganisationsaufgaben* halten den Schüler dazu an, bekannte und geübte Kenntnisse und Fähigkeiten unter einem neuen Frageaspekt zu betrachten, anders zu ordnen, in einem anderen Zusammenhang zu erproben usw.
  Beispiel: Das Höhlengleichnis Platons in einem Schaubild darstellen und mit einem Beispiel verdeutlichen.

– *Transferaufgaben* erfordern die Übertragung und Anwendung von Kenntnissen und Fähigkeiten auf Sachverhalte und Situationen, die neu, aber mit der erworbenen Grundausrüstung lösbar sind.
  Beispiel: Anwendung der Maximenprüfung Kants auf eine Dilemmageschichte.

- Bei *Problemlösungsaufgaben* hat der Schüler selbstständige Leistungen zu bringen, indem er in vorgegebenen Sachverhalten oder Situationen das Problem erkennt und definiert sowie durch eigenes Arrangement seiner Kenntnisse und Fähigkeiten löst. Seine besondere Leistung liegt hier im Erkennen und Bearbeiten von Beziehungen, Zusammenhängen und Strukturen der gegebenen Fakten und von (kreativen) Kombinationsmöglichkeiten.
  Beispiele:

  a) Erörtern Sie an einem der folgenden Werte die Behauptung, dass die Verabsolutierung *eines* Wertes als höchstem über allen anderen Werten mit der Verhaltensfolge, ihn immer und unbedingt anzustreben, zu einer Wert-Tyrannei und zu Inhumanität führt! (Es folgt eine Liste von Werten.)

  b) Weshalb lässt sich diese Behauptung auf Werte wie Liebe, Humanität kaum anwenden?

- Die von uns den vier üblichen Lernzielstufen nach H. Roth hinzugefügte *Lernzielstufe des Problemfindens* beschreibt im Unterschied zur vorausgehenden den Vorgang, Probleme im Umfeld ohne vermittelndes Arrangement (z. B. des Lehrers) selbstständig auffinden und bearbeiten zu können.
  Beispiel: Aus einem abgegrenzten Teil einer Tageszeitung oder aus der gemeinsam betrachteten Tagesschau vom Vortag ist durch die Schüler ein moralisch relevanter Sachverhalt herauszufinden, auf seine Problemhaltigkeit hin zu erörtern und auf Lösungsmöglichkeiten hin zu untersuchen.
  Der hohe Anspruch an die Leistung der Schüler wird diese Lernzielstufe kaum im Rahmen von Leistungsmessungen Verwendung finden lassen. Sie stellt aber den idealen Einstieg z. B. für problemorientierte, entdeckende, projektorientierte und handlungsorientierte Unterrichtseinheiten dar.

Auf jeder Stufe können selbstverständlich Lernerfolgskontrollen und Leistungsmessungen in jeder denkbaren Variante der Fragestellung durchgeführt werden. Es kommt also nicht auf die Form der Fragestellung, sondern auf ihr Anspruchsniveau an, wonach sie einer bestimmten Lernzielstufe zuzuordnen ist. Deshalb können auf jeder Stufe direkte Fragen, Fragen mit Mehrfachwahlantworten, Lückentexte, Textvorgaben zum Unterstreichen, Entwürfe grafischer Darstellungen, Erläuterungen vorgegebener Grafiken, Richtig-falsch-Aufgaben, Zuordnungsaufgaben, Ergänzungsaufgaben, Entwürfe von Ordnungsschemata etc. verwendet werden.

5 Methoden im Ethikunterricht

Unterrichtsmethoden bezeichnen zielgerichtete und nach festgelegten Regeln ablaufende Verfahren zur Bearbeitung von Lerninhalten unter den institutionellen Bedingungen der Schule. Sie legen den Interaktionsrahmen von Schülern und Lehrern für ihr gemeinsames Handeln an Unterrichtsinhalten zur Erreichung von Lehr- bzw. Lernzielen auf dem Weg zu Kompetenzen fest.

Ihre optimale Wirkung entfalten sie nicht durch isoliert geplante Verwendung, sondern **im stimmigen Kontext** von leitendem Unterrichtskonzept, angestrebtem Lernziel, der Eigenart der Lerninhalte, dem Entwicklungsstand und der Methodenkenntnisse der Schüler und den organisatorischen und technischen Rahmenbedingungen des Unterrichts.

So ist z. B. Gruppenarbeit nur sinnvoll und glaubwürdig

- bei Problemen, deren Lösungsqualität durch die Zusammenarbeit mehrerer Schüler steigt,
- unter gleichzeitiger bewusster Mitnahme der Chance des sozialen Lernens,
- wenn die Fähigkeiten der Schüler zur Problembearbeitung, Kooperation und Metakommunikation hinreichend eingeübt sind
- und das benötigte Lernmaterial ökonomisch zugänglich ist.

Letztlich ist auf Lehrer- und Schülerseite durch den Umgang mit Unterrichtsmethoden angestrebt, **selbstständig ausgeübte (unterrichts-)methodische Handlungskompetenz zu erwerben bzw. auf optimale Weise das Lehren und Lernen zu lernen**.

Dies bedeutet im Einzelnen:

- Beherrschen der Verfahrensregeln überfachlicher und fachspezifischer Methoden;
- selbstkritische Reflexion der Entstehungsbedingungen dieser Kompetenz, wie z. B. der unterrichtstheoretischen Grundeinstellung, des unbedacht routinierten oder kritisch überprüften Erfahrungswissens, der institutionellen Rahmenbedingungen, eigener Vorlieben und Abneigungen gegenüber bestimmten Methoden;
- das Bewusstsein vom Einfluss des Methodengebrauchs auf das Denkvermögen und die Erkenntnisgewinnung;
- das Mitbedenken der – evtl. verändernden – Wirkungen von Methoden auf den Unterrichtsgegenstand;
- die Bearbeitung der Methoden selbst als Unterrichtsgegenstand, die damit regelmäßiger Überprüfung zugänglich und für eventuelle Veränderung offen sind, letztlich auf ihre Leistungsfähigkeit und ihre Grenzen hin zu bedenken sind;
- die wechselseitige Information von Lehrern und Schülern über ihre Erwartungen, Unsicherheiten und Experimente im Bereich der Unterrichtsmethoden.

5.1 Methodische Grundsatzentscheidungen im Ethikunterricht

5.1.1 Der Stellenwert von Unterrichtsmethoden im Ethikunterricht

Unterrichtsmethodische Entscheidungen werden vom zugrunde liegenden Unterrichtsverständnis getragen, das seinerseits auf der Anschauung von der Aneignung der Wirklichkeit beruht. Dazu gesellen sich fachspezifische Anforderungen, die der Beliebigkeit in der Methodenwahl Grenzen setzen.

Im Ethikunterricht ist der Lehrer nicht nur von der generellen Notwendigkeit aktiver Wirklichkeitsbegegnung her, sondern auch von der unmittelbaren Handlungsorientierung des Faches her in die Pflicht genommen, Lernsituationen anzuregen, die

- selbstständiges Lernen anstoßen und fördern,
- verständigungsorientierte Kommunikation einüben,
- fürsorglichen Umgang miteinander ermöglichen
- und Raum für die Erprobung verantwortlichen Handelns auf eine sinnorientierte und gerechte individuelle wie kollektive Lebensführung hin schaffen.

Nur selbstbestimmte Verantwortungsübernahme in einer Handlung und für eine Handlung bedeutet Moralität im Unterschied zu bloß technisch bestimmtem Tun, umtriebiger Geschäftigkeit oder auch reibungslosem Funktionieren in einem sozialen System.

Schulisch organisierte Lernsituationen stellen selten den Ernstfall dar, üblicherweise bereiten sie bestenfalls auf diesen vor. Der Ethikunterricht kann sich eine solche Reduktion auf Ernstfallvorbereitung nicht leisten. Ethische Orientierungshilfe brauchen die Schüler hier und jetzt, in ihren augenblicklichen moralischen Problemsituationen, dem Entwicklungsstand ihrer moralischen Urteilsfähigkeit angemessen. **Das methodische Arrangement muss das erfahrungs- und handlungsorientierte Regelkreislernen sicherstellen**, das bei aller nötigen Schwerpunktsetzung immer wieder in die Abfolge Sensibilisierung der Sinne → ganzheitliche Wahrnehmung → Abwägen von Handlungsmöglichkeiten und Verantwortungsübernahme → wert- und prinzipienorientierte Entscheidung → moralische Handlung mündet. Je nach Lernort im Regelkreis sind also im Sinne ganzheitlich bildenden Lernens z. B. Methoden der Selbst- und Fremdwahrnehmung, der Kommunikation und konzentrierter Selbstbesinnung, des Modell-Lernens und wissenschaftlicher Wirklichkeitserschließung, der Wertklärung und -diskussion, der Urteilsfindung und der selbstverantwortlichen Ableitung von Handlungsmaximen gefragt.

Entscheidend ist der aufgezeigte **Methodenzusammenhang**. Jede einseitige Methodenbevorzugung würde ein Zerrbild des Ethikunterrichts abgeben:

- Überwiegende Wahrnehmungsübungen bergen die Gefahr egozentrischer Selbstbespiegelung und/oder mit Skrupeln beladener Entscheidungsunfähigkeit.

– Ausschließliches Modell-Lernen an historischen und aktuellen Vorbildern fördert die personbezogene Anpassung.
– Bevorzugte Normen- und Wertdiskussion mündet in rationale Distanz zur ganzheitlichen moralischen Wirklichkeit.

5.1.2 Handlungsorientierung im Ethikunterricht

Handlungsorientierter Unterricht als das die Lehr-/Lernplanung leitende Konzept versetzt den Schüler in die Lage, – in alters- und entwicklungsgemäßer Weise – Aufgaben und Situationen der für ihn erfahrbaren und bedeutungsvollen Wirklichkeit selbsttätig zu erkennen, zu deuten und zielorientiert zu bewältigen sowie für seine Handlungsergebnisse die Verantwortung zu übernehmen. In sozialen Handlungssituationen lernt er darüber hinaus seine Handlungspläne mit denen der anderen Beteiligten über Vorgänge der Verständigung zu koordinieren. Entscheidend für den handlungsorientierten Unterricht ist nicht der Besitz von Wissen und Können, sondern **wie die Schüler ihr Wissen und Können erwerben und verwenden**.

1. Die allgemeingültige Beschreibung des handlungsorientierten Unterrichts erfüllt die Forderung des Lernens im Ethikunterricht als **vom Schüler aktiv gestaltete Entwicklung seines moralischen Urteilsvermögens** (vgl. 3.1). Diese kann nur gelingen, wenn sich der Schüler in aktuelle Entscheidungssituationen gestellt erlebt, die ihn nicht nur tatsächlich betreffen, sondern für deren Lösung er auch einen Beitrag zu leisten vermag und deshalb Lösungsverantwortung entwickeln kann.
Der Schüler selbst soll im Ethikunterricht erleben, argumentieren, werten, urteilen und handeln, evtl. durch die Methode der Plus-1-Konvention zu höherwertigen Aktivitäten und durch die Methode des praktischen Diskurses zu verständigungsorientierter Übereinstimmung provoziert. Dies schließt Wissensvermittlung z. B. über historische ethische Systeme als Materiallieferung für die beschriebenen Aktivitäten nicht aus, obwohl auch in diesem Fall der nachhaltigere Lerneffekt über Selbstaneignung zu erzielen wäre.

2. Für den **Verlauf des handlungsorientierten Ethikunterrichts** ergeben sich folgende Stationen:

①

Forderungen des Lehr-plans, organisatorische und mediale Gegeben-heiten	↔	Aktuelle moralische Problemsituation bzw. echte oder hypothetische Dilemmageschichte	↔	Klärung der Lernvoraus-setzungen sowie der Interessen und Bedürf-nisse der Schüler

② Vorläufige Lehrziele für die Unterrichtseinheit, orientiert an angestrebten Kompetenzen

③ Präsentation der moralischen Problemsituation:

Problembegegnung und Orientierungsphase für die Schüler
Zweck: Erleben, Wahrnehmen, Deuten, Formulieren der Problemlage, erste Stellungnahme; Sichten der vorhandenen Kenntnisse und Fähigkeiten zur Lösung des Problems, aber auch der Kenntnislücken

④ (Gemeinsame) Ableitung der Lernziele für die Unter-richtseinheit, differenziert nach kognitiven, affekti-ven, instrumentellen Lernzielen

Entscheidung über die Einzelbausteine des Unterrichts:

eher an Nach- und Mitvollzug orientiert	eher handlungs- und schülerorientiert

⑤ Lehrer und Schüler verständigen sich über
– Handlungsprodukte
– Handlungspläne
– Arbeitsstrategien bzw. Unterrichtsmethoden
– Medien
– Zeiteinteilung

⑥ Ausführung der Handlungspläne durch Lehrer und Schüler über Darbietung (Lehrer, Schüler, Medien) oder arbeitsteilig in Kleingruppen

⑦ Auswertungsphase:
– Darstellung und Begründung der Handlungspro-dukte, auch von Alternativen
– Kritische Reflexion der Handlungsprodukte und des Handlungsverlaufs
– Ableitung generalisierbarer Konsequenzen für ethische Konfliktfälle
– Zusammenfassung unbearbeiteter, neu aufgeworfe-ner, weiterführender Probleme
– Evtl. Präsentation des Handlungsprodukts (für die anderen Gruppen, andere Klassen, außer-schulische Adressaten, z. B. durch Wandbilder, Zeitung, Vorführung, Ausstellung, Spiele, Feiern...)

Je nach Entwick-lungsstand der me-thodischen Hand-lungskompetenz und der moralischen Ur-teilsfähigkeit werden die Entscheidungen über Lernziele, Me-thoden, didaktische Schwerpunkte und Medien gemäß Regel-kreislernen von den Schülern mitgetra-gen, ebenso die stän-dige Arbeit an der Kommunikation.

Erläuterungen:

Dargestellt ist der **Idealverlauf** einer handlungsorientierten Unterrichtseinheit. Entsprechend variiert umfasst er bei relativ leicht lösbaren Dilemmageschichten ohne weit ausgreifende zusätzliche Materialbearbeitung eine Unterrichtsstunde, in den meisten Fällen eher eine Doppelstunde. Bei materialaufwendiger und vielschichtig arbeitsteiliger Problembearbeitung kann er aber auch dem Verlauf eines Projekts entsprechen. Bei derart umfangreichen Unterrichtsverläufen ist zusätzlich Teamarbeit der Lehrer einzuplanen, die einander von ihrer jeweiligen fachlichen Kompetenz her zuarbeiten – am besten in Phasen des Epochalunterrichts.

① bezieht sich auf die **Vorüberlegungen** des Lehrers, der auch im Ethikunterricht seine Führungsfunktion wahrnehmen muss, und zwar auf der Basis seiner Vorkenntnisse über Klasse, Situation, Lehrplan und aufgrund seiner fachlichen Kompetenz.
Echte Motive zu ethisch begründetem Urteilen und Handeln erwachsen den Schülern aus der aktuellen Wirklichkeit, die sie unmittelbar betrifft, also aus Vorkommnissen z. B. in der Familie, in der Nachbarschaft, im Bekanntenkreis, im Verkehr, auf dem Schulweg, in der Schule, in den Massenmedien. Solche Vorkommnisse haben die Priorität im Ethikunterricht und sie sind auch zum Teil im Lehrplan als erfahrungsmäßig interessierende Problemsituationen vorgesehen. Dem Lehrer bleibt es vorbehalten, aktuelle Problemfälle zu erkennen und aufzugreifen bzw. Lehrplanvorgaben mit den Interessen und den Bearbeitungsfähigkeiten der Schüler in Übereinstimmung zu bringen.

② Nach der Klärung der Ausgangssituation für die Unterrichtseinheit hält der Lehrer in einer offenen Grobplanung in **Lehrzielen** fest, welche Informationen vermittelt werden müssen, welche Arbeitstechniken vorauszusetzen oder erst einzuüben sind, wo und in welchem Ausmaß Werten und Urteilen gefragt sind. Diese – für Veränderungen offene – Grobplanung verschafft dem Lehrer einen Überblick, wie realistisch, arbeitsaufwendig, lehrplankonform oder -fern, zeitintensiv usw. das Unternehmen ist. Außerdem ist dies der Ort, wo der Lehrer – dem Prinzip des Exemplarischen entsprechend – jene Lehrplaninhalte sichten und dem Unterrichtsthema zuordnen kann, die hier sozusagen als mitbehandelt aufgehoben sind. Nach dem Prinzip der Lernzielbündelung schließlich kann er Lernziele und Lerninhalte an verschiedenen Stellen des Lehrplans als zusammenpassend der Unterrichtseinheit zur eigenen Bearbeitung hinzufügen.

③ Die **Präsentation der moralischen Problemsituation** beabsichtigt, die Schüler – ausgehend von einer spontanen Gefühlsreaktion und der Einfühlung in die Situation – zu aufmerksamem Wahrnehmen und zu einer ersten (vorläufigen) Stellungnahme zu veranlassen. Die Phase dient nebenbei dem Austausch von Interpretationen und Interessen zwischen Lehrer und Schülern, wodurch unterschiedliche Akzentuierungen für die spätere Bearbeitung deutlich werden, für den Lehrer auch Möglichkeiten und Notwendigkeiten erkennbar werden, gezielt durch geeignete Impulse auf die moralische Entwicklung der Schüler Einfluss zu nehmen, vor allem durch die Plus-1-Konvention.
Generell stellt die Präsentation einen Test dar, ob und inwieweit die Vorüberlegungen des Lehrers und seine daraus abgeleiteten Lehrziele überhaupt mit der Interessenlage und dem Entwicklungsstand der Schüler übereinstimmen.
Den Zugang zur Problemsituation erleichtern geeignete Präsentationsformen, z. B. eine (spannende) Lehrererzählung oder gar der Bericht von einem eigenen Erlebnis, ein Text aus einem Roman, einer Biografie, einer Zeitung, ein Film- oder Videoausschnitt, ein Hörspiel, am meisten eine gemeinsam erlebte Situation, wie z. B. Verstöße gegen vereinbarte Regeln und Rituale, gegen die Hausordnung etc.

④ Die jetzt mit den Schülern gemeinsam mögliche **Lernzielformulierung** stellt – in Übereinstimmung, Ergänzung oder Veränderung der vorläufigen Lehrziele des Lehrers – sicher, welche Vorleistungen durch Einübung von Arbeitstechniken erbracht werden müssen, welche Lernleistungen im Einzelnen zu erbringen sind, welche Informationen zur Lösung der Problemsituation nötig sind und ob diese in direktivem Unterricht (durch Lehrer, Schüler, Medien) oder in offenem Unterricht (handlungsorientiert in selbstständiger Erarbeitung durch die Schüler) erworben werden können.

⑤ Die hier genannte **Verständigung** zwischen Lehrer und Schülern zielt auf die **exakte schriftliche Fixierung der getroffenen Vereinbarungen** an der Tafel, auf einem Flipchart, einer Folie, einem Arbeitsblatt. Die selbstständige – meist auch noch arbeitsteilige – Bearbeitung der Lernaufgaben in Phasen des handlungsorientierten Unterrichts setzt die jederzeit mögliche zuverlässige Orientierung des Schülers im Lernfeld voraus, und zwar ohne Nachfrage beim Lehrer.

⑥ Die **Ausführung der Handlungspläne** erfolgt aufgrund der in ⑤ getroffenen Vereinbarungen. Festgelegte Haltepunkte zum Informationsaustausch, zur Besprechung von Arbeitsschwierigkeiten und evtl. zur Einplanung weiterer nötiger Arbeitsaufgaben ermöglichen die flexible Anpassung der Handlungspläne an die tatsächliche Lernleistung der Schüler. Der Lehrer fungiert hier in der Regel als (gefragter) Berater, der vor allem daran interessiert ist, den Schülern die Strategie verständigungsorientierter Kommunikation altersentsprechend zu vermitteln, statt ihnen Entscheidungen abzunehmen. Bei aller Zurückhaltung muss er aber auch treffsicher erkennen, wann eine kleine Hilfestellung oder ein informativer Einschub seinerseits nötig ist, um einen festgefahrenen Lernprozess wieder in Schwung zu bringen.

⑦ Die **Auswertungsphase** darf im Ethikunterricht nicht auf Darstellung und Zusammenfassung der Lernergebnisse beschränkt bleiben.
Alternative Lösungsvorschläge und ihre Begründung sind einem wertenden Vergleich zu unterziehen, evtl. verbunden mit der Ableitung ergänzender Informationsbeschaffung.
Darüber hinaus ist die Brauchbarkeit der gewonnenen Handlungsempfehlungen wenn immer möglich in moralischen Konfliktsituationen zu prüfen, zu denen die Schüler einen unmittelbaren Bezug haben. Jedenfalls darf der Ethikunterricht nicht in bloßer Gedankenspielerei stecken bleiben, so interessant diese auch sein mag.
Noch weniger verzichtbar als in anderen Fächern ist im Ethikunterricht **die kritische Reflexion des Handlungsverlaufs**, und zwar sowohl bezüglich der Qualität des Methodengebrauchs als auch im Hinblick auf die Gruppendynamik (= Kräftespiel in Gruppen) der Lerngruppen. Der Schnittpunkt zwischen sozialem Lernen und moralischer Entwicklung wird in dieser Reflexion besonders deutlich, zumal festgestellte Defizite sofortigen Handlungsbedarf signalisieren.

5.1.3 Grundsätze der Methodenwahl

Als Entscheidungsgrundlage für die methodische Gestaltung des Ethikunterrichts scheinen mir die **10 Gebote der Moralerziehung** von F. Oser (Adam/Schweitzer 1996, S. 81 f.) bedenkenswert zu sein. Sie wollen den Rahmen des Ethikunterrichts sowohl gegenüber unsystematischem und auf den Zufall vertrauendem Lernangebot als auch gegenüber geplanten Einseitigkeiten abstecken:

1. „Keine moralische Stimulierung zu höherer Stufe ohne Stimulierung moralischer Handlung."
   Ohne Anbindung der Einsicht an die Handlung, der neu gewonnenen Erkenntnisse an die Bewältigung erlebbarer moralischer Konfliktsituationen, hypothetischer Dilemmata an echte Dilemmata, z. B. in der Schulwirklichkeit, bleibt die Wahrscheinlichkeit einer Höherentwicklung der moralischen Urteilsfähigkeit gering.

2. „Kein Werturteil ohne Wertkonflikt."
   Werturteile ergeben sich in der Regel aus der Abwägung sich widerstreitender Werte, deren Zueinander und Gewichtung je nach Situation verschieden aussehen können. Selbst feste und bewährte Wertüberzeugungen können durch ungewohnte oder veränderte Situationen in Frage gestellt werden. Aufgabe des Ethikunterrichts ist es nicht, die Schüler zu linearen, immer gleichen Werturteilen, sozusagen zu rezeptologischen Problemlösungen zu bringen, sondern den Wertkonflikt in einer konkreten Situation immer wieder neu wahrzunehmen und in Rücksicht auf leitende Prinzipien **und** die konkrete Situation zu lösen.
   Nicht selten ändert sich die Werthierarchie unter dem Einfluss persönlicher Interessen und Bedürfnisse, wenn z. B. die verwitwete Mutter, die den Kindern das elterliche Haus geschenkt hatte, sie unterstützt und als Babysitter gute Dienste leistet, einige Zeit später pflegebedürftig wird. Jetzt steht plötzlich unter dem Eindruck der Belastung die vorher irrelevante Frage zur Entscheidung an, ob man die Mutter im Haus pflegen oder ins Altenheim abgeben soll.

3. „Kein Urteil über die Fehler anderer Personen ohne Änderung und Formung in der eigenen Welt."
   Erkenntnisse oder gar Überzeugungen, die aus der Behandlung moralischen Fehlverhaltens historischer oder gegenwärtiger Personen gewonnen wurden, bleiben graue Theorie und unwirksam, wenn sie nicht auf die eigene Wirklichkeit übertragen und dort auf ihre Beständigkeit überprüft werden. Moralische Urteilsfähigkeit ist nur zur Hälfte praktiziert, wenn z. B. die mangelnde Zivilcourage der meisten Deutschen angesichts der Willkürmaßnahmen des NS-Regimes gegen Juden, Sinti und Roma, Homosexuelle, Behinderte etc. als moralisches Fehlverhalten erkannt und verurteilt wird, gegenwärtige Fremdenfeindlichkeit und Rassismus aber unbeachtet bleiben.

4. „Kein Lernen dessen, was getan werden muss, ohne zu lernen, was nicht getan werden soll."
Normen ergeben sich mit zwingender Notwendigkeit, wenn im Zusammenhang mit eigenem oder fremdem moralischem Versagen die negativen Konsequenzen (von Strafe über das Gefühl ungerechter Behandlung bis zum zerstörerischen Eingriff in das Leben anderer oder in die Umwelt) unmittelbar einsehbar sind. Die mögliche Unordnung ohne Normen muss erkannt sein, bevor die Normen überzeugt gelebt werden können.

5. „Kein unterstützendes moralisches Klima ohne eine Art ‚gerechter und fürsorglicher Gemeinschaft'."
Ein vertrauensvolles Klima kann im Unterricht nur entstehen, wenn Vertrauen praktiziert wird, in der Regel beginnend mit einem Vertrauensvorschuss des Lehrers. Da die Entwicklung moralischer Urteilsfähigkeit ohne persönliche Stellungnahmen und ohne vergleichenden Einbezug der eigenen Lebenswelt nicht gelingen kann, sind im Vorfeld und begleitend die ständige Arbeit an prosozialen Verhaltensweisen, im Schulalltag praktizierter Zusammenhalt, konstruktive Konfliktbearbeitung und Einübung in demokratisches Verhalten nötig. Wieder einmal erweisen sich bewusst geplantes soziales Lernen, moralische Erziehung als Unterrichtsprinzip und erziehender Unterricht als umfassende Voraussetzung für die moralische Entwicklung.

6. „Keine Moralerziehung als Indoktrination oder als Relativismuskonzept."
Moral kann weder durch Belehrung noch durch Zwang vermittelt werden, da sie alltagstaugliche Beständigkeit nur auf dem Fundament freiwilliger Anerkennung von Normen gewinnen kann. Aufgezwungene Moral – ein Widerspruch in sich – bricht beim Wegfall der überwachenden (und strafenden) Instanzen in sich zusammen.
Ebenso wenig Nutzen im Sinne alltagstauglicher Beständigkeit bringt eine Moralerziehung nach Art des Werterelativismus. Beliebigkeit in der wertorientierten Begründung moralischen Verhaltens stellt die notwendige Allgemeingültigkeit von Normen und Werten in Abrede. Gerade die Grenzmarken des Ethikunterrichts in Gestalt des von Familie, Peergroups, heimlichem Lehrplan, Massenmedien und öffentlichen Meinungsmachern getragenen Werterelativismus fordern wohl Spielraum zur Orientierung, aber auch Lernsituationen, in denen die Schüler in verständigungsorientierter Auseinandersetzung einen moralischen Standpunkt gewinnen können, der den Anspruch der Allgemeingültigkeit erfüllt.

7. „Keine moralische Erziehung ohne soziales Lernen."
Die weitgehend abstrakte Arbeit an der moralischen Urteilsfähigkeit mündet mit ihren jeweiligen Effekten in den konkreten Umgang mit den Anforderungen der sozialen Umwelt. Moralisches Verhalten wird erprobt z. B.
   – in kooperativen Lernphasen, die von der Absicht getragen sind, jeden Gruppenteilnehmer zu seiner höchstmöglichen Leistung freizusetzen,

- in Helfer- bzw. Tutorensystemen zur Kompensation von Defiziten oder zur behutsamen Führung in Erkenntnisprozessen;
- in der Übernahme von Verantwortung für Gemeinschafts- und Ordnungsaufgaben in strikter Orientierung an demokratischen Verhaltensgrundsätzen;
- in Fürsorge (C. Gilligan) für Benachteiligte, gleich aus welchem Anlass (Behinderung, mangelnde Sprachkenntnisse, Außenseiter...);
- in praktizierter Gerechtigkeit (L. Kohlberg), z. B. bei der Schlichtung von Konflikten, bei der Zuteilung von Vergünstigungen und Chancen.

8. „Kein ethisches Wissen ohne Anwendung von konkretem Problemlösen."
Hier geht es um die kognitive Leistung der Anwendung z. B. des kategorischen Imperativs als Prüfmaßstab für moralische Handlungsrichtlinien bzw. Normen in konkreten Situationen oder um die vergleichende Betrachtung eines moralischen Sachverhalts vor dem Hintergrund verschiedener Handlungsmuster ethischer Begründung (vgl. A. 7).

9. „Keine moralische Diskussion ohne Erläuterung von Werten und Tugenden. Diese sind die Inhalte der moralischen Erziehung."
Moralische Diskussionen ohne leitende Bezugspunkte bleiben in vordergründiger Situationsethik und im wahrsten Sinne des Wortes in Vor-Urteilen stecken. Moralische Diskussionen greifen eine konkrete Konfliktsituation immer unter der Zielfrage auf, welche Werte in dieser Situation zur Verwirklichung anstehen, evtl. für die Handlung in eine Rangfolge zu bringen sind, und welche Tugenden zumutbar für die wertorientierte Bewältigung der Situation einzusetzen sind, evtl. erst einsichtig zu machen und im Vollzug zu prüfen sind.

10. „Keine moralische Erziehung ohne intensives Training der Lehrer hinsichtlich prozeduraler Professionsmoral."
Angesichts der hohen und auch vielfach von üblicher Unterrichtsführung abweichenden Anforderungen des Unterrichtsfaches Ethik ist es unverständlich, dass es in den meisten Bundesländern noch keine ordentliche universitäre Lehramtsausbildung für dieses Fach gibt. Die zwangsläufig notdürftige Minimalausrüstung des Ethiklehrers stellt seine Glaubwürdigkeit auf eine harte Probe, wenn fundierte fachliche Kompetenz, die Kenntnis der Besonderheiten der moralischen Entwicklung, die Beherrschung praktischen Diskursverhaltens und von Metakommunikation sowie die sichere Einschätzung gruppendynamischer Gesetzmäßigkeiten gefragt sind.

5.2 Begründungsstrategien und Lernformen im Ethikunterricht

Für die **inhaltliche Letztbegründung von Werten und Normen** und der an ihnen ausgerichteten Handlungen gibt es grundsätzlich zwei Möglichkeiten:

Entweder werden moralisch relevante Handlungen im Rückgriff auf Werte und Normen begründet, die ihrerseits wieder z. B. in nicht weiter hinterfragbarer göttlicher Gesetzgebung oder in einem Reich objektiv existierender Werte, also in der Transzendenz, verankert sind.

Oder die Werte- und Normenbegründung begnügt sich mit dem Universalisierungsprinzip und dem in verständigungsorientiertem Diskurs erzielten Konsens und verzichtet auf eine endgültige Letztbegründung.

Methodisch werden moralische Handlungen nach dem Ziel-Mittel-Schema bzw. von der leitenden Absicht her begründet und beurteilt (z. B. Tugendethik, Pflichtethik) oder von den tatsächlichen oder erwartbaren Folgen her (z. B. Utilitarismus, Konsequenzialismus). Für beide Begründungsstrategien ist das Verständnis der menschlichen Handlung und ihres Ablaufs maßgeblich, denn die auf Entscheidungen beruhenden Handlungen samt ihren Folgen sind es letztlich, die den Gegenstandsbereich der Ethik ausmachen.

5.2.1 Die moralische Handlung als Grundlage der ethischen Handlungsanalyse und -bewertung

1. Bezüglich des Verständnisses der moralischen Handlung ist die folgende, auf Thomas von Aquin zurückgehende Unterscheidung von Bedeutung:

a) Die Handlung **im Sinne bloßen Tuns oder willkürlicher Vorgänge,** wie z. B. sich am Kopf kratzen, über die eigenen Füße fallen, niesen, gähnen, einschlafen usw., hat der Mensch mit anderen Lebewesen gemeinsam (= actus hominis nach Thomas, Handlung des Menschen).

b) Demgegenüber ist von einer **typisch menschlichen Handlung** die Rede, die nur ihm als Menschen im Unterschied zu anderen Lebewesen eigen ist, wenn sie die folgenden Merkmale erfüllt:
   - überlegt in Bezug auf richtig oder falsch,
   - zielgerichtet, d. h. von einer Absicht getragen,
   - willentlich, also auf einer Entscheidung für gut oder böse beruhend
   - und verantwortet mit Blick auf die Folgen (= actus humanus nach Thomas, die [typisch] menschliche Handlung).

Menschliches und damit auch moralisches Handeln heißt also kurz gefasst **„verursachen, dass etwas geschieht"** (vgl. Danto 1977), wobei dieses Verursachen beinhaltet, dass Wahrnehmen, Denken, Tätigsein und Verantworten in einem allseitigen Wechselwirkungsprozess miteinander verschränkt sind.

Nach Habermas (vgl. Habermas 2011) geht Handeln als „Bewältigung von Situationen"

- von der Deutung einer vorgefundenen Situation aus,
- und zwar vor dem Hintergrund der eigenen Lebenswelt, die den sichernden Erfahrungsrahmen vom Zusammenhang der objektiven Welt abgibt.
- Auf diesen beiden Grundlagen wird ein Handlungsplan entworfen und ausgeführt,
- um ein definiertes Ziel zu erreichen.
- M. E. verdient noch eigens erwähnt zu werden die Übernahme der Verantwortung für die Handlung und die Handlungsfolgen, gleich ob es um technisches, strategisches (= in sozialen Zusammenhängen erfolgsorientiertes) oder kommunikatives (= verständigungsorientiertes) Handeln geht.

2. Elemente einer ethischen Handlungsanalyse und -bewertung

Entscheidend für die ethische Bewertung einer Handlung sind ihr **Zweck** (= die Handlungsabsicht) und die **Folgenabschätzung**. Die Handlung selbst, also das, **was** getan wird, ist erst als gut oder böse bewertbar, wenn geklärt ist, **wozu** die Handlung ausgeführt werden soll bzw. wurde.

Weiteren, wenngleich untergeordneten Einfluss auf die Bewertung einer Handlung hat der Handlungsrahmen, die Situation, die jeder Handlung ihren besonderen Ort gibt. Thomas von Aquin spricht in Anlehnung an Aristoteles (Nikomachische Ethik, 3. Kapitel) von den **fünf äußeren Umständen** einer Handlung, die mit den sog. W-Fragen erfasst werden.

M. Klopfer stellte den Gesamtzusammenhang in einem Kontaktstudium an der Universität Augsburg mithilfe der folgenden Veranschaulichung dar:

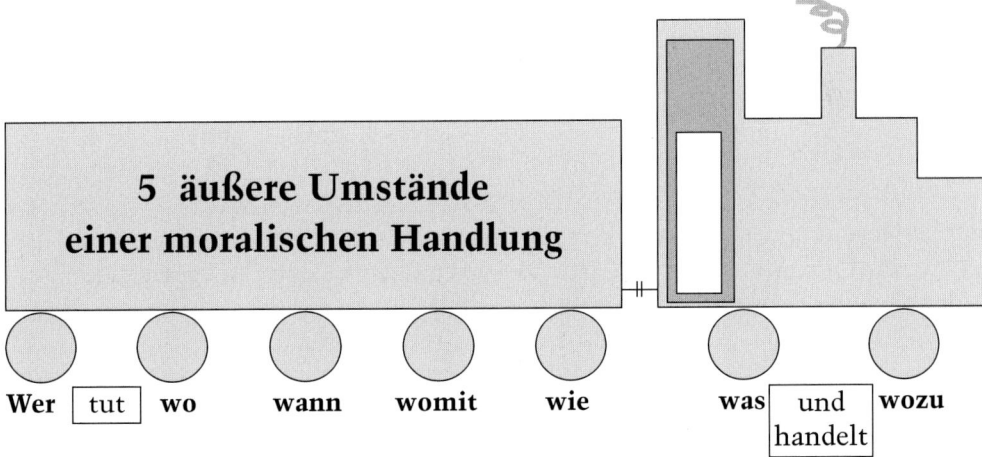

Der über gut oder böse, sittlich oder unsittlich entscheidende **Antrieb einer Handlung ist die Absicht**. Die besonderen Umstände einer Handlungssituation können zur Erklärung beitragen, ob Ort, Zeitpunkt, Mittel und Methoden richtig oder falsch, angemessen oder unangemessen sind und wer der Handelnde selbst ist.

1. Beispiel:

Ein Verein, der laut Statut u. a. zu sozialem Engagement verpflichtet ist, gibt eine Spende an eine von einer Elterninitiative getragene Kindertagesstätte. Warum?

– Um der Kindertagesstätte aus einem finanziellen Engpass herauszuhelfen und damit ihr Überleben zu sichern?
– Um publikumswirksam in der Zeitung erwähnt zu werden?
– Um das zu reich gewordene Spendenkonto zu entlasten und dem Zugriff des Finanzamtes zu entziehen?
– Um einem Vereinsmitglied einen Gefallen zu erweisen, dessen Enkelin die Kindertagesstätte besucht? etc.

Nur die erste Begründung rechtfertigt die Bewertung der Spende als eine **moralische** Handlung. Alle anderen Begründungen instrumentalisieren – und sei es nur begleitend – die mit der Kindertagesstätte verbundenen Menschen, d. h., sie werden Mittel zum Zweck. Ausschlaggebend aber für die Bewertung der Moralität einer Handlung ist der Zweck, die Absicht, nach Kant die Maxime, abgesehen davon, dass es ethisch grundsätzlich unzulässig ist, den Menschen als Mittel zum Zweck zu verwenden.

Die besonderen Umstände der Spendenübergabe können darüber hinaus noch einiges zur Klärung der Moralität der Handlung beitragen: Agiert der genannte Verein generell eher unauffällig oder imagepflegend, findet die Spendenübergabe im Rahmen einer Feierlichkeit statt, von der Presse entsprechend honoriert etc.?

2. Beispiel:

Im November 1997 fielen dem Terroranschlag einer Fundamentalistenorganisation in Luxor (Ägypten) über 60 Touristen zum Opfer. Die Organisation ließ zur Begründung ihres Anschlags verlauten: „Der Weg zum Gottesstaat führt über leere Kassen."

Hier wurden unkalkulierbar viele und zufällig ausgewählte Menschen mit ihrem Leben als Mittel zum Zweck der Errichtung eines fundamentalistischen Gottesstaates eingesetzt. Wie günstig oder ungünstig auch immer die Umstände zur Durchsetzung politischer Ziele als noch so hoch eingeschätztem Zweck sein mögen, die Vernichtung von Menschenleben ist von keinem ethischen Prinzip her zu rechtfertigen – der Terroranschlag ist somit in höchstem Maße unmoralisch.

3. Beispiel:

Auch der folgenschwerste Terroranschlag der jüngsten Geschichte am 11. September 2001 auf das World Trade Center in New York ist moralisch mit keiner Begründung zu rechtfertigen, auch nicht mit dem Rückgriff auf politische oder religiöse Gründe, da er (zufällig betroffene) Menschen instrumentalisiert; im Übrigen ein Verstoß gegen die Grundwerte einer **jeden** Weltreligion.

Hier einzuordnen sind grundsätzlich alle Beispiele des linken oder rechten Terrors, ebenso des religiös-fundamentalistischen Terrors, wie vom IS (Islamischen Staat) oder Boko Haram verübt.

5.2.2 Grundform moralisch-ethischen Urteilens und Handelns

Ebene	Handlungsleitende Sätze	Beispiel
1. Moral	Normative (= als Richtschnur dienende) Regeln für Alltagssituationen	Der in der Fußgängerzone einer Großstadt sitzende Bettler löst bei mir den Appell aus: Einem Menschen in Not soll man helfen!
2. Metamoral	Deskriptive (= beschreibende) Tatsachenbehauptungen über die moralische Wirklichkeit und Prüfung der normativen Forderung auf Zumutbarkeit und Ausmaß der Verpflichtung	Ich unterlaufe meine normative Regel bzw. Maxime mit dem Ergebnis von Gelegenheitsbeobachtungen und Kenntnissen vom Hörensagen: Die Penner versaufen aber in der Regel jeden Pfennig! Es ist doch besser, nichts zu geben.
3. Ethik	Normative allgemein verbindliche Maßstäbe zur Beurteilung moralisch relevanten Verhaltens	Z. B. sagt mir die Goldene Regel, dass ich selbst es – in Not geraten – sehr begrüßen würde, wenn mir die Passanten etwas gäben.
4. Metaethik	Deskriptive Aussagen über ethische Theorien, Begriffe, Prinzipien, z. B. Einwände – durch Sprachkritik, – zur Art der Argumentation, – zum Beurteilungsmaßstab	Die Goldene Regel ist aber für mich nicht relevant, da sie allzu sehr Gefühle und Stimmungen berücksichtigt, womit die Allgemeinverbindlichkeit fraglich wird.

Auf der **Ebene der Metamoral** besteht in besonderem Maße die Gefahr des Werterelativismus, indem man sich um die Allgemeinverbindlichkeit eigener Normen herummogelt (vgl. hierzu auch den Exkurs zu Norm unter B. 4.3.2.6). Moralisch relevante Sachverhalte in der Wirklichkeit, in der Regel noch dazu von Instanzen mit Autoritätsanspruch vertreten, werden unzulässigerweise in normative Handlungsregeln verwandelt. Unser Beispiel: Saufende Penner soll man nicht mit Geld unterstützen! Alle sagen das. Im Fernsehen hat es ein Psychologe gesagt etc.

Sollten Bequemlichkeit oder vermeintliche Unzumutbarkeit oder echte Zweifel der Ausführung einer moralischen Handlung entgegenstehen, kann das Beurteilungskriterium der Folgen die Entscheidungsfindung erleichtern. Danach ist die Handlung angebracht bzw. auszuführen, wenn das Nichthandeln schlechtere Folgen nach sich ziehen würde als das Handeln (= sog. Doppelwirkung der Handlung).

Die erläuterte Verlaufsform moralisch-ethischen Urteilens und Handelns wird im Alltag meistens nur auf den Ebenen der Moral und der Metamoral verwirklicht. Entweder obsiegt die individuelle normative Verhaltensregel über die Einwände auf der Stufe der Metamoral oder die Einwände verschaffen ein Alibi dafür, die moralische Handlung nicht ausführen zu müssen. Die Norm wird daraufhin geprüft, ob ihre Einhaltung unter den Aspekten Gerechtigkeit (Kohlberg) und/oder Fürsorge, Anteilnahme (Gilligan) zumutbar und eine unbedingte Verpflichtung ist oder ihre Nichteinhaltung etwa nur ein Kavaliersdelikt darstellt. Vom Ausmaß der Übereinstimmung oder Nichtübereinstimmung des Handelns mit der normativen Verhaltensregel, der Gewichtigkeit der zur Debatte stehenden Werte und dem betriebenen Aufwand an Mogelargumenten hängt es ab, ob die Folge des Handelns ein gutes oder schlechtes Gewissen, Zufriedenheit oder Schuldgefühl ist.

Im Ethikunterricht sollten die Schüler aber zumindest die Ebene der Ethik erreichen, die ihnen Prüfmaßstäbe an die Hand gibt, über alle Einwände hinweg ihre moralische Einstellung zu bewerten. Es geht also im Ethikunterricht nicht um die möglichst eindeutige Lösung von Fällen. Diese sind vielmehr Mittel zum Zweck, **die formale Struktur moralisch-ethischen Entscheidens und Handelns zu entdecken und zu üben**. Es geht um die Art und Weise der Entscheidungsfindung und Urteilsbegründung, welche die Schüler über die Fallbearbeitung befähigt, eigene moralische Alltagssituationen mit einer sachangemessenen Argumentationsform angehen zu können. Die Schüler sollen also anhand der Fälle weder Medizinethiker noch Umweltethiker werden, sondern an der Entwicklung ihrer moralischen Urteilsfähigkeit für ihre eigenen moralischen Probleme arbeiten. Aus diesem Grunde sind ohnehin im Ethikunterricht Fälle aus der Erlebniswelt der Schüler zu bevorzugen.

5.2.3 Das Verfahren der Wertklärung (Raths/Harmin/Simon 1978)

Das Verfahren begünstigt vor allem die kognitive Leistung, meist unbewusst und/oder unreflektiert übernommene Wertorientierungen zu klären und zu einem überlegten Instrumentarium moralischen Handelns zu machen. Die rationale Eigenleistung wird gegen Konditionierung, Imitationslernen, Manipulation und Indoktrination gesetzt. Allerdings bedarf gelungene Wertklärung auch eines emotionalen Bezugs zum Wert und der Einlösung im Handeln, weshalb bei aller Gewichtung der kognitiven Komponente auch die affektive und instrumentell-pragmatische zu berücksichtigen sind. Tragfähige Werte entstehen nach Raths u. a. nur aus bedeutsamer Erfahrung und sie verändern sich auch mit veränderten Erfahrungen. Jeder Mensch muss für eine erfüllte Lebensgestaltung **seinen Satz persönlicher Werte definieren** und den Lebensumständen anpassen.

Ablauf der Wertklärung nach Raths u. a. (a. a. O., S. 46):

„1. *Wählen*	– frei
	– zwischen verschiedenen Möglichkeiten
	– nach sorgfältiger Überlegung der Konsequenzen jeder Alternative
2. *Hochschätzen*	– daran festhalten, glücklich sein mit der Wahl
	– gewillt sein, das Gewählte öffentlich zu bestätigen
3. *Danach handeln*	– etwas mit dem Gewählten tun
	– wiederholt, in einer Art von Lebensschema

Diese Vorgänge definieren gemeinsam das Bewerten. Ergebnisse des Bewertungsvorganges nennt man Werte." Die Aufgabe des Erziehers bzw. Ethiklehrers besteht darin, Situationen für eine selbsttätige Wertklärung der Schüler zu schaffen oder auch nur bewusst zu machen und ermutigende Hilfestellung beim Vollzug der dargestellten 7 Schritte zu geben. Unmittelbare Anknüpfungspunkte sind die **„Wertindikatoren"** (= nachhaltige Hinweise auf Werte), wie z. B. Interessen, Gefühle, Einstellungen, Überzeugungen, Alltagsprobleme, Freizeitvorlieben etc., die vor allem mit der **Technik der klärenden Entgegnung** (vgl. unten) dem gründlichen Nachdenken der Schüler überantwortet werden. Schlüsselfragen für den individuellen Wertesatz sind z. B.: Wer bin ich?, Was will ich?, Wer (was) bedeutet mir viel, am meisten?, Wozu bekenne ich mich?, Was möchte ich können, erreichen? **Der Lehrer sorgt als Lernprozessbegleiter** dafür, dass die Schüler bei der Wertklärung nicht oberflächlich von Schritt zu Schritt huschen oder den einen oder anderen weglassen, sondern sich den einzelnen Aufgaben fundiert stellen. Zur gründlichen Auseinandersetzung mit individuell bedeutsamen Werten tritt als zumindest gleich wichtig die **Verinnerlichung der Wertklärungsstrategie**. Als Hilfsmethoden zur Wertklärung kommen z. B. zum Einsatz:

– Übungen der Selbstwahrnehmung,
– autobiografischer Fragebogen,
– öffentliches Interview eines Schülers durch die Klasse/Lerngruppe zu einem individuell bedeutsamen Thema, wie z. B. Familie, Freundschaft, Taschengeld,…,
– unvollständige Sätze, welche die Schüler ergänzen sollen, z. B. „Am meisten freue ich mich, wenn …", oder „So wünsche ich mir meinen Freund/meine Freundin …",

- Rollenspiele,
- Wertbogen zu einem Unterrichtsthema, z.B. zu einem Land, einem Berufs-
  feld, aus welchem die Schüler Nennungen begründend wählen sollen,
- Wochenrückblick,
- Technik der klärenden Entgegnung, mit welcher der Lehrer die Schüler zu
  genauerem Nachdenken anhalten will:

Dreißig Denkanstöße zur Wertklärung (vgl. Raths u.a. 1978)

1. Ist das etwas, was du gern hast?
2. Bist du froh darüber?
3. Wie hast du dich gefühlt, als das passierte?
4. Hast du auch an andere Möglichkeiten gedacht?
5. Hast du das Gefühl schon lange gehabt?
6. Hast du dir das selbst ausgesucht?
7. Hat man dir geraten, so zu entscheiden; konntest du frei entscheiden?
8. Hast du vor, etwas in dieser Richtung zu unternehmen?
9. Kannst du mir Beispiele dafür nennen?
10. Was meinst du mit …? Kannst du das Wort definieren?
11. Wohin würde das führen; was wären die Konsequenzen davon?
12. Würdest du das auch wirklich tun oder sagst du das bloß?
13. Meinst du damit, dass … (Wiederholung der Aussage)?
14. Hast du gesagt, dass … (etwas veränderte Wiedergabe der Aussage)?
15. Hast du dir schon viele Gedanken über dieses Problem (oder Verhalten)
    gemacht?
16. Was spricht eigentlich für diese Meinung?
17. Welche Voraussetzungen müssen erfüllt sein, damit das in dieser Weise
    ausgeführt werden kann?
18. Steht das, was du sagst, im Einklang mit … (Rückgriff auf etwas, was
    die jeweilige Person gesagt oder getan hat, das auf eine Unstimmigkeit
    hindeuten könnte)?
19. Welche anderen Möglichkeiten gibt es?
20. Ist das deine persönliche Ansicht oder glaubst du, dass die meisten
    Leute dieser Meinung sein sollten?
21. Wie kann ich dir helfen, etwas in dieser Richtung zu tun?
22. Was bezweckst du mit dieser Handlung?
23. Ist das sehr wichtig für dich?
24. Machst du das oft?
25. Würdest du anderen gern davon erzählen?
26. Hast du irgendwelche Gründe, weshalb du das sagst (oder tust)?
27. Würdest du das noch einmal tun?
28. Woher weißt du, dass das richtig ist?
29. Bedeutet das etwas für dich?
30. Glaubst du, dass man immer so denken wird?

Weitere Methoden sind z. B. enthalten in Werken folgender Autoren (vgl. Raths u. a. 1978, Simon/Howe/Kirschenbaum 1972, Mauermann/Weber 1978)

Kritik wurde und wird am Wertklärungskonzept geübt

- wegen der Überbetonung der Selbstverwirklichung durch den nicht näher zu begründenden Aufbau eines **individuellen Wertesatzes,** womit konsequenterweise Wertrelativismus verbunden ist;
- wegen des ausdrücklichen Verzichts auf eine Rechtfertigungsdiskussion bezüglich von Werten und Normen und damit auf ein allgemein verbindliches Fundament von Werten und Normen;
- wegen der unterschiedslosen Vermischung moralischer und außermoralischer Werte, die sich aus der Forderung der individuellen Bedeutsamkeit von Werten ergibt (der materielle Wert des Besitzes eines Mofas z. B. rangiert gleichrangig neben dem ideellen Wert der Hilfsbereitschaft);
- wegen der Nähe verschiedener Methoden zur gruppendynamischen Trainingspraxis oder gar zur klientenzentrierten Gesprächspsychotherapie nach C. Rogers, deren professionelle Anwendung den Lehrer in der Regel überfordern dürfte;
- wegen möglicher Eingriffe in die Privatsphäre der Schüler.

Trotz aller Einwände bietet u. E. das Verfahren der Wertklärung mit seinen vielen methodischen Vorschlägen eine Fundgrube für den Ethikunterricht. Sie sollte vor allem für den Einstieg in die Wertediskussion und für den in der moralischen Entwicklung bedeutsamen Bereich sensibler Selbst- oder Fremdwahrnehmung genutzt werden. Beachtenswert ist auch die in **jedem** Fachunterricht einzulösende Unterscheidung der drei Bearbeitungsebenen Fakten – Zusammenhänge – Wertebezug.

Für die Entwicklung eines allgemein verbindlichen werte- und prinzipiengeleiteten moralischen Urteilens und Handelns bedarf das Konzept allerdings der Ergänzung durch andere Lernformen.

5.2.4 Dilemmageschichten im Ethikunterricht

Im Zusammenhang mit den Untersuchungen L. Kohlbergs zur Entwicklung der moralischen Urteilsfähigkeit ist oft von einer kognitiven Wende in der Moralerziehung die Rede. Dies trifft zweifellos zu, wenn damit die Abkehr von vordergründigem Meinungsaustausch und von allzu einseitig auf die Bearbeitung gruppendynamischer und emotionaler Probleme ausgerichtetem Ethikunterricht gemeint ist. Nur gründliche und d. h. eben auch nach festgelegten Regeln ablaufende kognitive Auseinandersetzung mit moralischen Problemsituationen bringt die Entwicklung der moralischen Urteilsfähigkeit voran, aber im Rahmen erfahrungs- und handlungsorientierten Regelkreislernens (vgl. B. 4.2).

Dilemmageschichten sind nur angezeigt,

- wenn sie die Struktur der moralischen Problemsituation zwingend verlangt,
- eine sinnvolle Einbettung in das Unterrichtsthema vorliegt
- und mit hinreichendem Interesse der Schüler gerechnet werden kann.

Sie leiten zur Umgestaltung kognitiver Schemata an und damit zur Entwicklung der moralischen Urteilsfähigkeit, wenn eine höher stufige Argumentation für die Lösung des vorliegenden Problems geeigneter erscheint als die bisher praktizierte.

5.2.4.1 Definition des Begriffs „Dilemma"

> In der griechischen und lateinischen Bedeutung war ein Dilemma eine zweiteilige Annahme. Seit dem 16. Jahrhundert als Lehnwort im Deutschen gebräuchlich, bezeichnet ein Dilemma die (schwierige) notwendige Wahl zwischen zwei gleichwertigen Dingen. Ein Ausweichen auf eine dritte Möglichkeit gibt es nicht (= tertium non datur). Es handelt sich vielmehr um eine Zwangslage bezüglich einer unumgänglichen Entscheidung.

Die **formale Struktur eines moralischen Dilemmas** beschreibt Harding (zitiert nach Horlebein 1998, S. 176):

„Wenn p und q zwei gleichwertige Handlungsalternativen darstellen und r und s zwei moralische Werte angeben, so ist ein Dilemma durch die Struktur gekennzeichnet:

Entweder p oder q.
Wenn p, dann r.
Wenn q, dann s.
Deshalb: Entweder r oder s.

Mit Bezug auf das Heinz-Dilemma (vgl. C. 1.1.1) erfahren die Variablen folgende Besetzung:

Entweder Heinz stiehlt *oder* Heinz stiehlt nicht.
Wenn Heinz stiehlt, *dann* verstößt er gegen das Recht auf Eigentum.
Wenn Heinz nicht stiehlt, *dann* gefährdet er die Gesundheit und das Leben seiner Frau.
Deshalb, entweder Eigentum respektieren *oder* Leben erhalten.
Ein Dilemma im Ethikunterricht thematisiert also einen unausweichlichen Wertekonflikt, in dem auf alle Fälle einer der Werte verletzt wird (z. B. Schutz eines Menschenlebens gegen Wahrheit beim Verstecken eines politisch Verfolgten, Freundschaft gegen absolute Ehrlichkeit im Fall des beobachteten Warenhausdiebstahls eines Freundes).
Die ethische Lösung eines Dilemmas verlangt eine begründete Entscheidung.

5.2.4.2 Anforderungen an Dilemmageschichten

1. Ein Dilemma muss eine **echte „Wertzwickmühle"** aufbauen. Die geschilderte Situation sollte möglichst offen und strittig sein. Offenkundige Lösungen verhindern die fundierte und differenzierte Auseinandersetzung und begründete Stellungnahmen.

2. Das Dilemma muss mit seinem kognitiven und affektiven Anspruch **dem Entwicklungsstand der Schüler angepasst** sein, d. h. die konkurrierenden Werte müssen für die Schüler eindeutig erkennbar sein und sie gefühlsmäßig betreffen.

3. Die Schüler sollten sich darüber hinaus mit dem in der Wertzwickmühle steckenden Entscheidungsträger identifizieren können, d. h. das Dilemma sollte für die Bewältigung gegenwärtiger oder überschaubar zukünftiger moralischer Problemsituationen **bedeutsam** sein.

4. Aus diesem Grund haben **Realdilemmata** aus der Lebenswelt der Schüler (z. B. aus Klasse, Familie, Schule, Peergroup) den Vorzug vor hypothetischen und fachspezifischen Dilemmata (vgl. unten), da sie die Chance des unmittelbaren Handlungsbezugs beinhalten.

5. Ein Dilemma sollte erkennbar offen sein für den Entwurf bzw. die Verstärkung von **Plus-1-Argumenten**. Es geht nicht um die „richtige" Lösung, so angenehm deren mögliche Erfahrung auch ist, sondern um die Art der Argumentation und die Höherentwicklung der moralischen Urteilsfähigkeit.

6. Aus Motivationsgründen sollten Dilemmageschichten **abwechslungsreich präsentiert** werden, z. B. über Text, Rollenspiel, Hörspielszene, Videoaufzeichnung, Lehrerbericht, Zeitungsausschnitt etc. (vgl. Beispiele für den Fachunterricht in Deutsch, Politik, Erdkunde, Geschichte, Religion, Mathematik, Biologie, Sport, Kunst und für den Schullandheimaufenthalt in Landesinstitut für Schule und Weiterbildung [Hrsg.] 1991).

5.2.4.3 Arten moralischer Dilemmata

1. Das **Realdilemma** (auch Wirklichkeits-, echtes oder Real-life-Dilemma genannt) thematisiert moralische Problemsituationen mit einer Wertzwickmühle aus der aktuellen tatsächlichen (nicht vom Lehrer evtl. gewünschten) Erfahrungs- und Vorstellungswelt der Schüler. An geeigneten Ereignissen fehlt es gerade in Kindheit und Jugendzeit im Zusammenhang mit dem Handel um Identität (vgl. B. 4.3.2.1) gewiss nicht. Realdilemmata gehen die Schüler direkt etwas an, weshalb sie auch an einem tragfähigen Fundament für ihre Entscheidung interessiert und darum mit Argumenten zu kämpfen bereit sind. Ein Balanceakt ergibt sich für den Lehrer, mit einem Realdilemma das richtige Ausmaß an emotionaler Beteiligung der Schüler zu treffen. Zu starke emotionale Betroffenheit kann blockierende Abwehrmechanismen auslösen, zu geringe zieht Desinteresse nach sich.

2. Das **hypothetische oder fiktionale Dilemma** geht von angenommenen, durchaus möglichen, aber für die Schüler nicht aktuellen Situationen aus. Es lässt bei der Wertediskussion und -entscheidung eine größere emotionale Distanz als das Realdilemma zu. Durch die Verlagerung der problematischen Thematik auf „ferne" Schauplätze und „fremde" Akteure ist es

bei Themen angezeigt, die den Schülern peinlich sind bzw. die sie emotional überfordern. Die moralisch-kognitive Argumentation bleibt hier eher gewährleistet, da durch die geringe Selbstbetroffenheit und den Mangel an unmittelbarem Handlungsdruck keine Abwehrmechanismen mobilisiert werden. Allerdings sollte die Brauchbarkeit der Ergebnisse für die Wirklichkeit der Schüler heute und/oder morgen deutlich erkennbar sein, andernfalls werden sie als wirklichkeitsfremd und damit uninteressant abgetan.

3. Das **unterrichts- oder fachspezifische Dilemma** ergibt sich aus dem fachwissenschaftlichen Zusammenhang eines Unterrichtsthemas, z. B. aus einem historischen Ereignis, der naturwissenschaftlichen Forschung (Atomenergie, Gentechnik, ...), Romanvorlagen, dogmatischen oder moraltheologischen Aussagen, der Rechtsprechung, aus politischen Tagesereignissen und der veröffentlichten Meinung (vgl. auch die Bereichsethiken unter A. 6.2.2).
Da ein moralisches Dilemma die individuelle Wertentscheidung unter Handlungsdruck erfordert, ist das fachspezifische Dilemma nur bedingt hier einzuordnen. Ungeachtet der Auswirkungen auf den Einzelnen sind im fachspezifischen Dilemma kollektive Entscheidungen gefragt, auf die der Einzelne nur über institutionelle Kanäle Einfluss ausüben kann. Zur Beurteilung der moralischen Sachlage tritt also beim fachspezifischen Dilemma die Einübung in Spielregeln demokratischen Verhaltens.

5.2.4.4 Verlauf einer Dilemmabehandlung (Unterrichtsbeispiel)

Das in der Beispielspalte genannte Dilemma vom Kaufhausdiebstahl von B. K. Beyer kann je nach Engagement der Schüler und dem Ausmaß an zusätzlicher Informationsverarbeitung in einer Unterrichtsstunde oder in einer Doppelstunde behandelt werden. Das Beispiel ist entnommen aus Conduct in moral discussions in the classroom, in: Social education 40/1976; hier zitiert aus Mauermann/Weber 1978, S. 184. Bei der Verwendung der Dilemmageschichte in einer deutschen Schulklasse wäre m. E. der Austausch der Namen durch (gegenwärtig) landesübliche angebracht und erlaubt.

Dilemmageschichte:

„Sharon und Jill waren beste Freundinnen. Eines Tages gingen sie zusammen einkaufen. Jill probierte einen Pullover an und verließ zu Sharons Überraschung das Geschäft, obwohl sie den Pullover unter dem Mantel noch anhatte. Einen Augenblick später hielt der Hausdetektiv Sharon an und verlangte von ihr, den Namen des Mädchens, das den Laden verlassen hatte, zu nennen. Er erzählte dem Besitzer des Ladens, dass er die beiden Mädchen zusammen gesehen habe. Der Besitzer sagte zu Sharon, dass sie wirklich Ärger bekomme, wenn sie nicht den Namen des Mädchens nenne."

Verlauf der Dilemmabehandlung

Unterrichts-schritt	Aktivitäten, Material, Medien (ausgewählte Möglichkeiten)	Beispiel: Kaufhausdiebstahl

1. **Präsentation** und Erläuterung des moralischen Dilemmas	– Text, mündlicher Bericht
	– Videoausschnitt
	– Hörspielszene
	– Comic-Bilderfolge
	– Rollenspiel …
	
	– Begriffe und Fakten klären
	– Verständnisfragen bearbeiten
	– Problemstellung exakt formulieren
		– Vortrag durch den Lehrer
		  > Bündelung der Konzentration der Schüler
		  > Evtl. Dramatisierung durch direkte Rede
		– Problemdefinition durch die Schüler: Soll Sharon Jill verraten oder nicht?

2. **Erste Stellungnahme** und Entscheidung der Schüler	– Gefühle wahrnehmen und formulieren – spontane Meinungsäußerung – Handlungsalternative auswählen – Standpunkt begründen – Meinungsbild der Klasse festhalten – Tafel – Folie – Flipchart – Arbeitsblatt, evtl. mit vorformulierten Fragen – Strukturskizze mit wichtigen Argumenten, Sprechblasen, Kartenzuordnung	bei allzu einseitiger Stellungnahme der Klasse – durch Einfühlung in Sharon und Besitzer die Konsequenzen erfahrbar machen – evtl. das Dilemma verschärfen, nach Beyer z. B. bei J A: „Angenommen, Sharon weiß, dass Jill auf Bewährung entlassen ist und in eine Erziehungsanstalt geschickt wird, wenn sie beim Stehlen erwischt wird." Bei N E I N: „Angenommen, Jill hat bei früherer Gelegenheit dem Lehrer gemeldet, dass Sharon bei einer Arbeit gemogelt hat …" – Argumente **nachlesbar** sammeln

Unterrichts-schritt	Aktivitäten, Material, Medien (ausgewählte Möglichkeiten)	Beispiel: Kaufhausdiebstahl
3. **Überprüfen** der Entscheidungen und Begründungen der Schüler in Gruppendiskussionen	– Die Gruppen können nur eine der konkurrierenden Positionen vertreten. – Argumente auflisten und begründen, evtl. in einer Rangfolge gewichten – Plus-1-Argumente der Schüler evtl. durch Impulse des Lehrers provozieren – Argumente für die Präsentation im Plenum vorbereiten (Tafel, Folie, Flipchart)	– Geschichte auf Arbeitsblatt zum genauen Nachlesen austeilen – Je nach Niveau u. Plus-1-Konvention können die Schüler auf 3 Ebenen argumentieren, orientiert an > den Erwartungen der beteiligten Personen > den Regeln und dem Rechtsverständnis der Gesellschaft > universal geltenden Werten.
4. **Plenumsdiskussion** zu den verschiedenen Positionen	– vortragen, zuhören, verteidigen – bei der **moralischen** Argumentation bleiben, also bei den konkurrierenden **Werten** – zu Plus-1-Argumenten anregen – Einfühlung und Perspektivenwechsel üben	evtl. Diskussion strukturieren durch Testfragen, nach Beyer z. B. „1. Was ist ein bester Freund? 2. Hat Sharon eine Verpflichtung gegenüber Jill, dem Warenhausbesitzer, dem Gesetz, gegenüber sich selbst? Warum? 3. Sollte Sharon von Jills Standpunkt her (vom Warenhausbesitzer, von Sharons Eltern her) den Namen sagen? Warum? 4. Ist es immer richtig, einen Freund zu verraten? Warum? Warum nicht?"

Unterrichts-schritt	Aktivitäten, Material, Medien (ausgewählte Möglichkeiten)	Beispiel: Kaufhausdiebstahl
5. **Zusammen-fassung** der Diskussions-ergebnisse und Ablei-tung von **Handlungs-konsequen-zen**	– Auflistung der überzeu-gendsten Argumente, am besten schriftlich auf Flipchart zum Anbringen an der Wand – die individuelle Dilem-malösung schriftlich formulieren – erneut Meinungsbild der Klasse festhalten – evtl. ähnliche selbst erlebte Dilemmata aufschreiben und durch-denken, evtl. bespre-chen – mögliche Handlungs-konsequenzen ableiten	– Die Gruppen tragen jeweils die Begründungen der gegenteiligen Position vor. – die individuelle Entschei-dung von jedem Schüler schriftlich auf dem Arbeitsblatt mit der Geschichte festhalten lassen – Vergleich mit der ersten spontanen Entscheidung unter 2., Gründe für einen evtl. Meinungswechsel benennen – auf eigene ähnliche Erlebnisse beziehen, evtl. eigene Dilemma-geschichte entwerfen

Flankierend zur Durcharbeitung der Dilemmageschichte ist es wegen der Anforderungen an Einfühlungsvermögen, Wahrnehmung und Offenbarung von Gefühlen, Perspektivenwechsel und diskursorientiertem Verhalten unver-zichtbar, **den Lernprozess in Aufmerksamkeit auf die gruppendynamischen Prozesse** zu begleiten. **Arbeit an der Gruppendynamik der Klasse ist im Ethik-unterricht Unterrichtsprinzip** (vgl. mögliche ausgewählte Verfahren unter B. 5.3.2.1; 5.3.2.6; 5.3.2.8/5.).

Die Arbeit am Dialogverhalten der Klasse/Lerngruppe kann mit exaktem Material versorgt werden, z. B. durch

– Gesprächsprotokolle mit genauen Fragestellungen,
– Tonbandmitschnitte,
– Videoaufzeichnungen,
– Übungsphasen im kontrollierten Dialog (Zusammenfassung des zuletzt gebotenen Arguments vor der eigenen Äußerung) etc.

Nicht nur Schüler neigen dazu, in einem moralischen Diskurs sich am eigenen Gedankengang festzuklammern und auf die Argumente der anderen Gesprächsteilnehmer nicht einzugehen. Hier bietet sich zur Abhilfe die **Gesprächsstrategie** von Hall (vgl. Hall 1979) und von Berkowitz (vgl. Berkowitz 1986) an, die nach und nach vom Lehrer in die Diskussionen eingebracht, in fortgeschrittenem Stadium aber auch von den Schülern selbst weiterentwickelt werden kann. Mögliche Formulierungen wurden in Planungshilfen des Landesinstituts für Schule und Weiterbildung (1991) zusammengestellt:

1. Vergewisserung

Ich habe dich jetzt so verstanden: … Hast du das gemeint?
Habe ich deine Argumentation richtig zusammengefasst oder habe ich etwas Wichtiges nicht beachtet?
Ist Folgendes in deiner Argumentation mitenthalten?
Würdest du deiner Argumentation auch bis zu diesem Extrem folgen?
Verstehst du meine Position?
Ja, du hast mich richtig verstanden.
Stimmst du mir zu?
Ich glaube, du hast mich jetzt so … verstanden. Ist das richtig?

2. Ergänzungen/Korrekturen

Du hast mich nicht richtig verstanden. Ich habe Folgendes …
Meine Auffassung ist nicht unbedingt so, wie du sie verstanden hast.
Das muss ich noch einmal deutlich machen, damit du mich nicht falsch verstehst.
Dieser Aspekt fehlte noch in meiner Begründung. Ich sehe das folgendermaßen: …
In dem Punkt gebe ich dir Recht. Das bedeutet für meine Begründung …
Hier ist noch ein weiterer Gedanke, der zu deiner Auffassung passen könnte.
Wie siehst du denn das?
Kannst du das noch mal deutlich machen?
Warum siehst du das so? Du hast diesen Aspekt noch nicht begründet.
Ich möchte deinen Gedanken ergänzen/fortführen.

3. Widerspruch/Kritik

Ich denke im Gegensatz zu dir, dass …
Ich kann dir unter folgendem Gesichtspunkt nicht folgen.
Hier sehe ich einen Widerspruch in deiner Argumentation.
Wenn ich deine Argumentation weiterdenke, dann führt das meiner Meinung nach zu folgendem Problem.
Ich habe Probleme mit deiner Annahme, dass …/mit den Voraussetzungen, die du machst.
Folgender wichtiger Aspekt kann in deine Argumentation nicht aufgenommen werden.
Im Vergleich zu dir macht „X" eine Unterscheidung, die mir wichtig erscheint.

4. Konsenssuche

Unsere Auffassungen haben Folgendes gemeinsam.
Bisher teilen wir folgende Standpunkte und unterscheiden uns in folgenden Aspekten.
Hier lassen sich unsere Standpunkte verbinden.
Wenn du mir in diesem Punkt zustimmen kannst, dann können sich unsere Auffassungen annähern.

Unter folgenden Voraussetzungen wäre ich bereit, deinen Standpunkt zu akzeptieren/kann ich dir zustimmen.

5.2.4.5 *Aufgaben des Lehrers bei der Bearbeitung von Dilemmageschichten*

1. Moralische Urteilsfähigkeit ist das veränderliche Ergebnis eines Entwicklungsprozesses, nicht systematischer Lehre. Der Lehrer kann sich hierbei bestenfalls als Entwicklungsförderer, Moderator und Supervisor begreifen.
2. Seine Aufgabe ist es, Lernsituationen mit Wirklichkeitsbezug zu arrangieren bzw. zuzulassen, die nach Möglichkeit für die Lösung der moralischen Problemlage zu höherstufiger Argumentation auffordern.
3. Mit seinem methodischen Angebot und dem Ausmaß seiner Unterrichtsführung muss der Lehrer sorgfältig den Unterschied zwischen (lehrbarer) Informationslieferung (z. B. rechtliche und psychologische Grundlagen, über Wertesysteme und ethische Aussagen von Philosophen) und wertender sowie urteilender Eigenleistung der Schüler berücksichtigen.
4. Die Kenntnis der Entwicklungsstufen der moralischen Urteilsfähigkeit ist die Grundlage für die passgenaue Einschätzung des Denkens der Schüler und ihrer darauf beruhenden Argumentationsmöglichkeiten.
5. Dem Regelkreis erfahrungs- und handlungsorientierten Lernens entsprechend sorgt der Lehrer auch bei Dilemmageschichten dafür, dass sich der Lernprozess nicht nur in rationaler Diskussion abspielt, sondern auch die Gefühlsebene und Handlungskonsequenzen mitgenommen werden.
6. Trotzdem kommt der Einübung von Diskussionstechniken, z. B. dem Durchspielen von Pro-und-contra-Argumenten und der Arbeit an diskursivem Gesprächsverhalten, besondere Bedeutung zu.
7. Der Effekt von Dilemmageschichten hängt vom Ausmaß der persönlichen Betroffenheit ab, die sich nur in einer Atmosphäre des Vertrauens und des Respekts vor den Mitschülern und ihren Argumenten entfalten kann. Der Lehrer ist hier mit seiner Kenntnis gruppendynamischer Gesetzmäßigkeiten und in seiner Fähigkeit zur Metakommunikation gefragt.

5.3 Einzelmethoden im Ethikunterricht

Die in der Übersicht zusammengestellten Unterrichtsmethoden sind in besonderer Weise geeignet, den Ethikunterricht als erfahrungs- und handlungsorientiertes Regelkreislernen zu gestalten. Die Auswahl setzt den Kanon der in anderen Unterrichtsfächern zum alltäglichen Handwerkszeug zählenden Unterrichtsmethoden voraus. Eine differenzierte Ausweitung der hier vorgestellten Methoden über den Ethikunterricht hinaus auf andere Unterrichtsfächer käme nicht nur dem generell lernprozessfördernden Prinzip der Handlungsorientierung entgegen, sondern auch der Werteerziehung als Unterrichtsprinzip. Moralische Urteilsfähigkeit wird im Ethikunterricht besonders entwickelt und geübt, gefragt aber ist sie in allen Unterrichtsfächern, allerdings in der Umsetzung auf jeweils spezifische Methoden angewiesen.

5.3.1 Übersicht über erfahrungs- und handlungsorientierte Methoden im Ethikunterricht

1. Methoden zur Arbeit an der Kommunikation

- Metakommunikation, z. B. über Alltagssprache, Regeln, Rituale, Reviere
- Feedback
- Prozessanalyse
- Situationsanalyse
- Interaktionsübungen
- Morgenkreis
- Interventionstraining
- Mediatorentraining

4. Methoden zur Informationsvermittlung

- Lehrervortrag/-referat
- Schülervortrag/-referat
- Quellenauswertung (Bild, Tondokument, Video …)
- Interview und Befragung
- Anhörkreis
- Brainstorming

3. Schüleraktive Textarbeit

- Dilemmageschichten
- Texterschließung und -auswertung
- Kreatives Schreiben, z. B. Geschichte fertig schreiben
- Metapherübungen
- Tagebuch schreiben
- Brief an sich selber schreiben
- Mindmapping

Methoden im Ethikunterricht

Anforderungen:
- **erfahrungsorientiert**
- **handlungsorientiert**
- **ganzheitlich**

5. Fallstudie

6. Gruppendynamische Verfahrensweisen zur Selbst- und Fremdwahrnehmung

- Collagen
- Fantasiereise
- Stilleübungen/Meditation
- Bild- und Schreibmeditation
- Entspannungsübungen
- Konzentrationsübungen
- Autogenes Training, TZI (Themenzentrierte Interaktion)

2. Bevorzugte Gesprächsformen

- Kreisgespräch
- Streitgespräch (Pro-und-contra-Diskussion)
- Debatte
- praktischer Diskurs

8. Spiele

- Schatten- und Puppenspiele
- Pantomime, Skulpturenbau
- Rollen- und Planspiel
- Simulationen
- Regelspiele
- gruppendynamische Spiele

7. Stundenübergreifende Methoden

- Unterrichtsgang, Exkursion
- Projektunterricht
- Fest, Feier, Helfersystem

5.3.2 Erläuterungen zu ausgewählten Unterrichtsmethoden

5.3.2.1 Methoden zur Arbeit an der Kommunikation

> **Unterricht** ist kommunikatives Handeln mit dem besonderen Zweck der Verwirklichung von Lehr- und Lernprozessen. **Kommunikation** als das tragende Fundament des Unterrichts bezeichnet den verständigungsorientierten Austausch von Informationen zwischen Personen.

Im Ethikunterricht kommt dem kommunikativen Fundament des Unterrichts besondere Bedeutung zu, da in moralischen Situationen der verständigungsorientierte Informationsaustausch eine zu verantwortende Entscheidung zwischen konkurrierenden Wertüberzeugungen mit unmittelbaren oder mittelbaren Auswirkungen auf Menschen bezweckt. Die hier in Auswahl vorgestellten Methoden dienen also neben der grundsätzlichen Verbesserung kommunikativen Verhaltens gleichzeitig der fördernden Entwicklung des moralischen Verhaltens.

> 1. **Metakommunikation** bezeichnet allgemein den Vorgang der kritischen Reflexion von Alltagskommunikation und ihrer Störungen. In der Schule stehen dabei im Vordergrund der Reflexion angestrebte Kompetenzen, Lehr- und Lernziele, Unterrichtsmethoden und Normen im Sinne der erwarteten und praktizierten Umgangsformen.

Im Einzelnen kann sich Metakommunikation z. B. mit folgenden Problemen befassen:

– *„Regeln, Rituale, Reviere"* (H. v. Hentig) müssen nicht nur gemeinsam ausgehandelt und begründet sein, sondern in kritischer Überprüfung immer wieder der sozialen Entwicklung und den moralischen Erfordernissen angepasst werden. Andernfalls werden einerseits opportunistische Mitläufer, andererseits gegen überholte Vereinbarungen aufbegehrende Abweichler produziert.
Beobachtbar und damit eher erreichbar und überprüfbar sind dabei operationalisierte Verhaltensweisen wie
  > den Mitschüler mit seiner abweichenden Meinung achten,
  > aufmerksam zuhören,
  > den Mitschüler aussprechen lassen,
  > nonverbale Signale beachten,
  > dem Lehrer und den Mitschülern Störungen mitteilen können usw.
– Wie werden eher *leistungsbezogene* und eher *sozio-emotionale* Aufgaben und Rollen in der Gruppe wahrgenommen?
– Von welchen *wechselseitigen Erwartungen* gehen die Gruppenmitglieder aus? Sind sie realistisch oder unerfüllbar hoch angesetzt und damit ständiger Anlass für Kommunikationsstörungen?

- Wie ist der *Informationsfluss* in der Gruppe zu den aktuellen Leistungsanforderungen, zu persönlichen und gruppenbezogenen Problemen beschaffen?
- Welchen Stellenwert besitzen *Gefühle* im Leben der Gruppe?
- Auf welcher *Entwicklungsstufe* befindet sich augenblicklich die Schulklasse als Gruppe? Welche Probleme sind als nächste vordringlich zu lösen? (Ängste, Dominanz, Abhängigkeiten, Außenseiter)
- Welche Aktivitäten werden zum Zweck der *Gruppenkohäsion* (= Gruppenzusammenhalt) ausgeübt, welche müssen noch eingeübt bzw. wieder erinnert werden?
- Wie ist es um *die soziale Distanz* in der Gruppe bestellt? Werden Freiheits- und Intimbereich der Gruppenmitglieder geschützt und geachtet oder drohen „Seelenstriptease", Verbreitung von Gerüchten, Bloßstellung, Mobbing und rücksichtslose Vertretung individueller Bedürfnisse die Verarbeitungstoleranz der Gruppe zu sprengen?

> **2. Feedback** meint die Rückmeldung von subjektiven Wahrnehmungen und Wirkungen als Folgen des Verhaltens eines Kommunikationspartners.

Konkreter: Ein Schüler, der sich entgegen getroffener Vereinbarungen in der Klasse bei einer Klassenarbeit Vorteile durch massives Spicken verschafft, erhält bestimmt eine Menge nonverbaler und verbaler missbilligender Informationen von seinen Mitschülern.

Da Feedback eine Methode zur konstruktiven Bearbeitung der emotionalen Befindlichkeiten und der sozialen Beziehungen in einer Gruppe ist, setzt es zur wirksamen Entfaltung gegenseitiges Vertrauen bei den Betroffenen und eine positive Grundhaltung füreinander voraus. Unter diesen Voraussetzungen ist Feedback eine zuverlässige Methode, die Lernbedingungen in einer Gruppe oder für Einzelne günstig zu beeinflussen, psychisch bedingte Lernstörungen zu beheben und mögliche Eskalationen von Ablehnung, Aggression, Unterdrückung, Angst usw. zu verhindern.

Folgende **Feedback-Regeln** sollten beachtet und im Sinne eines Unterrichtsprinzips *bei aktuellen Anlässen nach und nach eingeübt werden:*

① Ein nützliches Feedback kann nur aus einer *positiven Grundhaltung* der Betroffenen erwachsen. Der Feedback-Gebende sollte sich selbstkritisch prüfen, ob seine Motive zum Feedback aufbauend, kommunikationsfördernd sind oder ob sich hinter ihnen etwa die Lust zu destruktiver Kritik oder zum bloßen Abreagieren seiner Unmutsgefühle verbirgt.

② Feedback muss *brauchbar* sein, d. h. auf veränderbare Verhaltensweisen bezogen und nicht etwa auf unveränderbare körperliche Merkmale.

③ Feedback sollte *konkret und präzise* sein, also das aktuelle Geschehen, die die Reaktion hier und jetzt auslösende Verhaltensweise ansprechen.

④ Es ist günstig, wenn das Feedback *erbeten* ist, weil damit eine positive Aufnahmebereitschaft angenommen werden kann. Auf keinen Fall aber darf Feedback aufgezwungen oder gar mit der Forderung nach einer Verhaltensänderung verbunden werden. Ob der Angesprochene das Feedback annimmt und welche Konsequenzen er daraus zieht, ist einzig und allein seine Sache.

⑤ Feedback *beschreibt* Wirkungen bestimmter Verhaltensweisen und eigene Reaktionen auf dieselben. Es teilt das tatsächlich Wahrnehmbare mit. Es vermeidet moralische Wertungen, Interpretationen und Analysen von Verhaltensweisen, die den Betroffenen in Abwehr- und Verteidigungshaltung treiben.

⑥ Feedback ist am wirksamsten, wenn es *in unmittelbarer Verbindung mit dem auslösenden Verhalten* gegeben wird, evtl. auch durch andere Signale als durch direkte Anrede. Im Einzelfall entscheidet freilich die gegebene Situation darüber, ob ein sofort gegebenes Feedback nicht einen augenblicklichen wichtigen Vorgang stört.

⑦ Feedback sollte *angemessen* sein, d. h. ehrlich, aber taktvoll, die Aufnahmefähigkeit des Angesprochenen und seine Möglichkeiten zur Feedback-Verarbeitung berücksichtigend.

⑧ Feedback sollte so gegeben werden, dass die *Subjektivität* der wiedergegebenen Eindrücke außer Zweifel steht und wenn möglich anderen Gruppenmitgliedern als *Kontrollinstanzen* zur Prüfung übergeben wird.

⑨ Der Feedback-Empfangende sollte *aufmerksam zuhören*, evtl. *klärend nachfragen* und das *Gehörte in Ruhe verarbeiten*, nicht aber argumentieren und sich verteidigen.

3. In der **Prozessanalyse** gehen die Beteiligten den gemeinsam zurückgelegten Weg ihrer Kommunikation, ihrer Wertklärung, ihrer Dilemma- oder Fallbearbeitung zurück. Gefragt ist letztlich, durch welches konkrete Ereignis oder Verhalten beispielsweise eine bis dahin befriedigende Unterrichtsstunde in Interesselosigkeit und Unlust, in einen unversöhnlich festgefahrenen Diskussionsstand oder in zunehmende Störungen umzuschlagen begann.
Prozessanalysen lohnen sich dann, wenn ähnliche unerwünschte Verläufe immer wieder auftreten.

4. Die **Situationsanalyse** befasst sich demgegenüber mit der Beschreibung des gegenwärtigen Zustandes einer Gruppe. Auch diese Methode lohnt erst den Zeitaufwand, wenn sich eine lernhemmende Situation festfährt und durch ökonomischere Maßnahmen wie Methodenwechsel, Kurzentspannung, Pause, Frischluft nicht überwunden werden kann. In diesem Fall ist es mit Sicherheit sinnvoller, die aktuelle Situation aufzugreifen, den Schülern in einer „Ich-Botschaft" die eigene Unzufriedenheit mit dem augenblicklichen Zustand ohne Vorwurf mitzuteilen und sie zu einem klärenden Gespräch über die Ursachen

ihres Verhaltens und über die Rahmenbedingungen des zukünftigen Unterrichts aufzufordern. Verhaltensregeln, welche die Schüler bei solchen Gelegenheiten selbst formulieren, pflegen sie auf ihre Einhaltung hin wechselseitig strenger zu kontrollieren, als der Lehrer es könnte.

5. Zu **Interaktionsübungen** vgl. 5.3.2.8/5.

5.3.2.2 Bevorzugte Gesprächsformen im Ethikunterricht

1. Das **Kreisgespräch** ermöglicht die freie Meinungsäußerung aller Gesprächsteilnehmer in gleichberechtigter Situation. Die Sitzordnung in Form eines Kreises berücksichtigt die nonverbalen Anteile der Kommunikation, sie ist deshalb die einzig angemessene Sitzordnung für jedes echte Gespräch.

In der Regel wird im Kreisgespräch

– ein vom Lehrer vorgegebenes oder von der Klasse formuliertes Thema
– nach bekannten und eingeübten Gesprächsregeln,
– von einem Gesprächsleiter gelenkt oder ohne Lenkung vom Gesprächskreis selbst reguliert,
– von gleichberechtigten Gesprächsteilnehmern bearbeitet (= Musterfall der symmetrischen Kommunikation).

Funktionen und bevorzugte Einsatzbereiche des Kreisgesprächs:

– Einübung in aufgaben- und situationsangemessene Formen der Kommunikation
– Chance der Einübung in die Fähigkeit der Metakommunikation
– v. a. geeignet für die Formulierung, Vertretung und Weiterentwicklung persönlicher Meinungen aufgrund des Austausches begründeter Argumente
– Bearbeitung sozialer Konflikte und von Kommunikationsstörungen
– Übungsfeld zur Überwindung sprachlicher und emotionaler Barrieren
– bewusste Pflege nonverbaler Kommunikation
– Einübung in die Selbstregulierung eines Gesprächskreises

Nachteile des Kreisgesprächs können sein:

– mögliches Abgleiten in einen Plauderkreis
– Verfestigung hierarchischer Strukturen, wenn die vereinbarten Regeln symmetrischer Kommunikation nicht beachtet werden
– Angst einzelner Schüler, sich im großen Gesprächskreis zu äußern
– Gruppen- und Meinungsdruck, wenn das gruppendynamische Geschehen nicht reflektiert wird.

2. Im **Streitgespräch bzw. in der Pro-und-contra-Diskussion** vertreten die Diskussionsteilnehmer in einer echten oder simulierten Situation durch geschickte Argumentation eine bestimmte Position. Entscheidend im Sinn einer unmissverständlichen Standpunktklärung ist das abwägende Ausloten aller möglichen Argumente, die für oder gegen eine Meinung stehen, nicht

Überzeugung oder Einigung durch Kompromiss. Dem Zweck des Streitgesprächs dienlich ist die äußere Anordnung der Diskussionsteilnehmer:

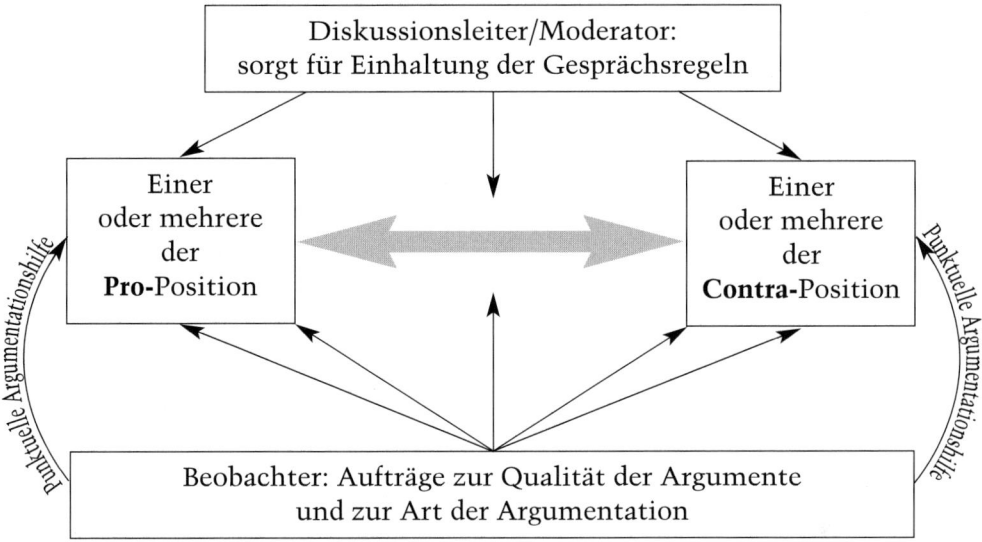

Wenngleich die Schüler wissen, dass sie lediglich eine Rolle spielen, deren Argumente sie nicht teilen müssen, sollten sie trotzdem nicht in eine Rolle gezwungen werden.
Zur Einfühlung in die jeweilige Position und zur Vorbereitung von Ausgangsargumenten muss ihnen hinreichend Zeit gegeben werden. Bei den ersten Versuchen von Streitgesprächen und schwieriger Argumentationslage können vom Lehrer vorbereitende Positionskarten – evtl. versehen mit weiteren Suchhilfen und Materialhinweisen – eine Starthilfe sein. Aus der Beobachtergruppe dürfen Einzelne den Positionsvertretern zur Hilfe kommen, wobei sie sich allerdings auch kurzfristig zur jeweiligen Positionsgruppe stellen sollten.
Die Beobachter können auf das Streitgespräch insgesamt oder jeweils auf eine Positionsgruppe oder auf den Moderator angesetzt sein. In der Auswertungsphase gleichen die Beobachtergruppen zuerst ihre Beobachtungen intern ab, um sie dann an die Positionsgruppen und den Moderator in einem Feedback weiterzugeben. Die Positionsgruppen bringen ihre Selbstwahrnehmung ein.

3. Die **Debatte** ist eine verschärfte Form des Streitgesprächs, in der Absicht geführt, einen Antrag und dessen gegensätzliche Formulierung vor einem abstimmungsberechtigten Gremium unter Aufbietung aller Überredungskunst derart darzustellen, dass sich eine der Positionen in der Abstimmung durchsetzt. Die positive Darstellung der eigenen Ansicht wird durch die kämpferische Herabsetzung der Ansicht des Gegners ergänzt, wobei vor allem behauptete Tatsachen bezweifelt, logische Fehler aufgedeckt bzw. unterstellt und Aussagen des Gegners als irrelevant bezeichnet werden.

Der Leiter der Debatte hat die Aufgaben, sie zu eröffnen, die Anträge vorzustellen, Rednerliste und Redezeit zu überwachen und am Ende der Debatte zur Abstimmung aufzurufen. Die *offene Debatte* wird so lange geführt, bis keine Wortmeldungen mehr vorliegen, in der *geschlossenen Debatte* werden Zahl und Reihenfolge der Redner sowie die Redezeiten vorher festgelegt.

Wegen der knallharten Orientierung der Debatte an der Form der strategischen Kommunikation zählt allein der kompromisslose Erfolg, nicht die Verständigung. Sie kommt im moralischen Diskurs deshalb nur in ausschließlich faktengestützten Auseinandersetzungen in Frage, also im Vorfeld der je subjektiven Formulierung des moralischen Standpunkts.

4. Die **neosokratische Gesprächsführung** in der Schule überträgt den sokratischen Dialog zwischen zwei Personen auf eine Kleingruppe von 6–10 Personen. Sie ist der von Sokrates gepflegten mäeutischen Methode (Mäeutik = Hebammenkunst) verpflichtet, mit deren Hilfe die gleichberechtigten Gesprächspartner in selbstentdeckendem Lernen vernunftorientiert und in verständigungsorientierter Kommunikation die Lösung eines Problems anstreben. Sie unterstützen sich dabei gegenseitig durch Infragestellen, Nachfragen, Widerspruch und Kritik (vergleiche z. B. die Anregungen der Gesprächsstrategie von Hall und Berkowitz S. 197 ff..).

Auf hohem Niveau des neosokratischen Gesprächs wird nicht nur die konkrete moralische Problemlage einer Lösung zugeführt, sondern es werden auch dabei verwendete Wertorientierungen, Beurteilungsmaßstäbe und die Logik der Argumentation kritisch hinterfragt.

Ablauf des neosokratischen Gesprächs:

– Ausgangspunkt ist die exakte definitorische Erfassung des Untersuchungsobjektes in eigener Denkleistung der Schüler, wobei aktuelle, konkrete und schülernahe Fragestellungen den Vorrang haben.

– Klärung der für alle nachvollziehbaren Erfahrungsgrundlage und Interessenlage

– Bearbeitung des Problems unter Einschluss der Aufdeckung von Unstimmigkeiten und Widersprüchen bis hin zur Formulierung der konkreten Handlungskonsequenzen und deren begründeter Beurteilung

– Abstraktion einer allgemeinen ethisch relevanten Konsequenz

Eine derart anspruchsvolle Gesprächspraxis bedarf vorweg in anderen methodischen Arrangements des Unterrichts der Einführung in Grundvoraussetzungen der verständigungsorientierten Kommunikation, z. B. durch Übung von Metakommunikation (S. 201), Feedbackregeln (S. 202 f.), Diskursregeln (S. 91), am ehesten nach Maßgabe der Verhaltensregeln der Themenzentrierten Interaktion (TZI, S. 221 f.) vermittelt. Ohne derartige Hinführung mündet die neosokratische Methode bei den Schülern in Entmutigung. Die Gesprächsführung durch den Lehrer, nach fortgeschrittener Einübung auch durch einen Schüler beschränkt sich auf Moderation, Zusammenfassungen, Ermunterung zur Beteiligung am Gespräch, Anmahnung, am Thema zu bleiben und auf die Visualisierung der Ergebnisse (vgl. Heckmann 1981, Horster 1994, Krohn 2000, Nelson 1996).

Angemerkt sei, dass die Beschreibung der Lehrerrolle nichts mit der sokratischen Mäeutik gemein hat, die extreme Gesprächslenkung bedeutet.

5.3.2.3 Schüleraktive Textarbeit

1. **Texterschließung und -auswertung** beziehen sich im Ethikunterricht vor allem auf literarische Texte (Märchen, Sagen, Fabeln, Gedichte, Erzählungen, Romane usw.), biografische Texte, Texte aus Sach- und Schulbüchern, aus Zeitungen, Zeitschriften und Illustrierten und auf wissenschaftliche Texte. Was immer auch zur Interpretation anstehen mag, die Motivation der Schüler für die damit verbundene hohe Lernleistung wird entscheidend davon beeinflusst, ob sie in den Texten **ihre** Probleme erkennen können. Texte mit höchster Problemhaltigkeit können also ihren unterrichtlichen Zweck verfehlen, wenn die Probleme die Schüler nicht oder noch nicht interessieren. Eine Unterrichtsplanung gemeinsam mit den Schülern kann hier so manche Fehlplanung des Lehrers im Alleingang vermeiden helfen.

a) *Leistung und Problematik von Texterschließung und -auswertung im Ethikunterricht*

Grundsätzlich geht es bei diesem Verfahren um

– das Erfassen des Inhalts,
– die Gliederung der Aussage,
– die Zusammenfassung des Wesentlichen,
– Antworten auf gezielte Leitfragen zum Text,
– das Erkennen und die selbsttätige Bearbeitung von Problemen.

Nicht nur im Ethikunterricht stellt sich bei Texterschließung und -auswertung das Problem der *unmittelbaren* Zugänglichkeit von Texten, und zwar in zweifacher Hinsicht:

– Manche Texte können ohne die vermittelnde Instanz des Lehrers von den Schülern überhaupt nicht bzw. nur bruchstückhaft erschlossen werden. Es muss letztlich in das Ermessen des Lehrers gestellt werden, ob er dem Text derart zentrale Bedeutung beimisst, dass er auf ihn nicht verzichten zu können glaubt. Jedenfalls muss in der didaktischen Analyse bedacht werden, ob der angestrebte Effekt den u. U. erheblich gesteigerten Aufwand an Vorbereitungszeit, Unterrichtszeit, Methoden und Medien wert ist.
– Darüber hinaus bleibt stets noch die Schwierigkeit der unmittelbaren Zugänglichkeit von Texten an sich, d. h. in ihrer vom Verfasser beabsichtigten Aussage. Gerade Texte aus anderen Zeiten und Gesellschaftsordnungen sind durch eine kritische Befragung ihres Entstehungshintergrundes daraufhin zu untersuchen, ob und gegebenenfalls inwieweit sie als Hilfen für aktuelle ethische Entscheidungen übertragbar sind.

Teilweise aus der in Frage zu stellenden unmittelbaren Zugänglichkeit von Texten ergibt sich für die Texterschließung und -auswertung auch die *Gefahr der demonstrierten Interpretation*, die sich vor allem in der Oberstufe gelegentlich zu Vorlesungen auswächst.

Der Zweck des Ethikunterrichts besteht aber nicht in der Anhäufung von Wissen, z. B. über philosophische Aussagen zu ethischen Problemen, sondern in der Handreichung für den Schüler, mithilfe der gewonnenen Erkenntnisse selbsttätig die Fähigkeit zu wertender, begründeter und verantworteter Stellungnahme in ethisch relevanten Situationen aufzubauen und zu festigen.

b) Einzelne methodische Hinweise zur Texterschließung und -auswertung

① *Kurze Texte* können in Alleinarbeit während des Unterrichts still erlesen und evtl. anhand von *Leitfragen* zur Kernaussage oder zu dargestellten unterschiedlichen Meinungen usw. in einem ersten Versuch individuell bearbeitet werden. Für den Schüler hilfreich ist die Anregung, Texte strukturierend zu lesen, d. h. Frag-Würdiges, Unklares, Widersprüchliches, die eigene Meinung Bestätigendes mit vereinbarten Zeichen zu markieren. Dies schafft Übersicht und steigert den Behaltwert.

Längere Texte werden schon aus unterrichtsökonomischen Gründen besser als vorbereitende Hausaufgabe zur Bearbeitung aufgegeben. Wichtig ist in beiden Fällen, dass klar formulierte Leitfragen den Schüler zur Strukturierung des Textes und zu Überlegungen zwingen, deren Ergebnisse schriftlich – durch entsprechende Textstellen belegt – festzuhalten sind. Allgemein formulierte Arbeitsaufträge wie „Lest bitte den Text daraufhin durch, ob euch etwas auffällt!" bringen nichts oder unbrauchbare allgemeine Antworten.

Als *spezielle Fragearten* im Ethikunterricht schlägt Beyer (vgl. Beyer 1977) vor:
– klärende Fragen
– problematisierende Fragen
– Konfliktfragen
– Fragen nach der Rolle der Beteiligten
– Fragen nach universellen Konsequenzen
– Fragen nach Alternativen
– Kontextfragen

Die individuelle Auseinandersetzung des Schülers mit dem Text in der Anfangsphase des Lernprozesses kann den Vorteil für sich buchen, dass der Schüler erste Meinungen bildet, bevor er meinungsbeeinflussenden Aussagen der Mitschüler und des Lehrers ausgesetzt wird. Aus demselben Grund ist es auch wichtig, erste eigene Antworten kurz schriftlich zu fixieren, damit eine Abweichung davon im Laufe des Unterrichtsgespräches überhaupt bemerkt wird und gegebenenfalls begründet werden kann. Ein Ziel des Ethikunterrichts ist ja die eigene wertende Stellungnahme und nicht die Übernahme fremder Urteile und Wertungen.

② Die sich an die Phase der individuellen Textbegegnung anschließende *freie Aussprache* dient vor allem der *Aufdeckung von Verständnisschwierigkeiten und der Darstellung und Begründung der in der ersten Phase gebildeten Meinungen.*

③ *Die Diskussion* der unterschiedlichen Standpunkte und Meinungen bedarf unbedingt einer *präzisen Zielformulierung* und einer dementsprechend *zielstrebigen Leitung,* wenn möglich durch einen Schüler. Der Lehrer als Diskussionsleiter lässt sich allzu leicht in die manipulierende Führerrolle abdrängen, zumal wenn ihn die enteilende Unterrichtszeit zu Ungeduld und zu richtungweisenden Fragen und Impulsen verleitet.

④ Festgefahrene Positionen oder Ermüdungserscheinungen aufgrund allzu lang andauernder Diskussionsphasen (besonders bei jüngeren Schülern zu beobachten) können z. B. durch folgende Maßnahmen überwunden werden:

– durch nochmaliges stilles Nachlesen eines aufschlussreichen Textabschnittes, durch kurze und präzise Arbeitsaufgaben zu einem Textabschnitt. (Nenne die 3 tragenden Begriffe …! Welchen Grund führt der Autor für seine Meinung im Abschnitt 2 an? usw.)
– durch Partner- oder Gruppenarbeit zu präzise formulierten Leitfragen,
– durch eine kurze szenische Darstellung,
– durch alle der unter 5.3.2.8, v. a. 5. genannten Methoden.

⑤ Es ist eine Frage der Zeiteinteilung, ob Diskussionsergebnisse untergehen und Diskussionen ohne Ergebnis abgebrochen werden müssen. Der Ethikunterricht wird von den Schülern schnell als Plauderstunde oder Debattierclub eingestuft, wenn die zu erbringenden kognitiven Leistungen nicht mit demselben Nachdruck und nicht mit derselben methodischen Konsequenz wie in anderen Fächer gefordert werden.

2. **Vergleichsübungen** erschließen durch bildhafte Umschreibungen den subjektiven Bedeutungsgehalt von Sachverhalten, Begriffen, Situationen. Zur Situationsanalyse einer Lerngruppe könnte z. B. gefragt werden:

– Lehrer sind wie …
– Unsere Gruppe (Klasse) erscheint mir wie … usw.

Eine im Ethikunterricht durchgeführte Vergleichsübung zum Thema Autorität brachte das folgende beachtliche Ergebnis, mit dem wohl eine umfassende Diskussionsgrundlage mit Aktualitätsbezug geschaffen sein dürfte:

Beispiel:

Autorität ist wie …

ein enges Kleidungsstück
Vogel mit gestutzten Flügeln
Zwangsjacke

Alptraum
zu enge Jacke
geschlossene Tür
eine Mauer
eine starke, helfende Hand
eine Kette
eine Drohung aus dem Hinterhalt
ein aufbrausender Wind
Froschgequake
abgestandenes Wasser
Eisenbahnschienen und Leitplanken
ein kleines Kind an der Hand führen
Lautsprecher und Mikrofone
Diktatur des kleinen Mannes
eine Gebäudebegrenzung nach allen Seiten
eine Zange, die ihre Scharten hinterlässt
ein Ofen ohne Öl: darum müssen andere darin verbrannt werden
Messer und Gabel: man kann sie zum Essen benützen, aber auch Menschen
damit umbringen
ein Bett, in dem man gern einschläft und dann vergisst, wieder aufzuwachen
eine Schachtel, in der man sich befindet und die man selbst nicht aufmachen
kann
Handschellen
eine Fabrik, die aus einem Baum lauter fast gleich aussehende Zündhölzer macht
das Leben in einem Käfig
eine Kette
ein grauer Regentag
zu enge Schuhe tragen
physische Kraft
eine Münze: sie hat zwei Seiten
ein Netz, in dem man sich fängt, in dem man aber auch aufgefangen wird
Morast, Sumpf
Wasser mit vielen Balken (Voraussetzung: jeder ist Schwimmer)
eine Schraube
ein Fels
ein Medikament: die Wirkung hängt von der Dosierung ab
ein lästiges Insekt
ein Spaziergang im dunklen Wald: drohend
ein Hammerschlag auf ein rohes Ei

3. Mindmapping

Die Mindmap nach T. Buzan ist wörtlich übersetzt eine *Gedankenkarte.*
Im Vorgang des Mindmapping (= Erstellen einer Gedankenkarte) wird eine
Situation bzw. ein Sachverhalt – in der Mitte eines Blattes notiert – in erster
Linie assoziativ erschlossen und grafisch geordnet.

Beispiel:

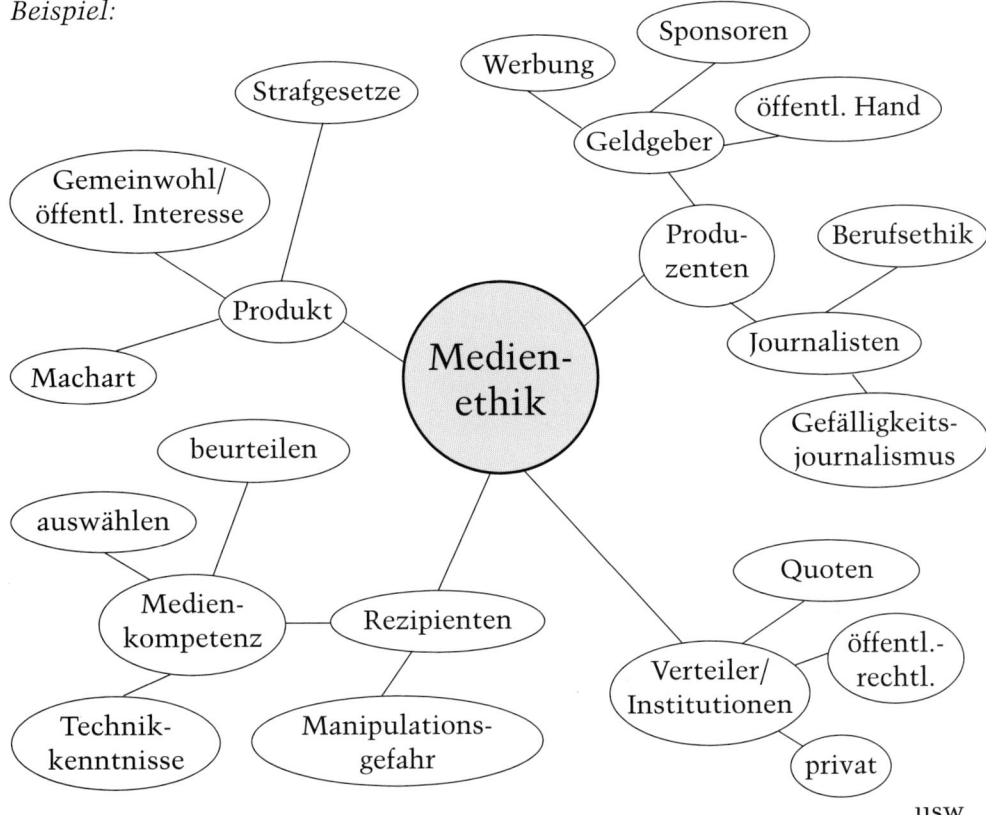

usw.

Wie beim *Brainstorming* (vgl. 5.3.2.4/5.) wird die Ideenvielfalt gefördert, zusätzlich stimuliert durch die grafische Anordnung und die Möglichkeit der Verbildlichung durch Zeichnungen, Symbole, Farbe. Auf diese Weise wird nicht nur die eher analytisch arbeitende linke Gehirnhälfte angesprochen, sondern auch die eher synthetisch und kreativ arbeitende rechte Gehirnhälfte mobilisiert.

Mindmapping ist auch in zwei Durchgängen realisierbar, wobei im zweiten Durchgang die vorher assoziativ gesammelten und grob sortierten Ideen streng nach logischen Gesichtspunkten geordnet werden.

Mindmaps sind vielseitig verwendbar:

– als Entwicklungsprodukt bei einem Vortrag
– als Einstieg in einen Themenbereich in Einzel-, Partner-, Gruppen- oder Plenumsarbeit, wobei in Gruppen bzw. im Plenum mit Großplakaten gearbeitet werden müsste
– in revidierter Fassung auch als Form der Ergebnispräsentation und gleichzeitig als veranschaulichende Erinnerungshilfe

4. Gedankenexperimente, meistens in Textform vorliegend, bezeichnen allgemein den spielerischen, aber gleichzeitig ernsthaften geistigen Umgang mit Tatsachenbehauptungen und Vorstellungen, die im Widerspruch zur allgemein anerkannten Wirklichkeit stehen, also kontrafaktisch sind. Sie können sich aber auch auf tatsächliche Annahmen beziehen, die der kritischen Überprüfung bedürfen. Sie verharren in theoretischer Reflexion im Unterschied zu empirischen Experimenten, die wegen zu hohen Aufwandes oder aus moralischen Gründen nicht durchgeführt werden können, wie z. B. bei lebensbedrohenden Medizinexperimenten.

In der ethischen Diskussion ist mit Gedankenexperimenten vor allem der gedankliche und diskursive kreative (= grenzüberschreitende) Umgang mit ethisch relevanten Wirklichkeitsbeschreibungen und
-beurteilungen gemeint. Man erwartet sich auf eine bedeutsame ethische Fragestellung, z. B. „Was sollen wir tun?" oder „Worin besteht eigentlich der Sinn des Lebens?" Klärung komplexer Zusammenhänge und kreativ experimentierend einen Erkenntnisgewinn über das bisher Gewusste hinaus bzw. eine Relativierung bisheriger Erkenntnis.

Formal beginnen Gedankenexperimente meistens mit der Einladung „Stellen wir uns vor, dass ..." oder „Nehmen wir einmal an, dass ...".

Was lernen die Schüler durch Gedankenexperimente?
– Kritische Prüfung von Theorien aufgrund der Faktenlage
– Kritische Prüfung der Argumentation und Beweisführung
– Kritisch prüfendes Infragestellen von Aussagen und Meinungen, von mythischen und verschwörungstheoretischen Behauptungen
– Konsequente Anwendung moralischer Grundsätze
– Orientierung an der Gesetzeslage
– Folgenabschätzung
– Arbeit an der eigenen Nachrichtenkompetenz
– Kampf dem Verharren in der „Filterblase", was das unerschütterliche Festhalten an Meinungen, ideologischen Vorgaben, Vorurteilen usw. beschreibt.

Beispiel: Der **Ring des Gyges** ist ein Gedankenexperiment von Platon in seinem Werk Politeia (Der Staat) , 2. Buch, in Rowohlts Klassiker Bd. 27, hrsg. von E. Grassi, S. 98/99, hier nacherzählt mit den Kerngedanken.

Die Ausgangsfrage lautet: „Was ist Gerechtigkeit und wie verhält sie sich zu einem glücklichen Leben"? Um Sokrates zu einer Argumentation zu veranlassen, dass das gerechte Leben auch ein glückliches sei, entwirft sein Gesprächspartner Glaucon in einem Gedankenexperiment ein entgegengesetztes Szenario, in dem er den Nachweis führt, dass der ungerecht Handelnde das glücklichere Leben führt, wenn er nur ohne Bestrafung die Möglichkeit dazu hat. Das Gedankenexperiment dient als Anregung dazu, über Gerechtigkeit und ihr Verhältnis zu einem glücklichen Leben nachzudenken.

Der Hirte Gyges, der spätere Ahnherr der Lydier, nahm bei einem schweren Unwetter Zuflucht in einer Höhle (Grabkammer), wo er einem vorgefundenen Leichnam einen Ring abnahm und einsteckte. Zu seinen Hirtenkollegen zurückgekehrt, stellte er beim zufälligen Drehen des Ringes fest, dass er unsichtbar wurde und unbemerkt mithören konnte, was die anderen – auch über ihn – sprachen. Er nutzte diese Fähigkeit, um sich Zutritt zum Königspalast zu verschaffen, wo er die Frau des Königs verführte, mit ihrem Einverständnis den König tötete und die Herrschaft an sich riss.

Glaucon erweitert das Szenario, indem er zwei solche Ringe unterstellt, einen für eine Gerechten und einen für einen Ungerechten. Da keiner Sanktionen befürchten muss, wenn er zu seinem Vorteil und damit für ein glückliches Leben alle erdenklichen Untaten begeht, wird auch der Gerechte die Gerechtigkeit hinter sich lassen. Dies sei doch der Beweis, so Glaucon, dass niemand aus gutem Willen gerecht ist, sondern nur aus Not oder unter Zwang, d. h. aus Furcht vor Bestrafung. Wer bei derart unkontrollierter Machtfülle nicht ausschließlich zu seinem Nutzen handelt, ist entweder ungeschickt und töricht oder er verkennt seine Möglichkeiten (vgl. Bertram 2012, Engels 2004, Freese 1996, Kühne 2005).

5.3.2.4 Methoden zur Informationsvermittlung

1. Informationsphasen durch **(Kurz-)Referate der Schüler oder des Lehrers**

Das Referat bzw. der Vortrag vermittelt Wissen, Erfahrung oder Überliefertes z. B. in einem Bericht, einer Kurzbesprechung oder Stellungnahme. Es geht dabei in erster Linie um objektives Wiedergeben und weniger um originelle Darbietung.

Es werden verschiedene Formen des Referats praktiziert, wie z. B. das Kurzreferat, Einleitungsreferat, Koreferat, Schlussreferat und die Referatsreihe.

Kurz- und Einleitungsreferate dienen grundsätzlich der Anregung eines Gesprächs oder der Darbietung einer Information, die zur Diskussion hinleitet.

Koreferate können gegenteilige Thesen vertreten oder eine Ergänzung zu einem Referat sein, sie dürfen aber keinesfalls zum Hauptreferat ausufern.

Die Referatsreihe befasst sich mit einem größeren Themenbereich und seinen Grenzgebieten. Sie läuft zeitlich gedrängt, z. B. an einem Vormittag, Abend, oder über einen ganzen Tag verteilt ab.

Im Unterricht mit Vorzug praktizierte Kurzreferate nützen sich als anregende Methode solange nicht ab, wie sie *tatsächlich kurz (3–5 Minuten) zu einem eng umgrenzten Teilaspekt des vorliegenden Problems Informationen beschaffen.* Für die Schüler schlägt diese Methode aber schnell in eine widerwillig durchgeführte Pflichtübung um, wenn sie einseitig den Unterricht zu beherrschen beginnt. Allein die Verlagerung der Lehrtätigkeit vom Lehrer auf die Schüler schafft noch keinen handlungsorientierten Unterricht.

Kurzreferate also nur dort, wo sie auch tatsächlich ihren didaktischen Ort haben, d. h. als bestimmte Form der Informationsbeschaffung zwingend notwendig sind. Nebenbei: Der Ethikunterricht ist kein Fach für Rhetorikübungen!

2. Quellenauswertung

Wie für jeden anderen Unterricht gilt auch für den Ethikunterricht die allgemeine pädagogische Forderung, die Schüler schrittweise von der Vermittlungsfunktion des Lehrers unabhängig zu machen und zu eigenständiger Informationsbeschaffung und -verarbeitung zu befähigen. Der Lehrer wird also jede sich bietende Gelegenheit ergreifen, die Schüler z. B. in Lexikonarbeit (Begriffsklärung), in die Erstellung von Exzerpten (Literaturverarbeitung; vervielfältigt allen Beteiligten zur Verfügung stellen), in das Lesen oder Abfassen von grafischen Übersichten usw. einzuüben.

Darüber hinaus kommt es aber gerade im Ethikunterricht aufgrund seiner Zielsetzung entscheidend darauf an, den Blick für Informationsquellen im weitesten Sinne zu schärfen (z. B. soziale Medien, Streit in der Klasse, Flüchtlingswohnheim). Die Schüler sollen zu kritischer Urteilsfindung und zu verantwortetem Handeln in dem sie umgebenden Alltag befähigt werden, der situationsangemessene Reaktionen und Aktionen und nicht festgeschriebene Standpunkte erfordert. Dies kann aber nur erreicht werden, wenn der Schüler seinen eigenen Standpunkt immer wieder zu hinterfragen und durch ständige Informationsbeschaffung evtl. auch zu revidieren lernt.

3. Interview und Befragung

Allgemein bezeichnet Interview den Vorgang der gezielten Befragung z. B. von Persönlichkeiten, deren Aussage zu einem aktuellen Thema für die Öffentlichkeit von Interesse ist. Im Bereich der Sozialarbeit und Soziologie dient das Interview sowohl der Aufdeckung von Entstehungsursachen und Motivationshintergründen für aktuelle Meinungen oder Verhaltensweisen eines Individuums als auch der Sammlung von Informationen, die zum Vergleich von Meinungen oder Verhaltensweisen verschiedener befragter Personen geeignet sind. Es wird das *freie Interview*, bei dem der Fragende innerhalb des gesteckten Fragehorizonts bezüglich Auswahl und Art der Fragen ungebunden ist, vom *standardisierten Interview* unterschieden, das sich auf einen vorgegebenen, bis ins Detail ausformulierten und oftmals erprobten Fragebogen stützt.

Beide Formen des Interviews sind im Ethikunterricht durchführbar. Die gemeinsame Erarbeitung eines Fragebogens hält die Schüler dazu an, sich über die präzise Zielrichtung ihrer aktuellen Wertediskussion durch Festlegung der Fragen im Vorhinein klar zu werden, das freie Interview hat demgegenüber den Vorteil, eine flexiblere und spontane Fragestellung entsprechend dem Gesprächsverlauf zu fördern. Interviews können im Unterricht durch Befragung eingeladener Persönlichkeiten, aber auch im Sinne vorbereitender Hausaufgaben durch ein „Reporterteam", ausgestattet mit einem Smartphone, außerhalb des Unterrichts erstellt werden. Im zweiten Fall empfiehlt es sich, die Schüler auch mit den vorbereitenden Aktivitäten zu einem Interview, wie telefonische Vereinbarung eines Gesprächstermins, Vorlage eines Fragerahmens usw., vertraut zu machen.

Die Interviewpartner sind im Ethikunterricht unter dem Gesichtspunkt der „moralischen Instanz" auszuwählen, die für einen bestimmten problematischen Themenbereich kompetent ist (Wissenschaftler, Politiker, Schriftsteller, Arzt ...).

4. Anhörkreis

Die Methode des Anhörkreises ist durch folgende Regeln bestimmt:

- Jeder der am Anhörkreis Beteiligten äußert sich zu dem anstehenden Problem, und sei es lediglich durch ausdrückliche Zustimmung zu einer bereits dargelegten Meinung.
- Die verschiedenen Äußerungen werden vorläufig ohne Diskussion zur Kenntnis genommen. Eine vorzeitige Festlegung auf eine bestimmte Meinung soll ja gerade vermieden werden.
- Fragen, die lediglich der Herstellung eines besseren Verständnisses des Gesagten dienen, sind zulässig.
- An die Meinungsäußerungen schließt sich eine Phase stiller Reflexion an, die dem Überdenken der vorgetragenen Argumente und der Formulierung konstruktiver Beiträge für die anschließende Diskussion dient. Im Unterricht wird diese Denkpause in der Regel 5–10 Minuten dauern, bei Anhörkreisen z. B. im Parlament zu wichtigen politischen Entscheidungen kann ein Nachdenken über Wochen und Monate hinweg angemessen, ja erforderlich sein.

Hauptzwecke des Anhörkreises sind also, den Mitläufereffekt abzubauen, ein breites Spektrum von Meinungen für die Denkpause zu gewinnen und jeden Beteiligten zu intensivem individuellem Hin- und Herbewegen von Argumenten zu veranlassen, bevor gewichtige Meinungsäußerungen in Geschwätz oder in der Manipulation durch dominante Redner untergehen.

5. Brainstorming

Wörtlich übersetzt heißt Brainstorming ‚das Gehirn stürmen, Sturm im Gehirn, sammeln von Geistesblitzen'. Gemeint ist eine Methode der möglichst kreativen und originellen Stoffsammlung zu einem Stichwort oder einem Thema auf dem Weg der assoziativen Gedankenverbindungen.

Die Methode des Brainstormings schreibt zwei Phasen vor: In der *ersten Phase* werden sämtliche Einfälle zum Thema zusammengetragen, ohne vom Sprecher oder den anderen am Brainstorming Beteiligten auf Brauchbarkeit und Zugehörigkeit reflektiert oder gar kritisiert zu werden. Erst wenn der assoziative Gedankenfluss – nach einer längeren Pause – offensichtlich zum Stillstand kommt, werden in der *zweiten Phase* die gesammelten Einfälle von den Beteiligten kritisch reflektiert, geordnet und gegliedert. Unbrauchbare Vorschläge werden ausgeschieden.

Brainstorming eignet sich besonders gut

- als Methode des Einstiegs in ein neues Thema,
- zum „Warmlaufen" einer um eine gemeinsame Aufgabe versammelten Gruppe,

– um die Lösungsvielfalt vor allem durch unkonventionelle Ideen zu vergrößern,
– als Möglichkeit der kreativen Überwindung festgefahrener Lernsituationen.

Bei der Einübung in die Methode ist strikt auf die Einhaltung der Regeln zu achten. Anfänger neigen vor allem in der ersten Phase dazu, ihre Einfälle aus Gewohnheit oder aus Angst vor Blamage auf ihre Brauchbarkeit zu überprüfen, bevor sie eine Äußerung wagen. Die gewünschten (kreativen) Grenzüberschreitungen werden dadurch aber verhindert.

5.3.2.5 Fallstudie

In der *im Unterricht eingesetzten Fallstudie* handelt es sich um einen komplexen und wirklichkeitsbezogenen Sachverhalt, dessen Lösung offen ist, z. B. Ebola, Aids, Gentherapie, Klonen, soziale Medien und Menschenrechte usw. Die Fallstudie wurde als Fallmethode (case method) seit 1908 an der Graduate School of Business Administration der Harvard University in Boston entwickelt. Sie fördert

– die gerade in moralischen Problemsituationen nötige Bereitschaft und Fähigkeit zur Problemwahrnehmung und -lösung,
– die Einübung in Techniken des Entscheidungsprozesses unter Anwendung theoretischen Wissens auf einen wirklichen Problemfall
– und die Verantwortungsübernahme für selbstständig gefundene und begründete Urteile.

Je nach Aufgabenschwerpunkt werden die folgenden *Formen der Fallstudie* unterschieden:

– Die größte Chance unterrichtlicher Verwendung dürfte der *Entscheidungsfall* haben, in dem alle nötigen Informationen und die Problemstellung vorgegeben sind und die Schüler sich lediglich um die Lösung des Problems bemühen müssen.
– Im *Problemfindungsfall* müssen die Schüler anhand der vorgegebenen Informationen das Problem bestimmen und lösen.
– Im *Beurteilungsfall* werden die Schüler angehalten, bei Vorgabe der Informationen, der Aufgabenstellung und einer Lösung die Stimmigkeit dieser Lösung zu überprüfen und evtl. Alternativlösungen zu erarbeiten.
– Beim *Informationsfall* ist die Problemstellung bekannt, die Lösung ist aber nur durch Suche nach Informationen (in Quellen, beim Lehrer etc.) möglich.
– Beim *Untersuchungsfall* ist die Problemstellung bekannt, aber es sind keinerlei Informationen für die Lösung vorgegeben oder abrufbar. Diese sind vielmehr durch eigene Untersuchungen zu gewinnen.

Die Fallstudie wird in der Regel in Gruppenarbeit – meist arbeitsteilig – angegangen:

1. *Themenermittlung:*
   - Der Lehrer wählt das Thema nach Aktualität und den Interessen der Schüler aus.
   - Der Lehrer entscheidet sich für eine (motivierende) Präsentationsform.
2. *Informationsvorgabe* (je nach Fallstudienart):
   Der Lehrer stellt für die Problemlösung relevante Informationen zusammen, für Gruppenarbeit vorsortiert, z. B. aus
   - wissenschaftlichen Werken,
   - Massenmedien wie Zeitung, Zeitschrift, Fernsehen, Radio, Internet …
   - Prospekten usw.
3. *Problemdefinition:*
   Je nach Fallstudienart vom Lehrer vorgegeben oder von den Schülern zu leisten.
4. *Problembearbeitung:*
   Selbstständige Arbeitsleistung der Schüler anhand des Informationsmaterials und vorgegebenen bzw. selbst erstellen Arbeitsaufgaben.
5. *Fallstudienbericht:*
   Je nach Zeitrahmen schriftlicher Bericht zur Problemlösung oder Kurzvortrag oder Thesen für die Plenumsdiskussion.

Die benötigte Lernzeit beträgt wegen der aufwendigen Durcharbeitung des Informationsmaterials und wegen des kooperativen Entscheidungsprozesses mindestens eine Doppelstunde, beim bereits projektartigen Untersuchungsfall auch mehr.

5.3.2.6 *Gruppendynamische Verfahrensweisen zur Selbst- und Fremdwahrnehmung*

Bei dieser Methodengruppe ist wie bei den Methoden zur Arbeit an der Kommunikation eine klare Trennung zwischen sozialem Lernen und moralischem Lernen nicht möglich, aber auch nicht nötig und schon gar nicht wünschenswert. Die Arbeit an einer realistischen Selbstwahrnehmung, an möglichst unverzerrter Fremdwahrnehmung, an Feedbackanforderungen, am Aufbau einer stabilen Ich-Stärke und an Kommunikationsstörungen ist das Fundament, von dem die Entwicklung der moralischen Urteilsfähigkeit getragen wird und das von dieser Entwicklung her auch seinerseits an Tragfähigkeit gewinnt (vgl. Regelkreis B. 4.2). Der Zweck des Ethikunterrichts wäre verfehlt, wenn man ihn ausschließlich in moralisch relevanten Diskussionen erfüllt sähe, ebenso aber, wenn der Ethikunterricht zum Selbstwahrnehmungstraining und zur Spielwiese für gruppendynamische Übungen mutieren würde.

1. Die **Collage** ist eine Klebearbeit aus schwarz-weißen und/oder farbigen Druckvorlagen oder Papieren, evtl. auch Fotos und dreidimensionalen Materialien, wie z. B. Textilien. Die Materialien werden unter einem gestellten Thema kombiniert, evtl. anschließend übermalt. Kennzeichen einer gelungenen Collage sind ein gewisser Verfremdungseffekt und die optische Spannung in der inhaltlichen Aussage und in der Art der Gestaltung. Bevorzugte Themen für Collagen sind solche mit stark emotionalem oder gesellschaftskritischem, politisch provokativem oder/und moralisch relevantem Aussagegehalt, z. B. die Themen Krieg, Gewalt, Dritte Welt, Umweltverschmutzung, Liebe.

Im Ethikunterricht werden Collagen sinnvoll eingesetzt bei aktuellen Themen, zu denen die Schüler bereits einen reichen Erfahrungshintergrund besitzen. Die Methode der Collagenarbeit darf aber genauso wenig wie irgendeine andere Methode zur allein angewendeten werden. Andererseits werden oftmals die mit Mühe und viel Zeitaufwand gefertigten Collagen nur unzureichend ausgewertet. Es versteht sich von selbst, dass jede Collage als Aussage auch der Interpretation zugeführt werden muss. Darüber hinaus aber sollten sie nach der erstmaligen Interpretation nicht als abgetan erklärt werden. Sie können z. B. später wieder als Vergleichsgrundlage für mittlerweile evtl. gewandelte, vielleicht auch bestätigte Wertauffassungen herangezogen werden. Es muss sichergestellt sein, dass im Ethikunterricht bei Collagen nicht die künstlerische Gestaltung, sondern die Auseinandersetzung mit dem Thema im Mittelpunkt steht, die mit der Anfertigung der Collage eigentlich erst begonnen hat.

Collagen dienen in der Eröffnungsphase oder am Ende eines Lernprozesses der Selbstbesinnung und der Standpunktklärung, und zwar in Beschränkung auf wesentliche Aussagen. Sie leben von der individuellen „Handschrift" und von der Auseinandersetzung des Gestalters mit sich selbst und verlangen deshalb Einzelarbeit, evtl. unterlegt durch Hintergrundmusik. Wichtig ist eine reichhaltige Materialauswahl.

In der Eröffnungsphase durchgeführt, liefern die Collagen die Interpretationsgrundlage für die Bearbeitungsphase, hier angereichert durch evtl. nötige theoretische Informationen. Die Lernzeit entscheidet darüber, ob die Collagen in Gruppenarbeit oder im Plenum ausgewertet werden.

Collagen als Zusammenfassung eines Lernprozesses können kommentarlos zur Betrachtung aufgehängt werden oder nur für den Gestalter selbst erstellt sein oder als Anlass zu Gesprächen mit einzelnen Mitschülern und dem Lehrer dienen.

2. **Meditationsübungen, Fantasiereisen, Bild- und Schreibmeditationen, Stilleübungen** leiten zur Konzentration auf das eigene Erleben und Fühlen an, auf das Verweilen bei sich selbst bzw. bei einem individuell bedeutsamen Thema. Die Schüler erfahren, dass gerade strittige moralische Situationen nicht mit Oberflächengeplapper bzw. Smalltalk bewältigt werden können, sondern nur mit stichhaltigen Argumenten, die sie nur gewinnen, wenn sie vorher ganz bei sich selbst waren. Schweigen und Stille erweisen sich hierbei als hilfreiche Rahmenbedingungen.

- **Fantasiereisen** sollten durch entsprechend *lange Pausen* Gelegenheit für die Entfaltung der eigenen Gefühls- und Gedankenwelt der Schüler lassen. Es empfiehlt sich die Einhaltung von fünf Phasen:
  1. Lockerung, Entspannung, den Atem ruhigstellen, Augen schließen
  2. Einfühlung in Situation oder Thema
  3. Ausmalen der Situation bzw. Anregungen zum Thema (langsam, anschaulich, logisch)
  4. ritualisierte Rückkehr (langsam zurückkehren in die gegenwärtige Situation, sich strecken und Muskeln anspannen, tief durchatmen, Augen öffnen)
  5. evtl. Auswertung: frei oder anhand von Leitfragen

In diesem Zusammenhang ist seit einiger Zeit von der Gewinnung von *Achtsamkeit* die Rede. Es ist damit Selbstwahrnehmung im Sinne wacher Aufmerksamkeit auf sich selbst und seine Umwelt, auf seinen physischen und psychischen Zustand ohne Ablenkung durch Emotionen und Gedanken, auch ohne Bewertung der erfahrenen Wahrnehmungen gemeint, entlehnt aus der buddhistischen Meditationspraxis.

Careethisch wird die Zuwendung in zwischenmenschlichen Beziehungen betont. Therapeutisch werden Achtsamkeitsübungen mit Erfolg zur Stressbewältigung, in der Arbeit an Depressionen, chronischen Schmerzen und Panikattacken eingesetzt, in pädagogischer Absicht z. B. im Umgang mit Prüfungsängsten, zur Stärkung des Selbstbewusstseins und des Zusammenhalts in der Lerngruppe.

Neben den bereits erwähnten Übungen haben sich zur Einübung in Achtsamkeit u. a. *Einstiegsrituale* in den Unterrichtsalltag (v. a. in der Grundschule) oder in eine Unterrichtsstunde (v. a. in Ethik) bewährt.

In Frage kommen hier z. B.

- Atemübungen,
- der Vortrag eines Gedichtes oder einer Kurzgeschichte mit anschließendem Austausch der erfahrenen Wirkungen
- die Betrachtung eines Bildes oder eines Gegenstandes in seiner Aussage und Bedeutung für mich
- das Hinhören und Einfühlen in eine musikalische Darbietung (vgl. Kaltwasser 2008).

- Durch die **Bildmeditation** werden die Schüler angeregt, auf symbolhaltige Bilder mit assoziativen und spontanen Aussagen zu reagieren, wobei die ausgelösten Gefühle, Erfahrungen, Einstellungen und nicht die Inhalte der Bilder von vorrangiger Bedeutung sind. Die erste Phase der Bildmeditation, die Bildbetrachtung, erfordert um der vollen Wirkung der Bilder willen Zeit und absolute Ruhe. Eine Beschränkung auf ein Bild je Schüler bzw. für alle gleichzeitig ist anzuraten. Es empfiehlt sich, registrierte Gefühle stichwortartig schriftlich festzuhalten, da das sofortige Ausplaudern erfahrungsgemäß die anderen Betrachter blickverengend beeinträchtigt.

Die zweite Phase der Bildbetrachtung gehört dem immer noch unreflektierten Austausch und evtl. der Fixierung der festgelegten Gefühlsäußerungen. Erst in der dritten Phase wird in freier Diskussion oder anhand von Leitfragen den Ursachen und den in diesen versteckten Wertvorstellungen und Erfahrungen nachgespürt, die individuell ganz bestimmte Gefühle bei der Bildbetrachtung hervorgerufen haben.

– Die **Schreibmeditation** stellt eine Möglichkeit dar, nonverbal zu vorgegebenen Begriffen, Situationen, Problemlagen Aussagen zu machen, wobei sich allerdings die Assoziationen im Verlauf der Übung nicht nur auf die eigenen Vorgaben, sondern auch antwortend und weiterführend auf die mittlerweile erfolgten Aussagen der Mitgestalter beziehen können.

Hinweise zur Durchführung:

– Jeweils 4–6 Schüler gruppieren sich um einen großen weißen Bogen Papier in Plakatgröße, am besten Plakatkarton.
– Auf dem Karton kann *ein* Begriff oder Symbol, eine Situation oder Problemlage oder eine Relation vorgegeben sein.

Glück

oder

Ich		Wir
	Lehrer	

- Jeder Schüler der Gruppe kann jederzeit, also ohne Einhaltung einer Reihenfolge, Eintragungen auf der Arbeitsfläche machen.
- Für diese Eintragungen kommen Wörter, Sätze, Pfeile, Symbole usw. in Frage.
- Jeder Schüler der Gruppe sollte eine andere Farbe (am besten Filzschreiber) benutzen.
- Die Schreibmeditation spricht durch den Einbezug von Antworten auf bereits Geäußertes inhaltlich meist für sich selbst, sodass sich nicht immer eine auswertende Diskussion, hier selbstverständlich in der Kleingruppe, anschließen muss. Stattdessen könnten gelegentlich der Ablauf der Übung und die Eindrücke der Gruppenmitglieder über eigenes und fremdes Verhalten gemeinsam reflektiert werden.

3. **Entspannungs- und Konzentrationsübungen** sowie die größeren Übungsvorhaben des **Autogenen Trainings,** der **Progressiven Muskelentspannung** etc. und einer Unterrichtsgestaltung nach den **Regeln der TZI** (= Themenzentrierten Interaktion) sind keineswegs auf den Ethikunterricht beschränkt. Sie gehören aber in diesem zum Pflichtprogramm der Einübung in soziale Verhaltensweisen, welche die Entwicklung der moralischen Urteilsfähigkeit nachhaltig beeinflussen. Mit den genannten Trainings- bzw. Unterrichtsmethoden selbst gründlich vertraut zu sein, bringt nicht nur Gewinn für die Psychohygiene des Lehrers, sondern ist auch Voraussetzung für ihren Einsatz im Unterricht. Die Schüler brauchen ein glaubwürdiges Modell im Lehrer, der die Trainingsmethoden nicht als Manipulationstechniken missbraucht und der aus eigener Erfahrung mit Schwierigkeiten beim Einüben und mit unerwarteten psychischen und physischen Effekten sicher umzugehen weiß.

Eher im Sinne des Mitlernens des Lehrers im Unterricht sind die **Umgangsregeln der TZI** (nach R. Cohn (2018)) verantwortbar, die nach und nach aufgrund aktueller Anlässe eingeführt und geduldig immer wieder in Erinnerung gebracht werden – vom Lehrer selbstverständlich am konsequentesten eingehalten. Eine mit den Schülern kritisch reflektierte Vereinbarung der Regeln stellt einen entscheidenden und realisierbaren Schritt hin zum praktischen Diskurs in moralischen Problemsituationen dar.

Verhaltensregeln der Themenzentrierten Interaktion:

① *Sei dein eigener Chairman!*

Bestimme selbst, wann du reden oder schweigen willst! Richte dich dabei nach deinen Bedürfnissen im Hinblick auf das Thema und darauf, was immer für dich und die Lerngruppe wichtig sein mag!

Diese Regel fordert zur Gestaltung von Unterrichtssituationen auf, welche die Schüler von sich aus – ideal aus Neugier – aktiv sein lassen. Statt die Schüler zum Vollzug von Lernakten zu zwingen, wäre es sinnvoller, die Gründe für ihre Inaktivität aufzudecken.

② *Sprich per „ich" und nicht per „man" oder „wir"!*

Es könnte sonst leicht eine Übereinstimmung vorgetäuscht werden, die nicht vorhanden ist. Besser ist es, die anderen zu fragen, ob eine Übereinstimmung möglich ist, anstatt sie durch Verallgemeinerungen zu manipulieren.

③ *Persönliche Aussagen sind besser als unechte Fragen.*

Tarne nicht deine Aussage als Frage! Versuche echte Fragen dadurch einzuleiten, dass du erklärst, was sie für dich bedeuten!

④ *Es kann nur einer zur gleichen Zeit reden.*

Versuche nötigenfalls eine Einigung über den Gesprächsverlauf herbeizuführen, am besten durch vereinbarte Zeichen!

Diese Regel setzt eine Sitzordnung voraus, in der alle Beteiligten nonverbale Signale auch jederzeit wahrnehmen können.

⑤ *Vermeide möglichst Seitengespräche!*

Unterrichte die Gruppe gegebenenfalls über deren Inhalt, denn er ist für sie meist von größerer Bedeutung, als du ahnst!

Bei nachhaltig andauernden oder immer wieder aufflackernden Seitengesprächen sollte ihre Ursache erfragt und entsprechend bearbeitet werden: Unverständnis, Blackout, kreative Idee, Konflikt …

⑥ *Störungen haben Vorrang, denn sie behindern das Dabeisein.*

Unterbrich „gegebenenfalls" das Gespräch, wenn du Unlustgefühle verspürst (Langeweile, Ärger über den Gesprächsverlauf oder den Inhalt, über Gruppenmitglieder, Konzentrationsmangel …), und teile dies der Gruppe mit!

Diese Regel bezieht sich im Unterricht selbstverständlich auf gravierende Störungen, die durch Selbstregulierung, nonverbale Signale etc. nicht beseitigt werden können.

⑦ *Versuche zu sagen, was du meinst!*

Sage nicht, was deiner Meinung nach von dir erwartet wird!

⑧ *Teile der Gruppe und Einzelnen deine persönlichen Reaktionen mit!*

Vermeide, andere zu manipulieren, indem du interpretierst! Jeder kann selber sagen, was er wirklich meint. Bei Unklarheiten frage lieber zurück als zu interpretieren!

⑨ *Beachte Signale deines Körpers und solche bei anderen Gruppenmitgliedern!*

Es hat keinen Sinn, z.B. bei Müdigkeit weiter zu diskutieren oder weiter zu lernen. Es ist dann rationeller, sich zu erholen oder Routinetätigkeiten auszuführen oder Entspannungsübungen zu machen.

4. Das **Stimmungsbarometer** ist ein Instrument, mit dem die emotionale Befindlichkeit einer Gruppe nonverbal und ökonomisch für alle sichtbar gemacht werden kann. Bei entsprechend schlechter Stimmung und/oder wenn nicht

rasch Abhilfe geschaffen werden kann, z.B. durch Methodenwechsel, einen klärenden Informationsschub, eine Kurzpause, ist ein (Kurz-)Gespräch angebracht, in dem die Ursachen aufgedeckt und hilfreiche Handlungsmöglichkeiten bedacht werden können.

1. Möglichkeit:

Jeder Schüler hat einen Kartonstreifen 20 cm × 5 cm mit einer 5-stufigen Skala und einer verschiebbaren Markierung vor sich, auf der er seine augenblickliche Stimmung einschätzt:

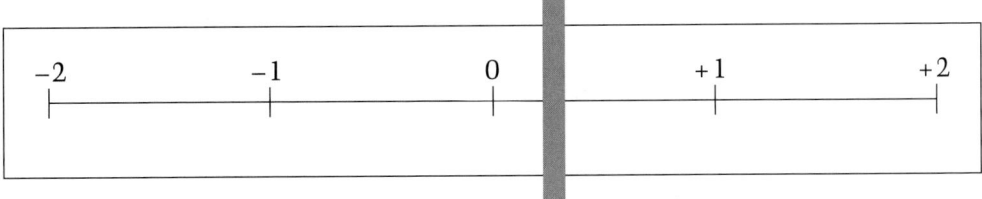

Diese Form ist eher in kleinen Lerngruppen sinnvoll, in denen bei entsprechender Sitzordnung auch jeder Schüler die Stimmungsbarometer der anderen einsehen kann.

2. Möglichkeit:

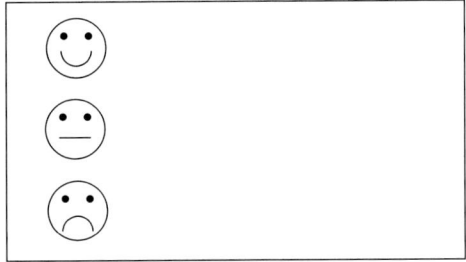

Die Schüler ordnen an einer Hafttafel ihre Markierungszeichen zu.

Vorteil:
Das Ergebnis ist auch in einer großen Lerngruppe für alle gut sichtbar.

Nachteil:
Alle Schüler sind unterwegs.

3. Möglichkeit:
Die Schüler geben durch Zeichen, Symbole oder Haltung von ihrem Platz aus Hinweise auf ihre Stimmung, z. B. aufstehen = gut, gerade sitzen = mittel, Kopf auf die Arme legen = schlecht.
Es liegt an den Schülern, eine altersentsprechende Möglichkeit zu kreieren. Im Ethikunterricht darf jedenfalls wegen der in der Regel sehr schülerorientierten Themen die bewusste Einbindung der emotionalen Seite nicht fehlen. Moralische Urteile werden wohl rational gefällt, aber bezüglich ihrer Qualität und Intensität in Wechselwirkung mit der emotionalen Grundstimmung.

5. Mit dem **Blitzlicht** nehmen alle Teilnehmer der Lerngruppe verbal oder nonverbal Stellung zu einer möglichst präzise, also eindeutig formulierten Frage. Die Frage bezieht sich auf Gefühle, Wünsche, Meinungen, in der moralischen Diskussion auf Begründungen usw.

Die Stellungnahme erfolgt mit *einem* Wort oder Satz oder dem Zeigen eines Symbols („Ampel-Blitzlicht": rote, gelbe, grüne Karte für nicht einverstanden, mit Einschränkungen einverstanden, einverstanden). Keine Kommentare, keine Diskussion, keine Reden! Es geht um eine Momentaufnahme für die adressatengerechte Planung des weiteren Lernweges.

5.3.2.7 Stundenübergreifende Methoden im Ethikunterricht

1. Unterrichtsgang, Exkursion

Mit einem Unterrichtsgang kann im Sinne des ganzheitlich-analytischen Verfahrens der Zweck verfolgt werden, an den Beginn einer Unterrichtseinheit einen Gesamteindruck zu stellen, dessen einzelne Aspekte in den nachfolgenden Unterrichtssequenzen geklärt werden. Der Unterrichtsgang hat seine Berechtigung aber auch dort, wo innerhalb einer Unterrichtseinheit festgefahrene Positionen oder Informationsmangel nur durch das Aufsuchen der unmittelbaren Wirklichkeit überwunden werden können.

Ziele von Unterrichtsgängen im Ethikunterricht können z. B. Theateraufführungen, Filme, Gerichtsverhandlungen, die katholischen/evangelischen Kirchen, Synagogen, Moscheen oder Plätze mit offenkundiger Umweltverschmutzung sein.

Unterrichtsgänge und Exkursionen können zum Reinfall geraten, wenn sie nicht im Detail vorbereitet sind. Der Lehrer sollte den Unterrichtsgang in der Vorbereitungsphase allein durchführen, evtl. mit Experten vor Ort Zweck, gewünschte Informationen, altersgerechtes Sprachniveau (Fremdwörter, Fachsprache!), Zeit etc. absprechen und aufgrund seiner genauen Kenntnisse mit den Schülern Untersuchungsaufgaben vereinbaren. Für Interviews an Tonaufnahmegerät und Videokamera denken!

Die unmittelbare Wirklichkeitsbegegnung lässt die moralische Qualität der untersuchten Situation immer am deutlichsten werden.

2. **Projektunterricht** stellt die „Hochform" des Ethikunterrichts dar, er begegnet allerdings dort noch mehr Durchführungsschwierigkeiten als in anderen Fächern, z. B. wegen altersgemischter und klassenübergreifender Lerngruppen, ungünstiger Lernzeiten (oft am Nachmittag), keines festen Lernortes mit verlässlichen Arbeits- und Materialbedingungen. Es sind also realisierbare Modifikationen des nachfolgend beschriebenen Projektunterrichts zu bedenken, wenn die Idealform nicht durchführbar ist.

Ein **Projekt** (lateinisch ‚das Vorentworfene') bezeichnet in unserem Zusammenhang eine besondere Form praxisorientierten Unterrichts. Es verbindet die Schule (als Organisationsrahmen) mit der außerschulischen Wirklichkeit (als lebensnahem Inhalt). Durch ganzheitliches Lernen, in dem Wissen, Erfahrung, Denken, Fühlen und Handeln in ihrer Wechselwirkung erlebt werden, sollen die Schüler die Fähigkeit zu gemeinsamem problemorientiertem und selbstverantwortetem Handeln erwerben.

---

a) Voraussetzungen des Projektunterrichts

Da die hohen Anforderungen eines Projekts an die intellektuelle, methodische und kommunikative Leistungsfähigkeit der Schüler gleichzeitig Lernziele und Voraussetzungen für das Gelingen der Projektarbeit darstellen, wären die Schüler – je nach Projekterfahrung mehr oder minder – überfordert, wenn sich der Lehrer aus seiner Planungsverantwortung verabschiedete.

1. Die im Projekt nötigen Arbeitstechniken, sozialen Verhaltensweisen und Grundkenntnisse der Netzplantechnik müssen in den eher lehrergeleiteten Formen des Unterrichts auf einen Stand gebracht werden, der die Schüler in ihren selbstgesteuerten Arbeitsphasen nicht vor ungewohnten Schwierigkeiten kapitulieren lässt.

2. Um einer demotivierenden Überforderung der Schüler vorzubeugen, ist dringend zu raten, nicht mit einem Großprojekt zu starten, sondern die Schüler in die andersartigen Arbeitsweisen in Formen des *projektorientierten* Unterrichts einzuüben.

3. Gerade bei den ersten Versuchen projektorientierten Unterrichts oder gar des Projektunterrichts ist es ergebnisentscheidend, mit den Schülern Themen zu vereinbaren, die sie als lebensnah und für sich unmittelbar bedeutsam anerkennen.

4. Im Stundenplan verlangt der Projektunterricht mindestens Doppelstunden, für beabsichtigtes Teamteaching sogar die zeitgleiche Einplanung der betreffenden Fächer. Solche Wünsche müssen frühzeitig vor der Erstellung eines Stundenplans angemeldet werden. Projektunterricht aus dem Stand scheitert meistens schon an den ungeeigneten organisatorischen Rahmenbedingungen.

5. Die meisten Projektthemen sind fächerübergreifend angelegt, erfordern also die Kooperation mit den betroffenen Kollegen.

6. Es kommt dem projektorientierten Unterricht und dem Projektunterricht entgegen, wenn die Klassenzimmer entsprechend umgestaltet werden:
   - Sitzordnung in Sechsergruppen,
   - Ausrüstung mit Wandtafeln, Flipcharts,
   - Anlage einer kleinen Handbibliothek, vor allem Nachschlagewerke (absperrbar),
   - Anlage von Materialkästen zu verschiedenen Fächern usw.

b) Kriterien des Projektunterrichts

Als besondere Ziele des Projektunterrichts gelten z. B. Wahrnehmung eigener Bedürfnisse, Einübung in Kooperation und demokratische Verhaltensweisen, Bereitschaft zu arbeitsteiliger Aufgabenbewältigung und modellhafter Wirklichkeitsbegegnung, Erweiterung der Eigenverantwortung für Lernprozesse, Stärkung des Selbstbewusstseins u. a. m.

Der Projektunterricht kann solchen Zielen nur dienen, wenn die folgenden Kriterien ohne wesentliche Modifikationen erfüllt werden (vgl. ähnlich z. B. Frey, K. 2012).

① *Bedürfnisbezogenheit:* Die Interessen und Bedürfnisse der Schüler bestimmen die Auswahl des Projektthemas. Im Idealfall schlagen die Schüler von sich aus ein Projektthema vor, unter dem Gesichtspunkt des Lehrplanbezuges muss ihnen aber mindestens die Wahl unter mehreren Themen bleiben.

② *Situationsbezogenheit:* Das Projekt bezieht sich auf eine tatsächliche, für die Schüler erfahrbare und aktuelle Situation. Ohne unmittelbar einsichtigen Sinn ihrer Arbeit halten die Schüler ein Projekt nicht durch.

③ *Interdisziplinarität:* Die komplexe Struktur der Projektthemen erfordert die überfachliche bzw. von verschiedenen fachlichen Aspekten ausgehende Bearbeitung, d. h. auch das Zusammenwirken der betroffenen Fachkollegen unter den Lehrern. Mit fachinternen überschaubaren Projektthemen lassen sich in der Einübungsphase in die Projektarbeit die aus der kollegialen Zusammenarbeit resultierenden Organisationsprobleme vermeiden.

④ *Selbstorganisation des Lehr-Lern-Prozesses durch die Schüler einschließlich der Beurteilung des Verlaufs und des Ergebnisses:* Diese Forderung setzt unbedingt die ausgiebige Einübung in projektbezogene Arbeitsweisen wie selbstständige Materialsuche, gruppeninterne Entscheidungsfindung, Interviewtechnik, Auswertung von Lexika und anderen Quellen usw. in gewohnten Unterrichtsformen voraus; andernfalls verlassen die Schüler durch das ständige Erlebnis ihres Unvermögens fluchtartig das Lernfeld.

⑤ *Produktorientierung:* Das Projekt zielt auf ein „Werk" ab, z. B. auf eine Theateraufführung, eine Ausstellung, einen Nothilfsdienst, einen multikulturellen Freizeitclub, eine Veröffentlichung, …

⑥ *Kollektive Realisierung:* Alle Mitglieder einer Lerngruppe tragen verantwortlich durch Bearbeitung bestimmter zugeteilter bzw. übernommener Aufgaben zum Ergebnis des Projekts bei. Die Aufarbeitung evtl. auftretender gruppendynamischer Probleme, wie z. B. Arbeitsverweigerung, Drückebergerei, überschießende Dominanz … gehört wesentlich als soziales Lernziel mit zur Projektarbeit.

⑦ *Gesellschaftliche Relevanz:* Damit soll die Bedeutsamkeit des Projekts durch Orientierung an aktuellen Ereignissen unterstrichen werden. Außerdem sollte ein Projekt nicht um seiner selbst willen durchgeführt werden, sondern Nutzen für andere und die Projektarbeiter selbst abwerfen.

c) Projektverlauf

① Themenauswahl

In Abhängigkeit von der Projekterfahrung der Schüler wird der Lehrer nach Erkundung der Interessenlage das Projektthema vorgeben, aus mehreren Themen auswählen oder von den Schülern frei bestimmen lassen.

Folgende Gesichtspunkte müssen die Entscheidung für ein Projektthema leiten:
- Aktualität des Themas,
- Interesse der Schüler am Thema,
- Bildungswert des Themas, evtl. Lehrplanbezug,
- Angemessenheit der Projektmethode für ein Thema,
- Verhältnis von Zeitaufwand und erwartetem Effekt: Schüler neigen zu überdimensionierten Themen,
- Materialkosten und Materialbeschaffung,
- schulische Sachzwänge wie Organisation, Räume, Medien, Einstellung von Schulleiter, Kollegen, Hausmeister, ...

② Motivation und Zielfindung

Die Zielbestimmung unter Mithilfe der Schüler und die Identifikation der Schüler mit *ihren* Projektzielen sind entscheidend für ihre Motivation und Durchhaltebereitschaft. Allgemeine Nützlichkeit des Projekts reicht – vor allem für jüngere Schüler – meistens nicht aus; sie erwarten, dass ihre eigenverantwortlich geleistete Arbeit auch unmittelbar einsichtigen Nutzen für sie selbst abwirft. Der Lehrer sollte also um der Arbeitszufriedenheit willen darauf achten, dass der soziale und der persönliche Nutzeffekt sich ergänzen.

③ Planung

Sowohl die Planung des Gesamtprojekts im Plenum als auch die Planung der Teilschritte in den Kleingruppen müssen
- begründet,
- in Stichpunkten übersichtlich schriftlich fixiert
- und allen Projektteilnehmern zugänglich angebracht werden (Planungstafel, große Kartons an den Wänden).

Grundkenntnisse der Netzplantechnik und vereinbarte Symbole zur Kennzeichnung der Arbeitsschritte beugen dem Auseinanderdriften der Arbeitsgruppen vor.

④ Ausführung
- Die Kleingruppen bewältigen ihre Arbeit in mehreren aufgabenorientierten Schritten.
- Metakommunikation über den Arbeitsfortschritt und über gruppendynamisch bedeutsame Ereignisse werden in die Kleingruppenarbeit integriert.
- An vereinbarten Haltepunkten (siehe Gesamtplan) tauschen die Kleingruppen ihre bisherigen Erkenntnisse, Schwierigkeiten, evtl. Materialien aus.

Anspruchsvolle arbeitsteilige Verfahren sind darauf gerichtet, dass die Kleingruppen bereits während der Ausführungsphase einander zuarbeiten und
nicht bis zum Projektende nebeneinander herarbeiten und evtl. auch noch
konkurrenzbezogen ihre Zwischenergebnisse abschotten.

Einander zuarbeiten kann u. U. auch bedeuteten, dass der weitere Arbeitsplan
revidiert werden muss. An solchen Haltepunkten darf sich der Lehrer bei aller
gebotenen Zurückhaltung den Schülern nicht als Koordinator verweigern, zumindest muss er sie in die Methoden zur Bewältigung ihrer Probleme einweisen.

⑤ Auswertung und Reflexion

– Gemeinsam zu beurteilen sind das Gesamtergebnis, der Projektplan und der
  Arbeitsweg.
– Bei dieser Gelegenheit sind die Schüler in angemessene Beurteilungskrite-
  rien einzuüben.
– Die Teilnehmer vereinbaren gemeinsam, ob und auf welche Weise das Pro-
  jektergebnis einer weiteren Öffentlichkeit zugänglich gemacht werden soll
  (Schule, Tag der offenen Tür, Massenmedien, Kontakte mit staatlichen und
  gemeindlichen Stellen …).

d) *Beispiele für Projektthemen im Ethikunterricht lassen sich auf allen
Jahrgangsstufen ohne Mühe aus der umgebenden Wirklichkeit und aus
dem Lehrplan gewinnen:*

– Sterben und Tod – Sterbehilfe
– Gibt es einen gerechten Krieg? (Anlass des durchgeführten Projekts war der
  Kosovo-Krieg auf dem Balkan)
– Kinder in der Dritten Welt
– Gentechnik und die Folgen, z. B. Klonen oder PID (Präimplantationsdiagnos-
  tik)
– Abtreibung
– Atomenergie: Notwendigkeit – Nutzen – Risiken
– Tierversuche
– Autorität und Selbstfindung
– Sucht usw.

3. **Fest und Feier** entfalten im Ethikunterricht ihre mögliche Leistung, wenn
sie vor allem im Rahmen interkultureller Begegnung

– zu gründlicher Auseinandersetzung mit anderen Kulturen,
– zur Einfühlung in andersartig geprägte kulturelle Einstellungen,
– zu Toleranz und Achtung gegenüber fremden Kulturen
– und zur Gemeinschaft in der kulturellen Vielfalt auffordern.

Darüber hinaus ist es durchaus ein Thema des Ethikunterrichts, grundsätzlich
dem Sinn ritualisierter Gemeinschaftsformen in Fest und Feier nachzuspüren.
Fest und Feier gewinnen an Aussagekraft und Erlebniswert, wenn sie in Teamarbeit verschiedener Fachlehrer bzw. in der Grundschule im Sinne des Ganz-

heitsunterrichts gestaltet werden. Die Verbindung zum Deutsch-, Musik- und Kunstunterricht liegt nahe, inhaltlich vor allem zum Religionsunterricht. Vorbereitung und Durchführung in Form des Projektunterrichts (s. o.) bieten sich an.

5.3.2.8 Spiele im Ethikunterricht

Spielen wird schon immer in der Philosophie als wesentlich zum Menschen gehörige Form des Verhaltens und Handelns reflektiert. Psychologische Untersuchungen legen die Gewissheit nahe, dass über das Spiel lebensnotwendige Lernprozesse zum Zweck der Wirklichkeitsbewältigung ablaufen. Moralische Situationen bleiben dabei nicht ausgeklammert.

Auch für das spielerische Verhalten gelten die allgemeinen Entwicklungsgesetze, wonach der egozentrische Beurteilungsmaßstab einer Situation vom sozialen und schließlich vom regel- bzw. prinzipienorientierten Beurteilungsmaßstab abgelöst wird. Für die moralische Entwicklung hat das Spiel gegenüber dem Ernstfall den Vorteil,

– eine verfremdete, eben nicht (ganz) echte, sondern eine selbst konstruierte Wirklichkeit zu sein, in der auch evtl. negative Folgen eher erträglich sind,
– ein Handeln um des Handelns willen vorzusehen, das aus Spaß, hochmotiviert und emotional stark beteiligt aufgesucht wird,
– und jederzeit – evtl. verhaltensrevidierend – auf Wiederholungen zurückgreifen zu können (vgl. Oerter 1993).

Außerdem steht im Spiel die auch für die Entwicklung der moralischen Urteilsfähigkeit bedeutsame Wechselwirkung zwischen kognitiven und affektiven Handlungsanteilen im Vordergrund, was wiederum für eine Verbindung von Spiel und moralischem Lernen spricht.

① **Schatten- und Puppenspiele, Pantomime, Skulpturenbau und eingefrorene Situationen** eignen sich, selbst erlebte oder fiktive moralische Situationen sozusagen auf den Punkt zu bringen, das Problem im wesentlichen Kern – evtl. auch übertreibend – darzustellen.

② **Rollenspiele** beabsichtigen die ganzheitliche Begegnung mit der vergangenen, gegenwärtigen und zukünftigen Lebenswirklichkeit, indem sie zur Identifikation mit wirklichen sozialen Rollen in echten Lebens- und Handlungszusammenhängen auffordern.

Als Hochform des Rollenspiels kann es bezeichnet werden, wenn auf diese Weise klasseninterne Rollen und mit ihnen verbundene moralische Problemsituationen durch Rollentausch der gemeinsamen Bearbeitung zugänglich gemacht werden. Es würde allerdings die Kompetenz des Lehrers überfordern – abgesehen vom unzulässigen Eingriff in die Persönlichkeitsrechte des Schülers –, wenn das Rollenspiel im Unterricht als therapeutische Methode zur Bearbeitung persönlicher Probleme der Schüler benutzt würde.

Die *zentralen Funktionen des Rollenspiels* im Ethikunterricht sind also:

- Lebenssituationen, und zwar selbst erlebte, literarisch verarbeitete, dokumentarisch vermittelte u. a., hier und jetzt wieder dem Erleben zugänglich zu machen,
- damit gleichzeitig bei allen Schülern eine gemeinsame Erfahrungsgrundlage zu schaffen, die nicht nur den Intellekt, sondern auch die Emotionen anspricht,
- unterschiedliche Verhaltensweisen zu ein und derselben Situation bewusst zu machen und auf ihre jeweiligen Motive hin zu hinterfragen,
- soziale Perspektivenübernahme anzubahnen und damit den Weg zu überlegtem solidarischem Verhalten zu öffnen,
- durch das ganzheitliche Erleben und Reflektieren von Erfahrungen in konkreten simulierten Situationen möglicherweise eine Verhaltensänderung anzubahnen
- und mit der Rolle verbundene Frustrationen und Widersprüche auszuhalten (= Arbeit an der Ambiguitätstoleranz).

Folgende **Arten des Rollenspiels** werden unterschieden:

- gebundenes, gelenktes Rollenspiel (Nachspielen nach Vorlage oder Spielplan),
- gelenktes Rollenspiel mit offenem Ende (Weiterspielen einer gegebenen sozialen Situation mit offenem Ende),
- freies Rollenspiel (spontanes Spiel; vorgegeben ist lediglich die Rahmensituation oder das Rahmenthema).

Jedes Rollenspiel führt von der Vorbereitungsphase über die Spielphase zur Auswertungsphase, welch letztere durch Meinungsaustausch, Aussprache, Analyse, Entwurf von Alternativen gekennzeichnet ist.

Seinen **didaktischen Ort** kann das Rollenspiel nahezu in jeder Phase des Unterrichts finden:

- in der Eröffnungsphase vor allem als Motivationshilfe und zur Bereitstellung eines gemeinsamen Erfahrungshintergrundes,
- in der Erarbeitungsphase z. B. als Mittel zur Beschaffung von Informationen oder zur Überwindung unproduktiver oder festgefahrener Positionen,
- in der Phase der Vertiefung als eine der erfolgversprechendsten Methoden zur Einübung in Verhaltensweisen.

Wie jede Methode muss auch die Technik des Rollenspiels eingeübt werden. Für diese Einübungsphase muss der Lehrer umso mehr Geduld aufbringen, je älter seine Schüler sind. Erfahrungsgemäß fällt es den meisten Jugendlichen mit dem Eintritt in die Pubertät schwerer, sich spontan in einer Eigen- oder Fremdrolle mitzuteilen.

Auf welcher Jahrgangsstufe auch immer in das Rollenspiel eingeführt wird, am Anfang sollte jedenfalls eine Überforderung der Schüler durch zu komplexe Situationen oder zu schwierige Rollen vermieden werden, da die Hemmung, sich spontan in einer Rolle darzustellen, eher zu Verkrampfungen und zu Fluchttendenzen gegenüber der Methode führt.

Es empfiehlt sich deshalb, mit einfachen Aufgaben zu beginnen, z. B. mit der pantomimischen oder auch verbalen Darstellung typischer Rollen, die von den Beobachtern zu erraten sind. Für die ersten Mehr-Personen-Rollenspiele wird der Lehrer den Akteuren Personen, Ort und wichtige Umstände der Handlung beschreiben. In diesem Zusammenhang ist es wichtig, keinen Schüler in eine bestimmte Rolle zu zwingen. Es können immerhin gelegentlich hinter einer Weigerung unangenehme Erfahrungen verborgen sein, die ein Schüler mit einer bestimmten Rolle verknüpft und die ihm die Distanz verwehren, die er im Spiel der Rolle gegenüber aufrechterhalten muss. Wenn die Schüler an die Methode gewöhnt sind, kann ihnen auch die Vorbereitung des Rollenspiels, also Situations- und Personenbeschreibung, Auswahl der Akteure usw. übertragen werden. Da sich der Zweck des Rollenspiels nicht in der Gestaltung erschöpft, sondern durch die spielerische Auseinandersetzung mit Lebenssituationen deren Hintergründe und Motive transparent machen soll, sind die Zuschauer mit gezielten Beobachtungsaufträgen zum Thema, nicht zur Art des Spieles auszustatten. Die in Kleingruppen eingeteilten Beobachter erhalten zu diesem Zweck schriftlich formulierte Aufträge. In der *Reflexionsphase* nach dem Spiel äußern sich die Rollenspieler innerhalb der Spielgruppe zum inhaltlichen und methodischen Verlauf des Rollenspiels und ihren dabei erlebten Emotionen. Die Beobachter ihrerseits stimmen währenddessen ihre schriftlich fixierten Beobachtungsergebnisse in den Kleingruppen ab und vermitteln sie anschließend dem Plenum.

Der Lehrer sollte grundsätzlich nur in das Rollenspiel eingreifen, wenn es sich offensichtlich vom gestellten Thema entfernt bzw. wenn einzelne Akteure ihre Rolle verfehlen.

Eine Videoaufzeichnung kann für die reflektierende Auswertung von Vorteil sein.

---

③ Im **Planspiel** werden soziale Konflikte und Entscheidungen (im Ethikunterricht mit moralischer Relevanz), die sich im institutionellen oder öffentlichen Bereich ereignen, von Interessengruppen simuliert.
Das Planspiel hat Modellcharakter, ist wirklichkeitsbezogen, baut auf vorher Gelerntem auf, ist in Spielperioden gegliedert, die mit Reflexionsphasen abwechseln, und muss innerhalb einer dem planbaren Ablauf entsprechenden Zeit zu einem Ergebnis führen.

Konflikt- und Problemsituationen mit offener Lösung werden als **offene Planspiele** bezeichnet, solche dagegen, bei denen das Ziel gegeben ist und die notwendigen Entscheidungen auf dieses Ziel hin zu treffen sind, werden **geschlossene Planspiele** genannt. Ein Planspiel kann im Unterricht nur dann erfolgversprechend eingesetzt werden,

- wenn der Schüler für das zu bearbeitende Problem das notwendige Wissen und persönliche Erfahrungen mitbringt,

- das Ablaufmodell für ihn überschaubar und verständlich ist,
- Material und Rollenbeschreibungen hervorragend aufbereitet sind,
- der Lehrer die Planspielmethode sicher beherrscht,
- die Gruppenergebnisse ausgewertet
- und in Beziehung zur Wirklichkeit gebracht werden.

Insbesondere setzt das Planspiel bei den Schülern die Beherrschung bestimmter Arbeitstechniken voraus, wie z. B. Diskussion, Statement, Debatte, Formen der Kooperation und Feedbacktechniken. Wie im Rollenspiel übernehmen die Teilnehmer in den Aktionsgruppen Rollen, mit denen sie sich identifizieren. Dem Thema entsprechend umfasst jede Aktionsgruppe 3 bis 5 Teilnehmer. Die Betreuung der Gruppen während des zeitlich geregelten Spielablaufs und der Reflexionsphasen übernimmt der Lehrer als Spielleiter.

Das für die Schüler modellhaft aufbereitete Problem muss auf wesentliche Strukturen und Merkmale reduziert werden. Das angestrebte Ziel in geschlossenen Planspielen ist so vorzuzeichnen, dass die eigene Entscheidungs- und Handlungsfreiheit der Schüler nicht zu stark eingeschränkt wird und das Ziel auf unterschiedlichen Wegen erreicht werden kann.

Für die Entwicklung des Schülers hat diese Methode z. B. folgende Vorzüge:
- Bewusstwerden von Kenntnislücken
- Das vorhandene Wissen wird im größeren Zusammenhang gesehen und erprobt.
- Überlegungen zur Informationsbeschaffung
- Die Simulation bringt die Schüler an die Lebenswirklichkeit heran.
- Förderung von Entscheidungsprozessen unter Zugzwang
- Erziehung zu verständigungsorientierter Kommunikation
- Möglichkeit der sofortigen praxisnahen Anwendung und Erprobung gewonnener Erkenntnisse
- Der Schüler erlebt die Konsequenzen seiner Entscheidungen und Handlungen.

Beispiele für Planspielthemen im Ethikunterricht:
- institutionelle und gesellschaftliche Problemsituationen, wie soziale Medien und Fake-News, Altenversorgung und Pflegedebatte, Gesundheitssystem, Fachkräftemangel, …
- aktuelle Problemsituationen der Schüler, wie Konflikte untereinander, mit Lehrern oder Eltern.

Wichtig ist, dass jede Phase des Planspiels und schließlich das Planspiel als Ganzes in Untergruppen und/oder im Plenum reflektiert werden. Als Leitfragen bieten sich z. B. an:
- Was war unser Ziel, inwieweit haben wir es erreicht? Welche konkreten Ergebnisse liegen vor?
- Wer in unserer Gruppe hat zur Zielerreichung beigetragen, wer hat dominiert, wer blockiert usw.? (konkrete Beispiele!)
- Welchen Weg sind wir in der Bewältigung des Problems gegangen?

- Welche Gruppen haben unsere eigene Arbeit fördernd oder hemmend beeinflusst? (konkrete Beispiele!)
- Welchen Lerngewinn in Bezug auf Realitätsbewältigung stellen wir fest?
- Welche gesellschaftlich relevanten Aktivitäten ergeben sich evtl. aus unserer Arbeit?

4. Regelspiele

> Im Regelspiel messen die Spielpartner ihre Fähigkeiten an einem Spielobjekt nach festgelegten Vorschriften. Sie sind dabei von der Absicht geleitet, durch überlegene Regelbeherrschung und geschickten Umgang mit dem Spielobjekt zu gewinnen und damit auch ihr Selbstwertgefühl zu steigern. Im Regelspiel wird „Identität erprobt" (Oerter 1993, S. 293), eingespieltes Verhalten bestätigt bzw. werden erfolgversprechende Verhaltensweisen im Regelrahmen entwickelt.

Eine wesentliche Voraussetzung für das Regelspiel ist das Regelbewusstsein, d. h. die Fähigkeit, unmittelbare Handlungsimpulse (z. B. beim „Mensch ärgere dich nicht" mehrmals zu würfeln oder mehrere Züge hintereinander auszuführen) um der Regel willen unterdrücken zu können. Diese Fähigkeit bilden Kinder etwa mit 6–7 Jahren aus, was exakt der Stufe 2 in der Entwicklung der moralischen Urteilsfähigkeit entspricht: Moral als Produkt strategischer Klugheit („Wie du mir, so ich dir!", „Jedem das Seine!").
Nach Piaget führt die Entwicklung des Regelbewusstseins von individuellen, willkürlich gesetzten Riten (bis ca. 4 Jahre) über ein egozentrisches Stadium des Regelverständnisses mit starrer Orientierung an Autoritäten (bis ca. 10 Jahre) zu Regeln als Ergebnis von Vereinbarungen (ab 10 Jahre).
Mit dem Regelbewusstsein verbunden ist die Fähigkeit der *Perspektivenübernahme*, mit der mögliche Handlungen des/der Spielpartner/-s vorweggenommen werden und eine eigene sorgfältige Vorausplanung unter Einbezug der Handlungsfolgen verwirklicht werden kann.

Was haben Regelspiele im Ethikunterricht verloren?

Regelspiele klingen stark nach strategischem, d. h. in erster Linie erfolgsorientiertem Handeln, wenn man von der Kultivierung der Regeleinhaltung über Vereinbarung absieht.

① Regelspiele werden demnach mit ihren strategischen Elementen *selbst Gegenstand des Ethikunterrichts* sein. Strategisches Handeln heißt wohl Regelbeachtung, aber einschließlich austricksen, mogeln, übervorteilen. Was zählt, ist der Erfolg. Die moralische Relevanz dieses Sachverhalts liegt auf der Hand: Regelspiele als Spiegelbild verlässlicher Spielregeln menschlicher Kommunikation oder als Spielwiese zum erlaubten Ausleben unmoralischen Verhaltens? Ist Moral verschieden definierbar je nach Situation?

Die Antworten der Schüler werden je nach Alter unterschiedlich ausfallen und – einschließlich ihrer unmittelbaren Erfahrungen mit Regelspielen im Ethikunterricht – hinreichend Material für die Arbeit an ihrer moralischen Urteilsfähigkeit liefern.

② Regelspiele sind bei strikter Regeleinhaltung einschließlich der Auslotung zulässiger Verhaltensvarianten ein ausgezeichnetes *Übungsfeld für die Anerkennung der Unteilbarkeit der Moral.* Oder reicht dem Finanzamt oder dem unbeliebten Lehrer gegenüber doch ein bisschen Moral?

③ Nur Rollen- und Planspiele fordern außer dem Regelspiel ein derart hohes Maß an *Einfühlung und Perspektivenübernahme.*

④ Regelspiele eignen sich als *Musterbeispiel für die Erkenntnis des Unterschieds zwischen strategischem und kommunikativem Handeln.* Erst auf der Basis dieser Erkenntnis kann das Regelbewusstsein von strategischen Überlegungen zu verständigungsorientierten Regelvereinbarungen entwickelt werden.

⑤ Unter jedem erwähnten Einsatzaspekt kommt dem Regelspiel im Ethikunterricht der grundsätzliche Vorteil zu, dass es – obwohl konstruierte Situation – ernsthaft, hoch motiviert und mit gleich starkem Einsatz von Kognition und Emotion vollzogen wird.

5. Gruppendynamische Spiele und Übungen

Es ist mittlerweile hinreichend nachgewiesen, dass gruppendynamische Spiele und Übungen *im Rahmen gruppendynamischer Trainings,* sozusagen in verdichteter Laborsituation, hervorragend geeignet sind, das Kräftespiel in Gruppen in seinem gesetzmäßigen Ablauf zu erfahren und an der Überprüfung und Erweiterung der kommunikativen Kompetenz zu arbeiten. Da moralisches Handeln sich unmittelbar in kommunikativen Situationen ereignet, wird durch die optimierende Arbeit an der kommunikativen Kompetenz immer auch Grundlagenarbeit für die Qualität moralischen Verhaltens geleistet. In diesem Zusammenhang räumen gruppendynamische Spiele und Übungen den Teilnehmern insbesondere die Möglichkeit ein,

– sich aus freier Entscheidung und in sanktionsfreiem Raum realistisch wahrnehmen zu lernen,
– Hemmungen des konventionellen Verhaltens zur Aufdeckung festgefahrener Gewohnheiten zu überwinden,
– erwünschte neue Verhaltensweisen zu erproben und einzuüben,
– annehmbare Techniken der Rückmeldung (= Feedbacktechniken) über Verhaltensweisen anderer zu erlernen, die durch Vermeidung von Vorwurf, Drohung, Bewertung und Urteil den Boden für verbesserte Kommunikation bereiten sollen.

Ähnliche, möglicherweise nicht so tief greifende Wirkungen dürfen auch beim Einsatz gruppendynamischer Spiele und Übungen *in der Schule, hier im Ethikunterricht*, erwartet werden. Vor allem *Interaktionsübungen* werden nach einem kräftigen Schub durch die sog. „New Games" im Sportunterricht in der Schule gelegentlich praktiziert. Sie zielen auf

– Kontaktaufnahme und Kennenlernen,
– Verbesserung von Selbst- und Fremdwahrnehmung,
– Bearbeitung von Kommunikationsstörungen und Einübung in Feedback (vgl. 5.3.2.1/2.) und Metakommunikation (vgl. 5.3.2.1/1.),
– das Verhalten in Kooperations- und Entscheidungssituationen,
– das Ausloten individuell möglicher Nähe und nötiger Distanz durch Vertrauensübungen
– und den reflektierten Umgang mit Rollen und Normen.

Bei allem Nutzen im Rahmen des Ethikunterrichts dürfen gruppendynamische Spiele und Übungen nicht zum Selbstzweck geraten. Als Methode werden sie in Dienstfunktion zur erfahrungsbezogenen Erhellung eines Sachverhalts und/oder zur Einübung angemessener Verhaltensweisen in moralischen Situationen eingesetzt.

Da selbst scheinbar harmlose Übungen dieser Art unberechenbare Wirkungen bei den Teilnehmern auslösen können,

– muss der Lehrer hinreichende eigene Erfahrung aus gruppendynamischen Trainings einbringen,
– darauf achten, dass die mitspielenden Schüler psychisch belastbar sind und auch nicht über ihre Belastungsgrenze hinaus gefordert werden,
– dafür sorgen, dass die Entscheidungsfreiheit jedes einzelnen Schülers bezüglich seines Verhaltens unbedingt gewahrt bleibt, d. h. dass niemand – auch der Lehrer selbst nicht – die Übungen missbraucht, um salopp gesagt „die Puppen tanzen zu lassen".

Gruppendynamische Spiele und Übungen sind Mittel zum Zweck, und zwar zum Zweck selbst geleisteter Aufklärungsarbeit über das eigene Verhalten und realistische Verbesserungsmöglichkeiten.

Spielanleitungen bieten verschiedene Autoren (vgl. Antons 1998, Diessner 2008, Gudjons 1995, König 2006).

5.4 Die „Gerechte (Schul-)Gemeinschaft" oder: Praxis des moralischen Handelns in der Schule

Moral ist nicht lehrbar. Aber sogar von den Schülern selbst geleistete kognitive Arbeit an moralischen Dilemmata bleibt folgenlos und gerät zudem zu langweiliger Routine, wenn Theorie und Praxis moralischen Handelns nicht verbunden werden. Wenn moralisch relevante Alltagssituationen, Konflikte und Regelverstöße als Spielraum des Erwerbs sozialer Identität nicht zugelassen werden, lernt der Schüler nichts, außer vielleicht vorübergehende Anpassung. **Das Lernmaterial im Ethikunterricht – und nicht nur dort – ist in erster Linie der gelebte Schulalltag.**

Kohlberg entwarf für dieses Unternehmen die **„Just Community", die „Gerechte, demokratische (Schul-)Gemeinschaft"** mit einem Gemeinschaftssinn, der von den Prinzipien Fairness/Gerechtigkeit, Demokratie, Fürsorge und Gruppenbewusstsein getragen ist. Die Gerechte Gemeinschaft ist als **Praxis direkter Demokratie** mit verschiedenen Beratungs- und Entscheidungsorganen zu verstehen, als Organisationsform alltäglichen moralischen Handelns. Sie ist Lern- und Zielort, Mittel und Zweck gleicherweise. Kohlberg lehnt sich mit diesem Idealentwurf vor allem an J. Deweys Projektmethode an, der Schule als embryonic society (= in der Entwicklung befindliche Gesellschaft) definierte. Bezüglich der Urteilsqualität stützt sich Kohlberg auf die Entwicklungsstufen J. Piagets, die in *allen* Fächern gelten.

Da bestmögliche moralische Entwicklung in wirklichen sozialen Situationen bei prinzipienorientierter Anregung (entspricht der postkonventionellen Ebene) stattfindet, **muss** die Schule selbst ein Ort solcher sozialer Situationen sein. Das sonst oftmals praktizierte Lernen auf Vorrat versagt beim moralischen Lernen vollends.

Legitimierendes Prinzip der Gerechten Gemeinschaft ist also das notwendige Lernen im aktuellen Erfahrungsfeld Schule, am konkreten Fall, der Ausgangspunkt für Verallgemeinerungen, für die Erkenntnis des Gesollten, der Norm ist. Dieses induktive Lernen durch Eigenerfahrung ist als Uraltprinzip des antiken Konstruktivismus und seiner neuzeitlichen Vertreter, der Reformpädagogik und der Forschungsarbeiten J. Piagets, hinreichend legitimiert.

Für die Schulpraxis bedeutet all dies als bestimmendes Merkmal der Schulkultur die **ernsthafte Teilhabe aller am Schulleben Beteiligten,** v. a. „die positive pädagogische Zumutung, d. h. die Unterstellung, dass der Schüler partizipieren, Vernunft anwenden, Verantwortung übernehmen kann" (Oser/Althoff 1994, S. 353). Gefragt ist **bewusste gemeinsame Arbeit an einer Gerechten Schulgemeinschaft** über

- *Vereinbarungen in Form einer (Schul-)Verfassung* als individuell verbindliches Verpflichtungsgefüge (= sense of obligation);
- *demokratische Gremien* zur Regelung der Alltagskommunikation, insbesondere von Konflikten (Vorbereitungsgruppen und Vollversammlungen im wöchentlichen Abstand bzw. nach Notwendigkeit);
- einen Unterricht, der *einfühlende Rollenübernahme und Entscheidungsverantwortung* der Schüler in echten Dilemmasituationen ihres Schulalltags vorsieht und systematisch die Möglichkeiten der Plus-1-Konvention ausschöpft;
- *offene Unterrichtsformen,* die wechselseitige Offenheit und Vertrauen begünstigen, Öffnung zum außerschulischen Leben und für ganzheitliche Methoden zulassen und für einen Abgleich von offiziellem und heimlichem Lehrplan sorgen;

– *Verfahrensregeln der Diskursethik*, welche die unterdrückungsfreie Diskussion und Gewinnung verbindlicher Gemeinschaftsregeln erst ermöglichen.

Die ursprünglich einseitige und deshalb immer wieder angegriffene Ausrichtung des Kohlberg-Ansatzes auf Gerechtigkeit (in Anlehnung an die Philosophie I. Kants und J. Rawls) wurde durch die Hereinnahme des Fürsorgeprinzips in das Konzept der Gerechten Schulgemeinschaft überwunden. Das Konzept wird in den USA in verschiedenen Schulversuchen erprobt, ebenso in einem Schulversuch in Nordrhein-Westfalen (vgl. Oser/Althoff 1994, Seite 339 f.). Begleituntersuchungen stellten als Effekt prosoziale Verhaltensbereitschaft bei 80 % der Schüler der Gerechten Schulgemeinschaft gegenüber 40 % der Schüler von Vergleichsschulen fest.

Dies spricht eindeutig für die **Verbindung von Erkenntnis und Übung beim moralischen Lernen**.

Trotzdem funktioniert die Gerechte Schulgemeinschaft nur bei Einlösung bestimmter Bedingungen, was der Vergleich zwischen ihr und der herkömmlichen Regelschule verdeutlicht (vgl. Oser/Althoff 1994, S. 377):

	Gerechte Schulgemeinschaft	*Traditionelle Schule*
1. Dimension: Physische Nähe	Kleine Anzahl 80–120 Personen, häufiger Kontakt (oft Beziehung zu einem repräsentativen Ganzen)	Große Anzahl (häufig 1000 oder mehr Personen), wenig Kontakt
2. Dimension: Organisationsform	demokratisch	hierarchisch
3. Dimension: Schulkultur	a) – Wirhaftigkeit – Schüler und Lehrer haben gemeinsame Werte – Verständnis für das Kollektive b) Verpflichtung gegenüber der Gemeinschaft c) Kollektive Stufe meist 3 bis 4	a) – Ichhaftigkeit – Zwei Kulturen: eine für Schüler, eine für Lehrer – Kaum Bezug zum Ganzen der Schule b) „Schule als Ganzes geht mich nichts an" c) Kollektive Stufe meist 2 bis 3

In *demokratisch* eingeschlossen ist die Organisation und Aufrechterhaltung von Gremien wie Vermittlungsausschuss oder Fairness-Komitee, Vorbereitungsgruppe für Gemeinschaftssitzungen, Supervisions- und Weiterbildungsgruppen für Lehrer, Tutorengruppen, Redaktion für Elterninformationen.

Für das Regelschulsystem besteht bei meist ungünstigeren Ausgangsbedingungen die Chance einer Annäherung an die Idealvorgabe der Gerechten Schulgemeinschaft. Im Ethikunterricht führt ohnehin kein Weg zum erwünschten Ziel einer prinzipienorientierten moralischen Urteilsfähigkeit ohne die Praxis der Prinzipien Gerechtigkeit, Demokratie und Fürsorge im Schulalltag, wie immer sie auch organisiert sein mag.

Bezüglich des demokratischen Verhaltens kann evtl. manchem von der täglichen Moralerziehung entmutigten Lehrer eine von Oser/Althoff (a.a.O., S. 458) zitierte Äußerung von D.W. Brogan aufhelfen, der autoritäre Regimes mit majestätischen Schlachtschiffen verglich, die mit Mann und Maus untergehen, sobald sie auf einen Felsen laufen und leckschlagen. Demokratie dagegen „ist wie ein Floß. Es sinkt nie, aber – verdammt – deine Füße sind immer im Wasser."

6 Medien im Ethikunterricht

> Medien im Unterricht sind Mittel (bzw. Zeichen- und Informations-
> systeme), die Kommunikation im Rahmen unterrichtlich organisierter
> Lehr- und Lernprozesse herstellen und unterstützen.

6.1 Medien als Informationsträger

Der meinungsbildenden und verhaltensbeeinflussenden Macht der Medien, vor
allem der sozialen Medien unter ihnen, hat der herkömmliche schulische
Unterricht kaum etwas Gleichgewichtiges entgegenzusetzen. Im Zeitalter der
Mediokratie muss es deshalb mindestens als anachronistisches Unterfangen
bezeichnet werden, die Medien als die dem Lehrer in vielen Fällen weit über-
legenen Informationsträger – etwa aus einem misstrauischen Antimedienaffekt
heraus – aus dem Unterricht ausklammern zu wollen. Zeitgemäßer Unterricht
ist medienorientierter Unterricht. Eigenverantworteter Umgang mit Welt nach
allgemein anerkannten sittlichen Grundsätzen, auf den der Ethikunterricht
abzielt, ist nur möglich auf der Basis vielschichtiger Informationen, die zu
beschaffen heutzutage nur noch die Medien in der Lage sind.
Darüber hinaus würde der Lehrer die naheliegendsten Chancen zur Gestaltung
eines situationsorientierten Ethikunterrichts verschenken, wenn er sich nicht
die motivierenden Möglichkeiten der Medien zunutze machen würde. Z. B. fordert ein Dokumentarfilm über die Umwertung der Werte während des Hitler-
regimes oder über Hungerkatastrophen oder entsprechende Passagen der Fern-
sehtagesschau u. v. a. die Schüler mit Sicherheit eher zu einer engagierten Auseinandersetzung mit den vermittelten Problemen heraus als etwa eine noch so
brillante literarische Berichterstattung oder die Lehrererzählung. Vielleicht
könnte man etwas überspitzt überhaupt sagen: Das Material für einen zeit-
gemäßen Ethikunterricht ist in Tageszeitungen, Illustrierten, TV-Berichten
und -Dokumentationen, Nachrichtensendungen des Rundfunks, im Internet,
vor allem auch in den sozialen Medien, in der Kitsch-, Krimi- und Kriegslitera-
tur mühelos zu finden, wobei diese Fundorte den Vorteil für sich haben, als Probleme von heute die Schüler unmittelbar anzusprechen.

6.2 Medien als Unterrichtsgegenstand

In diesem Zusammenhang ist weniger an systematische Lehrgänge zur Einführung der Schüler in den Umgang mit Medien gedacht als *an ein kontinuier-
liches Vertrautwerden mit Medien*, mit ihrer Technik und Machart, mit ihrem
Manipulationseffekt *und an ein situationsangemessenes Umgehen mit
Medien im Sinne eines Unterrichtsprinzips.*

Neben der Kenntnis der Medien und ihrer technischen Möglichkeiten (kognitive Lernziele) kommt es hier also schwerpunktmäßig auf den angemessenen Gebrauch der Medien als Instrumente der Informationsbeschaffung an (instrumentelle und affektive Lernziele).

Als Ziel der Medienerziehung kann der kritische Rezipient genannt werden, dessen Haltung Medien gegenüber wesentlich dadurch gekennzeichnet ist, aus dem bloßen unreflektierten, unkritischen und meist auch wahllosen Konsumieren heraus in ein kritisches Hinterfragen der Medien und ihrer Produktionspraktiken einzutreten. Dies schließt auch die gelegentliche Auseinandersetzung mit Medien im Sinne von Rückmeldungen an Sendeanstalten, Autoren, Lehrmittelverlage u. a. mit ein, wenn ein solches Vorgehen subjektiv als notwendig erkannt wird.

Der skizzierte Auftrag der Medienerziehung ist als fächerübergreifendes Unterrichtsprinzip in allen Unterrichtsfächern zu verwirklichen, so erstrebenswert und in höchstem Maße zeitangemessen auch ein eigenes Fach Medienkunde ist. Uns scheint aber dennoch im bestehenden Fächerkanon aller Schularten kein Fach von seiner obersten Zielsetzung her mehr dazu bestimmt zu sein als der Ethikunterricht, diesem medienerzieherischen Auftrag nachzukommen. Schließlich gehört es doch wohl zu den alltäglichen Aufgaben des Ethikunterrichts, Medienangebote auf ihre unterschiedlichen Wertvoraussetzungen hin zu befragen, das hinter ihnen stehende erkenntnisleitende Interesse aufzuspüren, praktizierte Toleranz oder Intoleranz und raffinierte Manipulation aufzudecken und mit alldem letztlich die Schüler in die Lage zu versetzen, einen wesentlich existenzbestimmenden Bereich von Welt, den die Medien heute darstellen, nach allgemein anerkannten Grundsätzen der Sittlichkeit zu befragen und in Kritik bzw. in Dienst zu nehmen (vgl. hierzu auch Medienethik unter A. 6.2.2/4).

Ein besonderer Auftrag erwächst dem Ethikunterricht im Informationszeitalter mit dem weltweit beobachtbaren Auseinanderfallen der Bevölkerung in einen kleineren, mit der Computertechnik informationserzeugenden und -gestaltenden Teil und einen größeren, lediglich informationskonsumierenden Teil. Die Feststellung „Wissen ist Macht!" hatte wohl noch nie einen derart bedrohlichen Beigeschmack, verursacht durch die nahezu grenzenlos mögliche Machtausübung über Informationen und deren Missbrauch. Hier ist die gerade für moralisches Verhalten zentrale Frage zu diskutieren, inwiefern bei individuellen Entscheidungen auf veröffentlichte Meinung Verlass ist, welche Mittel der Informationskontrolle zur Verfügung stehen und welche sichere Basis letztlich für die Rechtfertigung moralischer Urteile und Handlungen bleibt.

6.3 Übersicht über Unterrichtsmedien im Ethikunterricht

In Anlehnung an die aus schulpädagogischer Sicht fachübergreifend angelegte Übersicht über Unterrichtsmedien nach Köck 2012, S. 370 kommen für den Ethikunterricht vor allem folgende Unterrichtsmedien in Betracht (vgl. Köck 2012):

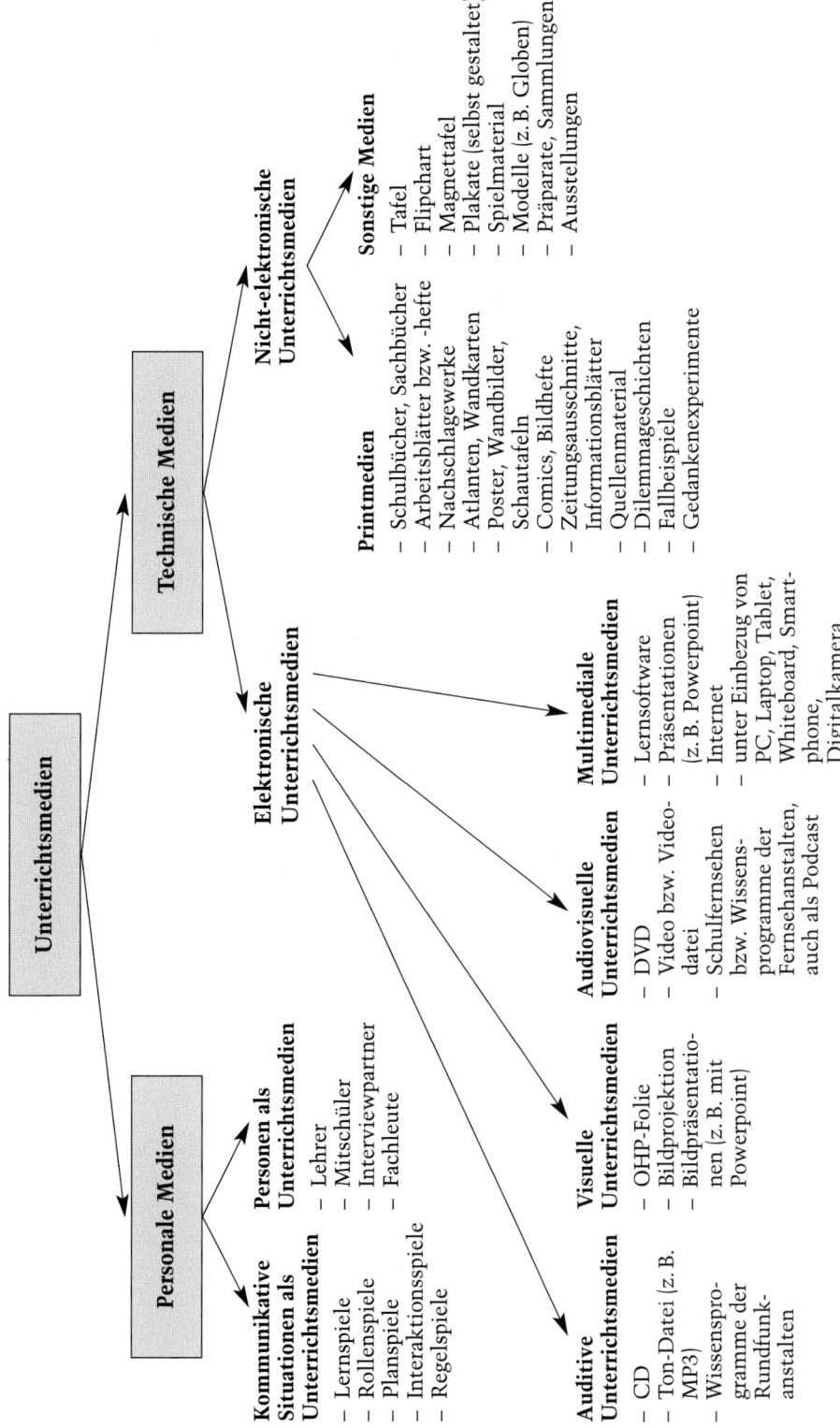

Unterrichtsmedien

Personale Medien

Kommunikative Situationen als Unterrichtsmedien
- Lernspiele
- Rollenspiele
- Planspiele
- Interaktionsspiele
- Regelspiele

Personen als Unterrichtsmedien
- Lehrer
- Mitschüler
- Interviewpartner
- Fachleute

Technische Medien

Elektronische Unterrichtsmedien

Auditive Unterrichtsmedien
- CD
- Ton-Datei (z. B. MP3)
- Wissensprogramme der Rundfunkanstalten

Visuelle Unterrichtsmedien
- OHP-Folie
- Bildprojektion
- Bildpräsentationen (z. B. mit Powerpoint)

Audiovisuelle Unterrichtsmedien
- DVD
- Video bzw. Videodatei
- Schulfernsehen bzw. Wissensprogramme der Fernsehanstalten, auch als Podcast

Multimediale Unterrichtsmedien
- Lernsoftware
- Präsentationen (z. B. Powerpoint)
- Internet
- unter Einbezug von PC, Laptop, Tablet, Whiteboard, Smartphone, Digitalkamera

Nicht-elektronische Unterrichtsmedien

Printmedien
- Schulbücher, Sachbücher bzw. -hefte
- Arbeitsblätter bzw. -hefte
- Nachschlagewerke
- Atlanten, Wandkarten
- Poster, Wandbilder, Schautafeln
- Comics, Bildhefte
- Zeitungsausschnitte, Informationsblätter
- Quellenmaterial
- Dilemmageschichten
- Fallbeispiele
- Gedankenexperimente

Sonstige Medien
- Tafel
- Flipchart
- Magnettafel
- Plakate (selbst gestaltet)
- Spielmaterial
- Modelle (z. B. Globen)
- Präparate, Sammlungen
- Ausstellungen

Vor allem audiovisuelle Software, die stets adressatenbezogen vom Lehrer gesichtet und für den Unterricht unter bestimmten Kriterien ausgewählt werden muss (vgl. hierzu Köck, a. a. O., S. 374 f.), bieten die Landes- und Kreisbildstellen an sowie die mit ethiknahen Produktionen bestens ausgestatteten Medienzentralen der Kirchen.

C

Materialien und Unterrichtsbeispiele

1 Dilemmageschichten

Zu Zweck und Einsatz von Dilemmageschichten im Ethikunterricht vgl. ausführlich 5.2.4! Nochmals sei betont, dass den Vorzug **Realdilemmata** haben, von den Schülern selbst erlebt und am besten auch von ihnen selbst festgehalten, sofern die Intensität der emotionalen Betroffenheit dies zulässt. Der Lehrer gewinnt auf diese Weise nach und nach jahrgangsgeeignete Dilemmasammlungen aus dem Erlebnisfeld der Schüler, in Zukunft hypothetische Dilemmata, aber wenigstens mit großer Realitätsnähe.

1.1 Ausgewählte hypothetische Dilemmageschichten

1.1.1 „Heinz"-Dilemma (vgl. Kohlberg 1996)

Kohlberg setzte die Geschichte häufig bei seinen (in den USA vorgenommenen) Untersuchungen zur Entwicklung der moralischen Urteilsfähigkeit ein. Er verstärkte die bei hypothetischen Dilemmata ohnehin größere emotionale Distanz dadurch, dass er das Ereignis in Europa ansiedelte. Adressatengerechte Anpassung ist n. E. auch bei den sog. klassischen Dilemmageschichten zulässig, wenn sie dadurch an Realitätsbezug gewinnen und die emotionale Beteiligung der Schüler verstärken. Die folgende Fassung des Heinz-Dilemmas wurde vom Landesinstitut für Schule und Weiterbildung (Landesinstitut für Schule und Weiterbildung 1991, S. 52) vorgelegt:

> Eine Frau war sehr schwer an Krebs erkrankt und drohte zu sterben. Es gab nur ein Medikament, das ihr nach Ansicht der Ärzte eventuell helfen könnte. Es war eine Radiumverbindung, die ein Apotheker in derselben Stadt kürzlich entdeckt hatte. Die Herstellung des Medikaments war sehr kostspielig, aber der Apotheker verlangte zehnmal mehr als die Herstellung kostete. Er zahlte 1000 EUR für das Radium und verlangte nun 10 000 EUR für eine kleine Dosis des Medikaments. Heinz, der Ehemann der kranken Frau, ging zu jedem, den er kannte, um sich das Geld zusammenzuleihen, aber er bekam nur die Hälfte zusammen. Er erzählte dem Apotheker, dass seine Frau sterben würde, wenn sie das Medikament nicht bekäme, und bat ihn, ihm das Mittel billiger zu verkaufen oder ihn den Rest später bezahlen zu lassen. Aber der Apotheker lehnte ab, da er das Medikament ja schließlich entdeckt habe und nun auch Geld damit verdienen wolle. Heinz verzweifelte und fing an, darüber nachzudenken, ob er in die Apotheke einbrechen sollte, um das Medikament für seine Frau zu stehlen.

Die unter B. 3.2.3.2 auf allgemeiner Grundlage erläuterten stufentypischen Argumentationen, die hier aber nur als grober Anhaltspunkt dienen sollen, könnten z. B. lauten:

Stufe 1

Wenn er beim Stehlen erwischt wird, muss er mit einer Strafe rechnen.
Papa hat gesagt, stehlen ist verboten.
Er stiehlt ja in Wirklichkeit nicht 10 000 EUR, sondern nur 1000 EUR, und will sie überdies noch zurückzahlen.

Stufe 2

Wenn er seine Frau liebt und retten will, muss er stehlen.
Es kommt darauf an, ob seine Frau dasselbe für ihn tun würde.
Der Apotheker ist am Geschäft interessiert und das mit Recht. Heinz darf das Medikament nicht stehlen.

Stufe 3

Der Apotheker ist ein gewinnsüchtiger Egoist und darf deshalb bestohlen werden.
Was würden seine Verwandten und Freunde von ihm denken, wenn er seine Frau nicht um jeden Preis, auch den eines Diebstahls, retten würde?
Was aber würden sie sagen, wenn er als Dieb entlarvt wird?
Man muss an sein Motiv denken und das ist Liebe zu seiner Frau.

Stufe 4

Vor allem sind Gesetze von allen zu achten und d. h., dass stehlen verboten ist.
Vielleicht ist aber stehlen in diesem besonderen Fall, wo es immerhin um ein Menschenleben geht, doch erlaubt?
Er könnte das Medikament stehlen mit dem festen Vorsatz, es später zu bezahlen.

Stufe 5

Der Apotheker verstößt eindeutig gegen die Sozialbindung des Eigentums.
Trotzdem kann nicht jeder in einer Ausnahmesituation die Gesetze uminterpretieren.
Die verständliche Motivation zum Stehlen steht gegen die fragwürdige Selbstjustiz.
Ein noch so guter Zweck heiligt nicht alle Mittel, oder doch, wenn es um Grundwerte geht?

Stufe 6

Würde der Apotheker auch so unnachgiebig handeln, wenn er in der Situation von Heinz wäre?
Es steht Bereicherung gegen Leben.
Das Recht auf Leben darf grundsätzlich nicht angetastet werden.
Menschenrechte sind höher einzuschätzen als Gesetze.

L. Kohlberg sieht zum „Heinz"-Dilemma im MJI (= Moral Judgment Interview, 1996/4) folgende Fragen vor:

1. Sollte Heinz das Medikament stehlen?

1a. Warum oder warum nicht?

2. (Wenn die Versuchsperson den Diebstahl befürwortet hat:) Wenn Heinz seine Frau nicht liebt, sollte er dann das Medikament für sie stehlen?

   Bzw. (wenn die Versuchsperson sich gegen den Diebstahl ausgesprochen hat:) Bedeutet es einen Unterschied, ob Heinz seine Frau liebt oder nicht?

2a. Warum oder warum nicht?

3. Angenommen, die Person, die im Sterben liegt, ist nicht seine Frau, sondern ein Fremder. Sollte Heinz das Medikament für einen Fremden stehlen?

3a. Warum oder warum nicht?

4. (Wenn die Versuchsperson sich dafür ausspricht, das Medikament auch für einen Fremden zu stehlen:) Angenommen, es handelt sich um ein Haustier, das Heinz liebt. Sollte er das Medikament stehlen, um das Haustier zu retten?

4a. Warum oder warum nicht?

5. Ist es wichtig, dass Menschen alles versuchen, was sie können, um das Leben eines anderen zu retten?

5a. Warum oder warum nicht?

6. Es ist gegen das Gesetz, wenn Heinz einbricht. Ist diese Handlungsweise deshalb moralisch falsch?

6a. Warum oder warum nicht?

7. Sollten Menschen im Allgemeinen alles versuchen, um dem Gesetz Folge zu leisten?

7a. Warum oder warum nicht?

7b. Wie lässt sich das (die vorherige Antwort) auf das beziehen, was Heinz tun sollte?

8. Wenn Sie noch einmal an das Dilemma (den Ausgangskonflikt) zurückdenken: Was wäre das Verantwortungsvollste, was Heinz tun könnte?

8a. Warum?

Rest bietet im DIT (= Defining Issue Test, hier zit. nach Oser/Althoff 1994/2, S. 175) die folgenden Fragen an, die auch zur Stimulierung des Unterrichtsgesprächs vor allem im Sinne der Plus-1-Konvention verwendet werden könnten:

Welche Fragen spielen eine Rolle bei der Beurteilung eines Medikamentendiebstahls durch Heinz?

Wie wichtig sind diese Fragen?

Die Überlegung der Frage ist …

	nicht wichtig	wenig wichtig	etwas wichtig	wichtig	sehr wichtig
1) Ob diese Gesetze der Gemeinschaft aufrechterhalten bleiben.					
2) Ist es nicht natürlich für einen liebevollen Ehemann, sich so sehr um seine Frau zu kümmern, dass er auch stehlen würde?					
3) Ist Heinz bereit zu riskieren, dass er als Einbrecher erschossen oder eingesperrt wird, nur weil eine Möglichkeit besteht, dass die Arznei helfen könnte?					
4) Ob Heinz ein guter Ringer ist oder gute Beziehungen zu Berufsringern hatte.					
5) Stiehlt Heinz für sich selbst oder tut er es, um jemand anderem zu helfen?					
6) Ob die Rechte des Apothekers auf seine Erfindung respektiert werden oder nicht.					
7) Ob individuell oder sozial gesehen der Wert des Lebens umfassender ist als die Beendigung des Sterbens.					
8) Welche Werte werden die Grundlage dafür bilden, wie sich Menschen zueinander verhalten?					
9) Ob es erlaubt ist, dass sich der Apotheker hinter einem wertlosen Gesetz versteckt, das sowieso nur die Reichen schützt.					
10) Ob in diesem Fall das Gesetz als grundlegender Anspruch eines jeden Mitglieds einer Gesellschaft verstanden werden kann.					
11) Ob der Apotheker es verdient, wegen seines habgierigen und grausamen Verhaltens beraubt zu werden.					
12) Ob in einem solchen Fall das Stehlen der Gesellschaft insgesamt größere Vorteile bringt oder nicht.					

Wählen Sie bitte nun von der Liste die vier Fragen, die Sie als am wichtigsten erachten, und tragen deren Nummer hier ein:

Nicht ausfüllen

Die wichtigste _____

Die zweitwichtigste _____

Die drittwichtigste _____

Die viertwichtigste _____

1.1.2 Das Gefangenen-Dilemma

Diese Dilemmageschichte scheint auf Anhieb – ausschließlich in ethischem Interesse betrachtet – problematisch zu sein. Ihre mustergültige Bedeutung für die Arbeit an der moralischen Urteilsfähigkeit gewinnt sie einerseits aus der *Gegenüberstellung individueller und kooperativer Folgenoptimierung*, andererseits aus dem *Aufweis der Grenzen strategischen, d. h. vor allem individuell erfolgsorientierten Verhaltens*. Das Gefangenen-Dilemma leistet insofern grundlegende Vorarbeit für Bereichsethiken, die in hohem Maße Folgenabschätzung zu bedenken haben.

Die Geschichte (vgl. Nida-Rümelin 2005):

> Zwei Personen sind wegen eines bewaffneten Raubüberfalls festgenommen worden. Ihnen kann diese Tat jedoch nicht nachgewiesen werden, sondern nur das unerlaubte Tragen von Waffen. Die beiden Gefangenen werden unabhängig voneinander und getrennt verhört. Sollte einer der beiden Gefangenen ein Geständnis ablegen und damit den anderen, Nichtgeständigen, überführen, dann käme er als Kronzeuge der Anklage frei. Wenn beide nicht gestehen, können sie nur wegen des minderen Vergehens des unerlaubten Waffenbesitzes zu einem Jahr Gefängnis verurteilt werden, während sie für das tatsächlich begangene Verbrechen mit zehn Jahren rechnen müssten. Ist nur einer der beiden geständig, dann muss sich der Nichtgeständige sogar mit elf Jahren Gefängnisstrafe abfinden.

Überlegungen:

Mit Blick auf die individuelle Folgenoptimierung läge für beide Gefangenen nahe, zu gestehen, da sich das Strafmaß bei Geständnis beider immerhin von 11 auf 10 Jahre reduziert, beim Geständnis von nur einem Gefangenen für diesen sogar von 1 auf 0 Jahre. Da aber keiner der Gefangenen die Entscheidung des anderen kennt, ist die für beide bessere Lösung jene, die vom kooperativen Verhalten beider ausgeht und insofern verständigungsorientierte Kommunikation unterstellt: Wenn keiner gesteht, kommt jeder Gefangene sicher mit nur 1 Jahr davon.
Aktuell hat sich vor allem die Spieltheorie dieses klassischen Dilemmas angenommen. Empfohlen sei in diesem Zusammenhang, auch für den Einsatz im Unterricht, das Onlinespiel „Evolution of Trust".

1.1.3 Sterbehilfe-Dilemma

Dieses ebenfalls schon „klassische" Dilemma stammt aus dem Moralischen-Urteil-Test (MUT) von Lind/Wakenhut 1983, S. 80:

> „Eine Frau war krebskrank und es gab keine Rettungsmöglichkeit mehr für sie. Sie hatte qualvolle Schmerzen und war schon so geschwächt, dass eine größere Dosis eines Schmerzmittels wie Morphin ihr Sterben beschleunigt hätte. In einer Phase relativer Besserung bat sie den Arzt, ihr genügend Morphin zu verabreichen, um sie zu töten. Sie sagte, sie könne die Schmerzen nicht mehr ertragen und würde ja doch in wenigen Wochen sterben. Der Arzt entsprach ihrem Wunsch."

Für die Beurteilung sind die folgenden Fragen vorgesehen:

Für wie akzeptabel halten Sie die folgenden Argumente, die Leute zugunsten des Verhaltens des Arztes vorgebracht haben? Sie sagen, der Arzt habe *richtig* gehandelt, ...

Das Argument halte ich für ...

völlig unakzeptabel — völlig akzeptabel

1. weil der Arzt nach seinem Gewissen handeln musste. Der Zustand der Frau rechtfertigt eine Ausnahme von der moralischen Verpflichtung, Leben zu erhalten.

−4 −3 −2 −1 0 +1 +2 +3 +4

6

2. weil der Arzt der Einzige war, der den Willen der Frau erfüllen konnte; die Hochachtung vor dem Willen der Frau gebot ihm, so zu handeln, wie es er tat.

5

3. weil der Arzt nur getan hat, wozu die Frau ihn überredete. Er braucht sich deswegen um unangenehme Konsequenzen keine Sorgen zu machen.

1

4. weil die Frau ja ohnehin gestorben wäre, und es für den Arzt wenig Mühe bedeutet hat, ihr eine größere Dosis des Schmerzmittels zu verabreichen.

−4 −3 −2 −1 0 +1 +2 +3 +4

2

5. weil der Arzt eigentlich kein Gesetz verletzt hat, da die Frau nicht mehr hätte gerettet werden können, und er nur ihre Schmerzen verkürzen wollte.

4

6. weil vermutlich die meisten seiner Kollegen in einer ähnlichen Situation genauso gehandelt hätten wie dieser Arzt.

3

repräsentierte Entwicklungsstufe

Für wie akzeptabel halten Sie die folgenden Argumente, die man gegen das Verhalten des Arztes vorgebracht hat? Man sagt, der Arzt habe *falsch* gehandelt ...

Das Argument halte ich für ...

völlig unakzeptabel   völlig akzeptabel

7. weil er damit gegen die Überzeugung seiner Kollegen verstoßen hat. Wenn sie sich gegen Tod auf Verlangen (Euthanasie) aussprechen, dann sollte ein Arzt dies nicht tun.

−4	−3	−2	−1	0	+1	+2	+3	+4

3

8. weil man dem Arzt völlig vertrauen können muss, dass er sich voll für die Erhaltung des Lebens einsetzt, auch wenn man wegen großer Schmerzen am liebsten sterben möchte.

5

9. weil das Leben zu schützen für jedermann höchste moralische Verpflichtung ist. Solange, wie wir keine klaren Kriterien dafür haben, wie wir Euthanasie von Mord unterscheiden können, darf sich keiner am Leben anderer vergreifen.

6

10. weil der Arzt sich damit eine Menge Unannehmlichkeiten zuziehen kann. Andere sind dafür schon empfindlich bestraft worden.

−4	−3	−2	−1	0	+1	+2	+3	+4

1

11. weil er es hätte wesentlich leichter haben können, wenn er gewartet und nicht in das Sterben der Frau eingegriffen hätte.

2

12. weil der Arzt gegen das Gesetz verstoßen hat. Wenn man Zweifel bezüglich der Rechtmäßigkeit der Euthanasie hat, dann darf man solchen Bitten nicht nachgeben.

4

repräsentierte Entwicklungsstufe

Sehen Sie dieses oben beschriebene Problem in erster Linie als ein ...

a) rechtliches
b) religiöses
c) moralisches
d) humanitäres
e) wissenschaftliches
f) gesellschaftliches Problem an?

kann ich nicht beurteilen

a)	b)	c)	d)	e)	f)	

1.1.4 Hollys Dilemma

Dieses hypothetische Dilemma für Grundschulkinder stammt aus einer Materialsammlung von Kohlberg und Mitarbeitern, herausgegeben 1972–1976 von der Guidance Associates. Die Namen in der Geschichte sollte man wiederum durch landesübliche ersetzen. Zu erwägen wäre auch, ob sich nicht ähnliche Situationen als Realdilemmata von den Kindern gewinnen ließen.

Dilemma:

> „Holly ist ein achtjähriges Mädchen, das gerne auf Bäume klettert. Sie ist die beste Kletterin in der Nachbarschaft. Eines Tages, als sie von einem hohen Baum herunterklettert, fällt sie vom untersten Ast, aber sie verletzt sich nicht. Ihr Vater sieht, wie sie fällt. Er ist beunruhigt und verlangt, dass Holly ihm verspricht, nicht mehr auf Bäume zu klettern. Holly verspricht es.
>
> Später am gleichen Tag treffen Holly und ihre Freunde Shawn. Shawns Kätzchen sitzt auf einem Baum fest und kann nicht herunter. Es muss sofort etwas geschehen, sonst könnte das Kätzchen herunterfallen. Holly ist die Einzige, die gut genug im Klettern ist, um das Kätzchen zu erreichen und herunterzuholen; sie erinnert sich an ihr Versprechen dem Vater gegenüber.
>
> Sollte Holly Shawn helfen, indem sie auf den Baum klettert und das Kätzchen herunterholt? Warum oder warum nicht?

Evtl. stimulierende Fragen:

1. Angenommen, es ist wahrscheinlich, dass Hollys Vater nie herausfinden wird, was passiert ist. Würde das für deine Entscheidung eine Rolle spielen?

2. Was ist dir wichtiger, einem Freund zu helfen oder ein Versprechen, das du deinem Vater gegeben hast, einzuhalten?

3. Würde es für deine Entscheidung eine Rolle spielen, wenn es gut möglich wäre, dass Holly erwischt und bestraft wird?

4. Wenn Holly das Kätzchen nicht rettet, wird Shawn wütend auf sie sein. Sollte das eine Rolle spielen für das, was sie tut? Warum oder warum nicht?"

1.1.5 Eine Hauptrolle für Lena

Die Geschichte ist neben anderen Dilemmata für Grundschulkinder zu finden in der an der Universität Augsburg vorgelegten Dissertation von C. Steffek (2000, S. 342), dort in Verbindung mit einer Testentwicklung zur Feststellung der moralischen Urteilsfähigkeit im Rahmen der politischen Bildung.

Geschichte:

> Die Klasse 4 b der Waldschule will ein Weihnachtsstück für die ganze Schule aufführen. Lena bekommt die Chance, die Hauptrolle zu übernehmen.
>
> Wochenlang probt die ganze Klasse für die Aufführung. Lena hat seitenweise Text auswendig gelernt und ist ganz glücklich, als sie am Tag der Aufführung von der Generalprobe nach Hause kommt, denn sie beherrscht den schwierigen Text ausgezeichnet.
>
> An der Haustüre empfängt ihre Mutter sie ganz aufgeregt und erzählt, dass die Oma schwer erkrankt sei und die Familie gleich losfahren wird, um sie in Norddeutschland im Krankenhaus zu besuchen. Lena muss sich entscheiden, ob sie mitfährt, um ihre Omi zu besuchen, oder ob sie bei einer Freundin übernachtet, damit die Theateraufführung stattfinden kann, denn niemand aus der Klasse kann ihre Hauptrolle so kurzfristig übernehmen.

1.1.6 Der Waldbrand

In dieser Dilemmageschichte, die auch aus der Arbeit von C. Steffek stammt (S. 303), stehen Eigentum und Leben gegen Strafvermeidung und Wahrhaftigkeit.

Geschichte:

> Der elfjährige Paul hat gestern einen tollen Western im Fernsehen gesehen. Die Cowboys haben Rinder gefangen, Lasso geworfen und ein riesiges Lagerfeuer gemacht. Paul will auch so ein Lagerfeuer machen und fährt mit seinem Fahrrad in den nahegelegenen Wald, um Holz zu sammeln.
>
> Nachdem er trockenes Geäst zusammengetragen hat, überlegt er, wo er das Feuer machen soll. Obwohl er das Verbotsschild am Waldrand gesehen hat, entscheidet er sich dafür, das Lagerfeuer an Ort und Stelle zu entfachen. Hier wird ihn bestimmt niemand entdecken, denkt er sich. Paul kniet sich nieder, legt die Holzscheite ordentlich zurecht und zündet ein Papier an. Er will gerade das Papier unter die Holzscheite legen, als ihn ein Rascheln im Unterholz zusammenzucken lässt. Dabei fällt ihm das brennende Papier aus der Hand. Da es seit mehreren Wochen nicht mehr geregnet hat, fängt das herumliegende trockene Gehölz sofort Feuer und breitet sich in Sekundenschnelle aus. In Panik packt Paul sein Rad und fährt davon. Als er am Waldrand angekommen ist, überlegt er verzweifelt, ob er den von ihm ausgelösten Brand melden und somit seine Schuld eingestehen soll. Er ist sich aber ganz sicher, dass ihn niemand gesehen hat.

Als *Pro-und-contra-Antworten* nach dem Kohlberg-Schema führt die Autorin an (S. 310):

Stufe	PRO-Antworten: Paul soll den Brand melden, weil ...	CONTRA-Antworten: Paul soll den Brand nicht melden, weil ...
1	– je größer der Schaden, desto größer die Strafe. – seine Eltern das von ihm verlangen würden.	– er sonst hart bestraft wird. – seine Eltern sehr böse wären.
2	– sonst die Tiere im Wald sterben müssen.	– es nicht herauskommt, denn niemand hat ihn gesehen.
3	– ein Unschuldiger beschuldigt werden könnte. – er dann einen noch größeren Schaden verhindern kann. (Feuerwehr) – das Feuer sich sonst ausbreitet und (mehr) Menschen, Tiere und Pflanzen gefährdet wären. – seine Eltern sehr enttäuscht von ihm wären, wenn sie es herausfinden würden.	– er weiterhin als braver Junge gelten will. – seine Eltern den Schaden bezahlen müssten. – er sich so viel Ärger ersparen kann.
4	– er nicht das Recht hat, die Natur aus Unachtsamkeit zu zerstören. Er hat eine Verant- wortung gegenüber der Natur/dem Leben.	– seine Eltern große Probleme bekommen würden, obwohl *sie* nichts Unrechtes getan haben.

Als *weiterführende Arbeitsaufträge im Sinne der Plus-1-Konvention* werden vorgeschlagen (S. 309):

1. Paul gestand den Brand.
   a) Soll er die Brandursache zugeben? Begründe!
   b) Spielt die Brandursache eine Rolle? Begründe!

2. Angenommen, das Waldstück besitzt einen Wanderweg und das Feuer würde ohnehin bald bemerkt werden. Soll Paul den Brand trotzdem melden? Begründe!

3. Stelle dir vor, Paul befindet sich im Urlaub in einem weit entfernten Land. Der Waldbrand würde also nicht Pauls unmittelbare Heimat zer-stören. Soll er den Brand melden oder nicht? Begründe!

4. Angenommen, Paul weiß ganz sicher, dass keine Lebewesen zu Schaden kommen und der Brand sich auf dieses Waldstück begrenzt. Soll er den Brand melden oder nicht? Begründe!

1.1.7 Autorität und Gehorsam

In einer Studie von Blasi (1984) wurden die folgenden zwei Dilemmageschichten zum Nachweis zunehmender Verantwortlichkeit mit der Entwicklung der moralischen Urteilsfähigkeit eingesetzt, hier frei von mir nacherzählt:

1. Dilemmageschichte für Zwölfjährige (6. Klasse):

> In einem Ferienlager war Robert wegen eines geringfügigen Verstoßes gegen die Lagerordnung mit Zimmerarrest bestraft worden. Der Leiter des Ferienlagers untersagte streng, den Jungen zu besuchen oder ihm Essen zu bringen. Manuel, ein Freund Roberts, überlegte sich dennoch, seinen Freund mit Essen zu versorgen. Er ließ es letztlich aber bleiben. Als er das Ereignis zu Hause seinem Vater erzählte, bekam er Vorwürfe von ihm, weil er seinem Freund nicht beigestanden habe.

2. Dilemmageschichte für 17-/18-Jährige (11. Klasse):

> Frau Haller befand sich nach einer erfolglos verlaufenen Krebsoperation in einem äußerst bedenklichen Zustand. Da ihr Tod abzusehen war, meinte die betreuende Krankenschwester, die Familie der Patientin über ihren tatsächlichen Zustand aufklären zu müssen. Da der Chefarzt dies aber ausdrücklich untersagt hatte, nahm sie schließlich Abstand davon. Die Familie machte ihr deshalb nach dem Tod der Patientin heftige Vorwürfe.

1.1.8 Das gestohlene Fahrrad

Diese Dilemmageschichte wurde in einem Ethikseminar von Peter Köck von der Studentin Elisabeth Mittel vorgelegt. In Varianten kann es als häufig erlebtes Realdilemma bei Versicherungsbetrug auf jeder Altersstufe angeboten werden.
Claudia wurde das Fahrrad gestohlen. Die Versicherung fragt nach, ob das Fahrrad abgeschlossen war, denn andernfalls besteht kein Versicherungsschutz. Das Fahrrad war nicht abgeschlossen, doch außer Claudia weiß das ja keiner. Sie sagt sich, dass die Versicherung nicht arm wird, wenn sie sich ihren Verlust ersetzen lässt und damit einen Vorteil verschafft, sozusagen durch ein Kavaliersdelikt. Schließlich haben die Eltern die Versicherungsbeiträge jahrelang bezahlt.

1.2 Fachspezifische Dilemmageschichten

Die nachfolgenden Dilemmageschichten (vgl. Herzig 1998, S. 217–219) zählen wegen ihrer möglichen Zuordnung zum Informatik-, Wirtschaftskunde- oder Arbeitslehreunterricht zu den fachspezifischen Dilemmata, die jeweils geforderte individuelle ethische Entscheidung weist sie aber ebenso als hypothetische Dilemmata aus.

1.2.1 Das Geldinstitut

Udo ist Programmierer in einem privaten Geldinstitut, das hauptsächlich mit der Vergabe von Krediten beschäftigt ist. Er hat diesen Job nach langer Zeit gefunden und ist froh, mit dem verdienten Geld seine Familie einigermaßen versorgen zu können.

Herr Krämer ist der Inhaber des Instituts und steht in dem Ruf, ein unnachgiebiger und harter Geschäftsmann zu sein. Da er Kunden, die in Zahlungsschwierigkeiten gekommen sind, prinzipiell keinen Aufschub gewährt, sind schon eine Reihe Firmen bankrottgegangen, mussten Konkurs anmelden und die Angestellten entlassen. Dennoch kommen immer wieder neue Kunden, besonders kleinere Firmen, denen die Banken keine Kredite mehr geben und die in dem privaten Geldinstitut die letzte Hoffnung sehen. Herr Krämer verdient auch dann sehr gut, wenn die Firmen in Konkurs gehen, und kann sich einen extravaganten, luxuriösen Lebensstil erlauben. Die Gehälter seiner Angestellten sind jedoch recht niedrig.

Eines Tages entdeckt Udo, dass in einer Datei Daten verändert wurden. Über ein automatisches Benutzerprotokoll, das immer festhält, wer wann an welchem Terminal gearbeitet hat, stellt Udo fest, dass sein Kollege Helmut die Zahlungsfrist und die Tilgungsrate für einen Dachdeckerbetrieb verändert hat. Es handelt sich um die Firma von Helmuts Schwager. Der Betrieb hat Auftragsschwierigkeiten und müsste einige Mitarbeiter entlassen oder vielleicht ganz schließen, wenn die Zahlungsfrist nicht verlängert wird. Udo überlegt, ob er die Datenmanipulation seinem Chef melden soll.

1.2.2 Die Entlassung

Hans arbeitet als Abteilungsleiter in einer Maschinenbau-Firma. Er ist verheiratet, hat drei erwachsene Kinder und gehört dem Betrieb seit 30 Jahren an. In seiner Abteilung werden hauptsächlich Maschinenteile verschweißt. Hans hat noch vier Mitarbeiterinnen und Mitarbeiter:

Peter ist seit 10 Jahren in der Firma und eng mit Hans befreundet. Er ist verheiratet und baut gerade ein Haus, in das er mit seiner Frau und der drei Monate alten Tochter demnächst einziehen möchte.

Ahmet ist vor 15 Jahren aus der Türkei als Gastarbeiter nach Deutschland gekommen. Er ist mit der Schwester von Hans verheiratet und hat drei schulpflichtige Kinder.

Jens ist vor drei Jahren in die Abteilung gekommen, weil Hans sich sehr für ihn eingesetzt hat. Jens ist gehbehindert und konnte deshalb lange Zeit keine Arbeitsstelle finden. Er ist 29 Jahre alt und ledig.

Michaela ist zwei Jahre früher eingestellt worden als Jens. Ihr Mann Klaus ist arbeitsloser Bergmann und seit vielen Jahren ein Vereinskamerad von Hans im Fußballclub.

Hans ist mit seiner Abteilung zufrieden. Alle arbeiten sehr gut und verstehen sich untereinander ausgezeichnet. Das gute gegenseitige Verhältnis besteht auch über die Arbeit hinaus.

In der letzten Zeit ist in vielen Abteilungen der Firma in neue Technik, insbesondere in mikroprozessorgesteuerte Maschinen, investiert worden. Auch in Hans' Abteilung stehen jetzt Industrieroboter, die einen Großteil der Schweißarbeiten übernehmen.

Die Firmenleitung hat Hans nun beauftragt, jemanden aus seiner Abteilung zu benennen, der entlassen werden soll, da durch den Robotereinsatz ein Arbeitsplatz eingespart werden kann. Außerdem können aufgrund der hohen Investitionskosten in der Abteilung nur noch drei Stellen finanziert werden. Die Betriebsleitung erwartet von Hans eine baldige Entscheidung darüber, wer entlassen werden soll.

1.2.3 Das Computerspiel

Rolf wünscht sich schon lange, dass seine Eltern einen PC anschaffen. Die Eltern haben allerdings Sorge, dass Rolf den Computer dann nutzen könnte, um jugendgefährdende Computerspiele darauf zu spielen. Erst als Rolf erkennen lässt, dass es ihm nicht um die Computerspiele geht, willigen die Eltern in den Kauf eines Gerätes ein.

Kurze Zeit später bringen Freunde, die Rolf häufiger besuchen und mit denen Rolf viel unternimmt, Raubkopien von einem neuen Computer-Kriegsspiel mit. Die Eltern von Rolf sind für längere Zeit nicht zu Hause. Die Freunde von Rolf sind überrascht, als Rolf erklärt, dass seine Eltern den Computer nur unter der Bedingung gekauft hätten, dass er darauf keine jugendgefährdenden Computerspiele laufen lasse. Die Freunde bedrängen ihn, er solle sich nicht so anstellen, seine Eltern müssten ja nichts davon erfahren; im Übrigen würden sie sonst zu anderen Bekannten gehen und mit der Freundschaft wäre es dann ja auch nicht mehr so weit her. Rolf ist unsicher und weiß nicht, wie er sich verhalten soll.

1.2.4 Das Röntgengerät

MEDISOFT ist eine kleine Firma, die sich auf die Erstellung medizinischer Software spezialisiert hat. Die neueste Entwicklung des Betriebes besteht in einer Computersteuerung zur Nachrüstung älterer Röntgengeräte. Mithilfe dieses Steuerungsprogramms kann die gefährliche Strahlenbelastung bei Röntgenaufnahmen um bis zu 30 Prozent reduziert werden. Die Entwicklung der Software hat große Kosten verursacht, sodass der kleine Betrieb auf den Erlös aus dem Verkauf des Programms angewiesen ist.

Der Stationsarzt Dr. Meier, der in einem großen Krankenhaus beschäftigt ist, hat das Programm gekauft und ist sehr zufrieden damit. Er freut sich besonders darüber, das durch Strahlenbelastung entstehende Gesundheitsrisiko bei seinen Patienten deutlich senken zu können.

Auf einer Tagung trifft Dr. Meier seinen alten Studienfreund Dr. Weber und erzählt ihm von dem neuen Programm. Dr. Weber, der sich sehr um das Wohl seiner Patienten sorgt und bemüht, ist hochinteressiert. Als er jedoch erfährt, wie teuer die Software ist, wird ihm schnell klar, dass das kleine Krankenhaus, an dem er arbeitet, sich ein solches Programm niemals wird leisten können.

Deshalb bittet Dr. Weber seinen Freund, ihm doch eine Kopie des Programms zu geben. – Dr. Meier zögert und ist sich nicht sicher, wie er sich verhalten soll.

2 Unterrichtsbeispiele

Die ausgewählten erprobten Unterrichtsbeispiele für die Grundschule, die Sekundarstufe 1 und die Sekundarstufe 2 sind im Sinne einer *möglichen* Verlaufsform entworfen, die in Rücksicht auf die spezifische Adressatengruppe und die methodischen Vorlieben des Lehrers unbedingt der modifizierenden eigenen „Handschrift" bedarf. Außerdem sind die verschiedenen Themen je nach Unterrichtsverständnis auch auf andere Art als durch die vorgeschlagene zugänglich. Dem in diesem Handbuch entfalteten didaktischen und methodischen Grundverständnis des Ethikunterrichts entsprechend, ist in allen Beispielen der aktiven Auseinandersetzung der Schüler mit dem Unterrichtsthema ein möglichst großer Spielraum gegeben.

2.1 „Ich bin Ich" (Unterrichtsbeispiel für die Grundschule)

Anregungen für die Unterrichtsstunde zur Ich-Identität verdankt der Autor Peter Köck der ideenreichen Projektgruppe Moder, Beißwenger, Jörg in der Zusatzausbildung für das Unterrichtsfach Ethik an der Universität Augsburg.

2.1.1 Didaktische Analyse

1. Fundorte im Lehrplan

Die Unterrichtsstunde bzw. je nach Methodenwahl besser die Doppelstunde verfolgt neben anderen möglichen Lernzielen hier vor allem das *Lernzielpaket der primären Suchtprävention*. Dieses Anliegen wird bei der ganzheitlichen Ausrichtung des Unterrichts in der Grundschule mit jeweils eigenen Akzentsetzungen auch im Heimat- und Sachunterricht und in der Religionslehre Unterrichtsprinzip und Anlass zur Thematisierung bei aktuellen Anlässen und bei entsprechenden Lehrplanthemen sein. Im Ethikunterricht taucht die Thematik in allen vier Jahrgangsstufen mit aufeinander aufbauenden Schwerpunkten auf, wobei Selbstwahrnehmung, Aufbau von Ich-Stärke und Selbstwertgefühl sowie Selbstbehauptung altersentsprechend auch einer wertbezogenen Begründung unterzogen werden.

Der Lehrplan Plus für die Grundschule in Bayern sieht z. B. für unsere Unterrichtsstunde die folgenden Themenbereiche vor:

1. und 2. Jahrgangsstufe:	1/2. Sich selbst begegnen
3. Jahrgangsstufe:	Lernbereich 1:
	1.2 Mit eigenen Grenzen umgehen und sie überwinden

4. Jahrgangsstufe:	Lernbereich 2:
	2.4 Mit Konflikten umgehen
Fächerübergreifend:	Medienbildung/digitale Bildung
	Gesundheitsförderung
	Kulturelle Bildung

Verbindungen zu den fächerübergreifenden Bildungs- und Erziehungsaufgaben der Freizeiterziehung, Gesundheitserziehung und Medienerziehung bieten sich zwingend an.

2. Kurzfassung der Sachanalyse

Sucht bezeichnet das zwanghafte, der Selbstkontrolle weitgehend oder total entzogene Verlangen nach Lustgewinn, das bei stoffgebundenen Abhängigkeiten durch Genussmittel, Medikamente und Drogen befriedigt wird. Nicht stoffgebundene Suchtformen liegen z. B. bei extremen Essstörungen (Anorexie = Magersucht, Bulimie = Ess-Brech-Sucht, Adipositas = Fettsucht), Glücks- und Automatenspielsucht, Fernseh- und Computerspielsucht, Arbeitssucht und Kaufsucht vor.

Die physische Abhängigkeit vom Suchtmittel ist als Reaktion des Organismus zu verstehen, den durch Gewöhnung an das Suchtmittel erreichten veränderten Gleichgewichtszustand aufrechtzuerhalten. Der Entzug des Suchtmittels führt deshalb zunächst auch zu einer schwerwiegenden Störung des suchtabhängigen Gleichgewichtszustandes (= Abstinenz-Syndrom).

Suchtfolgen sind neben vielfältigen körperlichen Krankheitssymptomen vor allem herabgesetzte Willensstärke, Aktivitätsschwund, allgemeines Desinteresse, soziale Isolierung, in schweren Fällen eine fortschreitende Zerstörung der Persönlichkeit.

In der Vorbeugung setzt die *Sekundärprävention* auf Maßnahmen der Abschreckung. Selbst wenn so manchem Grundschulkind Suchtfolgen als bedrohliches Erlebnisfeld seines näheren Umfeldes bekannt sind, kommt Sekundärprävention in der Grundschule für alle Schüler im Unterricht wohl nur in seltenen Ausnahmefällen in Frage. Gelegentlich kann mit ihr auf die stoffgebundene Abhängigkeit von Süßigkeiten und auf die nicht stoffgebundene Abhängigkeit vom Medienkonsum geantwortet werden.

Tertiärprävention versucht im Rahmen einer Therapie mit vorbeugenden, schützenden und stützenden Maßnahmen Süchtige nachhaltig aus ihrer Abhängigkeit herauszuführen.

Die für die Grundschule maßgebliche *primäre Suchtprävention* arbeitet im Sinne eines Unterrichtsprinzips ohne direkte Bezugnahme auf Sucht möglichst frühzeitig beginnend im Vorfeld der Suchtgefährdung am Aufbau des Selbstwertgefühls und der Fähigkeit, Alltagsproblemen, Konflikten, sexuellen Zumutungen und Suchtgefährdungen selbstsicher und selbstverantwortlich begegnen zu können. Dabei spielt die bewusste Orientierung an Werten eine tragende Rolle.

3. Dikatische Reduktion in Form konkreter Unterrichtsziele (hier für die 3. oder 4. Jahrgangsstufe)

1. Die Schüler fühlen ihren Körper mithilfe einer Fantasiereise.
2. Sie berichten von ihren Erlebnissen und Gefühlen während der Fantasiereise.
3. Sie fühlen sich in das kleine „Ich bin Ich" ein und versprachlichen ihre Gefühle.
4. Sie stellen in Partnerarbeit Selbst- und Fremdbild von sich gegenüber und stellen ihre und des Partners Besonderheiten heraus.
5. Sie reflektieren ihr Selbstbild und vertiefen ihr Selbstbewusstsein, indem sie ihrer Einmaligkeit und ihrem Wert gestalterisch Ausdruck verleihen.
6. Sie erleben sich bei aller Verschiedenheit als Gemeinschaft, in der jeder seinen wichtigen Platz hat.

Im Sinne des erfahrungs- und handlungsorientierten Regelkreislernens im Ethikunterricht sind schwerpunktmäßig die Ebenen 1, 2 und 3 angesprochen. Die Ebene 4 wird mit der Frage nach der eigenen Besonderheit erreicht, die nur mit Bezug auf Wertvorstellungen beantwortet werden kann.

2.1.2 Unterrichtsverlauf

Artikulations-schema	Entfaltung des Lerninhalts	Methoden, Medien, Material
Einstimmung	Entspannungsübung mit einer Fantasie-reise durch den Körper → aufmerksame Körperwahrnehmung Vorstellungsbild: Sandstrand Evtl. Schwere- und Wärmeübung aus dem Autogenen Training einbauen Erlebnisaustausch über die Entspannungsübung: Was hast du gesehen, erlebt, gefühlt?	Übungsverlauf vgl. B. 5.3.2.6./2. Meditationsmusik Sitzkreis: Freies Gespräch
Motivation und Problem-begegnung	Bilderbuch: „Das kleine Ich bin Ich" von Mira Lobe und Susi Weigel (1972) Das Buch handelt von einem kleinen, bunten Tier. Dieses Tier ist eigentlich sehr zufrieden und fröhlich, doch als es ein Laubfrosch fragt, wer es denn sei, muss es feststellen, dass es nicht weiß, wer es ist. Darum macht es sich auf den Weg, um es herauszufinden. Es fragt eine Pferdemutter und ihr Pferde-kind, eine Kuh, mehrere Fische, zwei Nilpferde, einen Papagei und mehrere Hunde, doch keiner kann ihm sagen, wer es ist. Alle stellen nur fest, dass dieses Tier nicht so ist, wie sie selbst. Da fällt es dem Tier plötzlich ein: „Sicherlich gibt es mich: Ich bin Ich!"	Sitzkreis oder am Boden im Halbkreis um den Lehrer/ die Lehrerin Vorzeigen und Vorlesen des Bilder-buchs

Artikulations-schema	Entfaltung des Lerninhalts	Methoden, Medien, Material
Problem-bearbeitung	1. Erschließen des Gehalts der Bildergeschichte und Übung des Einfühlungsvermögens Mögliche Denkanstöße: – Wie ergeht es dem kleinen Ich bin Ich? – Wie fühlt es sich? – Ist es dir auch schon so ergangen? – Kennst du jemanden, dem es so geht?	Sitzkreis Impulse → Gespräch
	2. Vergleich von Selbst- und Fremdbild Wahrnehmungsaufgaben – Wodurch bin ich anders als mein Banknachbar? – Was ist Besonderes an mir, an meinem Banknachbarn? Anleitung der Schüler zu *detaillierter* Beobachtung: Körperbau, Kopfform, Haare, Augenfarbe, Hände und Füße, Stimme, besondere Verhaltensweisen…	Partnerarbeit Austausch der Beob-achtungsdaten und Bericht der Besonder-heiten des Partners im Sitzkreis Ergänzungen aus der Runde
	3. Überprüfung des Selbstbildes a) Reflexionsfragen: – Was kann ich gut? – Was kann ich nicht so gut? b) Ich stelle mich selbst in einem Ich-bin-Ich-Bild dar (mit Blick auf besondere Fähigkeiten)	Einzelarbeit schriftlich fixieren Papier, Stifte
Transfer und Zusammenfas-sung	Erstellung eines Gemeinschaftsbildes: Wir sind eine Gemeinschaft, obwohl wir alle verschieden sind. Jedes Kind klebt oder heftet sein „Ich bin Ich"-Bild um den Satz Das sind wir usw.	Großer Plakatkarton oder Styroporwand

In den Folgestunden müssen die gewonnenen Erlebnisse und Erkenntnisse nicht nur vertieft werden mit der Wirkung der Integration in die sicher beherrschten Verhaltensweisen (Ebene 5), sondern auch spezifische Ausweitung erfahren im Hinblick auf

– Widerstand gegenüber Suchtgefährdungen,
– sinnvolles Freizeitverhalten,
– selbstbewussten Umgang mit Medien,
– bewusst gesunde Lebensführung,

immer unter dem Gesichtspunkt einer altersgemäß reflektierten, an Werten orientierten normativen Grundhaltung.

Mit diesem anspruchsvollen Programm wird deutlich, dass der Ethikunterricht allzu bald an Grenzen stößt, wenn er nicht mit der Kooperation aller anderen Unterrichtsfächer rechnen kann, welche die moralische Urteilsfähigkeit mit je spezifischem Faktenwissen versorgen.

2.2 Selbstfindung und Autorität (Unterrichtsbeispiel für die Sekundarstufe 1)

2.2.1 Didaktische Analyse

1. Fundorte des Themas in den Lehrplänen

Der entwicklungspsychologischen Vorgabe entsprechend, ist das Thema in der Sekundarstufe 1 je nach Schulart und Bundesland z.B. in der 8. Jahrgangsstufe (Hauptschule/Mittelschule), in der 9. Jahrgangsstufe (Realschule) und mit unterschiedlichem Anspruch im Gymnasium mit Schwerpunkten von der 8. bis zur 11. Jahrgangsstufe zu finden.

2. Didaktische Legitimation des Themas

Die anthropologische Aussage, dass der Mensch nicht nur bildungsfähig, sondern auch bildungsbedürftig sei, rückt beim Thema „Selbstfindung und Autorität" in den Mittelpunkt der Betrachtung. Es ist einerseits eine entwicklungspsychologisch gesetzmäßige Notwendigkeit, dass sich die Kinder und Jugendlichen um der Gewinnung ihrer Autonomie willen schrittweise von Autoritäten loslösen. Andererseits sind Selbstfindung und Aufbau von Ich-Identität nur in der Auseinandersetzung mit und in der Orientierung an Autoritäten möglich. Gelegenheit dazu bieten nicht nur auf die Förderung der jungen Menschen bedachte Autoritäten, sondern auch die Begegnung mit Zerrbildern der Autorität, wie z.B. Gurus, Sektenführern, Idolen, Demagogen, ihre Macht missbrauchenden Politikern radikaler Gruppierungen. Eine besondere Problematik ergibt sich heutzutage mit den unterschiedlichen kultur- und religionsbedingten Autoritätsverständnissen, welche die multikulturelle Gesellschaft als unmittelbares Anschauungsmaterial in die Ethikgruppen trägt.

Nur eine reflektierte Vorstellung von Autorität und darauf gestützte Urteile ermöglichen sowohl angemessene Unterordnung als auch den Erwerb eigener Autorität. Das Thema steht darüber hinaus mit besonderem Gewicht im Brennpunkt der Entwicklung der 14- bis 16-Jährigen, wenn man berücksichtigt, dass sich in der moralischen Entwicklung dieser Altersgruppe nach Kohlberg zur Orientierung an Gesetz und Autorität die Orientierung an sozialen Verträgen und individuellen Rechten sowie an universellen ethischen Prinzipien gesellen – eine Zeit des im hohen Maße gefährdeten Übergangs also.

Fächerübergreifende Verbindungen liegen bei diesem Thema nahe, vor allem zu Biologie (Pubertät), Erziehungskunde, Deutsch (Literatur), Geschichte (verfehlte und geglückte Beispiele von Selbstfindung und Autorität), Friedenserziehung (Umgang mit Konflikten und Gewalt) und musischen Fächern (v. a. Klärung und Ausdruck von Gefühlen im Sinne ganzheitlicher Bildung).

3. Sachanalyse zum Thema Selbstfindung und Autorität

a) Vorschlag zur begrifflichen Verständigung

Selbstfindung bzw. Gewinnung von Ich-Identität bezeichnet den Vorgang, in welchem der Mensch lernt, sich selbst bewusst zu bejahen und zur vollen Übereinstimmung mit sich zu gelangen. Als dynamisches Selbstkonzept in lebenslanger Entwicklung ist die Selbstfindung des Menschen im Wechselspiel mit dem sozialen und kulturellen Umfeld kontinuierlich Veränderungen und in Form von Identitätskrisen (z. B. Glaubenskrise, Lebenssinnkrise, Midlife-Crisis, Berufskrise, Ehe- bzw. Beziehungskrise) auch einschneidenden Gefährdungen ausgesetzt. Die Selbstbewertung des Menschen fällt umso günstiger aus und seine Ich-Identität umso stabiler, je geringer die Differenz zwischen Realbild und Idealbild sowie zwischen Selbst- und Fremdeinschätzung ist.

Konkret ereignet sich die Gewinnung von Ich-Identität in einem *zweifachen "Handel um Identität"* (*McMall* und *Simmons*):

- *In einem ersten Handel* bemüht sich der Mensch um den Erwerb seiner sozialen Identität, die ihn mit ihren allgemein erwarteten und anerkannten Verhaltensmustern für die Wahrung seiner spezifischen gesellschaftlichen Rollen ausrüstet. Das nötige und jeweils erworbene Ausmaß der sozialen Identität wird von der Übereinstimmung eigener und fremder Verhaltenszuschreibungen in einer sozialen Situation bestimmt, die eben in der Regel unter dem Einfluss von Belohnung und Bestrafung auszuhandeln ist.
- *In einem zweiten Handel* trifft die im Entstehen begriffene soziale Identität mit der persönlichen Identität aufeinander, die den Menschen in seiner Einmaligkeit und Unverwechselbarkeit kennzeichnet. Beide ineinandergreifenden Handelsaktivitäten führen meist zu Kompromissen von Bildern der Interaktionspartner von sich selbst und den anderen, von gegenseitigen Erwartungen und Verhaltenszuschreibungen usw., andernfalls sind Identitätskrisen, schlimmstenfalls Identitätsdiffusion zu erwarten.

In den „Handel um Identität" einbezogen ist der *Erwerb eines Wertesystems*, das im weiteren Handel gleichermaßen als Orientierungswissen und als Handlungsinstrumentarium dient.

Zwischen der Selbstfindung des Menschen und Autoritäten verschiedener Art und Herkunft bestehen notwendige Wechselwirkungen, vor allem wenn es um den „Handel um Identität" und um die Vermittlung von Werten und Normen geht.

Autorität bezeichnet formal den durch Führungsfunktionen und Kompetenzen unterschiedlicher Art hervorgehobenen Status einer Person gegenüber anderen. Der Autorität Besitzende übt im weitesten Sinne Einfluss auf andere Menschen aus. Autorität wird demjenigen zuerkannt, der in den Augen anderer die folgenden Merkmale aufweist:

– Tüchtigkeit und Intelligenz
– besondere Fähigkeit zur Anpassung an die Gruppenmehrheit und zur Förderung des Zusammenhalts in der Gruppe
– Durchsetzungsfähigkeit
– eine nicht exakt bestimmbare Ausstrahlung.

Allgemein wird *unterschieden zwischen familiärer bzw. natürlicher Autorität, persönlicher Autorität und Berufs- bzw. Amtsautorität.*

b) Nach **gruppendynamischem Verständnis** erhält die Autorität ihre Legitimation durch den Nutzen, den sie für eine Gruppe oder eine Institution hat. Autorität in diesem Sinne kommt also nur Personen zu, die durch besondere Sachkompetenz oder durch ausgeprägte Fähigkeiten zur Koordination, Vermittlung und Integration den Gruppenzielen bzw. dem Fortbestand der Gruppe dienen. Wer sich durch solche Leistungen als Autorität legitimiert hat, ist darüber hinaus aber immer auch noch auf die Anerkennung und das Vertrauen der übrigen Gruppenmitglieder angewiesen, d. h. niemand macht sich letztlich selbst zur Autorität. Er kann auch die durch Anerkennung gewonnene Fremdlegitimation seiner Autorität wieder einbüßen, wenn er die in Sachkompetenz und Gruppenvorteil liegende Eigenlegitimation nicht mehr oder nur unzureichend zu erbringen imstande ist. Wie alle Rollen in einer Gruppe ist auch die des Autorität Besitzenden nicht statisch, sondern dynamisch zu verstehen, d. h. sie wechselt unter Umständen je nach Aufgabenstellung und den sozialen und emotionalen Gegebenheiten in der Gruppe.

c) Ein weiterer Aspekt der Autorität ergibt sich mit ihrer **Entlastungsfunktion.** Die durch Sachkompetenz und die damit verbundene Leistung für andere legitimierte Autorität besitzt Entscheidungsfähigkeit, die dem nicht oder noch nicht Kompetenten abgeht bzw. erst durch Lernprozesse und Einübung zuwachsen muss. Bei aller vorläufig notwendigen Entlastung des Nichtkompetenten und Lernenden von Entscheidungen darf Autorität aber nicht ihr eigentliches Ziel verfehlen, sich schrittweise überflüssig zu machen, indem sie dem Lernenden eigene Entscheidungen versagt, wo er sie zu fällen bereits in der Lage ist. Andererseits entzieht die Verweigerung von Autorität der nachwachsenden Generation den Ordnungsrahmen eines erträglichen Zusammenlebens; in der Auseinandersetzung damit kann sie sich erst ihren eigenen Standpunkt erringen; die Folge einer solcher Autoritätsverweigerung durch Autoritätsträger sind Orientierungslosigkeit bis hin zur Anarchie.

d) Von der durch persönliche Qualifikation und durch die Anerkennung einer Gruppe legitimierten Autorität ist die sog. Amtsautorität zu unterscheiden, die durch Verordnung innerhalb einer Hierarchie abgesichert und ihrem Träger zugeteilt wird. Sie ist offensichtlich notwendig zur Aufrechterhaltung von Hierarchien in Staat, Kirche, Schule, Militär, Organisationen und Institutionen aller Art. In Amtspersonen begegnen uns aber in erster Linie Statusträger, die eine funktionale Autorität ausüben. Allerdings gewinnt ein Amt in dem Maße an Ansehen und Anerkennung, als sein Inhaber auch persönliche Autorität besitzt.

e) *Notwendig für das Gelingen der Selbstfindung und der Auseinandersetzung mit Autorität sind*

- *Identifikationsmodelle,* also Autoritäten, die als Vorbild, Leitbild oder Modell fungieren und das „role taking" *(Mead),* die Übernahme vorgeformter Rollen, ermöglichen;
- *Experimentalspielräume* für das „role making", den Entwurf und die Erprobung selbst entwickelter Rollenauffassungen einschließlich überschießender Experimentalphasen wie Stimmungsschwankungen, überzogene Empfindsamkeit, Depressionen, Albernheit, Mitgehen mit Modewellen, Bereitschaft zu erhöhtem Risikoverhalten (Mutproben), Geltungssucht, aggressive Ausbrüche ...; in diesem Experimentalspielraum ereignet sich der für die Persönlichkeitsentwicklung wichtige „Handel um Identität" (vgl. oben!), in dem es gilt, mit den Jugendlichen im Gespräch zu bleiben, ihnen Orientierungshilfen zu geben, aber auch klare Grenzen zu setzen. Für Jugendliche ist nichts nervtötender als Autoritäten, die sich als rückgratlose Gummiwände erweisen.
- *Rollendistanz* als Fähigkeit zur kritischen Interpretation und Reflexion von Werten, Normen und Rollen;
- *Identitätsbildung innerhalb der Peergroup,* die in verhaltensgesichertem Rahmen Gelegenheit für experimentelle Rolleneinübung außerhalb der Familie bietet und die insofern Sozialisations-, Schutz- und Kompensationsfunktion besitzt.

4. *Vermittlungsschwerpunkte im Überblick, das sog. Minimalwissen und -können im Sinne der didaktischen Reduktion* (gleichzeitig als Grundlage für konkrete, von der jeweiligen Lernsituation, dem Lernort und der Zielgruppe abhängige *Lernzielformulierungen*):

Da die Jugendlichen ab dem 14. Lebensjahr durchaus zu „formalen Denkoperationen" *(Piaget)* und zu kritischer Selbstreflexion fähig sind, können ihnen auch intellektuell anspruchsvolle Themen zugemutet werden, sofern sie an ihrer Erfahrungswelt angebunden sind.

Selbstfindung in Auseinandersetzung mit Autorität bedeutet

- Bejahung des eigenen Geschlechts, Achtung vor dem anderen Geschlecht, Fähigkeit zur Partnerschaft;
- konstruktive Bewältigung der Diskrepanz zwischen körperlicher Reife und sozialem „Wartestand";
- angemessene Konfliktbewältigung im Generationskonflikt und bei alltäglichen Auseinandersetzungen;
- realistische Ausrichtung der Berufsorientierung nach Neigung *und* Fähigkeiten nach einer Zeit mit unrealistischen Wunschberufen, die eher nach abenteuerlichen Merkmalen und Status ausgesucht waren;
- Gewinnung eines sozial und politisch orientierten Verhaltens;
- Entwicklung eines eigenen Wertkonzepts in Auseinandersetzung mit dem Umfeld als Grundlage der Gewissensbildung;
- verantwortete Selbstständigkeit in Auseinandersetzung mit und in Loslösung von Autorität;
- Gewinnung eines klaren Verständnisses von Formen der Autorität in der Lebenswirklichkeit und Erwerb eigener persönlicher Autorität.

Verfehlung der Selbstfindung und der bewussten Auseinandersetzung mit Autorität bedeutet im Gegensatz zur entwicklungsbedingt notwendigen Identitätskrise in extremer Ausformung Identitätsstörung bzw. Identitätsdiffusion. Im Einzelnen äußert sie sich in

- zu schwacher Selbstbehauptung, die den Betroffenen im schlimmsten Fall zum „Mobbingopfer", „Außenseiter", „Müllschlucker" der Gruppe etikettiert;
- der Tendenz zum unkritischen konformistischen und autoritätsabhängigen Mitläufertum und dem Untertauchen in der Peergroup;
- der Gefahr, übergefügig ausgenutzt zu werden, mit der möglichen Folge chronischer funktioneller Erkrankungen und von Minderwertigkeitskomplexen;
- der Entwicklung zum Daueropponenten, Querulanten und jede Autorität ablehnenden Anarchisten;
- der Flucht in eine von Medien bestimmte Traumwelt, in die Introvertiertheit bis zur Magersucht und Selbsttötung, in Drogen und negative Identitätsbilder (Extremismus, Führerkult, Straßenbanden, Aussteiger – nach *Erikson* synthetische Identität);
- der misslungenen bzw. abgebrochenen Loslösung von der elterlichen Autorität („Muttersöhnchen", Überanpassung mit rigiden Persönlichkeitsmerkmalen, Hängenbleiben auf einer infantilen Stufe der moralischen Entwicklung);
- einer Rollenkonfusion ohne klaren Standpunkt.

2.2.2 Verlaufsplanung der Unterrichtseinheit

Selbstfindung in Auseinandersetzung mit Autoritäten ereignet sich während des ganzen Lebens des Menschen, mit besonderer Schwerpunktsetzung vom 12. bis 16. Lebensjahr. Insofern erweist sich das Thema gleichzeitig als ein *fächerübergreifendes Unterrichtsprinzip.*

Als Unterrichtsinhalt kann es wegen seiner Bedeutung für den Jugendlichen, wegen seiner täglichen erfahrbaren Erlebnisqualität und wegen seiner Komplexität auf keinen Fall in ein oder zwei Unterrichtsstunden „abgehandelt" werden. Angemessen wäre in diesem Fall der *Projektunterricht oder wenigstens der projektorientierte Unterricht mit Ethik als Leitfach.*

Kooperation mit den Fachkollegen für die weiter oben genannten Fächer über die zeitliche Koordination hinaus ist nötig, wenn das gesamte Unternehmen die Handlungsebene bei den Schülern erreichen soll.

1. *Konkrete Lernziele der Einführungsstunde in die Thematik* (ausgerichtet je nach Methodenwahl auf eine Doppelstunde oder mehr)

1. Die Schüler überdenken und formulieren in Einzelarbeit ihre Selbsteinschätzung, insbesondere Probleme mit ihrem Umfeld.
2. Sie bringen in selbst gewählter Weise das Ergebnis von 1 in den Gesprächskreis ein (Collage, Bericht, Lebenslinie etc.).
3. Sie diskutieren in Gruppenarbeit anhand vorgegebener Texte Gefährdungen und Möglichkeiten der Selbstfindung in der Auseinandersetzung mit Autoritäten und bereiten ihre Ergebnisse schriftlich zur Präsentation im Plenum vor (Flipchart, Folie, Tafel …).
4. Sie erschließen v. a. anhand von Dilemmageschichten ethische Grundsätze, mit denen Autoritäten in ihrem Handeln beurteilt werden können.

Im erfahrungs- und handlungsorientierten Regelkreislernen des Ethikunterrichts werden in dieser Unterrichtsstunde alle Ebenen berücksichtigt, mit besonderer Schwerpunktsetzung auf den Ebenen 2 und 3 und einem normenüberprüfenden Ausgriff auf die Ebene 4 (vgl. B. 4.2, S. 153).

2. *Unterrichtsverlauf*

Lernstufe	Entfaltung des Unterrichtsinhalts	Methodische Hinweise und Medien
Motivation	Aufdecken und Formulieren der individuellen Ausgangslage als Antwort auf die Fragen 1. Wer bin ich? 2. Welche Schwierigkeiten erlebe ich mit meinem Umfeld (Eltern, Lehrern, Freunden, Schulkameraden)?	– *Einzelarbeit:* Das Thema erfordert unbedingt den nachdenkenden Start eines jeden Schülers bei sich selbst. – *Erste, aber zeitaufwendige Möglichkeit,* die eine in der Technik geübte Klasse braucht:

		Collage zur Frage 1: Wer bin ich?
		Material bereitstellen oder die Schüler mitbringen lassen! – *Zweite Möglichkeit:* Stichwortnotizen zur Frage 2. – *Dritte Möglichkeit* (geringster Zeitaufwand): Brainstorming zur Frage 2.
Problem-formulierung	1. Sammeln und knappe Vorstellung der Antworten, je nach gewählter Methode an der Tafel oder durch Befestigen der Collagen an der Wandleiste o. Ä. 2. Gemeinsame Formulierung des Stundenthemas, z. B. *Wer bin ich und woran kann ich mich orientieren?*	Jeder Schüler berichtet in der Kreissituation (am besten Stuhlkreis), da auch nonverbale Kommunikationssignale von Bedeutung sind.
Problem-bearbeitung	Gefährdungen und Möglichkeiten der Selbstfindung (Auswahl): 1. Aufgabe der Selbstständigkeit in Sekten 2. Abtauchen in die ausschließliche Introversion 3. Flucht in Drogen 4. Flucht aus dem Elternhaus, vor Pflichten, Konflikten und Verantwortung 5. Abhängigkeit von absoluten Autoritäten, Führerkult, Idolen 6. Orientierung an Vorbildern und Leitbildern 7. Orientierung an Idealen und Werten 8. Konstruktive Auseinandersetzung mit Autorität	– *Gruppenarbeit:* Je nach Gesamtzahl der Schüler werden die Punkte 1.–8. in Auswahl behandelt, die dadurch fehlenden vom Lehrer mithilfe des Unterrichtsgesprächs und anhand geeigneter Medien ergänzt. Die Ergebnisse werden auf Folien oder Plakatkartons von den Schülern fixiert und im Plenum vorgestellt. Methodisch kommen hier v. a. in Frage a) Auswertung von Texten oder eines Videos b) Vorbereitung eines Rollenspiels *(vgl. die Materialien im Anhang)* c) Dilemmageschichten unter C. 1 d) Von den Schülern verfasste Porträts ihrer Idole (Bild, Lebensdaten, Leistung …) e) Porträts von vorbildhaften Persönlichkeiten aus Vergangenheit und Gegenwart (z. B. Marie Curie, Elsa Brandström, Albert Schweitzer, Mutter Theresa, Geschwister Scholl…)

Zusammen-fassung der Ergebnisse	Meine Ich-Identität		Zusammenfassung an der Tafel, besser auf einem großen Plakatkarton, um den die Gruppen-ergebnisse geordnet werden können. Die Ergebnisse sollen über die gesamte Projektzeit zur Verfügung stehen. Lehrer erläutert den Begriff Ich-Identität mithilfe von Beispielen.
	verfehle ich z. B. durch	**gewinne ich z. B. durch**	
	– unkritisches Mit-läufertum (z. B. Extremis-mus) – Abhängigkeit von falschen Autoritä-ten (z. B. Sekten) – Verschließen gegenüber der Mit- und Umwelt – Flucht aus der Wirklichkeit (z. B. Drogen, exzessiver Medien-konsum)	– Übernahme von Verantwortung für mich, die an-deren und die Umwelt – Orientierung an Vor- und Leitbil-dern – Auseinanderset-zung mit Idealen und Werten – konstruktive Auseinanderset-zung mit Auto-rität	

3. Der weitere Verlauf des Projekts bzw. des projektorientierten Unterrichts müsste – abgesehen von den Leistungen der kooperierenden Fächer – im Ethik-unterricht m. E. die folgenden Themen ausführlich behandeln:

1. Verständnis und Formen konstruktiver Autorität
2. Sinndeutungen des Lebens in den Weltreligionen
3. Normen und Werte als Orientierungshilfen bei der Gewissensbildung

Als besonders handlungsintensive Methoden sind neben den oben genannten angebracht:

1. Bearbeitung aktueller Fallbeispiele
2. Interviews
3. Anhörkreis
4. Debatten
5. Pro- und Contraspiel
6. Schreibmeditation
7. Situations- und Prozessanalysen
8. Dilemmageschichten

Als permanent praktizierte *Unterrichtsprinzipien* werden Feedbackphasen und Metakommunikation einbezogen und konsequent geübt (vgl. hierzu B. 5.3.2.1/1. und 2).

2.2.3 Anhang: Materialien zur Gruppenarbeit

Ethikgruppen umfassen meist weniger Schüler als die Jahrgangsklassen in anderen Fächern. Trotzdem erfordern die unter Problembearbeitung aufge-führten acht Problembereiche die Zusammenarbeit in der Kleingruppe (min-destens drei, besser vier Schüler), da Arbeitsteilung (z. B. zusätzliche Sucharbeit in Nachschlagewerken, Schulbüchern, Zeitungen usw.), Meinungsaustausch, Ringen um ein Ergebnis zur „Veröffentlichung" und als generell bei diesem

Thema angestrebtes Lernziel praktiziertes soziales Lernen gefragt sind. Das Missverhältnis zwischen Schülerzahl und Problembereichen kann dadurch aufgefangen werden, dass entweder die Problembereiche in zwei Durchgängen in aufeinander folgenden Unterrichtsstunden in Kleingruppen bearbeitet werden oder der Lehrer einige davon anhand geeigneter Medien im Klassenunterricht straff strukturierend behandelt.

1. *Materialbeispiel für die Kleingruppenarbeit zum Thema*
   „Abhängigkeit von absoluten Autoritäten, Führerkult, Idolen"

Aus Hitlers Rede in Reichenberg (1938):

Diese Jugend, die lernt ja nichts anderes als deutsch denken, deutsch handeln. Und wenn nun dieser Knabe und dieses Mädchen mit ihren zehn Jahren in unsere Organisationen hineinkommen ..., dann kommen sie vier Jahre später vom Jungvolk in die Hitlerjugend, und dort behalten wir sie wieder vier Jahre, und dann geben wir sie erst recht nicht zurück in die Hände unserer alten Klassen- und Standeserzeuger, sondern dann nehmen wir sie sofort in die Partei oder in die Arbeitsfront, in die SA oder in die SS, in das NSKK und so weiter. Und wenn sie dort zwei Jahre sind und noch nicht ganz Nationalsozialisten geworden sein sollten, dann kommen sie in den Arbeitsdienst und werden dort wieder sechs und sieben Monate geschliffen, alle mit einem Symbol, dem deutschen Spaten. Und was dann noch an Klassenbewusstsein oder Standesdünkel da sein sollte, das übernimmt dann die Wehrmacht zur weiteren Behandlung auf zwei Jahre. Und wenn sie dann ... zurückkehren, dann nehmen wir sie, damit sie auf keinen Fall rückfällig werden, sofort wieder in SA, SS und so weiter. Und sie werden nicht mehr frei, ihr ganzes Leben.

(Ursachen und Folge, Bd. XI, S. 138)

Ein Junge berichtet über das Leben in der nationalsozialistischen Jugend:

„... Diese Kameradschaft, das war es auch, was ich an der Hitlerjugend liebte. Als ich mit zehn Jahren in die Reihen des Jungvolks eintrat, war ich begeistert. Denn welcher Junge ist nicht entflammt, wenn ihm Ideale, hohe Ideale wie Kameradschaft, Treue und Ehre entgegengehalten werden ...

Und dann die Fahrten! Gibt es etwas Schöneres, als im Kreise von Kameraden die Herrlichkeiten der Heimat zu genießen? Oft zogen wir am Wochenende in die nächste Umgebung von K. hinaus, um den Sonntag dort zu verleben.

Welche Freude empfanden wir, wenn wir an irgendeinem blauen See Holz sammelten, Feuer machten und darauf dann eine Erbsensuppe kochten! ... Und es ist immer wieder ein tiefer Eindruck, abends in freier Natur im Kreise um ein kleines Feuer zu sitzen und Lieder zu singen oder Erlebnisse zu erzählen! Diese Stunden waren wohl die schönsten, die uns die Hitlerjugend geboten hat. Hier saßen dann Lehrlinge und Schüler, Arbeitersöhne und Beamtensöhne zusammen und lernten sich gegenseitig verstehen und schätzen. – Später allerdings, als ich Führer im Jungvolk wurde, da traten auch die Schattenseiten stark hervor.

Der Zwang und der unbedingte Gehorsam berührten mich unangenehm. Ich sah wohl ein, dass Disziplin und Ordnung herrschen mussten bei dieser Anzahl von Jungen, aber es wurde übertrieben. Am liebsten wurde gesehen, wenn man keinen eigenen Willen hatte und sich unbedingt unterordnete. Diese Methode aber konnte die Jungen nicht zu willensstarken Männern erziehen! Als ich dann als Einsatzführer auf den Bann berufen wurde und so schon einen etwas größeren Einblick gewann, da kamen mir die ersten schwereren Bedenken. Überall griff jetzt die Hitlerjugend in das private Leben ein."

(Jugend unterm Schicksal. Lebensberichte junger Deutscher, 1946–1949, Hamburg 1950, S. 61 ff.)

Hitler am 27. Januar 1942: „Ist noch ein Mann da, der gläubigen Herzens eine Fahne hoch hält, so ist nichts verloren. Ich bin auch hier eiskalt: Wenn das deutsche Volk nicht bereit ist, sich für seine Selbsterhaltung einzusetzen, gut: Dann soll es verschwinden!"

(H. A. Jacobsen,1939–45, Der Zweite Weltkrieg in Chronik und Dokumenten, Darmstadt 1959, S. 257)

Eure Aufgaben:

1. Stellt aus dem Material und im Gespräch Merkmale falscher Autorität und Folgen blinden Gehorsams zusammen!
   Bezieht in eure Diskussion auch Ereignisse aus der Gegenwart mit ein!
2. Gestaltet euer Ergebnis als übersichtliche Präsentation!

2. *Materialbeispiel für die Kleingruppenarbeit zum Thema*
   „Konstruktive Auseinandersetzung mit Autorität"

Problemstellung: Der 16-jährige älteste Sohn einer 5-köpfigen Familie möchte mit Freunden in den Sommerferien mit dem Fahrrad zum Zelten fahren. Die Eltern des Jugendlichen aber wollen, dass er zwei Wochen lang mit der ganzen Familie nach Italien ans Meer fährt. Die Reise für fünf Personen ist schon fest gebucht. Die Eltern wollen ihren Standpunkt durchsetzen, der Jugendliche seinen Wunsch.

Eure Aufgabe: Setzt die Geschichte auf unterschiedliche Weise in ein Rollenspiel um!

Erster Verlauf: Die Eltern setzen ihre Meinung rigoros durch.
Zweiter Verlauf: Die Eltern zeigen sich kompromissbereit.
Überlegt für beide Verläufe genau die möglichen Argumente der Gegenspieler und notiert sie stichwortartig! Beim Vorspielen dürft ihr selbstverständlich Merkzettel benutzen.
Achtet auch auf eure Gefühle beim Entwerfen und Vorspielen der beiden Verläufe!

3. *Materialbeispiel für die Kleingruppenarbeit zum Thema*
   „Aufgabe der Selbstständigkeit in Sekten"

Eine Alternative oder Ergänzung zu diesem Material stellen die ohne sonderliche Mühe erhältlichen Postwurfsendungen und in Fußgängerzonen verteilten Handzettel von Sekten dar.

Eure Aufgaben: Haltet die Ergebnisse für die Präsentation schriftlich und übersichtlich gestaltet fest!

1. Stellt anhand des Textauszugs aus der ZEIT Nr. 42/94 die psychischen Folgen einer Sektenmitgliedschaft zusammen!
2. Entwerft einen Strategieplan, nach dem Sekten ihre Mitglieder um ihre Selbstständigkeit bringen!

- Immer wieder in den Schlagzeilen ist Scientology, eine vom Science-Fiction-Autor Hubbard ersonnene Ideologie, die „geistige Gesundheit" verspricht. Kritiker sprechen der Vereinigung ihren religiösen Charakter ab, bewerten sie als reines Kommerzunternehmen und werfen ihr vor, ihre Mitglieder systematischer Gehirnwäsche zu unterziehen.
- Die „Vereinigungskirche" ist besser als Mun-Sekte bekannt. Der Koreaner San Myung Mun ist ihr Gründer und verspricht „göttliche Vollkommenheit". Mit Überrumpelungstechniken wie *love bombing* versucht die Sekte vor allem junge, unverheiratete Mitglieder zu werben.
- Regen Zulauf finden auch die „International Churches of Christ". Mit einem ausgeklügelten Überwachungssystem steuerte Sektenchef Kip McKean (bis 2002) von Los Angeles aus weltweit seine Anhänger. Gepredigt wird die absolute Unterordnung, und wer sich taufen lässt, verspricht, sein Leben „unter die Zucht Gottes" zu stellen und dem Befehl zum Kreuzzug jederzeit zu folgen. „Du wirst verfolgt werden, niemand weiß, in welchem Ausmaß. Sei bereit, für Jesus zu sterben", steht im Sektenbrevier.
- Den Drang zu heilen verspürte Anfang der siebziger Jahre die Dolmetscherin Erika Bertschinger-Eicke (1929–2019). In der Schweiz gründete sie die religiöse Vereinigung Fiat Lux, nannte sich seitdem Uriella und verkaufte Gläubigen zu Heilzwecken sogenanntes „Athrumwasser", das sie daheim badewannenweise aus Leitungswasser herstellte, indem sie es mit einem Esslöffel 21 Minuten lang linksherum quirlte.
- Mehr als einmal verkauften die Zeugen Jehovas ihr Hab und Gut und warteten auf das Ende der Welt. Sie sehen den höchsten Ausdruck ihrer Nächstenliebe im Predigtdienst, der von der Wachtturm-Gesellschaft überwacht wird. Bei ihren Hausbesuchen gehen die Zeugen Jehovas sehr systematisch vor. Jedes Predigerpaar füllt ein Formblatt aus, welche Eindrücke es von den Hausbewohnern hatte, wie sie reagiert haben, wenn möglich: welche soziale Stellung sie hatten, damit sich Nachfolger darauf einstellen können.

„Die Sekten vermitteln ihren Mitgliedern das Gefühl, auserwählt zu sein", sagt Gunther Klosinski, Ärztlicher Direktor der Abteilung Jugendpsychiatrie an der Universitätsklinik in Tübingen. Suggestionen wie „Ihr wisst mehr" oder „Ihr werdet überleben" aktivieren Narzissmus und mildern Selbstwertprobleme. „Die Gruppe bildet einen sozialen Uterus, in dem sich die Mitglieder aufgehoben fühlen." „Werber der Sekten", sagt Ralf-Dietmar Mucha von der Aktion Psychokultgefahren e. V. in Düsseldorf, „haben einen Blick für Schwachpunkte der Menschen."

Aus eigener Erfahrung beschreibt der amerikanische Psychologe Steven Hassan, einst stellvertretender Direktor der Vereinigungskirche des San Myung Mun im amerikanischen Hauptquartier New York, in seinem Buch „Ausbruch aus dem Bann der Sekten" (Rowohlt Verlag) die subtilen Mechanismen der psychischen Einbindung: „In den ersten Monaten erlebt der Neubekehrte eine euphorische Phase. Er wird behandelt wie ein König." Die Bewusstseinskontrolle beginnt. Bald schon steht der Glückselige unter Terminstress. Meditationsstunden, gemeinsame Freizeiten, Vorträge. „Jemand, der darauf gedrillt

wird, täglich exzessiv zu meditieren oder zu singen, kann geistig und körperlich
süchtig nach dieser Psychotechnik werden", schreibt Hassan. Starke Ausschüt-
tung von chemischen Stoffen im Gehirn machten dann high wie Drogen.

Oft sind es ausgefeilte Techniken, die systematisch die Schwächen des
menschlichen Geistes ausnutzen und ihn so für Suggestionen öffnen: In einigen
Sekten ist es die Hypnose, in anderen die Meditation, das inbrünstige Gebet
oder der Gesang, die Schüler oder Gläubige in Trance versetzen. Manchmal ist
es Übermüdung oder Unterernährung, manchmal Reizüberflutung, manchmal
Reizentzug. All das hat nur ein Ziel: zu verwirren und die Kritikfähigkeit
auszuschalten. „Als ich bei den Munies dozierte, schalt ich Leute, die gut auf
Hypnose ansprachen und dabei einschliefen, damit sie sich schuldig fühlten",
berichtet Steven Hassan. „Später erfuhr ich, dass dieser Hypnosestil für viele
Sekten charakteristisch ist."

Häufig arbeiten Sekten mit einem veränderten Zeitbezug. Die Vergangenheit
eines jeden wird neu geschrieben. Alles, was bisher war, war schlecht. „Euer
rationales Denken", zitiert Steven Hassan die Standardsätze der Verführer,
„hindert euch an einem fantastischen Fortschritt. Gebt nach. Lasst los. Habt
Vertrauen."

Beinahe jede Gruppe hat ihr eigenes Schreckgespenst, mit dem sie ihre Anhänger in Verfolgungswahn versetzt, seien es politische oder wirtschaftliche Institutionen, Kommunisten, Polizei, Psychotherapeuten oder Familienangehörige.
Die hierarchisch autoritären Gruppen funktionieren durch Lob, Tadel und
Bestrafung. So treibt Angst- oder Schuldgefühl Sektenabhängige zu Höchst-
leistungen.

Das Prinzip, nach dem Sekten funktionieren, gehört heute zum Grundwissen
der Psychologie: Verhalten, Gedanken und Gefühle streben danach, übereinzu-
stimmen. Wird das Verhalten durch Rituale auf die Sektenideologie getrimmt,
ziehen Gedanken und Gefühle nach. „Gelingt es, alle drei Komponenten zu
verändern", weiß Steven Hassan aus bitterer Erfahrung, „wird das Individuum
hinweggefegt."

2.3 Rassisten sind die anderen oder Ich bin doch kein Rassist
(Unterrichtsbeispiel für die Sekundarstufe 2)

2.3.1 Didaktische Analyse

1. Fundorte im Lehrplan Ethik
Das Thema Rassismus ist in unterschiedlicher Schwerpunktsetzung, Gewichtung und altersgemäßer Aufbereitung in allen Jahrgangsstufen z.B. im Zusammenhang mit Friedenserziehung, Vorurteilen, Diskriminierung, Konfliktursachen und deren Bewältigung in den Lehrplänen für Ethik zumindest indirekt enthalten. Obwohl unverständlicherweise im bayerischen Ethiklehrplan
nicht ausdrücklich genannt, legt es die pädagogische Freiheit bei der Auswahl
von Lerninhalten nahe, dem Rassismus als Auslöser von Terroranschlägen,

Kriegen, Anfeindungen und alltäglichen bewussten und unbewussten Diskriminierungen und Demütigungen neben anderen Ursachen gesellschaftlicher und internationaler Konflikte einen bedeutenden Platz im Ethikunterricht einzuräumen, wenn nicht sogar den Rassismus im Sinne exemplarischen Lehrens und Lernens als zentrales Thema auszuwählen.

Das vorgelegte Unterrichtsbeispiel entstammt dem bayerischen Ethiklehrplan für die 9. Jahrgangsstufe des Gymnasiums zum Thema Friedensethik. Die übergeordnete *Unterrichtseinheit* legt am Beispiel des Syrienkonflikts verschiedene Konfliktursachen offen: religiöse, ethnische, machtpolitische, geostrategische, wirtschaftliche. Die hier entfalteten drei *Unterrichtsstunden* sind dem *versteckten alltäglichen Rassismus* gewidmet.

2. Sachanalyse

Rassismus bedeutet herabsetzendes, feindseliges Verhalten gegenüber Personen, die – unter Berufung auf das historische Konstrukt unterschiedlicher „Menschenrassen" – als vermeintlich minderwertig definiert werden. Der Rassismus beruht auf Vorurteilen, unkritisch übernommenen ideologischen Vorgaben und auf Überlegenheitsgefühl aufgrund vermeintlich höherer Intelligenz, Leistungskraft und höherwertiger gesellschaftlicher Organisation. Der Begriff „Rasse" entstammt in erster Linie westeuropäischen Rechtfertigungsstrategien aus der Zeit des Kolonialismus.

Zur Abgrenzung: Rassismus in diesem Sinne ist von anderen Diskriminierungen, z. B. aufgrund von Religion oder Kultur, auch aufgrund von „Fremdenfeindlichkeit" zu unterscheiden, obwohl oft Überschneidungen vorliegen können.

Differenzierend ist die Rede von strukturellem, institutionellem und individuellem Rassismus.

Der *strukturelle Rassismus* bezeichnet die spezifische Eigenart der gesamten Organisation einer bestimmten Gesellschaft mit traditionell verfestigter Verteilung von Privilegien, die auf Grund „eigener" Überlegenheit und Vorzüglichkeit vermeintlich „anderen" gegenüber gerechtfertigt erscheinen und mit Ab- und Ausgrenzung verteidigt werden.

Institutioneller Rassismus äußert sich in der Benachteiligung und Diskriminierung von Bevölkerungsgruppen auf Grund von Hautfarbe und ethnischer Herkunft in Institutionen einer Gesellschaft wie Behörden, Firmen, Vereinen etc., z. B. bei der Wohnungs- oder Arbeitssuche.

Individueller Rassismus bzw. Alltagsrassismus meint die meistens von Vorurteilen getragene offene und versteckte Diskriminierung von PoC (People of Colour, vgl. Ogette 2019, die als Selbstbezeichnung auch den – stets groß zu schreibenden – Begriff „Schwarze(r)" verwendet) in der direkten Interaktion, z. B. das bewusste oder auch unbewusste, manchmal auch provokante Abstandnehmen in der U – Bahn oder auch die Frage nach der „eigentlichen" Herkunft, wodurch der/die Andere als nicht zugehörig markiert wird („Othering"). Die mögliche Folgenspirale des Rassismus ist – wie die Geschichte bedrückend oft vermittelt – verheerend. Sie reicht von Vorurteilen ausgehend über Diskriminierung, Rassentrennung, Sklaverei und Pogrome bis zu „ethnischen Säuberungen" und Völkermord, bis in die Jetztzeit.

Rassismus ist kein reines Produkt der Neuzeit. Selbst Aristoteles nahm die Sklaverei als natürlich gegeben an, indem er einen Unterschied zwischen den Griechen und den Nicht-Griechen, d.h. den Barbaren unterstellte, also zumindest einer ethnischen Diskriminierung anhing.

Aber auch einer Geistesgröße wie Immanuel Kant wird in einer heftig geführten Pro-und-Contra-Debatte Rassismus nachgesagt, den er neben anderen nicht sicher verbürgten Äußerungen in seinem 1785 erschienenen Aufsatz in der Berlinischen Monatszeitschrift mit dem Titel „Bestimmung des Begriffs der Menschenrasse" erkennen ließ. Neben dem unreflektierten Gebrauch des Begriffs „Rasse" teilte er die Menschheit wie in seiner Zeit üblich in die vier Rassen Weiße, Asiaten (Gelbe), Indianer (Rote) und Schwarze ein, wobei er den Nicht-Weißen die Vernunftbegabung absprach. Kant und andere Aufklärer dienten damit als prominente Multiplikatoren rassistischer Theorien im Kontext des Kolonialismus.

Mit der Entdeckung Amerikas 1492 begann nämlich im Zuge der gewaltsamen Landnahme der Sache nach eine entscheidende Entwicklung des Rassismus, die mit der Rechtfertigung genetischer Überlegenheit in die Versklavung der Ureinwohner in Afrika und in Nord- und Südamerika und zum Teil in deren Genozid mündete.

Ausdrückliche *Rassentheorien* etablierten sich seit der Wende vom 19. zum 20. Jahrhundert. Sie formulierten die biologische Überlegenheit bestimmter Völker oder Volksgruppen, gestützt auf äußere Merkmale wie Hautfarbe, Körperbau und Schädelform, auf kulturelle und religiöse Verschiedenheit und auf vermeintlich mindere intellektuelle und charakterliche Eigenschaften.

Der genetisch bedingten Veranlagung wurden auch angeblich gehäuft zu beobachtende Kriminalität, Promiskuität und Vagabundentum zugeschrieben.

Die biologischen Rassentheorien dienten letztlich vor allem der Rechtfertigung des mit Versklavung und Genozid betriebenen Kolonialismus in der Verfolgung wirtschaftlicher Interessen. Die jeweils nationalstaatlich legitimierte Herrenrasse billigte sich das Verfügungsrecht über die angeblich minderwertigen Rassen zu, verbunden mit der „Rassenhygiene" zur Verteidigung der „Blutsreinheit" der eigenen Rasse. Ihren unerträglichen Tiefpunkt erreichten die Rassentheorien schließlich im 20. Jahrhundert mit dem Nationalsozialismus in Deutschland, hatten danach allerdings keineswegs „ausgedient", was die bis in die jüngere Vergangenheit reichende Praxis rassistisch/ethnisch motivierter Zwangssterilisationen und Genozide beweist.

Spätestens mit der vollständigen Entschlüsselung des Human Genome Project 2003 steht es fest, dass es keine (verschiedenen) „Menschenrassen" gibt. Trotzdem ist es aber auch

heute eine Illusion, von rassismusfreien Verhältnissen auszugehen (vgl.den Begriff „Happyland" bei Ogette), selbst wenn man solche ausdrücklich für sich reklamiert. Nach Ogette (2019, Seite 41) ist „Rassismus die Norm, nicht die Ausnahme". Da Rassismus vor allem emotional verankert ist, im Gesellschaftssystem seit langem vorhanden und meist unbewusst mitgeschleppt, neigen nicht offenkundige Rassisten dazu, den Vorwurf bzw. die Aufdeckung eigener rassistischer Relikte abzuwehren, rassistisches Gedankengut zu verdrängen und rassistischen Sprachgebrauch zu verharmlosen. Entscheidend ist aber bei rassistischem Verhalten nicht die – noch so gut gemeinte – Absicht, sondern die Wirkung. Nicht selten werden eigene innere Konflikte und Unaufgeräumtheiten auf „Fremdgruppen" projiziert und dort – je nach Zielgruppe auch mit rassistischer Argumentation – bekämpft.

Besonders schwer zu erfassen und noch schwerer einzugestehen und zu bekämpfen wirkt sich der alltägliche und institutionelle Rassismus aus. Er äußert sich in der Abgrenzung von PoC (den „Anderen") von der normdeutschen Mehrheit mit Privilegien, in der rassistischen Sozialisierung in Büchern, Medien und in der versteckten, manchmal ängstlichen Absonderung vom „Andersartigen", in der Benachteiligung bei Wohnungs- und Stellensuche u.a.m.

Im Schulbetrieb, der in steigender Tendenz multikulturell bestimmt ist, zeigen sich rassistische Verhaltensweisen einerseits als Ausläufer außerschulischer Einflüsse, andererseits als willkommene Gelegenheit, Ausgrenzung und Mobbing zu rechtfertigen. Die Schule stellt aber auch eine Chance dar, die irrationalen Grundlagen des Rassismus aufzuarbeiten.

3. Didaktische Reduktion in Form konkreter Unterrichtsziele

Lernvoraussetzungen

Es können beim Schüler zum Unterrichtsthema zumindest bruchstückhafte und oberflächliche Kenntnisse aus anderen Fächern wie z. B. Deutsch, Sozialkunde, Geschichte und Geografie, aus den Medien und der eigenen Erfahrung vorausgesetzt werden.

Den hier skizzierten drei Unterrichtstunden geht voraus die Analyse bewaffneter Konflikte, um nun mit dem Rassismus eine oftmals entscheidende Konfliktursache in ihrem Zusammenhang mit der Lebenswelt der Schüler näher zu beleuchten. Die sichere Anwendung verschiedener früher behandelter und geübter ethischer Beurteilungsmaßstäbe kann erwartet werden.

Unterrichtsinhalte und -ziele der drei Unterrichtsstunden

- Kenntnis der verschiedenen Erscheinungsformen des Rassismus
- Sensibilisierung für die Praxis des alltäglichen Rassismus
- Feststellung eigener versteckter rassistischer Einstellungen bzw. rassistisch begründeter Vorurteile und Verhaltensweisen
- Analyse der Ursachen für die rassistische Prägung des eigenen Landes
- Bereitschaft zur Übernahme von Verantwortung für eigenes rassistisch motiviertes bzw. wirkendes Verhalten
- Erarbeitung von Strategien des bewussten Umgangs mit Alltagsrassismus in der eigenen Lebenswelt
- Als besonderes instrumentelles Lernziel wird der Umgang mit digitalen Medien verfolgt.

Im erfahrungs- und handlungsorientierten Regelkreislernen des Ethikunterrichts (vgl. Seite 153) führt der Weg in diesen Unterrichtsstunden durch alle 5 Ebenen, nämlich von der Ebene 1 (Aufmerksamkeit auf rassistische Vorkommnisse in der eigenen Lebenswelt) über die Ebenen 2 und 3 (realistische Wahrnehmung der Tatsache und der Herkunft eigener rassistischer Verhaltensweisen und Sprachgewohnheiten) und über Ebene 4 (ethische Beurteilung mit Rückgriff auf geeignete philosophische Konzepte) zur Ebene 5 (verantwortungsbewusster Umgang mit eigenen offenen und versteckten rassistischen Verhaltensweisen).

2.3.2 Unterrichtsverlauf

Lernstufe und Medien	Entfaltung des Unterrichtsinhalts	Methodische Hinweise
Motivation	**Erste Stunde:** Aufgreifen unterschiedlicher Ursachen kriegerischer Konflikte (religiöse, ethnische, machtpolitische, wirtschaftliche, geostrategische, Bsp. Syrienkonflikt) Die Frage danach, „was das mit uns zu tun hat", führt zum Thema Rassismus.	Gemeinsame Wiederholung der Ergebnisse der Vorstunden; Bild einer zerstörten syrischen Stadt (z. B. Damaskus)
Problemdefinition	Leitfrage: Inwiefern ist Rassismus ein Problem in Deutschland?	Tafel/Whiteboard
Problembearbeitung	Vermutungen/Vorkenntnisse aktivieren	Brainstorming „Rassismus in Deutschland", Tafel
	Text zur Frage „Woher kommst du?" von Tupoka Ogette 2019, S. 98–101 (s. Anhang 1)	Abwechselndes Vorlesen, Einfangen von Spontanreaktionen (möglicherweise Abwehr?)
	Einführung des Begriffs „Happyland": Bewusstes Verleugnen des Rassismusproblems in Deutschland; genaue Erklärung der **Hausaufgabe**	LV, TA
Problemvertiefung	SuS führen daheim den „Impliziten Assoziationstest" (Harvard) zum Thema Rassismus durch, Dauer: 15–20 Min.; Eindrücke/Vermutungen schriftlich festhalten	Arbeit mit Internetseite (https://implicit.harvard.edu/implicit/germany/takeatest.html)

Lernstufe und Medien	Entfaltung des Unterrichtsinhalts	Methodische Hinweise
Vertiefung	**2. Stunde:** Vergleich möglichst vieler Schülereindrücke; Erklärung der Funktionsweise des Tests: Gemessen wird die Reaktionsdauer; je länger diese ausfällt, umso ungewohnter wird die dargestellte Kombination empfunden, z. B. Gesicht eines Schwarzen + Begriff „schön". Reflexion: „Viele weiße Testpersonen sind schockiert vom Ergebnis, weil die gemessenen Reaktionszeiten eine (unbewusste) Bevorzugung der eigenen „Rasse" nahelegen; mögliche Schlussfolgerung in Form der	LSG; Vermutungen bzw. Schlussfolgerungen auf Plakat festhalten
präzisierte Problem-definition	**These:** Rassismus prägt die eigene Sozialisation, ohne dass wir es merken Film: „Doll Test" (z. B. auf You-Tube, 9 Minuten) – zeigt an einem Test, den es schon seit den 40er-Jahren gibt, dass Kleinkinder aller Hautfarben bei der Wahl verschiedenfarbiger Puppen meist der weißen Puppe Eigenschaften wie „schön", „nett", der schwarzen Puppe Eigenschaften wie „hässlich", „frech", „böse" zuordnen	Film „Doll Test", Reaktionen im LSG
	Schlussfolgerung: Rassismus ist so tief verankert, dass entsprechende Vorurteile sogar von Schwarzen übernommen werden.	TA
	Ursachenforschung: Konstruktion des Bildes vom minderwertigen Afrikaner im Kontext des Kolonialismus	Karte Afrika um 1914; aussagekräftige Bilder aus der Zeit des Kolonialismus
Sensibilisie-rung	**3. Stunde:** Ausprägungen des Rassismus in Deutschland: Erarbeitung von Diskriminierungsaspekten anhand des „Privilegien-Rucksacks" (Ogette 2019, S. 68/69, s. Anhang 2) und zentraler Begriffe wie „Mikroaggressionen", „Othering" und „struktureller/institutioneller Rassismus"	Lektüre in PA, dabei jeweils Auswahl und anschließende Kommentierung von zwei dargestellten Privilegien; Diskussion, Tafel/Hefteintrag zur Liste unbemerkter Diskriminierungen

Lernstufe und Medien	Entfaltung des Unterrichtsinhalts	Methodische Hinweise
Zusammen-fassung	Konsequenzen für das eigene Verhalten ziehen: – Lernbereitschaft zeigen – Gespräch mit Betroffenen suchen/zuhören (statt abwehren oder relativieren) – Rassismus ansprechen bzw. eingreifen, wo möglich	Plakat „Was kann ich tun?" in GA erstellen; Vorstellung der Ergebnisse der GA im Plenum

2.3.3 Anhang: Verwendete Texte aus Ogette 2019

Text 1: Woher kommst du? Ich meine, wirklich?

Es ist 6.30 Uhr Samstagmorgen. Ich steige – herausgeputzt und mit meiner Flip-chartrolle im Gepäck – in das Taxi, das mich erwartet. „Zum Hauptbahnhof", sage ich. „Nehmen Sie bitte die Stadtautobahn, das geht um diese Uhrzeit meistens schneller. Danke." Eine eulenartige Sonnenbrille soll meine noch müden Augen vor dem Tageslicht schützen. Ich bemerke, wie der Taxifahrer immer wieder neugierig in den Rückspiegel schaut, um mich zu betrachten. Er rutscht auf seinem Fahrersitz hin und her, ich merke, ihm brennt etwas auf den Lippen. Oh nein, denke ich. Nicht vor dem ersten Kaffee.

Aber da kann er sich schon nicht mehr bremsen. „Sagen se' mal, aus welchem schönen Land kommen SIE denn?" Ich blicke kurz hoch und sage mit freund-licher, aber wie ich finde fester Stimme: „Aus dem schönen Land Deutsch-land!" Ich schaue weiter nach draußen. Ich versuche, entspannt zu wirken. Innerlich aber bin ich angespannt. Der Taxifahrer scheint unzufrieden. Er rutscht weiter auf seinem Sitz hin und her. „Na ja, ich meine, ich wollte ei-gentlich wissen, wo ich denn demnächst mal gut Urlaub machen kann? Da wo Sie herkommen, ist es doch sicher warm?" Ich schweige. Leicht verunsichert, aber nur leicht, fährt er fort: „Sie haben doch noch was anderes in Ihrem Blut. Was ist denn das?" Ich seufze resigniert. Um diese Uhrzeit und ohne wenig-stens ein Gramm Koffein in mir, schaffe ich es nicht mehr, dagegen zu halten. Also spule ich die Antwort ab, die er hören will. „Meine Mutter ist Deutsche und mein Vater ist … aus Tansania." „Aha!", ruft er. Sichtlich erleichtert, als fallen ihm drei Zentner Gewicht von den Schultern. „Wusste ich es doch. Ich war schon mal in Kenia. Schön da. Die Menschen sind so offen …" Er redet wei-ter, aber ich höre nicht mehr zu.

Wenn ich (weißen) Menschen in meinen Workshops und Seminaren sage, dass mich die Frage „Woher kommst du?" und alle ihre verschiedenen Variationen nervt und dass das auch mit einer Form von Rassismus zu tun hat, die sich „Ot-hering" nennt, treffe ich oft auf eine Welle der Empörung. Selbst Workshopteil-nehmer, die bis jetzt gutwillig zugehört und wirklich versucht haben, sich auf das Thema einzulassen, streiken oft spätestens jetzt. „Das wird man ja wohl noch fragen dürfen!", „Ich bin eben interessiert an anderen Menschen!" oder „Jetzt hört es aber auf, ich bin doch nur neugierig!", lauten dann in der Regel die Reaktionen. [...]

Also erzähle ich weiter: Ich selbst bin in Leipzig geboren. Ich sprach Deutsch wie alle, dachte und träumte in Deutsch, aß gern Leipziger Allerlei und konnte bei Bedarf einen phänomenalen sächsischen Dialekt hinlegen. Leipzig war meine Heimat. Die Menschen außerhalb meiner Familie, im Kindergarten, auf der Straße, in der Straßenbahn, sahen das anders. Ständig und immer wieder suggerierten sie – mal mehr und mal weniger subtil -, dass ich nicht so aussah, wie man hier aussieht, und ergo nicht von hier sein konnte. Unzählige Male wurde ich gefragt, wo ich denn WIRKLICH herkam, was für eine „Mischung" ich war, wo meine Wurzeln liegen und ob ich denn nicht mal wieder zurück wolle. Ich wurde für mein gutes Deutsch gelobt.

Im Gymnasium, später in Berlin, sollte ich im Geschichtsunterricht über meine Heimat erzählen. „Also in Leipzig...", fing ich an. „Nein", sagte die Lehrerin mit ernstem Blick, „deine richtige Heimat, im Busch." [...]

In einem Interview fragte mich die Journalistin letztens: „Was bedeutet Heimat für Sie?" Ich sagte: „Heimat ist der Ort, an dem ich mich nicht erklären muss." Kurz danach ging ich zum Arzt wegen Magenproblemen. Noch bevor sie mich begrüßt und mir einen Sitz anbietet, sagt die Ärztin: „So, und wo sind Ihre Wurzeln?" „In Deutschland", sage ich. „Nein, nein, da ist doch noch mehr", sagt sie. „Tansania", sage ich resigniert. „Aha", sagt sie, sichtlich erleichtert. „Und wo sind Ihre Wurzeln?", frage ich. „Das werden Sie nicht kennen, in der Lausitz, bei Dresden." „Oh", sage ich, „ich bin in Leipzig geboren, dann sind unsere Wurzeln ja gar nicht so weit voneinander entfernt." „Na ja, aber NUR DIE HALBEN", ruft sie entsetzt. Nach einer gefühlten Ewigkeit fragt sie: „Warum sind Sie heute hier in der Praxis?" „Magenprobleme", sage ich. „Könnte Stress sein", sagt sie. „Ja", sage ich nachdenklich. „Könnte."

Der Text stammt aus dem Jahr 2014 und ist in Ogette 2019 abgedruckt, S. 98–101. Kürzungen von den Autoren.

Text 2: Der Privilegienrucksack

Liste der *weißen* Privilegien:
- Ich kann mir sicher sein, dass meine Meinung in einer Gruppe, in der ich die einzige Person mit anderer Hautfarbe bin, ernst genommen wird.
- Ich kann es einrichten, wenn ich möchte, dass ich die meiste Zeit mit Menschen meiner Hautfarbe zusammen bin.
- Wenn ich eine Wohnung/eine Arbeitsstelle suche, stellt mein *Weißsein* dabei kein Hindernis dar.
- Ich kann mit vollem Mund sprechen, ohne dass Leute behaupten, das sei typisch für Personen meiner Hautfarbe.
- Wenn die Polizei mich anhält bzw. kontrolliert, kann ich sicher sein, dass meine Hautfarbe nicht der Grund dafür ist.
- Ich kann ein teures Auto fahren, ohne für kriminell gehalten zu werden.

- Ich werde nicht gefragt, für alle Menschen meiner Hautfarbe zu sprechen.
- Ich bin, wenn ich einkaufen gehe, meist sicher davor, dass ein Ladendetektiv mir wegen meines Weißseins folgen oder mich belästigen würde.
- Ich muss meine Kinder nicht lehren, aufmerksam zu sein bzgl. des strukturellen Rassismus, um sie zu schützen.
- Wenn ich einen Wochenendausflug/einen Urlaub plane, muss ich mir keine Gedanken darüber machen, an welchem Ort ich als Weiße oder Weißer sicher bin.
- Kaufe ich Make-up in der Farbe „neutral", Stifte in „Hautfarbe" oder Pflaster, kann ich ziemlich sicher sein, dass die Farbe meiner Hautfarbe ähnelt.
- Im Fernsehen und in Zeitschriften, überall sehe ich Menschen meiner Hautfarbe, die Namen und Berufe haben, und die meist positiv dargestellt sind. Sie repräsentieren dabei vielfältige sozio-ökonomische Positionen und sind nicht stereotypisiert.
- Meine Anwesenheit in Deutschland wird als normal und selbstverständlich betrachtet, niemand wundert sich über meine Deutschkenntnisse.
- Ich kann spät zu Treffen erscheinen, ohne dass das als Zeichen meines Weißseins angesehen wird.
- Ich kann leicht Poster, Postkarten, Bilderbücher, Grußkarten, Puppen, Spielsachen und Kinderhefte bekommen, die Personen mit meiner Hautfarbe abbilden.
- Ich werde nicht ständig von mir fremden Personen zu meiner Herkunft und Familiengeschichte/meinem Stammbaum befragt.
- Ich könnte es einrichten, meine kleineren Kinder die meiste Zeit vor Menschen zu schützen, die sie nicht mögen.
- Ich werde nicht darauf aufmerksam gemacht, dass meine Körperform und/oder mein Körpergeruch meine Hautfarbe reflektieren.
- Ich kann mir ziemlich sicher sein, dass die Lehrer und Arbeitgeber meiner Kinder sie tolerieren werden, wenn sie sich an die Normen halten, die in der Schule und am Arbeitsplatz gelten; meine größten Sorgen werden nicht sein, wie die Entstellung anderer bzgl. ihres Weißseins sein wird.
- Ich sehe es als Selbstverständlichkeit an, alle Menschen, die nicht weiß sind, benennen, einteilen und kategorisieren zu dürfen.
- Ich kann mir ziemlich sicher sein, dass wenn ich mit der verantwortlichen Person spreche, diese eine Person mit meiner Hautfarbe ist.
- Wenn mein Tag, meine Woche oder mein Jahr schlecht gelaufen ist, muss ich mich nicht bei jeder negativen Episode oder Situation fragen, ob diese rassistische Untertöne hat.
- Ich kann mich beweisen in schwierigen Situationen, ohne als leuchtendes Beispiel aller Menschen meiner Hautfarbe herangezogen zu werden.
- Ich kann über viele soziale, politische oder andere Möglichkeiten des Engagements nachdenken, ohne mich zu fragen, ob eine weiße Person akzeptiert wäre in dem Bereich, in dem ich mich engagieren möchte.
- Wenn ich als Führungskraft eine geringe Glaubwürdigkeit habe, kann ich ziemlich sicher sein, dass mein Weißsein nicht das Problem ist.

- Ich kann meine Aktivitäten so gestalten, dass ich nie Gefühle von Zurückweisung wegen meines Weißseins erfahren muss.
- Ich kann in einer schwierigen Situation gut abschneiden, ohne eine Ehre für weiße Menschen genannt zu werden.
- Wenn ich erkläre, dass ein rassistisches Problem vorliegt, oder dass kein rassistisches Problem vorliegt, werden weiße Menschen mir mehr Glaubwürdigkeit für beide Positionen verleihen, als eine Person of Colour/Schwarze Person sie haben wird.
- Ich kann mir über Rassismus Gedanken machen, ohne als eigennützig oder selbstsüchtig gesehen zu werden.
- Ich kann öffentliche Unterkünfte wählen, ohne Angst, dass weiße Menschen nicht hineinkönnen oder misshandelt werden an den Orten, die ich gewählt habe.
- Ich kann sicher sein, dass, wenn ich rechtliche oder medizinische Hilfe benötige, ich nicht aufgrund meines Weißseins institutionell ausgegrenzt werde oder schlechter behandelt.
- Ich fühle mich willkommen und „normal" in den üblichen Bereichen des öffentlichen Lebens, institutionellen und sozialen Lebens.
- Ich werde als Individuum wahrgenommen.
- Ich habe die Wahl, mich mit Rassismus auseinanderzusetzen, wenn ich möchte.

Nach McIntosh, Peggy: White Privileg. Den unsichtbaren Rucksack auspacken. 1. 10.2012. http://sanczny.blogsport.eu/2012/10/01/white-privilege-den-unsichtbaren-rucksack-auspacken/; zit. Nach Ogette 2019, S. 68 f.

D

Leistungserhebungen im Unterrichtsfach Ethik

Gesinnung, Einstellungen, moralisches Verhalten können nur mit Einschränkung beurteilt werden, aber nicht in Leistungsmessungen eingehen und mit Noten bewertet werden. Sehr wohl aber stehen für die Leistungserhebung Wissen als Grundlage für ethisch fundiertes Urteilen und für moralische Handlungen sowie dafür nötige *Kompetenzen* zur Verfügung.

Moralische Urteilsfähigkeit als generell angestrebte Kompetenz im Ethikunterricht bedarf im Vorfeld der Einübung in Teilkompetenzen wie z. B. des kritischen Hinterfragens, des problemorientierten Diskutierens, des faktengestützten Urteilens, des methodisch geleiteten Analysierens von moralisch relevanten Situationen, der sachadäquaten Argumentation u. a. m. Solche Kompetenzen müssen ebenso wie erworbenes Wissen auch in Leistungsmessungen einbezogen werden, wenn der Ethikunterricht als ordentliches Unterrichtsfach ernst genommen und nicht als bloßer Debattierclub abgewertet werden soll.

Die Prüfungsordnungen fordern im Unterrichtsfach Ethik
angekündigte Kurzarbeiten, die sich auf mehrere vorangegangene Unterrichtsstunden und Grundkenntnisse im Fach Ethik beziehen, im Umfang kürzer als Schulaufgaben konzipiert sind und etwa 30 Minuten Bearbeitungszeit vorsehen;
unangekündigte Stegreifaufgaben, auch Extemporale oder abgekürzt Ex genannt, die je nach Schulart auf die letzte oder die letzten beiden Unterrichtsstunden Bezug nehmen und nicht mehr als 20 Minuten beanspruchen;
In der gymnasialen Oberstufe auch Schulaufgaben von höchstens 90 Minuten Dauer;
mündliche Leistungsbeurteilungen, in die auch z. B. die Beteiligung am Unterricht, an der Gestaltung von Präsentationen und deren Darbietung und die sprachliche Qualität und Art von Argumentation einbezogen werden können.

Bei der Erstellung der Leistungsnachweise ist
auf den Lehrplan- und Unterrichtsbezug zu achten,
auf die Altersgemäßheit bezüglich der Sprach- und Denkleistung der Schüler,
auf realistisch bemessene Arbeitszeit.

Die *Operatoren* sind Handlungsanweisungen zur Bearbeitung einer Aufgabe, nach Ausführlichkeit, Schwierigkeit und Art der sprachlichen und methodischen Auseinandersetzung unmissverständlich formuliert und den jeweiligen Anforderungsstufen – früher Lernzielstufen – entsprechend.
Vergleiche hierzu unter B.4.4.2/7. – mit Beispielen veranschaulicht – die den unterschiedlichen Anforderungen zugeordneten Aufgabentypen!
Bezüglich der für Leistungserhebungen im Fach Ethik geeigneten konkreten Aufgabenarten und der Gestaltung angstfreier Prüfungssituationen vergleiche – in fächerspezifischer Auswahl – z. B. Köck, P.: Handbuch der Schulpädagogik für Studium – Praxis – Prüfung. Donauwörth 2005 (E-Book 2010) und Staatsinstitut für Schulqualität und Bildungsforschung: Leistungserhebungen im Fach Ethik. München 2012.

E

Empfehlungen zu Studium und Prüfung für das Lehramt in Philosophie/Ethik an öffentlichen Schulen

Die jeweils letztgültige Fassung der einschlägigen Prüfungsordnungen ist von den Kultusministerien der einzelnen Bundesländer oder von den Universitäten zu erfragen. In den Kernanforderungen stimmen die Prüfungsordnungen im Wesentlichen überein. Sie stecken den Erwartungshorizont sowohl für das universitäre Vollzeitstudium als auch für das Erweiterungs- bzw. Ergänzungsstudium ab. Letzteres ermöglicht jenen bereits praktizierenden Lehrern den Erwerb der ordentlichen Lehrbefähigung für das Unterrichtsfach Ethik, die dieses bislang ohne entsprechendes Studium unterrichten (mussten).

1. Fachliche Zulassungsvoraussetzungen

Universitärer Leistungsnachweis über

1.1 Kenntnisse in der Geschichte der Philosophie

1.2 Kenntnisse im Überblick aus drei der folgenden philosophischen Disziplingruppen:
   a) Sprachphilosophie
   b) Erkenntnis- und Wissenschaftstheorie/Logik
   c) Philosophie der Technik- und Naturwissenschaften
   d) Philosophische Anthropologie/Philosophie des Geistes
   e) Sozialphilosophie/Politische Philosophie/Rechtsphilosophie
   f) Metaphysik/Ontologie/Naturphilosophie
   g) Ästhetik/Philosophie der Kunst
(Bitte Anzahl und Art der Leistungsnachweise an den Universitäten erfragen.)

1.3 Grundbegriffe und Aufbau philosophischer Ethik auf der Grundlage klassischer Werke, unter anderem
   a) Antike: Platon (Gorgias, Politeia), Aristoteles (Nikomachische Ethik), Cicero (De officiis)
   b) Mittelalter: Thomas von Aquin (Summa theologiae: Prima Secundae, q. 1–21)
   c) Neuzeit: Kant (Grundlegung zur Metaphysik der Sitten, Kritik der praktischen Vernunft), Mill (Utilitarismus)
(Es wird erwartet, dass die im vorliegenden Handbuch in ihren Kernaussagen dargestellten Werke als Pflichtlektüre gelesen werden. Die Beschränkung auf zusammenfassende Sekundärliteratur genügt nicht, um die Eigenart der Argumentation der einzelnen Autoren zu erfassen.)

2. Inhaltliche Prüfungsanforderungen

2.1 Angewandte Ethik: Bedingungen menschlichen Handelns im Licht von Natur-, Human-, Sozial- und Technikwissenschaften, darauf aufbauend zentrale Probleme angewandter Ethik in zwei der folgenden Bereiche:
   a) Bioethik und Medizinethik
   b) Wirtschaftsethik
   c) Umweltethik/Technikethik
   d) Medien- und Informationsethik

2.2 Religion
   a) Religionsphilosophie
   b) Religionswissenschaft

2.3 Fachdidaktische Kenntnisse gemäß LPO I

3. *Prüfungsteile*

Schriftliche Prüfung

3.1 Eine Aufgabe aus zwei der in Abs. 2 Nr. 2.1 genannten Bereiche der angewandten Ethik
    (Bearbeitungszeit: 4 Stunden)
    Die gewählten Bereiche sind bei der Anmeldung zur Prüfung anzugeben.
    Je Bereich werden drei Themen zur Wahl gestellt.

3.2 Eine Aufgabe aus der Religionsphilosophie und Religionswissenschaft gemäß Abs. 2 Nr. 2.2 Buchstabe a) und b)
    (Bearbeitungszeit: 4 Stunden)
    Drei Themen werden zur Wahl gestellt.

3.3 Eine Aufgabe aus der Fachdidaktik
    (Bearbeitungszeit: 4 Stunden)
    Drei Themen werden zur Wahl gestellt.

Mündliche Prüfungen als zusätzliche oder alternative Anforderung sind den jeweils gültigen Prüfungsordnungen zu entnehmen.

Literaturverzeichnis

1. Übergreifende Nachschlagewerke

Höffe, O./Forschner, M./Vossenkuhl, W./Horn, C.: Lexikon der Ethik. München 2008
Mittelstraß, J. (Hrsg.): Enzyklopädie Philosophie und Wissenschaftstheorie. 4 Bände. Mannheim 2004 Sonderausgabe
Ritter J./Gründer, K. (Hrsg.): Historisches Wörterbuch der Philosophie. Bisher 13 Bände. Basel – Stuttgart 2007
Volpi, F./Nida-Rümelin, J. (Hrsg.): Lexikon der philosophischen Werke. Stuttgart 1988

2. Geschichte der Ethik

Derbolav, J.: Abriß europäischer Ethik. Würzburg 1983
Hauskeller, M.: Geschichte der Ethik. 4 Bände (erschienen Band 1 und 2). München 1997 f.
MacIntyre, A.: Geschichte der Ethik im Überblick. Vom Zeitalter Homers bis zum 20. Jahrhundert. Weinheim [3]1995
Pfürtner, S. u. a.: Ethik in der europäischen Geschichte. 2 Bände. Stuttgart 1989
Pieper, A. (Hrsg.): Geschichte der neueren Ethik. 2 Bände (Neuzeit, Gegenwart). Stuttgart 2006
Rohls, J.: Geschichte der Ethik. Tübingen 1999

3. Auswahl bedeutender Originalwerke zur Ethik (zeitlich geordnet)

Demokrit (470–360 v. Chr.): Fragmente zur Ethik (griech./deutsch). Ditzingen o. J.
Platon (427–347 v. Chr.): Sämtliche Werke (griech./deutsch).10 Bände, v. a. Bd. 5: Politeia/Der Staat und Bd. 9: Nomoi/Die Gesetze sowie die Dialoge. Frankfurt 1991
Platon: Sämtliche Werke. 3 Bände. Darmstadt 2004
Platon: Sämtliche Werke in 7 Bänden und Begriffslexikon. Jubiläumsausgabe. München – Zürich 1974
Aristoteles (384–322 v. Chr.): Werke in deutscher Übersetzung (hrsg. von Flashar, H.), v. a. Bd. 6: Nikomachische Ethik [9]1991, Bd. 7: Eudemische Ethik [7]1984, Bd. 9: Politik 1991–1996. Berlin
Aristoteles: Die Nikomachische Ethik. München 1998
Cicero (106–43 v. Chr.): De officiis – Vom pflichtgemäßen Handeln (lat./deutsch). Reinbek 1989
Cicero: De officiis: Vom pflichtgemäßen Handeln. München 2008
Cicero: Tusculanae disputationes – Gespräche in Tusculum (lat./dt.). Reinbek 1997
Cicero: Gespräche in Tusculum. München 2003
Seneca (ca. 4 v. Chr.–65 n. Chr.): Epistulae morales ad Lucilium (lat./dt.). Ditzingen (Reclam) 1986
Seneca: Epistulae morales: Texte mit Erläuterungen. Arbeitsaufträge, Begleittexte, Lernwortschatz. Göttingen 2001
Epiktet (50–138): Handbüchlein der Moral. Stuttgart 1958
Augustinus Aurelius (354–430): Confessiones – Bekenntnisse (lat./dt.). Ditzingen (Reclam) 2009
Augustinus Aurelius: Vom Gottesstaat (De civitate dei): Vollst. Ausgabe in 1 Band. München 2007
Augustinus Aurelius: De vera religione – Über die wahre Religion (lat./dt.). Paderborn 2007
Augustinus Aurelius: De libero arbitrio – Über den freien Willen. Paderborn 2006

Abaelardus Petrus (1079–1142): Ethica seu liber dictus scito te ipsum

Albertus Magnus (1193/1207–1280): Opera omnia, v. a. Bd. 14: Super Ethica. Commentum et Quaestiones. 2 Teile. Münster 1972 und 1987

Thomas von Aquin (1225–1274): Über sittliches Handeln. Summa theologiae I–II q. 18–21. Ditzingen 2001

Thomas von Aquin: Summa contra gentiles – Summe gegen die Heiden. Darmstadt 2009

Thomas von Aquin: De veritate – Über die Wahrheit (lat./dt.). Hamburg 1985

Thomas von Aquin: Expositio in decem libros ethicorum Aristotelis ad Nicomachum

Hobbes, T. (1588–1679): De cive (1642) – De homine (1658) (Vom Bürger – Vom Menschen). Hamburg ³1994

Hobbes, T. (1588–1679): Leviathan (1651). Berlin 2011

Spinoza, B. de (1632–1677): Ethica ordine geometrico demonstrata (1677). Dt.: Ethik. Nach geometrischer Methode dargestellt (hrsg. von Heine, A.). Essen 1996

Locke, J. (1632–1704): Two Treatises of Government (1690). Dt.: Zwei Abhandlungen über die Regierung. Frankfurt 1977

Locke, J: Essay on the Law of Nature (1663)

Hume, D. (1711–1776): A Treatise of Human Nature. Dt.: Traktat über die menschliche Natur. 2 Bände, v. a. Bd. 2: Über die Affekte und über die Moral. Hamburg 1978 und 1989

Hume, D. (1711–1776): An Enquiry concerning the Principles of Morals (1751). Dt.: Eine Untersuchung über die Prinzipien der Moral. Ditzingen (Reclam) ²1996

Rousseau, J.-J. (1723–1790): Abhandlung zur Fragestellung der Akademie zu Dijon: Hat die Wiederherstellung der Wissenschaften und Künste zur Verfeinerung der Sitten beigetragen? (1750). St. Ingbert 1997

Rousseau, J.-J. (1723–1790): Abhandlung über den Ursprung und die Gründe der Ungleichheit unter den Menschen (1755). Ditzingen (Reclam) ¹¹1998

Rousseau, J.-J. (1723–1790): Vom Gesellschaftsvertrag oder Grundlagen des politischen Rechts (1762). Frankfurt ⁴2000

Rousseau, J.-J. (1723–1790): Emil oder über die Erziehung (1762). Köln 2010

Rousseau, J.-J. (1723–1790): Bekenntnisse (1781–1788). Frankfurt 1985

Smith, A. (1723–1790): The Theory of Moral Sentiments (1759). Dt.: Theorie der ethischen Gefühle. Hamburg 1994

Kant, I. (1724–1804): Gesammelte Werke in 29 Bänden, v. a. Bd. 4: Grundlegung zur Metaphysik der Sitten (1785), Bd. 5: Kritik der praktischen Vernunft (1788), Bd. 6: Die Religion innerhalb der Grenzen der bloßen Vernunft (1793) und Die Metaphysik der Sitten (1797). Berlin 1962 f.

Bentham, J. (1748–1832): An Introduction to the Principles of Morals and Legislation (1789). Dt. Auswahl in: Höffe, O. (Hrsg.): Einführung in die utilitaristische Ethik. Tübingen 1992

Fichte, J. G. (1762–1814): Das System der Sittenlehre nach den Prinzipien der Wissenschaftslehre (1798). Berlin 1995

Hegel, G. W. F. (1770–1831): Phänomenologie des Geistes (1807). Hamburg 1988

Hegel, G.W. F. (1770–1831): Grundlinien der Philosophie des Rechts (1821). Hamburg ²1995 oder: Sämtliche Werke in 26 Bänden, Bd. 2 und 7. Stuttgart 1961–1968

Schopenhauer, A. (1788–1860): Die beiden Grundprobleme der Ethik. Über die Freiheit des menschlichen Willens und Über die Grundlage der Moral (1841). Köln ⁸1993

Mill, J. S. (1806–1873): Utilitarianism (1863). Dt.: Der Utilitarismus. Stuttgart 2006

Kierkegaard, S. (1813–1855): Gesammelte Werke in 31 Bänden, v. a. 1.–3. Abt.: Entweder-Oder (1843), 10. Abt.: Philosophische Brocken (1844–1846), 16. Abt.: Abschließende unwissenschaftliche Nachschrift zu den Philosophischen Brocken (1846), 24./25. Abt.: Die Krankheit zum Tode (1849). Gütersloh 1986–1998

Marx, K. (1818–1883): Werke. Berlin 1988–1994

Brentano, F. (1838–1917): Grundlegung und Aufbau der Ethik. Hamburg 1978

Brentano, F. (1838–1917): Vom Ursprung sittlicher Erkenntnis. Hamburg 1969

Nietzsche, F. (1842–1900): Sämtliche Werke in Einzelbänden. Kritische Studienausgabe in 15 Bänden, v. a. Bd. 4: Also sprach Zarathustra (1883–1885), Bd. 5: Jenseits von Gut und Böse (1886), Zur Genealogie der Moral (1887). München 1988

Freud, S. (1856–1939): Gesammelte Werke in Einzelbänden, v. a. Bd. 11: Vorlesungen zur Einführung in die Psychoanalyse, Bd. 13: Jenseits des Lustprinzips (1920) und andere Schriften, Bd. 14: u. a. Das Unbehagen in der Kultur (1930). Frankfurt 1987 f.

Weber, M. (1864–1920): Die protestantische Ethik und der Geist des Kapitalismus (1905). Weinheim ²1996

Weber, M. (1864–1920): Die protestantische Ethik. 2 Bände. Gütersloh ⁸1991 und ⁶1995

Weber, M. (1864–1920): Politik als Beruf (1919). Schutterwald 1994

Moore, G. E. (1873–1958): Principia Ethica (1903). Ditzingen o. J.

Scheler, M. (1874–1928): Gesammelte Werke in 16 Bänden, v. a. Der Formalismus in der Ethik und die materiale Wertethik (1913–1916), Wesen und Formen der Sympathie (1926), Vom Umsturz der Werte (1919). Bonn 1971–1997

Hartmann, N. (1883–1950): Ethik (1926). Berlin ⁴1962

Hildebrand, D. v.: Sittlichkeit und ethische Werterkenntnis, in Husserls Jahrbuch V (1922), und Sittliche Grundhaltungen (1933). Vallendar ³1982

Jaspers, K. (1883–1969): Philosophie. 3 Bände (1932). Berlin ⁴1973

Wittgenstein, L. (1889–1951): Vortrag über Ethik. Und andere kleine Schriften. Frankfurt 1989

Heidegger, M. (1889–1969): Gesamtausgabe, v. a. Bd. 2: Sein und Zeit (1927). Frankfurt 1977

Horkheimer, M. (1895–1973): Gesammelte Schriften, v. a. Bd. 3: Materialismus und Moral. Frankfurt 1988

Adorno, Th. W. (1903–1969): Gesammelte Schriften in 20 Bänden, v. a. Bd. 4: Minima Moralia (1951). Frankfurt

Singer, P.: The Life You Can Save: How to play your part in ending world poverty. London 2010

Singer, P. (geb. 1946): Practical Ethics. Cambridge 1982. Dt.: Praktische Ethik. Ditzingen (Reclam) 2013

4. Fachliteratur zur Ethik und zu den Bereichsethiken

Zitierte Literatur

Anscombe, G. E. M.: Modern Moral Philosophy. Philosophy 33, 1958

Anzenbacher, A.: Was ist Ethik? Eine fundamentalethische Skizze. Düsseldorf 1995

Anzenbacher, A.: Einführung in die Ethik. Düsseldorf 2001

Blasi, A.: Autonomie im Gehorsam. Der Erwerb von Distanz im Sozialisationsprozeß. In: Edelstein, W./Habermas, J. (Hrsg.): Soziale Interaktion und soziales Verstehen. Frankfurt 1984

Ciompi, L.: Die emotionalen Grundlagen des Denkens. Göttingen 1997

Csikszentmihalyi, M.: Flow. Das Geheimnis des Glücks. Stuttgart 2019

Csikszentmihalyi, M.: Flow im Beruf. Das Geheimnis des Glücks am Arbeitsplatz. Stuttgart 2014

Danto, A. C.: Basis-Handlungen. In: Meggle, G. (Hrsg.): Analytische Handlungstheorie. Frankfurt 1977

Dawkins, M. S.: Die Entdeckung des tierischen Bewusstseins. Reinbek 1994

Deselaers, M.: Und Sie hatten nie Gewissensbisse? Biographie von Rudolf Höß, Kommandant von Auschwitz, und die Frage nach seiner Verantwortung vor Gott und den Menschen. Leipzig 2001

Etzioni, A.: Leben nach der Goldenen Regel. Reportage in FOCUS 12/1997

Etzioni, A.: Die Entdeckung des Gemeinwesens. Frankfurt 2000

Fechtrup, A./Schulze, F./Sternberg, T. (Hrsg.): Nachdenken über Tugenden. Münster 1996

Frankena, W. K.: Analytische Ethik. München 1994

Frankl, V. E.: ... trotzdem Ja zum Leben sagen. Ein Psychologe erlebt das KZ. München 2018

Frankl, V. E.: Der Mensch vor der Frage nach dem Sinn. Auswahl aus dem Gesamtwerk. München 1985

Frankl, V. E.: Logotherapie und Existenzanalyse. Weinheim NA 1998, Tb. 2005

Frankl, V. E.: Das Leiden am sinnlosen Leben. Psychotherapie für heute. Freiburg 2021

Geach, P.: The Virtues. Cambridge (Mass.) 1977

Gerbert, F. (2013): Leben nach der Goldenen Regel (Focus 12/1997), www. focus.de, https://www.focus.de/kultur/leben/modernes-leben-leben-nach-der-goldenen-regel_aid_163524.html (abgerufen am 5.5.2021)

Gilligan, C.: Die andere Stimme. München 1984

Habermas, J.: Theorie des kommunikativen Handelns. 2 Bände. Frankfurt 2011

Habermas, J.: Erläuterungen zur Diskursethik. Frankfurt 1991

Habermas, J.: Moralität und Sittlichkeit. Treffen Hegels Einwände gegen Kant auch auf die Diskursethik zu? In: Kuhlmann, W. (Hrsg.): Moralität und Sittlichkeit. Frankfurt 1986

Hadot, P.: Wege zur Weisheit. Oder: Was lehrt uns die antike Philosophie? Berlin 1999

Höffe, O.: Ethik und Politik. Grundmodelle und -probleme der praktischen Philosophie. Frankfurt 1978

Honneth, A. (Hrsg.): Kommunitarismus. Eine Debatte über die moralischen Grundlagen moderner Gesellschaften. Frankfurt, New York 1993

Jonas, H.: Das Prinzip Verantwortung. Versuch einer Ethik für die technologische Zivilisation Berlin 2020

Küng, H: „Erfolg rechtfertigt gar nichts. In: Die ZEIT Nr. 1/2010, 30.12.2009, Hamburg 2009

Lorenz, K.: Das sogenannte Böse. München 1998

MacIntyre, A.: Ist Patriotismus eine Tugend? In: Honneth, A. (Hrsg.): Kommunitarismus. Eine Debatte über die moralischen Grundlagen moderner Gesellschaften. Frankfurt, New York 1993, S. 89

MacIntyre, A.: Der Verlust der Tugend. Zur moralischen Krise der Gegenwart. Frankfurt 2006.

Marcuse, H.: Kultur und Gesellschaft. 2 Bände. Frankfurt 1999

Mead, G.H.: Geist, Identität und Gesellschaft. Frankfurt 1973

Moll, J. u.a.: The Neural Basis of Human Moral Cognition, in: Nature Reviews Neuroscience, Ausgabe 10/2005, S. 799-809, 2005

Nida-Rümelin, J. (Hrsg.): Angewandte Ethik. Die Bereichsethiken und ihre theoretische Fundierung. Ein Handbuch. Stuttgart 2005

Nussbaum, M.: Nicht-relative Tugenden. Ein aristotelischer Ansatz. In: Rippe/Schaber 1998

Ogette, T.: Exit Racism. Rassismuskritisch denken lernen. München 2019

Ratzinger, J.: Wahrheit, Werte, Macht. Prüfsteine der pluralistischen Gesellschaft. Frankfurt 1999

Rawls, J.: A Theory of Justice. Cambridge 1971. Dt.: Eine Theorie der Gerechtigkeit. Frankfurt 1975

Rippe, P./Schaber, P. (Hrsg.): Tugendethik. Stuttgart 1998

Sommer, A. U.: Werte. Warum man sie braucht, obwohl es sie nicht gibt. Stuttgart 2016

Spinner, H.F.: Wissensordnung, Ethik, Wissensethik. In: Nida-Rümelin, J. (Hrsg.): Handbuch Angewandte Ethik, Stuttgart 1996

Usadel, G.: Zucht und Ordnung. Grundlagen einer nationalsozialistischen Ethik. Hamburg Neuauflage 2020

Walzer, M.: Sphären der Gerechtigkeit. Ein Plädoyer für Pluralität und Gleichheit. Frankfurt Neuauflage 2006

Weinrich, H.: System, Diskurs und die Diktatur des Sitzfleisches. In: Merkur, August 1972, 26. Jahrgang, Heft 292, 801-812, München, 1972

Wright, G. H. von: The Varieties of Goodness. London 1963

Wright, G. H. von: Normen, Werte und Handlungen. Frankfurt 1994

Weitere verwendete Literatur

Aaken, D./Schreck, Ph.: Theorien der Wirtschafts- und Unternehmensethik. Berlin 2017

Ach, J. S./Borchers, D. (Hrsg.): Handbuch Tierethik: Grundlagen – Konzepte – Perspektiven. Heidelberg 2018

Apel, K.-O./Kettner, M. (Hrsg.): Zur Anwendung der Diskursethik in Politik, Recht und Wissenschaft. Frankfurt 1992

Aßländer, M. S. (Hrsg.): Handbuch Wirtschaftsethik. Heidelberg 2011

Baum, C.R./Duttge, G./Fuchs, M.: Gentherapie: Medizinisch – naturwissenschaftliche, rechtliche und ethische Aspekte. Freiburg 2013

Bender, W.: Ethische Urteilbildung. Stuttgart 1988

Bitter-Adorno, N./Monteverde, S. (Hrsg.): Medizinethik (Grundlagentexte zur Angewandten Ethik). Wiesbaden 2021

Bonacker, M./Geiger, G. (Hrsg.): Menschenrechte und Medizin: Grundfragen der medizinischen Ethik. Opladen, Leverkusen 2016

Brenner, A.: Umweltethik. Ein Lehr- und Lesebuch. Würzburg 2014

Brenner, A.: Wirtschaftsethik: Das Lehr- und Lesebuch. Würzburg 2018

Burkhardt, H.: Einführung in die Ethik. Grund und Norm sittlichen Handelns. Gießen 2017

Burkhardt, S.: Praktischer Journalismus. München 2009

Conrad, Chr. A.: Wirtschaftsethik: Eine Voraussetzung für Produktivität. Wiesbaden 2020

Dietrich, J.: Konkrete Diskurse zur ethischen Urteilsbildung. Ein Leitfaden für Schule und Hochschule am Beispiel moderner Biotechnologien. München 2008

Dworkin, R.: The Theory and Practice of Autonomy. New York 1988

Dworkin, R.: Grenzen des Lebens. Abtreibung, Euthanasie und persönliche Freiheit. Reinbek 1995

Edelstein, W./Nummer-Winkler, G. (Hrsg.): Zur Bestimmung der Moral. Frankfurt 1996

Erbring, L. u.a. (Hrsg.): Medien ohne Moral. Berlin 1991

Fenner, D.: Einführung in die Angewandte Ethik. Bern, München 2010

Fonk, P.: Das Gewissen. Was es ist – wie es wirkt – wie weit es bindet. Kevelaer 2004

Forschner, M.: Die stoische Ethik. Darmstadt 1995

Frewer, A./Kolb, S./Krasa, K.: Medizin, Ethik und Menschenrechte. Göttingen 2009

Fromm, E.: Psychoanalyse und Ethik. München 1992

Fuchs, M.: Forschungsethik. Eine Einführung. Stuttgart 2010

Gabriel, I.: Ethik des Politischen. Grundlagen – Prinzipien – Konkretionen. Würzburg 2020

Generalverwaltung der Max-Planck-Gesellschaft (Hrsg.): Verantwortung und Ethik in der Wissenschaft (Symposium). Stuttgart 1985

Gethmann-Siefert, A./Thiele, F. (Hrsg.): Ökonomie und Medizinethik. München 2008

Geulen, Chr.: Geschichte des Rassismus. München 2021

Ginters, R. (Hrsg.): Typen ethischer Argumentation. Zur Begründung ethischer Normen. Düsseldorf 1976

Görland, J.: Ethikkonzeptionen der Moderne. Leverkusen 1999

Gottschalk-Mazouz, N.: Diskursethik. Theorien – Entwicklungen – Perspektiven. Berlin 2000

Grewendorf, G./Meggle, G. (Hrsg.): Seminar: Sprache und Ethik. Zur Entwicklung der Metaethik. Frankfurt 1974

Habermas, J.: Moralbewusstsein und kommunikatives Handeln. Frankfurt 1983

Habermas, J.: Auch eine Geschichte der Philosophie. 2 Bände. Berlin 2019

Hahn, S./Kliemt, H.: Wirtschaft ohne Ethik? Eine ökonomisch – philosophische Analyse. Ditzingen 2017

Haker, H. u.a. (Hrsg.): Ethics of Human Genome Analysis. European Perpectives. Tübingen 1993

Hallek, M./Winnacker, E.-L.: Ethische und juristische Aspekte der Gentherapie. München 2020

Hallschmitt, T.: Praktische Philosophie. Werte und Normen. Independently published 2020

Hampton, J.: Hobbes and the Social Contract Tradition. Cambridge 1986

Heesen, J.: Handbuch Medien- und Informationsethik. Heidelberg 2016

Heinrichs, J.-H.: Neuroethik: Eine Einführung. Heidelberg 2019

Heuermann, H.: Wissenschaftskritik. Konzepte, Positionen, Probleme. Tübingen 2000

Hick, C.: Klinische Ethik. Mit Fällen. Berlin 2006

Höffe, O. (Hrsg.): Über John Rawls Theorie der Gerechtigkeit. Frankfurt 1977

Höffe, O.: Lexikon der Ethik. München 1997

Höffe, O.: Einführung in die utilitaristische Ethik. Klassische und zeitgenössische Texte. Tübingen 2013

Höffe, O.: Ethik: Eine Einführung. München 2018

Höffe, O. (Hrsg.): Aristoteles. Die Nikomachische Ethik. Berlin 2019

Höffe, O.: Immanuel Kant. München 2020

Hösle, V.: Die Krise der Gegenwart und die Verantwortung der Philosophie. Transzendentalpragmatik, Letztbegründung, Ethik. München 1997

Hösle, V.: Moral und Politik. Grundlagen einer politischen Ethik für das 21. Jahrhundert. München 1997

Holzmann, R.: Wirtschaftsethik (Studienwissen kompakt). Wiesbaden 2018

Honecker, M.: Einführung in die theologische Ethik. Berlin 2002

Hubig, C.: Technik- und Wissenschaftsethik. Ein Leitfaden. Berlin 1995

Jonas, H.: Technik, Medizin und Ethik. Zur Praxis des Prinzips Verantwortung. Frankfurt 1995

Karmasin, M./Litschka, M.: Wirtschaftsethik. Theorien – Strategien – Trends. Berlin 2008

Kelly, P.J./Boucher, D.: The Social Contract from Hobbes to Rawls. London 1994

Kendi, I.X.: How To Be an Antiracist. Dt. München 2020

Kersting, W.: Die politische Philosophie des Gesellschaftsvertrags. Darmstadt 1994

Kimmich, D./Lavorano, St. (Hrsg.): Was ist Rassismus? Kritische Texte. Ditzingen 2016

Klöcker, M./Tworuschka, M. u. U.: Wörterbuch der Weltreligionen. Die wichtigsten Unterschiede und Gemeinsamkeiten. Gütersloh 1996

Köster, G.: Kurskorrekturen. Ethik und Werte im Unternehmen. Bielefeld 2010

Koller, P.: Neue Theorien des Sozialkontrakts. Berlin 1987

Krämer, H.: Integrative Ethik. Frankfurt 1995

Küng, H./Kuschel, K.-J.: Wissenschaft und Weltethos. München 2001

Leschke, R.: Einführung in die Medienethik. Stuttgart 2001

Litschka, M./Krainer, L.: Der Mensch im digitalen Zeitalter: Zum Zusammenhang von Ökonomisierung, Digitalisierung und Mediatisierung. Wiesbaden 2019

Lütke, C./Homann, K.: Einführung in die Wirtschaftsethik. Berlin 2013

Marckmann, G.: Praxisbuch Ethik in der Medizin. Berlin 2015

Maring, M.: Verantwortung in Technik und Ökonomie. Karlsruhe 2009

Mast, C.: ABC des Journalismus: Ein Handbuch. Köln 2018

Meier, U./Sill, B. (Hrsg.): Führung. Macht. Sinn. Ethos und Ethik für Entscheider in Wirtschaft, Gesellschaft und Kirche. Regensburg 2010

Mittelstraß, J.: Schöne neue Leonardo-Welt. Weilerswist 2017

Nagel, E./Fuchs, C. (Hrsg.): Soziale Gerechtigkeit im Gesundheitswesen. Ökonomische, ethische, rechtliche Fragen am Beispiel der Transplantationsmedizin. Berlin 2012

Neuhold, L./Pelzl, B.: Ethik in Forschung und Technik. Annäherungen. Wien 2011

Nida-Rümelin, J./Spiegel, I./Tiedemann, M.: Handbuch Philosophie und Ethik. Band 2: Disziplinen und Themen. Paderborn 2017

Nissing, H.-G./Müller, J.: Grundpositionen philosophischer Ethik: Von Aristoteles bis J. Habermas. Darmstadt 2019

Nunner-Winkler, G. (Hrsg.): Weibliche Moral. Die Kontroverse um eine geschlechtsspezifische Ethik. München 1995

Ott, K. u.a.: Handbuch Umweltethik. Heidelberg 2016

Paslach, R. u.a.: Umweltethik. Eine Einführung für Lehrende und Lernende. München 2010

Pauer-Studer, H.: Einführung in die Ethik. Stuttgart 2020

Pieper, A.: Einführung in die Ethik. Stuttgart 2017

Pörksen, B.: Konstruktivismus: Medienethische Konsequenzen einer Theorie-Perspektive. Wiesbaden 2014

Popper, K.: Die offene Gesellschaft und ihre Feinde. 2 Bände. Stuttgart 1992

Proft, I./Niederschlag, H.: Wann ist der Mensch tot? Diskussion um Hirntod, Herztod und Ganztod. Mainz 2012

Radau, W.C.: Die Biomedizinkonvention des Europarates: Humanforschung – Transplantationsmedizin – Genetik. Rechtsanalyse und Rechtsvergleich. Berlin 2008

Rawls, J.: Gerechtigkeit als Fairneß. Frankfurt 2006

Reese-Schäfer, W.: Was ist Kommunitarismus? Frankfurt, New York 1994

Römpp, G.: Philosophie der Wissenschaft: Eine Einführung. Stuttgart 2018

Rusch, G./Schmidt, S.J. (Hrsg.): Konstruktivismus und Ethik. Frankfurt 1996

Sala, G. B.: Kants Kritik der praktischen Vernunft. Ein Kommentar. Darmstadt 2004

Salomon, F. (Hrsg.): Praxisbuch Ethik in der Intensivmedizin: Konkrete Entscheidungshilfen in Grenzsituationen. Berlin 2018

Schaaf, Chr./Zschocke, J.: Basiswissen Humangenetik. Wiesbaden 2018

Schicha, C./Brosda, C. (Hrsg.): Handbuch Medienethik. Wiesbaden 2010

Schnädelbach, H./Hastedt, H./Keil, G.: Was können wir wissen, was sollen wir tun? 12 philosophische Antworten. Reinbek 2011

Schüz, M.: Angewandte Unternehmensethik. London 2016

Simonis, G.: Konzepte und Verfahren der Technikfolgenabschätzung. Wiesbaden 2013

Spaemann, R.: Moralische Grundbegriffe. München 1991

Spinner, H. F.: Die Wissensordnung. Wiesbaden 1994

Staatsinstitut für Schulqualität und Bildungsforschung: Leistungserhebungen im Fach Ethik. München 2012

Suchanek, A.: Ökonomische Ethik. Stuttgart 2007

Taylor, Ch.: Sources of the Self. The Making of the Modern Identity. Cambridge 1989

Taylor, Ch.: Quellen des Selbst. Frankfurt 1996

Wear, S.: Informed Consent. Patient Autonomy and Physician Beneficence within Clinical Medicine. Dordrecht 2012

Weischenberg, S. u.a.: Journalistik. Theorie und Praxis aktueller Medienkommunikation. 3 Bände, Band 1: Mediensysteme, Medienethik, Medieninstitutionen. Wiesbaden 2004

Wendel, S.: Feministische Ethik zur Einführung. Hamburg 2003

Werner, M. H.: Einführung in die Ethik. Heidelberg 2020

Wiesing, U.: Ethik in der Medizin: Ein Studienbuch. Ditzingen 2020

5. Literatur zur Didaktik und Methodik des Unterrichtfaches Ethik

Zitierte Literatur

Adam, G./Schweitzer, F. (Hrsg.): Ethisch erziehen in der Schule. Göttingen 1996

Antons, K.: Praxis der Gruppendynamik. Übungen und Techniken. Vollständig überarbeitete Auflage. Göttingen 2018

Berkowitz, M.: Die Rolle der Diskussion in der Moralerziehung. In: Fatke, R. u.a. (Hrsg.): Transformation und Entwicklung. Grundlagen der Moralentwicklung. Frankfurt 1986, S. 103f.

Beyer, B.K.: Moralische Diskussion im Unterricht. Wie macht man das? Göttingen 1977

Cohn, R.: Von der Psychoanalyse zur themenzentrierten Interaktion. Stuttgart 2018

Diessner, H.: Gruppendynamische Übungen und Spiele. Ein Praxishandbuch für Aus- und Weiterbildung sowie Supervision. Paderborn 2008

Engels, H.: „Nehmen wir an ..." Das Gedankenexperiment in didaktischer Absicht. Weinheim 2004

Fellsches, Josef: Moralische Erziehung als politische Bildung. Stuttgart 1982

Freese, H.: Abenteuer im Kopf – Philosophische Gedankenexperimente. Weinheim 1996

Frey, K.: Die Projektmethode: Der Weg zum bildenden Tun. Weinheim 2012

Gudjons, H.: Spielbuch Interaktionserziehung. Bad Heilbrunn 1995

Hall, R. T.: Unterricht über Werte. Lernhilfen und Unterrichtsmodelle. München 1979

Heckmann, G.: Das sokratische Gespräch – Erfahrungen in philosophischen Hochschulseminaren. Hannover 1981

Hentig, H. v.: Werte und Erziehung. In: Neue Sammlung 28/1988, S. 323-343

Herzig, B.: Förderung ethischer Urteils- und Orientierungsfähigkeit. Münster 1998

Hinder, E.: Grundlagenprobleme bei der Messung des sozial-moralischen Urteils. Frankfurt 1987

Horlebein, M.: Didaktik der Moralerziehung. Eine Fundierung auf der Grundlage Pädagogischer Anthropologie und Praktischer Philosophie. Markt Schwaben 1998

Horster, D.: Das sokratische Gespräch in Theorie und Praxis. Opladen 1994

Kaltwasser, V.: Achtsamkeit in der Schule. Weinheim 2008

Köck, P.: Handbuch der Schulpädagogik für Studium – Praxis – Prüfung. Donauwörth 2012

Kohlberg, L.: Die Psychologie der Moralentwicklung. Frankfurt 1996

König, O. (Hrsg.): Gruppendynamik. Geschichte, Theorien, Methoden, Anwendungen, Ausbildung. München 2006

Krathwohl, D.R./Bloom, B.S./Masia, B.B.: Taxonomy of Educational Objectives. Handbook II: Affective Domain. New York 1964

Krohn, D. u.a. (Hrsg.): Das sokratische Gespräch im Unterricht. Frankfurt 2000

Kühne, U.: Die Methode des Gedankenexperiments. Frankfurt 2005

Landesinstitut für Schule und Weiterbildung (Hrsg.): Schule und Werteerziehung. Ein Werkstattbericht. Soest 1991

Landesinstitut für Schule und Weiterbildung (Hrsg.): Schule und Werteerziehung. Demokratie und Erziehung in der Schule – Förderung moralischer Urteilsfähigkeit. Soest 1991

Lind, G. u.a. (Hrsg.): Moralisches Urteilen und soziale Umwelt. Theoretische, methodologische und empirische Untersuchungen. Weinheim 1983

Mauermann, L./Weber, E. (Hrsg.): der Erziehungsauftrag der Schule. Beiträge zur Theorie und Praxis moralischer Erziehung. Donauwörth 1978

Nelson, L.: Die sokratische Methode. Kassel, Bettenhausen 1996

Oerter, R.: Psychologie des Spiels. München 1993

Oser, F./Althoff, W.: Moralische Selbstbestimmung. Modelle der Entwicklung und Erziehung im Wertebereich, ein Lehrbuch. Stuttgart 1994

Raths, L. E. u.a.: Werte und Ziele. Methoden der Sinnfindung im Unterricht. München 1978

Rösch, A.: Kompetenzorientierung im Philosophie- und Ethikunterricht. Berlin, Zürich 2009

Simon, S.B./Howe, L.W./Kirschenbaum, H.: Values Clarification. A Handbook of Practical Strategies for Teachers and Students. New York 197

Steffek, C.: Dilemmageschichten als methodisches und problembezogenes Verfahren zur Förderung der politischen Bildung bei Grundschülern. Dissertation. Universität Augsburg 2000

Treml, A. K. (Hrsg.): Ethik macht Schule. Moralische Kommunikation in Schule und Unterricht. Frankfurt 1994

Türk, H. J.: Ethisches Wissen und moralisches Verhalten in moralpädagogischer Sicht. In: Religionsunterricht an höheren Schulen 2/1981, München 1981

Weitere verwendete Literatur

Bastian, J. u.a.: Feedback – Methoden. Weinheim, Basel 2007

Bechthold-Hengelhaup, T.: Ethische Aspekte der Genetik. Ein Handbuch für den Ethikunterricht. Göttingen 2007

Brüning, B./Martens, E. (Hrsg.): Anschaulich philosophieren. Mit Märchen, Fabeln, Bildern und Filmen. Weinheim 2007

Brüning, B.: Philosophieren mit Kindern. Eine Einführung in Theorie und Praxis. Münster 2014

Brüning, B. (Hrsg.): Ethik. Philosophie. Didaktik. Praxishandbuch. München 2016

Brüning, B.: Philosophieren in der Sekundarschule. Methoden und Medien. Weinheim, Basel 2003

Colby, A./Kohlberg, L.: The Measurement of Moral Judgment. 2 Bände. Cambridge 1987

Edelstein, W. u.a. (Hrsg.): Moralische Erziehung in der Schule. Weinheim 2001

Führer, U.: Lehrbuch Erziehungspsychologie. Bern 2009

Gehrmann, A. u.a. (Hrsg.): Bildungsstandards und Kompetenzmodelle. Bad Heilbrunn 2010

Grünauer, K. H.: Ethik-Unterrichtspraxis nach Themenkreisen. 2 Bände. München 1997

Killen, M./Smetana, G. (Hrsg.): Handbook of Moral Development. New York, London 2014

Köck, P.: Spielend lernen: Eine anthropologische Kulturtechnik für den Ethikunterricht. In: Marsal, E./Dobashi, T.: (Hrsg.): Das Spiel als Kulturtechnik des ethischen Lernens. Münster 2005

Köck, P.: Anregungen des kommunikationstheoretischen Strukturmodells der Didaktik für das Philosophieren mit Kindern. In: Karlsruher Pädagogische Beiträge, Heft 62/2005, Karlsruhe 2005

Köck, P.: Wörterbuch für Erziehung und Unterricht. 3. Auflage Friedberg 2020

Kohlberg, L.: Der Just Community-Ansatz der Moralerziehung in Theorie und Praxis. In: Fatke, R. u.a. (Hrsg.): Transformation und Entwicklung. Grundlagen der Moralerziehung. Frankfurt 1996

Kwossek, G.: Kreative Gestaltung des Ethikunterrichts. 2 Bände (Grundstufe, Mittelstufe). München 1993

Matthes, E. (Hrsg.): Werteorientierter Unterricht – eine Herausforderung für die Schulfächer. Bad Heilbrunn 2004

Mc Phail, P.: Social and Moral Education. Oxford 1982

Mc Phail, P. u.a.: Startline – Moral Eduction in the Middle Years. London 1978

Mc Phail, P. u.a. (Hsrg.): Lifeline – Moral Education in the Secondary School. London 1972

Oerter, R./Montada, L. (Hrsg.): Entwicklungspsychologie. Weinheim 2002

Schneider, M./Schneider, R.: Meditieren mit Kindern. Stilleübungen, Phantasiereisen, Musikmeditationen, Wahrnehmungsübungen, Mülheim 1994

Shell Deutschland Holding (Hrsg.): Jugend 2019. Jugendliche melden sich zu Wort. Frankfurt 2019

Staatsinstitut für Schulqualität und Bildungsforschung (Hrsg.): Kommunikation und Ethik. München 2011

Staatsinstitut für Schulqualität und Bildungsforschung (Hrsg.): Leistungserhebungen im Fach Ethik. München 2012

Teml, H.: Entspannt lernen. Stressabbau, Lernförderung und ganzheitliche Erziehung. Linz 1998

Zierer, K. (Hrsg.): Schulische Werteerziehung. Hohengehren 2010

Zimmer, R.: Handbuch der Sinneswahrnehmung. Grundlagen einer ganzheitlichen Erziehung. Freiburg 2019

6. Materialien zum Unterrichtsfach Ethik (ausgewählte Titel)

6.1 Grundschule

Bilstein, E./Voigt-Rubio, A.: Ich lebe viel. Materialien zu Suchtprävention. Mülheim 1991

Bisset, E./ Palmer, M.: Die Regenbogenschlange. Geschichten vom Anfang der Welt und von der Kostbarkeit der Erde. Bern 1990

Braun, G.: Ich sag Nein. Arbeitsmaterialien gegen den sexuellen Missbrauch an Mädchen und Jungen. Mülheim 2008

Braun, G./Wolters, D.: Das große und das kleine Nein. Mülheim 1997

Braune, S./Nikolaus, B.: Unterrichtsmaterialien. Ethik im 3. und 4. Schuljahr. 2 Bände. München 1999

Enders, U./Wolters, D.: Schön blöd. Ein Bilderbuch über schöne und blöde Gefühle. Weinheim 2014

Enders, U./Wolters, D.: LiLoLe Eigensinn. Ein Bilderbuch über die eigenen Sinne und Gefühle. Weinheim 1994

Enders, U.: Zart war ich, bitter war s. Handbuch gegen sexuelle Gewalt an Mädchen und Jungen. Köln 2003

Engelbrecht, A.: Können Blumen glücklich sein? Einführung in das Philosophieren mit Kindern. Heinsberg 1997

Fleck-Bohaumilitzky, Chr.: Wenn Kinder trauern – Was sie fühlen – was sie fragen – was sie brauchen. Düsseldorf 2016

Grünauer, K. H.: Nachdenkliche Kurzgeschichten zum Ethikunterricht. 3./4. Jahrgangsstufe. München 1995

Hahn, M.: Denk-mal-Geschichten für einen wertorientierten Unterricht. München 1995

Koller, G.: ZuMutungen. Ein Leitfaden zur Suchtvorbeugung für Theorie und Praxis. Wien 1995

Kurt, A.: 55 Geschichten für den Ethik- und Religionsunterricht. Mülheim 2019

Löbbecke, A.: Die Fundgrube für den Ethik- und Religionsunterricht. Berlin 2006

Matthews, G.B.: Philosophische Gespräche mit Kindern. Berlin 1993

Mebes, M./Sandrock, L.: Kein Küsschen auf Kommando/Kein Anfassen auf Kommando. Bilderbuch – Doppelband mit didaktischen Materialien. Maasbüll 2020

Peschel, A.: Ich bin froh, dass es mich gibt! Fächerübergreifende Unterrichtsmodelle und Projekte zur Entwicklung von Persönlichkeit und Ich-Stärke für die 1.-4. Jahrgangsstufe. 2 Bände. Neuried 2002

Schneider, J. K.: Darüber habe ich auch schon nachgedacht. Philosophische Geschichten für Kinder. Donauwörth 2000

Smith, C. A.: Hauen ist doof. 162 Spielideen gegen Aggression in Kindergruppen. Mülheim 2005

Steiner, F./Steiner, R.: Die Sinne. Spielen – Gestalten – Freude entfalten. Förderung der Wahrnehmungsfähigkeit bei Kindern. Ein Arbeitsbuch für Kindergarten, Schule, Eltern. Linz 2000

Vonderlehr, T.: Grundwissen Ethik. Klasse 2-5. Kerpen 2016

Zimmer, R.: Die Sinneswerkstatt. Projekte zum ganzheitlichen Leben und Lernen. Freiburg 1998

6.2 Sekundarstufe 1 und 2

Arndt, S.: Die 101 wichtigsten Fragen. Rassismus. München 2020

Bertram, G.W.: Philosophische Gedankenexperimente. Ein Lese- und Studienbuch. Ditzingen 2018

Brüning, B.: Grundwissen Ethik/Philosophie: Texte – Kommentare – Methoden. Leipzig 2008

Cohen, M.: 99 moralische Zwickmühlen. München 2017

Einhorn, M. u.a.: Philosophieren mit Kindern. Berlin 1998

Gaardner, J.: Sofies Welt. Roman über die Geschichte der Philosophie. München 2000

Gerber, U. u.a. (Hrsg.): Ethisch urteilen – moralisch handeln. Mit Lehrerheft. Frankfurt 1997

Hastedt, H. u.a.: Ethisch handeln – Aspekte angewandter Ethik. Material für den Sekundarbereich 2, Philosophie. Hannover 1991

Hasters, A.: Was weiße Menschen nicht über Rassismus hören wollen, aber wissen sollten. München 2020

Höffe, O.: Lesebuch zur Ethik. Philosophische Texte von der Antike bis zur Gegenwart. München 1999

Kähler, J./Nordhofen, S.: Geschichten zum Philosophieren: Für die Sekundarstufe 1. Ditzingen 2019

Kopriwa, D.: Grundwissen Ethik. Nachschlagewerk für Schüler ab 7. Jahrgangsstufe. München 1996

Kriesel, P./Rolf, B.: Ethik/Praktische Philosophie: Klasse 10 bis 13 (Grundwissen). Stuttgart 2007

Petri, D./Thierfelder, J. (Hrsg.): Vorlesebuch Drittes Reich. Von den Anfängen bis zum Niedergang. Lahr 1993

Schulte-Roling, L./Münnix, G. (Hrsg.): Philosophieren mit Kindern (Sekundarstufe 1). Münster 1998

Spaemann, R. (Hrsg.): Ethik-Lesebuch. Von Platon bis heute. München 1991

Im Internet werden zu den meisten Lehrpanthemen aller Schularten und Jahrgangsstufen Unterrichtsmaterialien angeboten, z.B. unter dem Stichwort „Ethikunterricht – Materialien".

Stichwortverzeichnis

Bildnachweis: